U0498918

复旦中文学科建设丛书

修辞学卷

启林有声

祝克懿　吴礼权　编选

商务印书馆
创于1897
The Commercial Press

图书在版编目(CIP)数据

启林有声/祝克懿,吴礼权编选.—北京:商务印书馆,
2017
（复旦中文学科建设丛书·修辞学卷）
ISBN 978 - 7 - 100 - 15477 - 2

Ⅰ.①启⋯　Ⅱ.①祝⋯　②吴⋯　Ⅲ.①汉语-修辞学
-文集　Ⅳ.①H15 - 53

中国版本图书馆 CIP 数据核字(2017)第 273950 号

权利保留,侵权必究。

启林有声

复旦中文学科建设丛书·修辞学卷

祝克懿　吴礼权　编选

商　务　印　书　馆　出　版
（北京王府井大街36号　邮政编码100710）
商　务　印　书　馆　发　行
苏州市越洋印刷有限公司印刷
ISBN 978 - 7 - 100 - 15477 - 2

2017 年 11 月第 1 版　　开本 710×1000　1/16
2017 年 11 月第 1 次印刷　印张 27.5
定价:76.00 元

前　　言

　　复旦大学中文学科的开始,追溯起来,应当至1917年国文科的建立,迄今一百年;而中国语言文学系作为系科,则成立于1925年。1950年代之后,汇聚学界各路精英,复旦中文成为中国语言文学教学和研究的重镇,始终处于海内外中文学科的最前列。1980年代以来,复旦中文陆续形成了中国语言文学研究所(1981年)、古籍整理研究所(1983年)、出土文献与古文字研究中心(2005年)、中华古籍保护研究院(2014年)等新的教学研究建制,学科体制更形多元、完整,教研力量更为充实、提升。

　　百年以来,复旦中文潜心教学,名师辈出,桃李芬芳;追求真知,研究精粹,引领学术。复旦中文的前辈大师们在诸多学科领域及方向上,做出过开创性的贡献,他们在学问博通的基础上,勇于开辟及突进,推展了知识的领域,转移一时之风气,而又以海纳百川的气度,相互之间尊重包容,"横看成岭侧成峰",造成复旦中文阔大的学术格局和崇高的学术境界。一代代复旦中文的后学们,承续前贤的精神,持续努力,成绩斐然,始终追求站位学术前沿,希望承而能创,以光大学术为究竟目标。

　　值此复旦中文百年之际,我们编纂本丛书,意在疏理并展现复旦中文传统之中具有领先性及特色,而又承传有序的学科领域及学术方向。其中的文字,有些已进入学术史,堪称经典;有些则印记了积极努力的探索,或许还有后续生长的空间。

　　回顾既往,更多是为了将来。我们愿以此为基石,勉力前行。

陈引驰

2017年10月12日

出 版 说 明

　　本书系为庆祝"复旦大学中文学科百年"所策划的丛书《复旦中文学科建设丛书》之一种。该丛书是一套反映复旦中文百年学术传统、源流，旨在突出复旦中文学科特色、学术贡献的学术论文编选集。由于所收文章时间跨度大，所涉学科门类众多，作者语言表述、行文习惯亦各不相同，因此本馆在编辑过程中，除进行基本的文字和体例校订外，原则上不作改动，以保持文稿原貌。部分文章则经作者本人修订后收入。特此说明。

编辑部

2017 年 11 月

目　录

现代修辞学的创立

修辞学传统

修辞学理论

修辞现象研究

语体风格研究

修辞学史研究

现代修辞学的创立

修辞与修辞学

陈望道

一、修辞两字习惯用法的探讨

修辞本来是一个极熟的熟语,自从《易经》上有了"修辞立其诚"一句话以后,便常常连着用的。连用久了,自然提起了辞字,便会想起了修字,两字连结,简直分拆不开。但是解说起来,终究还是修是修、辞是辞的,被人当作两个单词看。直到现在讲修辞的还是如此。

而各人对于这两个单词的解说,又颇不一致,人体各可分为广狭两义:(甲)狭义,以为修当作修饰解,辞当作文辞解,修辞就是修饰文辞;(乙)广义,以为修当作调整或适用解,辞当作语辞解,修辞就是调整或适用语辞。两相交互,共得四种用法如下:

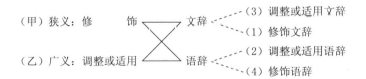

(甲)狭义:修　　饰　　文辞　┄┄(3)调整或适用文辞
　　　　　　　　　　　　　　　┄┄(1)修饰文辞
(乙)广义:调整或适用　语辞　┄┄(2)调整或适用语辞
　　　　　　　　　　　　　　　┄┄(4)修饰语辞

这四种用法,现在可说都是有人在那里用的,不过有意识的不意识的分别罢了。我们要讲修辞,对这意识的或不意识的习惯用法,必须约略先加探讨。

第一，是文辞还是语辞？这在过去，往往会回答你说：既然讲修辞，自然修的是文辞。如顾亭林所谓"从语录入门者多不善于修辞"（见《日知录》十九），便是隐隐含有这种意思的一个例。但若略加考察，便知这只是礼拜文言时期的一种偏见。在礼拜文言的时期，人们往往轻蔑语体，压抑语体，贬称它为"俚语"为"俗语"。又从种种方面笑话它的无价值。而以古典语为范围今后语言的范型。其实古典语在古典语出现的当时，也不过是一种口头语言，而所谓修辞又正是从这种口头语言上发展起来的。无论中外，都是如此。在中国，后来固然有过一大段语文分歧的时期，执笔者染上了一种无谓的洁癖，以谨谨守卫文言为无上的圣业。而实际从语体出身的还是往往备受非常的礼遇，如"於菟""阿堵"之类方言，竟至视同辞藻，便是其例。如所谓谐讔，逐渐发展，成为灯虎商谜，竟至视为文人雅事，也是其例。而（1）文辞上流行的修辞方式，又常常是受口头语辞上流行的修辞方式的影响的，要是承认下游的文辞的修辞方式，便没有理由可以排斥上游的语辞的修辞方式。（2）文辞和语辞的修辞方式又十九是相同的，要是承认文辞的修辞方式，也便没有理由可以排斥语辞上同等的修辞方式。（3）既是文辞语辞共有的同等现象，即不追寻源头也决没有理由可以认为文辞独得之秘。就修辞现象而论修辞现象，必当坦白承认所谓辞实际是包括所有的语辞，而非单指写在纸头上的文辞。何况文辞现在也已经回归本流，以口头语辞为达意传情的工具。而我们听到"演说的修辞"云云，也早已没有人以为不辞了。这就是实际上已经把语辞认作修辞的工具了。

第二，是修饰还是调整？这在过去，也往往会回答你说：既然说修辞，当然说的是修饰。如武叔卿所谓"说理之辞不可不修；若修之而理反以隐，则宁质毋华可也。达意之辞不可不修；若修之而意反以蔽，则宁拙毋巧可也"（见唐彪《读书作文谱》六），便是指修饰而说的一个例。这也只是偏重文辞，而且偏重文辞的某一局部现象的一种偏见。修辞原是达意传情的手段。主要为着意和情，修辞不过是调整语辞使达意传情能够适切的一种努力。既不一定是修饰，更一定不是离了意和情的修饰。以修饰为修辞，原因是在（1）专着眼在文辞，因为文辞较有修饰的余裕;(2)又专着眼在华巧的文辞,因为华巧的文辞较有修饰的必要。而实际,无论作文或说话,又无论华巧或质拙,总以"意与言会,言随意遣"为极致。在"言随意遣"的时候,有的就是运用语辞,使同所欲传达的情意充分切当一件事,与其说是语辞的修饰,毋宁说是语辞的调整或适用。即使偶有斟酌修改,如往昔所常称道的所谓推敲,实际也还是针对情意调整适用语辞的事,而不是仅仅文字的修饰。

二、修辞和语辞使用的三境界

至于所谓华巧不是修辞现象的全领域,我们只须从修辞的观点把使用语辞的实际一查考便可以了然。

我们从修辞的观点来观察使用语辞的实际情形,觉得无论口头或书面,尽可分作下列的三个境界:

(甲)记述的境界——以记述事物的条理为目的,在书面如一切法令的文字,科学的记载,在口头如一切实务的说明谈商,便是这一境界的典型。

(乙)表现的境界——以表现生活的体验为目的,在书面如诗歌,在口头如歌谣,便是这 境界的典型。

(丙)糅合的境界——这是以上两界糅合所成的一种语辞,在书面如一切的杂文,在口头如一切的闲谈,便是这一境界的常例。

内中(甲)(乙)两个境界对于语辞运用的法式,可说截然的不同。用修辞学的术语来说,便是(甲)所用的常常只是消极的手法,(乙)所用的常常兼有积极的手法。例如郑奠氏所举的《论语》的

君子疾没世而名不称焉。

和《古诗十九首》中的

回车驾言迈,悠悠涉长道。四顾何茫茫,东风摇百草。

所遇无故物,焉得不速老? 盛衰各有时,立身苦不早。

　　人生非金石，岂能长寿考？奄忽随物化，荣名以为宝。

便是绝好比照的两个例。两例主要的意思可说完全相同，而一只"直写胸臆，家常谈话"，单求概念明白地表出，一却"托物起兴，触景生情，而以嗟叹出之"，除却表出概念之外，还用了些积极手法。所谓积极手法，约略含有两种要素：(1)内容是富有体验性，具体性的；(2)形式是在利用字义之外，还利用字音、字形的。如这首古诗的整整齐齐每句五言，便是一种利用字形所成的现象。这种形式方面的字义、字音、字形的利用，同那内容方面的体验性具体性相结合，把语辞运用的可能性发扬张大了，往往可以造成超脱寻常文字、寻常文法以至寻常逻辑的新形式，而使语辞呈现出一种动人的魅力。在修辞上有这魅力的有两种：一种是比较同内容贴切的，其魅力比较地深厚的，叫做辞格，也称辞藻；一种是比较同内容疏远的，其魅力也比较地淡浅的，叫做辞趣。两种之中，辞藻尤为讲究修辞手法的所注重。在小说诗歌等类叙事抒情的语言文字上用得也最多。所谓华巧，也便是指这种形式的表面特色说的。

　　而实际，正如王安石《上人书》所说，"诚使巧且华，不必适用。诚使适用，亦不必巧且华。要之以适用为本。"华巧并不算是修辞的唯一的标的。这用古话来说，便是所谓"文"外还有所谓"质"。用我们的术语来说，便是积极的修辞手法之外，还有消极的修辞手法。

　　消极手法是以明白精确为主的，对于语辞常以意义为主，力求所表现的意义不另含其他意义，又不为其他意义所淆乱。但求适用，不计华质和巧拙。当"宁质毋华"的时候便"宁质毋华"；当"宁拙毋巧"的时候便"宁拙毋巧"。(甲)一境界清真的语辞，实际都是单独用这种手法的。(丙)一境界的语辞，清真的部分也是单用这种修辞手法的结果。如上举"君子"云云，便是一个例。这是古话所谓"质"的部分。

　　此外古话所谓"文"的部分，如(乙)的全体及(丙)的另一部分，实际消极方面也不能不参用消极手法，而求语辞的精确明白。这又就是古话所谓"文附质""质附文"的质文相待情况。刘勰《文心雕龙·情采》篇所谓"联辞结采，将欲明理。采滥辞诡,则心理愈翳",与王若虚《滹南遗老集·新唐书辨》所谓"作史与他文不同。宁失之质,不可至于芜靡而无实;宁失之繁,不可至于疏略而不尽。宋子京不识文章正理,而惟异之求。肆意雕镂,无所顾忌。以至字语诡僻,殆不可读。其事实则往往不明,或乖本意",可说便是针对这种情况而言。

三、修辞和语辞形成的三阶段

我们若再考察涉及内容的语辞形成的三阶段,将更可以明了修辞的实际情形。

语辞的形成,凡是略成片段的,无论笔墨或唇舌,大约都须经过三个阶段:一、收集材料;二、剪裁配置;三、写说发表。这三个阶段的工作都依赖于社会实践,并受一定政治立场和世界观的影响。但某些条件并不完全一样:如收集材料最与生活经验及自然社会的知识有关系;剪裁配置最与见解、识方、逻辑、因明等等有关系;写说发表最与语言文字的习惯及体裁形式的遗产有关系。三个阶段的条件顺次递积,到了写说发表的时候,便已成为与政治立场、世界观,与社会实践的经验、自然社会的知识,与见解、识力、逻辑、因明,与语言文字的习惯及体裁形式的遗产等等无不有关的条件复杂的景象。而语辞形成的过程,始终离不开一定社会实际生活的需要。必以实现这一定的需要,在收集材料;必以实现这一定的需要,在剪裁并配置所收集的材料;也必以实现这一定的需要,在写说发表所已经剪裁定妥、配置定妥的材料。这种需要,在语辞上常被具现为一篇文章或一场说话的主意或本旨。若将写说单作写说者个人的情事看,可说写说便是为了发挥这个意旨起见,运用语辞来表出上述条件复杂的景象的一种工作。

但写说本是一种社会现象,一种写说者同读听者的社会生活上情意交流的现象。从头就以传达给读听者为目的,也以影响到读听者为任务的。对于读听者的理解,感受,乃至共鸣的可能性,从头就不能不顾到。而尤以发表这一阶段为切要。因为这一阶段,是写说者将写说物同读听者相见的时候。写说者和写说物和读听者各都成为交流现象上必不可缺的要素。当这时候,写说者纵然还有"藏之名山"的志向,也不便再以"藏之名山"自豪了。对于夹在写说者和读听者中间尽着传达中介责任的语辞,自然不能不有相当的注意。看它的功能,能不能使人理解,能不能使人感受,乃至能不能使人共鸣?

古来因为中介语辞不能尽责,甚至闹成笑话的很多。试举几个例子。例如范睢说的:

> 郑人谓玉未理者璞,周人谓鼠未腊者朴。周人怀朴过郑贾曰:"欲买朴乎?"郑贾曰:"欲之。"出其朴,视之,乃鼠也。因谢不取。(见《战国策·秦策》)

这就等于放了一个谣言。缺失最大。也有缺失不到这样程度的,例如钱大昕说的:《论语》的

> 攻乎异端,斯害也已。

也就有两解:一,把"攻"作攻治解,"已"作助词"了"字解;二,"攻"作攻击解,"已"作动词"止"字解。(见《养新录》三)又如鲁迅批判过的一例:

> "此生或彼生"

这是汪懋祖为鼓吹尊孔读经,主张恢复文言而提出的例证。他声称此语比白话文"这一个学生或是那一个学生"要"明了""省力"。鲁迅当即予以驳斥,指出"这五个字"除了"这一个学生或是那一个学生"的意思外,"至少还可以有两种解释:一,这一个秀才或是那一个秀才(生员);二,这一世或是未来的别一世。"(见《花边文学·"此生或彼生"》)这就充分论证了此例含糊费解,有力地抨击了那种尊孔复古的谰言。

根据这种事实上的缺失及其他事实上的需要,所以材料配置定妥之后,配置定妥和语辞定着之间往往还有一个对于语辞力加调整、力求适用的过程;或是随笔冲口一晃就过的,或是添注涂改穷日累月的。这个过程便是我们所谓修辞的过程;这个过程上所有的现象,便是我们所谓修辞的现象。

同这现象有关系的具体的事项自然极其复杂,即就上头说过的来说,便已

有政治立场、世界观的关系,有社会实践的经验的关系,有自然社会知识的关系,有见解识力的关系,有逻辑因明的关系,有语言文字的习惯及体裁形式的遗产的关系,又有读听者的理解力、感受力等等的关系。普通作文书上常说的有所谓"六何"说。以力最有关涉的不过六个问题,就是"何故""何事""何人""何地""何时""何如"等六个"何"。普通常说:第一个"何故",是说写说的目的:如为劝化人的还是但想使人了解自己意见或是同人辩论的。第二个"何事",是说写说的事项:是日常的琐事还是学术的讨论等等。第三个"何人",是说认清是谁对谁说的,就是写说者和读听者的关系。如读听者为文学青年还是一般群众之类。第四个"何地",是说认清写说者当时在甚么地方:在城市还是在乡村之类。第五个"何时",是说认清写说的当时是甚么时候:小之年月,大之时代。第六个"何如",是说怎样的写说:如怎样剪裁、怎样配置之类。其实具体的事项何止这六个!但也不必劳谁增补为"七何","八何"。至少从修辞的见地上看来,是可以不必的。

我们从修辞的观点看来,觉得上述复杂的关系,实际不妨综合作两句话:(1)修辞所可利用的是语言文字的习惯及体裁形式的遗产,就是语言文字的一切可能性;(2)修辞所须适合的是题旨和情境。语言文字的可能性叫说是修辞的资料、凭藉;题旨和情境可说是修辞的标准、依据。像"六何"说所谓"何故""何人""何地""何时"等问题,就不过是情境上的分题。情境是拘束的、理知的,或题旨是抽象的、概念的,如前述(甲)一境界的语辞,便只能用消极手法。例如《史记·律书》说律数便只能说:

> 九九八十一以为宫。三分去一,五十四以为徵。三分益一,七十二以为商。三分去一,四十八以为羽。三分益一,六十四以为角。

而不能用"白发三千丈,缘愁似个长"那样的夸张法。再如情境是自由的、情趣的,或题旨是具体的、体验的,如前述(乙)一境界或(丙)一境界某部分的语辞,那又未尝不可任情随题,采用积极的表现。例如《南史·到溉传》:

> 溉孙荩早聪慧。尝从武帝幸京口,登北顾楼赋诗。荩受诏便就。上以

> 示溉曰,"苏定是才子,翻恐卿从来文章假手于苏。"因赐绢二十四。后溉每
> 和御诗,上辄手诏戏溉曰,"得无贻厥之力乎?"

最后一句君臣相戏的话,用了一个藏词法把"贻厥"这两个字来贴套一个"孙"
字,也觉得于题旨于情境并没有什么不适合,没有理由可以像颜之推那样说它
纰缪不通的(参看《颜氏家训·文章》)。

四、修辞同情境和题旨

　　但是消极修辞积极修辞虽然同是依据题旨情境调整语辞的手法,却也不是
毫无什么侧重;(1)消极手法侧重在应合题旨,积极手法侧重在应合情境;(2)消
极手法侧重在理解,积极手法侧重在情感。而(3)积极手法的辞面子和辞里子
之间,又常常有相当的离异,不像消极手法那样的密合。我们遇到积极修辞现
象的时候,往往只能从情境上去领略它,用情感去感受它,又须从本意或上下文
的连贯关系上去推究它,不能单看辞头,照辞直解。如见"一日不见,如三秋兮"
一句句子里的一个"秋"字,便当如本书借代章所说的作"年"字解,不能望文生
义,直把"秋"字解作夏后冬前的"秋"。

　　然而可惜古来的见解多是单看辞头的。或因辞头略有转折,便以为破格不
通。例如关于藏词,颜之推在《颜氏家训·文章》篇便说:

> 诗云:"孔怀兄弟"。孔,甚也,怀,思也,言甚可思也。陆机《与长沙顾
> 母书》,述从祖弟士璜死,乃言"痛心拔脑,有如孔怀"。心既痛矣,即为甚
> 思,何故言"有如"也? 观其此意,当谓亲兄弟为"孔怀"。诗云:"父母孔
> 迩"。而呼二亲为"孔迩",于义通乎?

这我们可以称为"破格"说。或因辞头略离题旨,便以为虚浮不实。例如关于譬
喻,刘向《说苑》记梁王对于惠施的故事道:

> 客谓梁王曰:"惠子之言事也善譬,王使无譬,则不能言矣。"王曰:
> "诺。"明日见,谓惠子曰:"愿先生言事则直言耳,无譬也。"

这我们可以称为"虚浮"说。或因辞头略乎华巧,便以为是一种华丽的装饰。例如王安石《上人书》道:

> 所谓辞者,犹器之有刻镂绘画也。

这我们可以称为"装饰"说。这些单看辞头的说法,虽然同滥用辞头的形迹不同,其实便是滥用辞头的同病别发。因为一样不甚留意修辞同题旨和情境的联系,尤其是同情境的联系。一旦遭遇根据情境的反对论,便将无法解答。例如惠施对梁王说:

> "今有人于此,而不知弹者,曰:弹之状何若? 应曰:弹之状如弹,则谕乎?"王曰:"未谕也。""于是更应曰:弹之状如弓,而以竹为弦,则知乎?"王曰:"可知矣。"惠子曰:"夫说者固以其所知,谕其所不知,而使人知之。今王曰无譬,则不可矣。"王曰:"善。"

我们知道切实的自然的积极修辞多半是对应情境的:或则对应写说者和读听者的自然环境社会环境,即双方共同的经验,因此生在山东的常见泰山,便常把泰山来喻事情的重大,生在古代的常见飞矢,便常把飞矢来喻事情的快速;或则对应写说者的心境和写说者同读听者的亲疏关系、立场关系、经验关系,以及其他种种关系,因此或相嘲谑,或相反诘,或故意夸张,或有意隐讳,或只以疑问表意,或单以感叹抒情。种种权变,无非随情应境随机措施。

这种随情应境的手法,有时粗看,或许觉得同题旨并无十分关系,按实正是灌输题旨的必需手段。我们讲话写文章给别人听别人看,便是在做宣传工作。要宣传得好,必须讲究语辞的运用。有时尖锐泼辣,有时含蓄委婉,有时激越高亢,有时平和从容……极尽一切可能,力求话语文章富有说服力和感染力。也就是要根据写说时的实际情况,调动和创造各种表现手法,来生动活泼、切实有力地传达自己的观点、意志到对方。可以说,语言是我们用来进行宣传的工具,或武器。我们倘若用武器来做譬喻,便也可说修辞是放射力、爆炸力的制造,即普通所谓有力性动人性的调整,无论如何,不能说是同立言的意旨无关的。

总之,修辞以适应题旨情境为第一义,不应是仅仅语辞的修饰,更不应是离开情意的修饰。即使偶然形成华巧，也当是这样适应的结果，并非有意罗列所谓看席钉坐的钉饾，来做"虚浮"的"装饰"；即使偶然超脱常律，也应是这样适应的结果，并非故意超常越格造成怪怪奇奇的"破格"。凡是切实的自然的修辞，必定是直接或间接的社会生活的表现，为达成生活需要所必要的手段。凡是成功的修辞，必定能够适合内容复杂的题旨，内容复杂的情境，极尽语言文字的可能性，使人觉得无可移易，至少写说者自己以为无可移易。略如福洛贝尔教导他的弟子莫泊桑的"一语说"所谓无论什么只有一个适切的字眼可用而写说者就用那个唯一适切的字眼来表出的一样。或更说得切实些，竟如卢那卡尔斯基所谓"内容自在努力，趋向一定的形式"的一样。

五、修辞的技巧和修辞的方式

这种修辞技巧的来源有两个：第一是题旨和情境的洞达，这要靠生活的充实和丰富；第二是语言文字可能性的通晓，这要靠平时对于现下已有的修辞方式有充分的了解。技巧是临时的、贵在随机应变，应用什么方式应付当前的题旨和情境，大抵没有定规可以遵守，也不应受什么条规的约束。只有平日在这两面做下了充分的准备工夫，这才可望临时能够应付裕如。

这两面的工夫，前者是关于语言文字之外的，后者是关于语言文字本身的。两面之间，临时大抵有所偏重。临时大概必要心眼中只有题旨情境才好。而平时必当两面并重。一面充实生活，同时也不当荒废语言文字的观察和研究。详察精究之后，运用时才可望做到应手应口的地步。或竟能够更进一步，独出心裁，别开生面。

所以平时对于修辞的方式颇要有精密的观察和系统的研究。有精密的观察可免浑沦懵懂，认识不真；有系统的研究可免混淆杂乱，界限不清。

一、精密的观察 这有两层：（甲）个性的观察。如前所说，每个具体的切实的修辞现象，都是适应具体的题旨和情境的，我们应当把每个方式就题就境看出它的个别性质，这样才见语辞是有根的是活的，是有个性的，是不能随便抄袭，用做别题别境的套语的。其次，也应当分别观察因为所用语言不同而生的个别性质。我们知道文言口语，同用一个修辞方式，往往是口语中明白得多，自然得多。这中间必然含有大同小异的所在。我们也应当把那所在随时察出。即如前说藏词，文言中用的成语大抵采自《诗经》《尚书》等几部知识分子比较熟悉的古书，口语中却就更进一步，只用一般人口头上熟习的成语。这就是使这方式更为亲切，更为有趣的原因。每次观察也应当把这种语言个性连同注意。还有体式、风格不同，也颇会形成了大同中的小异。例如把诗歌和歌谣相比，大抵是歌谣质朴得多，每用一个方式仩仩从头直用到底。这也要分别留神才是。（乙）功能的观察。即如前头说过的藏词，主意是在将所用的词藏去。单将所用的词藏去，旁人将必无从领悟，故必取一句中间含有这个词的人人熟悉的成语来，露出成语的别一部分，来贴套本词。那一部分，单任贴套，不表意义。意义仍在所藏的词，所以我们称为藏词。这种方式，大约魏晋时代便已盛行。例如陶渊明的诗（《庚子岁五月中从都还阻风于规林》）中便有这么二句："一欣侍温颜，再喜见友于。"利用《尚书》上"友于兄弟"一句成语，把"友于"来贴套"兄弟"。不过那时民间流行的情形，现在已经很难考见了。只有宋代以后，笔记流传较多，我们还可以从笔记中约略查得一些事略。如宋吴处厚《青箱杂记》一云：

> 刘烨与刘筠连骑趋朝，筠马病足行迟。烨谓曰："君马何迟?"筠曰：
> "只为三更五——。"言"点"蹄也。烨应声曰：
> "何不与他七上八——?"意欲其"下"马徒行也。

又如清褚人获《坚瓠二集》一云：

> 吴中黄生相掀唇，人呼为"小黄窍嘴"。读书某寺中，一日，寺僧进面，因热伤手忒地，黄作歇后语谑之曰：
> "光头滑——，光头浪——，光头练——，光头勒——。"谓"面汤揿忒"也。僧亦应声戏曰：

"七大八——，七青八——，七孔八——，七张八——。"盖隐"小黄窍嘴"四字。黄亦绝倒。

照此看来，藏词方式显然不能望文生义，照字直解。假如有人照字直解，那就可说不懂它的功能。其次也应当留神历史或社会背景所印染成的色彩。即如藏词，总看各例大抵带有俳谐情味，就是构成，也同制造灯谜不相高下。自然要算用在有打灯谜那样欢乐的情境中最为合拍。

二、系统的研究　这也有两层：(甲)每式之内的系统。即如前说藏词，有藏去后部的，古来名叫歇后，如"友于""贻厥"等各例都是。也有藏却头部的，古来名叫藏头，如曾有人称十五岁为"志学年"，称三十岁为"而立年"，便是藏却"十五而志于学"，"三十而立"等成语头部的藏头语。如"续貂"一语，便是藏却"狗尾续貂"这一成语头部的藏头语。此外藏却腰部的藏腰语，也有人用过，如龚自珍《广陵舟中为伯恬书扇》诗：

红豆生苗春水波，齐梁人老奈愁何！逢君只合千场醉，莫恨今生去日多。

以"去日多"言"苦"，用的便是藏词，也就是藏却曹操《短歌行》里"去日苦多"句中间"苦"字的藏腰语；不过，这类藏腰语的用例，比较罕见。就是藏头语，也颇不多见。只有歇后语特别发达。照民间的用例看来，且有延展到譬解语，利用譬解语来做歇后语的。那种歇后语，我们可以另称为新型歇后语。例如"针尖对麦芒——针锋相对"、"芝麻开花——节节高"、"围棋盘里下象棋——不对路数"等，便是民间流行的譬解语，上句为譬，下句为解。也有截去下句"针锋相对"，单说上句"针尖对麦芒"来表达"针锋相对"之意的用法。像这样每式内部的系统最好能够明了。(乙)各式之间的系统。再用藏词做例，我们不但应该明了藏词内部的各色情形，还应当明了藏词同析字、飞白以及譬喻、双关、回文等等一切方式的同异关系。明了之后，对于各种修辞方式方才不会将同作异，将异作同。一个修辞现象到前，一看便能了然。可以不再发生把我们所谓双关和有人所谓词喻，我们所谓析字和有人所谓字喻当作两种，又把我们所谓回文和有人所谓字喻混作一种的错误。应用起来，也可脱口而出，毫不踌躇。

六、修辞研究的需要、进展和任务

但是这样的观察和研究颇要耗费相当的时日，又不是人人一时所能双方并进的。因为精密的观察是注意方式中的小异，系统的研究却要留心方式中的大同。虽然研究也不是从头就可不注意小异，但当归纳时，必当用舍象法将小异舍去，抽出它的大同来，才能将它同别的有这大同的现象构成一个相当的系统。所以研究的注意必在同。而平日的观察却在异。同异双方同时注意，固然不是不可能，但必须先有相当的经验做基础。有了相当的经验做基础，再去做精密的观察，方才功能容易明白，个性容易看清。得益才更容易，才更大。

我们的先辈似乎也颇知道此中的底细。故颇有相当的与人论文书传给我们。又常在诗话、文谈、随笔、杂记中，记下一些经验来，供我们开始观察时候参阅。但可惜多不是专为修辞说的，故内容颇杂，又多不是纯粹说明的态度，所收现象也多是偏于古典的。那于研究古典或古代某一部分的修辞现象，固然也可以做参考，却颇不适于我们想要系统地知道修辞现象者之用。因此颇有人想略仿西方或东方的成规，运用归纳的、比较的、历史的种种研究法，将所常见的，或文学史上还须说到的修辞现象，分别部类，做成一种修辞学。修辞学原是"勒托列克"（Rhetoric）的对译语，是从"五四"以后才从西方东方盛行传入的。但最初用修辞这个熟语正名本学的，却是元代的王构（肯堂）。他曾著有《修辞鉴衡》一书，虽不甚精，似乎还是可以算是修辞专书的滥觞。不过那是属于萌芽时期的著作，自然同我们所谓运用归纳的、比较的、历史的研究法的修辞学没有直接的关系。

修辞学的任务是告诉我们修辞现象的条理，修辞观念的系统。它担负实地观察、分析、综合、类别、记述，说明

（一）各体语言文字中修辞的诸现象

（二）关涉修辞的诸论著

的责任,从（一）的原料和（二）的副料中归纳出一些条理一个系统来,做我们练习观察的基础,或直接做我们自由运用的资助。它不是立法者,就是出现某一实例的语言文字也不是立法者。没有什么权力可以约束我们遵从它。故所归纳出的,决不能误解作为条规。但实例是很重要的。它是归纳的依据,它有证实或驳倒成说的实力。有人常说"拿出证据来",它便是证据。唐钺氏的《修辞格》在当时许多修辞研究中所以比较地可以认为有成绩,便是因为他极注意搜集实例的缘故。又旧著,不是为修辞写的,如王若虚的《滹南遗老集》,俞樾的《古书疑义举例》,对于修辞研究所以比较地有贡献,也便是因为他们极注重实例的缘故。实例除了助成归纳之外,本身还可显示修辞如何必须适合题旨情境的实际,故在条理归纳清楚之后还当将它保存,并且记明篇章出处,借便翻阅原文,细玩它的意味。至于各种论著,无论是中的外的古的今的,都只能做比较的研究或历史的研究的参考,备万一要解说某一现象而不能即得确当解说时的提示,或作解决方式的佐证。如周钟游氏的《文学津梁》、郑奠氏的《中国修辞学研究法》便是在这一方面颇可备供参考的关于中国修辞古说的参考书。

至于修辞学本身,它应该告诉我们下列几件事:

一、修辞方式的构成　如譬喻,应该说明它由(1)思想的对象、(2)譬喻语词、(3)另外的事物三者构成。

二、修辞方式的变化　如譬喻有三种变化:

(1)明喻——譬喻语词指明相类,形式为"君子之德如风"。又有时隐去。

(2)隐喻——譬喻语词指明相合,形式为"君子之德风也"。又有时隐去。

(3)借喻——思想的对象和譬喻语词都隐去,单说"风",如"先生之风,山高水长"。

据《容斋五笔》,范仲淹《严先生祠堂记》的这两句,原作"先生之德,山高水长",做好之后给李泰伯看,李泰伯教他把"德"字改做"风"字的。据此我们可以猜度这个"风"字是借喻"君子之德"。

三、修辞方式的分布　如譬喻遍布在古今文中，又遍布在文言和口语中，不过文言中用"如""犹"等譬喻语词，口语中把譬喻语词改作"好像""如同""一样""就是"等等就是了。

四、修辞方式的功能或同题旨情境的关联　如前引惠施所谓"以其所知谕其所不知而使人知之"之类的说明。

五、各种方式的交互关系　如譬喻同借代相近，而同前举藏词则相距颇远之类。

以上五条，在修辞学书中，人抵把（一）（二）（三）说得较详，（四）（五）说得较略，或者只用界说或类别来提示。因为这样，比较可以免掉挂一漏万，而且条理也比较地清楚些。

七、修辞学的功用

像这样的修辞学，我们可以说是一种语言文字的可能性的过去试验成绩的一个总报告。最大的功用是在使人对于语言文字有灵活正确的了解。这同读和听的关系最大。大概可以分做三层来说：

（一）确定意义　以前往往把修辞现象当作"可以意会，不可以言传"的境域，其实修辞现象大半是可以言传的。我们既知道它的构成，又知道它的功能，大半就可确定它的意义所在，扩大了所谓言传的境域。例如所谓"笋席"便是竹席，所谓"笋舆"便是竹舆，倘若知道借代，便可不必繁征什么方言来证明，解说。

（二）解决疑难　偶然有修辞上的疑难，也比较容易解决。例如柳宗元《柳州山水近治可游者记》说："又西曰仙弈之山。……其上有穴。……其鸟多秭归。石鱼之山全石，无大草木。山小而高，其形如立鱼，在多秭归西。有穴，类仙弈。"人往往以为"在多秭归西"一截不可解，也有人以为应该删去"在"字，而将"西"字连下读。其实倘若知道借代，又看过一点《山海经》的借代法,便可断定应该这样读,而且可以断定所谓"多秭归",就是指上文仙弈山。

(三)消灭歧视 人又往往以为文言可以做美文,口语只能做应用文。而所谓美文者,又大抵是指辞采美富而说。其实文言的辞采,口语大抵都是可以做到的。例如文言中有"春秋鼎盛"一句话,人或许以为"春秋"二字美,而不知"春秋"二字,实际是同口语中的"东西"两字同用一样的修辞法。倘若知道借代,也便可以将一切歧视文言口语的偏见立时消灭。

其次便是可以顺次做系统的练习。因为修辞学已经把同类的辞例汇集在一起了,要做系统的练习,实际很容易。其次才是写说。因为实地写说,是必须对应题旨情境的,决不能像读和听那样不必自己讲求对应的,容易奏效,也决不能像练习那样不必十分讲求对应的,容易下手。而一度试用有效的,又并不能永久保存作为永久灵验的处方笺,所以也决不能借为獭祭的方便。但同实地写说也不是全无关系。倘从好的方面说来,大抵可以疗治两种病象:

(一)屑屑摹仿病 从前有些人不知修辞的条理,往往只知屑屑摹仿古人,现在条理明白,回旋的地位大了,屑屑摹仿病想必可以去了一半。而且也会知道有些地方是绝对不可蹈袭的,例如现在已经不常看见飞矢,为什么还要用飞矢来喻快速,已经知道泰山也不是异乎寻常的大山,为什么还要用泰山来喻重大或高大?

(二)美辞堆砌病 又有些人不注意语言文字和题旨情境的关系,错觉以为有些字眼一定是美的,摘出抄起,备着做文的时候用。殊不知道语言文字的美丑是由题旨情境决定的,并非语言文字的本身有什么美丑在。语言文字的美丑全在用得切当不切当:用得切当便是美,用得不切当便是丑。近来有人把那些从前以为美辞丽句的叫做烂调套语,便是因为用得不切当的缘故。

倘从好的方面说来,或许可以疗治这些病象。但也要看听的看的人态度如何,写的说的人方法如何。大概方式的选择要精，说述要明，举例要用意周到，评断要不违反现代语言文字的趋向和语言文字的本质，才能做到如此地步。一切健全的写说都是内容决定形式的，而内容又常为立场、世界观和社会实践所决定。没有正确的政治立场，没有无产阶级的世界观，没有革命的社会实践，便不会有健全的内容，也就不会有健全的形式。修辞学的本身，也是如此。

原载 1931 年 11 月 15 日《微音》月刊第一卷第六期；
又上海教育出版社 1997 年版第一章。

修辞的两大分野

陈望道

一、形 式 和 内 容

照前篇所说的看来,可见语言本身也便有形式和内容两方面,音形便是形式,意义便是内容。如把这等内容便作写说的内容,那么,鸲鹆鹦鹉也能仿效人的语言,鸲鹆鹦鹉仿效的人语,也便可以说是有内容的说话了。但是这里有一个重大的界限,便是所谓调节。人禽在语言上的分界,便在禽类不能用有调节的声音,而人类却不特用调节的声音,还将那调节的声音调节地随应意思的需要来使用。

人类,除了小孩把新学来的语言说着玩之外,大抵都是随应意思内容的需要调节地运用语言文字的形式。这内容是指第一篇所谓意旨的内容,题旨的内容,而非仅指附随形式,玩着形式也便带有内容的语言的内容。语言的内容,对于写说的内容只能算是一种形式的内容,在讨论文章说话时常常把它归在形式的范围之内。

修辞上所说的内容,就是文章和说话的内容。修辞上所说的形式,就是文章和说话的形式。内容和形式是一对矛盾的两个侧面,它们是不能截然分开的。没有无形式的内容,也没有无内容的形式。修辞不能离开内容来讲形式,也不能离开形式来讲内容。离开了内容片面地讲如何运用语言文字,那是形式主义;忽视了形式片面地讲文章和说话的内容,那也是不恰当的。修辞要讲究内容和形式的统一,要求形式适应内容,但若并不忘记它们的关联作用,却又未尝不可以把它们分开来说。

我们对于它们,当然期望形式能够和内容协调。但是事实上,只有内容形式两并充足的时期能够如此。此外大抵或者偏重内容,或者偏重形式,有些畸形的状态。不过内容偏重的畸形是一种上升的畸形,形式偏重的畸形却是一种没落的畸形。其发展的顺序大抵如下所列:

(一)内容过重时期

(二)内容和形式协调时期

(三)形式过重时期

当一种新内容才始萌生或者成长的时期,总觉得没有适应的形式可以把它恰当地传达出来,原有形式的遗产纵然多,也觉得不足以供应付。而急于探求新形式的意识,或又使人失去一部分利用旧形式的兴趣。于是便有一种形式缺乏的现象发生。使人觉得生硬,觉得传达得不适当,不自然。这我们称它为内容过重时期。内容过重一般并不是故意的,只为谋求"言随意遣",而言尚不足以供应付,意又还不足以创成新形式,这才发现了这样的现象。这现象是每一新内容要求有自己的适应的新形式的开创时期一种公有的现象。最明显的,如佛教输入,文学输入,以及自然科学、社会科学的输入时期,都曾有过这样的现象。

其次便是形式进步,足以应付内容,而内容也更丰富深厚,足以副称形式的时期。这就是王充所谓"外内表里自相副称"的时期。

再过,内容有些涸竭的情形,单想从形式这一面取胜,便是一个将近没落的形式过重时期。对于形式,像斗测巧板似的,竭力求其工巧,而于内容却是死守旧见,不事开展。这样的时期,名为形式过重,其实也不是真的形式过重。因为形式所有的不过是概念,没有内容去充实它,那概念也就是一个不活泼不生动的死概念。没有现实的意义,也没有真实的力量。名为偏重形式,其实正是形式的糟蹋。

这对于个人，也是同样的真实。

二、内容上的准备

个人固然少不了形式上的学习，同时更其少不了内容上的磨练。这磨练要运用正确的立场和观点，磨练工夫约有下列几项：

（1）生活上的经验——主要是指社会实践的经验，不但使我们多识多知，也与一个人的思想见解趣味非常地有关系；差不多晴暗之中，做着思想见解趣味等等的无形的最后裁判。无论外延的广涉的经验，和内涵的深入的经验，都属必要。而深入的经验，更能辅助我们想象未曾经验的境界。

（2）学问——实际不曾经验过的，可以借学问的力量来补充。但要探求社会实践直接所要求的学问。学问越是社会实践直接所要求的，越能给人生命，使亲近它的人得到了实际的学力。对于那种学力的浅深和广狭，也就像对于社会实践经验的浅深和广狭一样，将要无可隐藏地反映在写说上。

（3）见解和趣味——经验和学问累积的结果，就会形成了个人特殊的见解和趣味。而个人特殊的见解和趣味，也能左右个人以后的经验和学问。见解如果不能与时俱进而化成古怪，趣味不能循向正大滋长而流为怪僻，则经验和学问，对于那人也就等于路上的尘埃和垃圾。越积聚得多，越会污秽了他。

以上是说写说者必不可少的经常修养，就是所谓储蓄知识才能的经常方法。有如吴曾祺氏所谓"储才之法，可储之于平日，而不能取之于临时"（见《涵芬楼文谈》）。但是临时也不是没有可以经心努力的地方，约略说来，也有两项：

（1）观察——随时细心的观察，在修养上为医治见解僵化，趣味腐倾的良药，在修辞上也是使写说新鲜活泼能够关切现实的好法。观察的规模，可大可小。大规模的观察，就要进行大量的调查研究，有的非有长年久月不能告一段落。细小零星的观察，则在临时，也未尝不可以从事。例如所谓小品，多半就是依据临时观察所得的结果写下来的。这大小各面的观察，都是所谓不以晓得种种的法则的概念为满足的人,用着自己的血肉活身心,去应接亲近眼前正在显现正在变动的活事实的事。当然以能穿微入细,明变知因为最好。因此讲观察的,多将灵敏而深刻,或者细密而锐敏,悬作观察的理想。而要认真讲究真实正确,要免除因生理、因习惯、因心理而来的错误,也和一般研究科学没有什么两样。

（2）检阅——临时也可检阅报章、杂志和书籍。报章、杂志、书籍上所记的情状,都已经经过剪裁删节,而且多已经经过提炼加工。不但不如自己所观察的,直接而且具体,也且或已转到另外一个方向,换成另外一副面貌。这比之观察更须有经验学问等等做指针,从字里行间去推求事情的真际。但记载本来可以用正看、反看、侧看等等方法;对于不能正看的,我们也未尝不可以反看、侧看。例如鲁迅所谓"历来都竭力表彰五世同堂,便足见实际上同居的为难;拼命的劝孝,也足见事实上孝子的缺少",便是一种反看法。我们不应为了他们的说话有时不实便简直抛撇了不顾的。

总之,写说不纯全是椅桌间的修练,在修辞之前少不了要有经验、学问、观察、检阅等种种内容上的准备的。写说以后的成败,虽然同写说当时的生理、心理以及社会环境等类的条件也颇有关系,然而大体总是看这种种准备是否充分为转移。

三、两种表达的法式

这样准备所得的成果,我们可以用两种很不相同的法式来表达它:第一种是记述的;第二种是表现的。记述的表达以平实地记述事物的条理为目的。力避参上自己个人的色彩。常以实事求是的态度,精细周密地记录事物的形态、性质、组织等等,使人一览便知道各个事物的概括的情状。其表达的法式是抽象的,概念的、理知的:

　　类别之事,看似容易,而实甚难。往往一大类之物,欲为别分小部,不知从何入手。常法但取其及见而便事者以为分。譬如分小舟,则取用汽用帆用桨用篙;而任重之兽,则云牛马骡驼驴象驾鹿等;又如家有藏书,则分经史子集之类。但用此法,自名学规则观之,往往必误。故曰难也。

盖如是为分,不独多所遗漏,其大弊在多杂厕而相掩入也。中国隆古之人,已分一切物为五行矣。五行曰金木水火土,意欲以此尽物。则试问:空气应归何类?或曰:空气动则为风,应作属木;《易》巽为木,而亦为风。则吾实不解气之与木,有何相类之处。又矿质金石相半,血肉角骨自为一部,凡此皆将何属?且使火而可为"行",则电又何为而不可?若谓原行不收杂质,则五者之中,其三四者皆杂质也。是故如此分物,的成呓语。(严复译述《名学浅说》三十八节至三十九节)

这类的文章或说话,同科学的关系最密切;其形式也受逻辑、文法之类的约束最严紧。

表现的表达是以生动地表现生活的体验为目的。虽然也以客观的经验做根据,却不采取抽象化、概念化的法式表达,而用另外一种特殊的法式表达。其表达的法式是具体的、体验的、情感的:

唧唧复唧唧,木兰当户织。不闻机杼声,唯闻女叹息。问女何所思,问女何所忆。女亦无所思,女亦无所忆。昨夜见军帖,可汗大点兵。军书十二卷,卷卷有爷名。阿爷无大儿,木兰无长兄。愿为市鞍马,从此替爷征。

东市买骏马,西市买鞍鞯,南市买辔头,北市买长鞭。旦辞爷娘去,暮宿黄河边。不闻爷娘唤女声,但闻黄河流水鸣溅溅。旦辞黄河去,暮至黑山头。不闻爷娘唤女声,但闻燕山胡骑声啾啾。

万里赴戎机,关山度若飞。朔气传金柝,寒光照铁衣。将军百战死,壮士十年归。

归来见天子,天子坐明堂。策勋十二转,赏赐百千强。可汗问所欲,木兰不用尚书郎,愿借明驼千里足,送儿还故乡。

爷娘闻女来,出郭相扶将。阿姊闻妹来,当户理红妆。小弟闻姊来,磨刀霍霍向猪羊。开我东阁门,坐我西阁床。脱我战时袍,着我旧时裳。当窗理云鬓，对镜帖花黄。出门看火伴，火伴皆惊惶。同行十二年，不知木兰是女郎。雄兔脚扑朔，雌兔眼迷离。双兔傍地走，安能辨我是雄雌。（《木兰诗》）

这类的写说同社会意识的关系最密切；受社会意识的浸润也最深。

这可以算是两个极端的代表。我国以前论表达的法式，如《文心雕龙·体性》篇所谓"情动而言形，理发而文见"，《湖南文徵序》所谓"人心各具自然之文，约有二端：曰情，曰理。二者人人之所同有。就吾所知之理，而笔诸书而传诸世，称百爱恶悲愉之情而缀辞以达之，若剖肺肝而陈简策，斯皆自然之文"，也是以这两个极端做代表。此外处在这两个极端中间的当然也很多。我们可以将它们分成二个境界，就是

（甲）记述的境界，

（乙）表现的境界，

（丙）糅合的境界，

如引言所说。

四、语辞的三境界和修辞的两分野

因此修辞的手法，也可以分做两大分野。第一，注意在消极方面，使当时想要表达的表达得极明白，没有丝毫的模糊，也没有丝毫的歧解。这种修辞大体是抽象的、概念的。其适用的范围当然占了（甲）一境界抽象的概念的语辞的全部，但同时也做着其余两个境界的底子。其适用是广涉语辞的全部，是一种普遍使用的修辞法。假如普遍使用的，便可以称为基本的，那它便是一种基本的修辞法。

第二，注意在积极的方面，要它有力，要它动人。同一切艺术的手法相仿，不止用心在概念明白地表出。大体是具体的、体验的。这类手法颇不宜用在（甲）一境界的语辞，因为容易妨害了概念的明白表出，故（甲）一境界用这种手

法可说是变例。但在（乙）一境界中，却用得异常多。如前举《木兰诗》中的"溅溅""啾啾"便是。那不用抽象的概念的表出，说它水流，马嘶，却用具体的体验的写法说它"流水鸣溅溅"，"胡骑声啾啾"，便是这类手法的应用。此外，（丙）一境界的语辞，如一切的杂文，寻常的闲谈等，却又用不用都无妨。这两类手法，和三种语辞境界的关系，大体如右图。

这两种手法或两大分野的判别，颇属重要。因为我们修辞遇着不能两全的时候，或须牺牲了一面。那时我们要判断是否处理得适当，必须看它的本意侧重在何方，方才能够决定。即如明白，倘要概念明白，那就《木兰诗》的"流水鸣溅溅""胡骑声啾啾"，还不如我们此刻说的水流、马嘶，而水流、马嘶的具体性、体验性，却万不及"流水鸣溅溅""胡骑声啾啾"。故从积极方面着眼，必须肯定"流水鸣溅溅""胡骑声啾啾"是一种更好的表现法。积极修辞方面，事实上也有为了表达情感起见，故意说得不明不白的，如所谓婉转、避讳之类的修辞都是。例如司马迁《报任少卿书》：

> 恐卒然不可为讳。

"不可为讳"就是说他死，但不直说死，便是因为情感上不忍直说或不便直说的缘故。但虽然这样换了一个说法，也必仍要看的人或听的人看得懂听得懂。所以我们仍说也是以消极的手法做底子。

古来有些关于修辞的争论，其实便是这两个分野的争论。例如《春秋穀梁传·成公元年》：

> 季孙行父秃，晋却克眇，卫孙良夫跛，曹公子手偻，同时而聘于齐。齐使秃者御秃者，使眇者御眇者，使跛者御跛者，使偻者御偻者。

后头四个排句（排句中的"御"，音迓，迎也；下文改作"逆"，逆亦迎也），是本来可以括举，而文中故意列举的。刘知几以为不必这样列举。在《史通·叙事》篇说：

若《公羊》(当作《穀梁》)称:却克眇,季孙行文秃,孙良夫跛;齐使跛者逆跛者,秃者逆秃者,眇者逆眇者。盖宜除跛者已下句,但云:各以其类逆。必事皆再述,则于文殊费,此为烦句也。

魏际瑞(号伯子)又反对这一说。在《伯子论文》中说:

古人文字有累句,涩句,不成句处,而不改者,非不能改也。改之或伤气格,故宁存其自然。名帖之存败笔,古琴之存焦尾是也。昔人论……《公羊传》,齐使跛者逆跛者,秃者逆秃者,眇者逆眇者,宜删云各以类逆。简则简矣,而非公羊……之文,又于神情特不生动。知此说者,可悟存瑕之故矣。

这一论争,便是侧重消极修辞和侧重积极修辞的论争。

五、两大分野的概观

这两大分野的详细情形,我们将在随后几篇里陈说。现在先将这两分野的内容做一个概略的观察。

大概消极修辞是抽象的,概念的。必须处处同事理符合。说事实必须合乎事情的实际;说理论又须合乎理论的联系。其活动都有一定的常轨:说事实常以自然的、社会的关系为常轨;说理论常以因明、逻辑的关系为常轨。我们从事消极方面的修辞,都是循这常轨来做伸缩的工夫。关于事实的,例如:《左传·庄公八年》:

僖公之母弟曰夷仲年,生公孙无知,有宠于僖公,衣服礼秩如适。襄公绌之。

《管子·大匡》篇作:

僖公之母弟夷仲年,生公孙无知,有宠于僖公,衣服礼秩如适。僖公卒,以诸儿长,得为君,是为襄公。襄公立后,绌无知。

既少一个"曰"字,又多"僖公卒,以诸儿长,得为君,是为襄公"一句,却仍无妨为完文,便是因为未出常轨的缘故。关于理论的,如《商君书·更法》所记商鞅的话：

> 治世不一道，便国不必法古。汤、武之王也，不修古而兴；殷、夏之灭
> 也，不易礼而亡。然则反古者未必可非，循礼者未足多是也。

而《史记·商君列传》却作：

> 治世不一道，便国不法古。故汤、武不循古而王，夏、殷不易礼而亡。
> 反古者不可非，而循礼者不足多。

不但缩减文字，而且变动句式，却并不改原意，也因仍在同一常轨之中，所以没有妨碍。在这分野里边，就是先后的顺序也可以依事实或理论的关系来断定。如《左传·僖公二十五年》：

> 赵衰为原大夫，狐溱为温大夫。——卫人平莒于我。十二月，盟于洮。
> 修卫文公之好，且及莒平也。——晋侯问原守于寺人勃鞮，对曰："昔赵衰
> 以壶飧从径，馁而弗食。"故使处原。

王引之说这段话里有错简，"晋侯"以下二十八字应移在"卫人平莒于我"之前，因为"故使处原"正是说赵衰应当做原大夫的原由，必当紧接在"赵衰为原大夫"的记叙文之后（见《经义述闻》十七），便是根据事理来断定文字应有顺序的一个例。这一分野的修辞，第一要义在能尽传达事理的责任。其价值如何，就要看写说的结果同事理的实际是否切合或切合的程度如何而定。因此就以明确、通顺、平匀、稳密等顾念事理的条件，作为修辞上必要的条项。

然而积极的修辞，却是具体的，体验的。价值的高下全凭意境的高下而定。只要能够体现生活的真理，反映生活的趋向，便是现实界所不曾经见的现象也可以出现，逻辑律所未能推定的意境也可以存在。其轨道是意趣的连贯。它同事实虽然不无关系，却不一定有直接的关系。如《战国策·魏策》一，苏秦对魏襄王说的

> 人民之众，车马之多，日夜行不休，已无以异于三军之众。

这一句，《史记·苏秦列传》作：

> 人民之众，车马之多，日夜行不绝，辎辎殷殷，若有三军之众。

多了"辋辋殷殷"四个摹状辞,虽然这是依据想象添上的,也并没有什么不实的嫌疑。再如李白的《秋浦歌》:

　　　　白发三千丈,缘愁似个长;

　　　　不知明镜里,何处得秋霜。

所谓"白发三千丈"更是事实上所不会有的事。它是情趣的文,自然没有什么可议;假如放在(甲)一境界中,便得受沈括的讥笑了。大抵这分野的修辞,多诉诸我们的体验作用,多不用三段论法或什么分析,常照我们体验的想象的真感实觉直录下来。在是真实的一点上,原可同前一分野的语辞并驾齐驱——例如说白发三千丈,也同说白发几寸几分,各自占领了真实的一面,难以分别上下。但这以具体的体验的描写为主的倾向,到底同前一以抽象的概念的说明为主的分野不同,就使不能划然分开,也必不能茫然混同。

　　在这一分野里的修辞条项,约有辞格和辞趣两大部门。辞格涉及语辞和意旨,辞趣大体只是语言文字本身的情趣的利用。

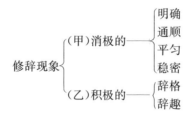

$$
修辞现象
\begin{cases}
(甲)消极的 & \begin{cases} 明确 \\ 通顺 \\ 平匀 \\ 稳密 \end{cases} \\
(乙)积极的 & \begin{cases} 辞格 \\ 辞趣 \end{cases}
\end{cases}
$$

六、两大分野的概观二

　　以上大体就意旨一面而说。再看语辞本身及语辞所须适应的情境,也是两个分野很有一些不能混同的地方。

　　消极手法是抽象的,概念的,对于语辞常以意义为主。唯恐意义的理解上有隔阂,对于因时代、因地域、因团体而生的差异,常常设法使它减除。又唯恐意义的理解上有困难,对于古怪新奇,及其他一切不寻常的说法,也常常设法求它减少。有时还怕各人的理解不能一致，预先加以界说，临时加以说明。总之力求意义明白，而且容易明白。

同时也几乎就以明白为止境。对于语辞所有的情趣，和它的形体、声音，几乎全不关心。固然有时也留心声音的混同或响亮，比如说到"形式""型式"两词容易混淆，"集体""集团"两词声音的差别等等，实际仍以意义为主，是为意义的明白而讨论声音，并非对于声音本身有任何的关心。对于形体，也持同样的态度。

但积极修辞却经常崇重所谓音乐的、绘画的要素，对于语辞的声音、形体本身，也有强烈的爱好。走到极端，甚至为了声音的统一或变化，形体的整齐或调匀，破坏了文法的完整，同时带累了意义的明晰。像张炎的《词源》里说他的父亲做了一句"琐窗深"，觉得不协律，遂改为"琐窗幽"，还觉得不协律，后来改为"琐窗明"，才协律了。为了协律起见，至于不顾窗子到底是幽暗还是明敞，随意乱改，原是不足为据。但在不改动主意的范围内，为了声音或形体的妥适而有种种的经营，却是一种常见的现象，也是一种不必讳言的事实。不必说讲求格律的诗和词，不免有这类经营；就是不讲求格律的散文，有时也不免有这类经营的痕迹。例如《孟子·滕文公上》："夏后氏五十而贡，殷人七十而助，周人百亩而彻。""五十""七十"之下都省去了"亩"字，到了"百"字之下才说出一个"亩"字，我们固然说它是探下省略的修辞法，但何以要在这里应用探下省略的修辞法呢？恐怕力求句调匀整也是一个重要的原因。不过比较起来自然在诗词歌谣之类的语辞上比较地讲究些。但这也只是量的问题。即如我们常言，说"几何"有时也说"几几何何"，说"转弯"有时也说"转转弯弯"，这在寻常文法也可说是不很通顺的，但为声音的关系，却也流行得极普遍。至于析字、双关之类，更完全是形音的利用。可见一切的积极修辞都是对于形式本身也有强烈的爱好：对于语辞的形、音、义，都随时加以注意或利用。这两大分野形式内容的不同，我们可以把它画成一个粗略的想象图如左。

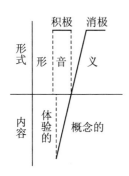

因为积极修辞是利用语辞的本身的,故颇有些方式无法译成语辞不同的别种语文。例如双关、析字之类,利用形音的,便难译成形音不同的别种文字。如回文、对偶之类,利用汉语的文言文的特性的,就是译成现代口头语也觉得为难。

总之,消极修辞是抽象的概念的;积极修辞是具体的体验的。对于语言一则利用语言的概念因素,一则利用语言的体验因素。对于情境也一常利用概念的关系,一常利用经验所及的体验关系。一只怕对方不明白,一还想对方会感动、会感染自己所怀抱的感念。这两种手法同时使用时,如(乙)一境界的写说,固然常常不分先后。并非先用消极手法,随后用积极手法。或先用积极手法,随后用消极手法。常常一面要说得使人明白,一面又想说得使人感动,把两面修辞的工作同时进行。但当用某一手法觉得妨碍了别一种手法时,或当观察纯用某一种手法,或某一种手法的特殊一部分时,如观察科学文字,或观察文艺作品时,必会显明地浮出这两大分野的区别。而知这两分野的区别,乃是一种切要的区分,并不是什么无关紧要的观念的游戏。

原载《修辞学发凡》,大江书铺 1932 年版;又上海教育出版社 1997 年版。

文章底美质*

陈望道

文章底美质,我们可以将它大别为三。第一要人家看了就明白,第二要人家看了会感动,第三要人家看着有兴趣。第一是关于知识的,所以有人把它叫作"知识的美质";第二是关于感情的,所以有人把它叫作"感情的美质";第三是关于人底嗜好的,所以有人把它叫作"审美的美质"。知识的美质就是"明了",感情的美质就是"遒劲",审美的美质就是"流利"。

一、明了 (Clearness)

要文章明了,必须具备下列两个条件:

第一是周到(Precision),第二是显豁(Perspicuity)。

所谓周到,就是文章上显出的意思同作者心里的意思毫没有大小轻重的差别。譬如说,"俄国冬天很冷",这话虽然很显豁,但"俄国究竟冷到怎样?"还是不明白,所以总觉得还有些不周到。明了周到地说起来,似乎该说"俄国冬天很冷,流了泪就成了冰条,喷了气就成为浓雾"。所以要文章周到,必须注意下列几件事:

---

* 本文系作者在上海女子体育师范学校所作的演讲。

（一）要有限制或说明的字眼——譬如前面这句"俄国冬天很冷"，我们所以有冷到怎样的疑问，就因为"冷"字没有限制说明的缘故。加了"流了泪就成了冰条，喷了气就成为浓雾"，将冷字限定，便不再有甚么疑问了。又如说"父亲有病，请你回来"，这句话也很有疑问，所谓"有病"，到底是要死的病呢，还是轻微的病？所谓"回来"，到底还是抛了一切回去呢，还是凑有空闲的时候回去？这也就因为没有限制说明的缘故。所以要除去种种疑问，换句话说，就是完成明了的美质，在必须时，须得周到地加上限制或说明的字眼。

（二）用近似的说话来对照——譬如说"古文难能而不可贵"，又如说"他敬伊，却不爱伊"。因为说到难能，很容易想到可贵；说到敬伊，很容易疑为爱伊。这样用近似语对照说明出来，就很周到，也就不至于暧昧不明了。

（三）少用宽泛语——譬如说"我想编出一本文法书"，这"想"字就太宽泛。所谓"想"究竟是决定的呢，还是打算筹备？倘是决定的，我们就不妨说"我决定编出一本文法书"，不用那"想"一类的宽泛语，听的人就格外容易明了了。

所谓显豁，就是平易毫不费解。要文章平易，必须注意下列几件事：

（一）一样的事物用一样的名词——譬如说"章太炎"，就全体用"章太炎"，不要又说什么"章余杭"等等。

（二）应该避去前名（Ante-cedent）不明的代词——譬如说"他从北京到南京去，在那里买了许多土产"。"那里"两字底前名，究竟还是"北京"呢，还是"南京"，就暧昧不明，不如设法避去。

（三）将意义接近的词句，放在接近的地位上——就是谓词同主词、宾词、补词，或修饰词同被修饰词，最好放在接近底地位。譬如说"某人十年前在美国某学校毕业，回国后就在某学校教书，学生都很信仰他，但他自己还以为经验不够，要到各地视察教育情形，今天来到上海，住在振华旅馆"，这样，主词"某人"同谓词"来到上海，住在振华旅馆"，就隔离太远了。我们不如说"某人今天来到上海，住在振华旅馆……"

（四）避去有种种解说的词句和结构——譬如"合作和工业底将来"，这就是"斗鸡眼的结构"（Squinting Construction），我们不容易明白他到底是说"合作和工业"两种东西底将来，还是将合作一种东西同将来的工业相提并论？

二、遒劲（Force）

文章明了了，看的人固然不致误解，但人家看了毫无感动或厌倦睡去，也是不行的。所以，我们有了明了的美质，还须进一步，发挥雄健动人的势力，祛尽平弱枯槁的病状。要文章遒劲须从下列两方面用力：

第一从思想方面，第二从词句方面。

思想方面必须深刻与新颖。所谓深刻，就是作者确有所感而且深厚，并不是表面涂饰。表面涂饰的文章，如同替人家做的哀词、请人家做的寿序，多不能感动别人心情、使人歌哭，便是因为思想不深刻的缘故。所谓新颖，就是自己讲自己底话，并不一意模仿古人；文章不将古人底死格式完全推翻，是决不能感动别人、使人精神焕发的。什么"求木之长者"，什么"世风日下"，全是废话，毫无意义！能够感动我们毫厘的情感吗？

词句方面又必须注意下列几项：

（一）注意字面——用字约有下列几项，应该注意：

（A）少用奇词——一切险怪的字，最好避去不用。

（B）多用专词（Special term）——就是所谓"具体的写法"，如胡适君在《星期评论》《谈新诗》所举的李义山诗"历览前贤国与家，成由勤俭败由奢"，便太抽象，不很有感动我们的力量。

（C）多用譬喻——如明喻、暗喻之类。

（二）注意字数——凡是有力的文字，一定很简洁，很短峭。譬如现在有许多新译的书，一般人读了都易厌倦，便是不注意字数的结果。

（三）注意排列——我们读书最注意的地方，在一本书大约是头几句同末几句及特别处所底几句；在一篇（诸君读过《论语》，"学而时习之"想必是记得的）也必是如此；在一句也必是头几个字或末几个字。所以凡是紧要的词句必须摆在这些地方才有力量，这是应该注意的一种方法。

又须注意用对句，将紧要的词句，用对句表出。如"人死留名，豹死留皮"，就很有感动旧脑筋的力量。

此外，还须注意层次：最好由小入大，由浅入深，层层激进，步步入深。

三、流利(Ease)

文章能够做得明了，又能够做到遒劲，文章底目的总算可以达到了。但要使人不厌百回读，却还须注意最末的一件事，就是流利。

文章怎样做才会流利，本来不是简单几句话能够说明。但我觉得诸君不妨从下列两方面用力：

第一是自然的语气（Movement），第二是谐和的声调（Rhythm）。

所谓自然的语气，就是语句像水流就低一般，毫没有艰涩的一种模样。初学的人要做到这一步，最简便的方法，就是将意义相近的字安排在第一句末脚和第二句起首，就是使意义相近的安排在相近的地方。譬如说"昨天早晨我接到一册《小说月报》第三号，那时我才从床上起来。一手就翻到《狂人日记》"。内中"接到"同"翻到"是自然相联的事情，我们最好将他接联安排起来。这种接连安排的方法，很能够帮助我们流畅，也是名文自然必有的手段，请诸君于读名文时，时时留意。

所谓和谐的声调，就是文章读起来很顺口，轻重缓急又同意义很相调和。这不是简单所能说明，诸君要修养这一层，只有将名文时时朗读，带便参究他底音节，后来自然会懂到、做到。

凡事都是说着容易做着难，文章也是如此。诸君不看见说"国利民福"的堆满十八省，祸国害民的却也十八省堆满吗？诸君知道这一层，诸君定能容忍我这短于文章的人讲论文章底美质！

原载 1921 年 3 月 28 日《民国日报》副刊《觉悟》；又 1921 年 5 月 1 日《新青年》第九卷第一号。

修辞学在中国之使命[*]

陈望道

这个题目范围广大,决非一二小时内所能详说无遗;不过我想对诸位发表一点最近对于国文教授的感想,因此就这道题目的大概,在此和诸位谈谈。

修辞学底定义,照通常说法,原可以说:修辞学是研究文章上美地发表思想感情的学问。但所谓美和所谓丑,究竟如何区别呢? 普通人说这是美的,那是丑的,似乎他们分别美丑很容易;若根本的问一句,究竟怎样叫做美,怎样才叫丑,也就不是一时间可以讨论清晰的。所以这种定义,不能用在匆促讨论的地方;现在讨论,实须另用简单的说明。

简单的说明起来,我想可以如此:先说明何谓辞,然后再说明何谓修辞。

修辞学所讲的"辞"是什么呢? 简单言之,辞是由思想和言语组成的,二者缺一,便不成辞。所以画起表来便是:

$$辞 \begin{cases} 思想 \\ 言语 \end{cases}$$

有思想,没有言语,那是肚子里面的思想,不是辞,所以不把思想吐露出来表现于言语上,不能成为辞。换一面说,只有语言,没有思想,那也只是鹦鹉的

---

* 本文系作者在浙江四中师范部的讲演。

说话，梦呓，所以没有思想的言语，也不能算是辞。凡是辞，必具有思想和言语这两个要素。

再就这两个要素据我底研究细分起来，思想有三条件：（一）事理，（二）心理，（三）论理；言语也有三条件：（一）声音，（二）声音的记号——文字，（三）声音和声音连接的关系——文法。列表如下：

修辞便是在这六条件上用的功夫。消极的说，是要去掉不好；积极的说，是要现出好来。我们消极地能对于事理、论理、文字、文法四条件上留心，则结果为"通"。再能积极地对于心理、声音两条件上用意，则结果为"工"。我底这研究如果可靠，则一切文章上底通不通和工不工，都该可以在这六条件上去下检点的工夫。举例来说，如说"煮米成饭"，我们知道是通的；倘说"煮沙成饭"，我们觉得这是不通了。何以不通？便因为它不合于通的条件的"事理"。再如说"研究哲学科学可以通晓事物的公理"，"研究因明逻辑可以通晓辩论的公理"，那是通的；倘如林传甲在京师大学堂《中国文学史》讲义第五篇第十六节上说："西人之辨学曰，合肥相国姓李，而姓李者不尽如合肥相国也。东文之论理曰，凡英雄皆善饮酒，然饮酒者未必为英雄也。初学作论，必自兹始。与其习西人辨学，东人论理学，何若取《论语》二十篇，实力研究之，以折中万国之公理乎。"我们便觉得不通了。何以不通？便因它不合乎通的条件的"论理"。再举一例，就如上海《民国日报·觉悟》栏上最近揭发的东南大学教授顾实君做了登在《国学丛刊》一卷三期里的《文章学纲要序论》中开始的一段话：

诗曰"他山之石，可以攻玉"。中国从来独创文化，第知则古称先，以往古为他山之石。今也不然，五洲棣通，不独可横而沟通中外，并可纵而贯穿古今焉。英语之流陀列克，源于希腊之流阿，本流水之义，以人类谈话，亦从思想流出，遂联想而转成此语。

这里的"不独可横而沟通中外，并可纵而贯穿古今"一语，实如《觉悟》所指摘，异常奇怪。何以奇怪？便因为它不合乎工的条件的"心理"。照普通心理，上文说古今，下文说中外，中间一句当然该说"不独可纵而贯穿古今，并可横而沟通中外焉"；且必如此，才与本句前半截"今也不然，五洲棣通"八字相贯。所以我们觉得他所做的，倘不是辞不达意，便是他的心里有点上锈；总之是不工的了。一切尽可如此检查，现在可惜不能多说。

现在要讲一点修辞学底职务。修辞学的职务，就消极方面说，就是要使不至于不通；就积极方面说，就是要使成为工。但什么是工，工在何处呢？什么是不通，不通在何处呢？怎样才成工，怎样才不是不通呢？这几个问题如要详谈，便该翻出全部修辞学，现在只能略讲一点工的条件。工的条件，在声音方面至少有两个：（一）能调和，（二）有风味。譬如同一意义的辞，如"说大话""自夸"，我们细细玩味起来，也可以看出不同的背景：说"自夸"的往往是文坛上的人，背景是文坛；说"说大话"的往往是普通人，背景是普通社会。背景不同，两个辞底风味便也因而不同。在心理方面讲来，最重要的研究是辞格底构成及其根据心理的应用。这问题可也颇复杂。现在只能举辞格研究的一例来略加说明：譬如"铁血主义"这个辞，普通的意思是强权的意思。但细想想"铁血主义"为什么是强权的意思呢？修辞学回答说：修辞学里有两条通例：

（一）原因可以代结果，结果可以代原因。

（二）材料、工具可以代事物、工作。

例如范成大诗"笋舆篾舫相穷年"，又《尚书·顾命》篇云"敷重笋席"，笋是因，竹是果，原因可以代结果，所以这两句中的笋都是竹底意思。反之，结果也可以代替原因，如《史记·晋世家》云"汗马之劳，此复受次赏"。"汗马"是果，

"力战"是因，因为结果可以代原因，所以此处的汗马也便是力战。意思就是说："力战底功劳，这也受次赏。"懂得这条通例，"血"字就有着落，就是流血是战争底结果，照修辞常例可以用血来代战争。再讲到"铁"，也可代战争，这也是依照第二例通例。如平常说的"某人笔墨好"，便是用笔墨等工具材料代文章，决不是真说他或伊底笔墨都是在九华堂等处买的，笔墨格外地好，不过说他或伊底文章好罢了。这是说用工具材料代物；工具材料也还可以代事。如白居易诗"田园寥落干戈后，骨肉流离道路中"；"干戈"二字便代战争的事。照此类推，"铁血主义"一辞，流血是果，战争是因，铁是工具，战争是工作；所以"铁血主义"是战争的意思，也便是强权的意思。诸如此类，凡是常人以为好的或奇的，都可以一一分析出它们底构造法则及它所以如此变个样子说话的缘故。

关于修辞学的概念说完，以下该入本题说它在中国的使命了。我觉得如真像样的修辞学出来，它在中国的使命，共有四种，现在请与诸位逐段说明：

第一，可以绝灭关于修辞学本身上的谬想。我曾见有一位胡怀琛[①]先生——这位先生诸位大约也知道他学问很博的，当他署名"胡寄尘"的时候，便会做礼拜六派的文章；当他署名"胡怀琛"的时候，又会做新小说新诗——几年前做了一部不到百页的《修辞学要略》，自己说是花了六年光阴才做成功。我以为这部书该是在中国修辞学书里最好的了，但是读过之后，令我大失所望。原来他把甚么"叠字传神""骈字传神""虚字传神"等说了一堆，又桐城八个字眼，什么"神"啦，"理"啦，"气"啦，"味"啦……一字一字扭过来，抄了几大篇古文，就叫人去"心领神会"去，算是修辞学了。这是名是而实非的修辞学。真的修辞学在中国的第一使命就在绝灭这等似是而非的修辞学。

第二，可以矫正利用修辞学材料排击文法学的妄想。有正书局出版的《文法津梁》一书，编者主旨是以中国修辞学材料来排斥文法的，他以为中国本来有文法，用不着西洋的文法，看此书的自序说：

① 胡怀琛（1886—1938），安徽泾县人。字季仁，又字季尘，号寄尘，别署有怀、秋山。

今者兹编之辑,汇先正之绪言,以为后学津梁。果能据此以资讲习,则文章之消息已可得其大概。其贤于今之"文典"者远矣。

可知此书编者把修辞学和文法学混为一谈。他把修辞材料认作文法,又把他所谓的文法来排斥新兴文法,说来,总算很肯替修辞刮地皮了。但修辞学其实很愿文法学保全地位,决不想去并吞它。像这样的瞎拼命,修辞学是不很欢喜的。不,——不但不欢喜,并且还要排斥它。所以真正的修辞学在中国第二使命便是绝灭一般人想用修辞学去排击文法的空想。

还有第三种使命就是要矫正拉直把修辞学混充文法学的弊病。此类的人并不像第二类,要排击文法,却把文法看得很重,但实际是把修辞材料来混充文法。最明显的例,就是《文法会通》。这书的自序说:

《马氏文通》出,于字类之分别,句读之组织,极言详论,博引繁征,诚千古未有之创作,然于积句成篇之法,则似尚多未详,爰不揣谫陋……虽举例简少,解释鄙略,不敢谓继《文通》而作,然欲与学者以易知易能,使即其可授受者以求夫不可授受者,则犹夫眉叔(文通著者)之意也。

这该是文法书了。但我们试查他底目录。卷一:论字,论词,论句;这是文法。卷二:论积句上——阴阳。卷三:论积句中——奇偶,排比,比例,譬喻,陪衬,援引,虚实,例证。卷四:论积句下——因果,假定,逆溯,设难,正负,演绎。卷五:论布局(这是甲编的目录,乙编未见)。差不多全是修辞性质的东西!

至于第四使命,就在使一般糊涂不解的,此后也解。从前一般摇头先生,往往以不解为神秘。记得我少时在私塾里读书,一位老师他很好心,教我练字,他说"春秋鼎盛"一辞很妙,倘改作"年纪很轻",便不妙了。说完大点其头,露出洋洋得意之色,觉得津津有味。我问他究竟为什么用了"春秋"二字就妙,他便神秘地作哑了。其实,我们只要知道修辞学里一条小小的通则:全体可代部分,部分可代全体;那末用春秋二字来代年岁,本无稀奇,又何以摆头摇足装神奇呢?修辞学在中国第四种的使命,就在使一般模糊不懂的明白起来,可以使只知其然的知其所以然。前月曹慕管先生为了"复辟"两字闹了一场大混乱,也就因为不知"复辟"两字与他自己所用"老马"一样是譬喻修辞的缘故,倘中国有一本小小的修辞学可看,这种小事也就不会闹到废了几万字了。

以上四种使命是我以为修辞学能担当的。不过我自己却不敢说能尽这样的责任。我个人不过因为近来癖好它,就略略加以稍稍的观察,在责任上只是或者可以略尽一小部分罢了。学问原是共同的事业,那些走错路的能够回转头来努力,我自然很欢喜;诸位倘若愿意,我更希望诸君共同努力,起来担任这一类使命。

原载 1924 年 7 月 28 日《时事新报》副刊《文学》第 132 期

关 于 修 辞

陈望道

　　"修辞"只是半句话。这半句话的上面，隐隐还含有更重要的半句话："就意"或是"根据对于自然、对于社会的认识"。全说起来，就是"就意修辞"，或"根据对于自然、对于社会的认识修辞"。"修辞"是一个古来的成语，若用现代的话翻译出来，就是调整语言。根据对于自然对于社会的认识调整语言，是我们日常说话时的一种事实，本来没有什么奥妙。然而一到作文，却未必人人都能够这样做，或知道这样做。许多奇事，就是从此发生。

　　第一，有人会把意和辞的关系割断，或把意和辞的关系倒转，不是"就意修辞"，倒是"就辞修意"。如张炎所说，做了　句"琐窗深"，觉得不合音节，就改为"琐窗幽"，觉得还不合音节，又改为"琐窗明"，就是一个顶明显的例子。

　　第二，既把意和辞的关系倒转，重辞不重意，就又有人把辞来分家。先把辞分成了口头语和书面语两家，又把书面语分成了古的和非古的两家。认做越古越好，就是越离实意实感越好。他们把"古"来叫做"雅"。会说"与其伤雅，毋宁失真"。有意地走上了把"幽"来说做"明"的道路。

　　学问上往往有许多出奇的事情，说来会教人不肯相信。如什么叫做语言，谁不知道语言是我说来给你听的。但在语言学史上对于语言的观念要进步到这个地步，可就不知道要有多少年月。起初好像他们不知道语言是"说"的。所以他们找语言，一定要到现在已经不能"说"的古典上去找。这就是所谓"文献学"的时期。再进一步,他们知道语言是"说"的了,他们已经会到口头上去找活语言,但似乎还不知道语言是说给你听的,所以还是只把一个"说主"放在眼里,个人主义的倾向极强,把社会的因子搁下不管。往往要把别人不知所云或与现实社会隔碍的当做偶像抬来教人礼拜。最后才进步到知道语言是"说给你听的",把"听客"也算在里面。外国的语言学史是如此,中国的语言学史也是这样。到现在还未完全走到最后的一步。

修辞上的情形和这一般的语言观念的进步有着血肉的关系。对于语言不知道是"说"的,对于辞也不知道像"说"一样的去"修"。对于语言还不知道是"说给你听的",对于辞就也不知道像"说给你听的"一样的去"修"。要修辞不出奇事,我以为第一步还在知道"说",知道学"说"。尤其要留心本地话。现在大家都干"读书运动",劝人读好的书,我以为本地话就是一部顶好的"没字书",应该列入甲等,首先精读。

本地话的条理一定是自己很熟悉,本地话所含的语言现实内容也一定是自己很明白。如何运用语言来表现所要传达的意思,那种方法也必很容易学习。学得那种方法以后,再学别地话,学古文以至学外国的修辞就可以有个根底。无论用辞造句,都会有尺寸起来。

修辞本来没有什么奥妙,经过一番努力以后,一定更会把所谓奥妙看穿。要了解语言的精髓,这是总的近路,不止修辞而已。

原载 1935 年 6 月《中学生》第 56 期

修辞学中的几个问题[*]

陈望道

一、修辞学研究什么

修辞学研究用各种手段、各种表现方法来表达所要说的思想。一切事物都有内容和形式两个方面,内容决定形式,形式总是为内容服务的。写文章要研究如何更好地表达,也就有了修辞的问题。作报告也是如此,报告人事先要了解听报告的对象,听报告的人提出的问题,然后再研究用什么方法、用何种手段表达出来。这要考虑到各种复杂的情况:有些什么人听,什么时候讲,针对什么问题讲,不能简单化。听的人不同,讲的材料不同,讲的方法也就不同。要讲得好,必须适合各种复杂的情况。过去写文章讲究"六何",我认为"六何"还不够。修辞手法有时利用文字的形体,有时利用声音的变化,此外还可以运用其他种种手法。

为什么要研究修辞?

第一,研究修辞可以正确理解人家的说话。

过去修辞学研究不发达,碰到一些修辞现象不免有所误解。例如"五四"的时候,胡适等人解释"双关"就曾解错了。如:

---

  * 本文系作者 1962 年 1 月 4 日在华东师范大学所作的学术讲演节要。

> 杨柳青青江水平,
>
> 闻郎江上唱歌声。
>
> 东边日出西边雨,
>
> 道是无晴还有晴。(一作情)

胡适说如果当作晴雨的"晴"就错了,应该当作"情"。其实解作"晴"或是解作"情"都是"单关",而这里是"双关",必须解作"晴"也解作"情"。《阿Q正传》中的"而立之年"即指三十岁,因为《论语》中有"三十而立"的说法,这就是修辞。研究修辞,就能正确理解文章的意思。要懂修辞,还必须进行调查。解放以来,数字用得很多。"九三学社"的"九三"是什么意思?我经过调查才知道,是指一九四五年九月三日,抗战胜利纪念日。

研究修辞还要懂得逻辑,懂得逻辑能帮助我们发现错误。我过去对同学说,看流畅的文章时要特别注意,因为容易混过去;看疙里疙瘩的文章倒可放心。有些文章逻辑上有问题。如"世有伯乐,然后有千里马,千里马常有,而伯乐不常有"。这句话逻辑上说不过去。世上有伯乐才有千里马,没有伯乐则应没有千里马。而却说成"千里马常有,伯乐不常有",这里的概念是调换了。"甲是乙",调成"乙是甲",就不成。"陈望道是浙江人",不能说成"浙江人是陈望道"。有时能调,有时不能调。学修辞的人就要抓住具体的话来分析。"吃龙井"、"吃绍兴"并非真的吃这些地方,修辞学告诉你这是"借代"。研究修辞即要寻根究底,学会分析各种现象。

第二,可以正确评论。

过去有人批评重复时说排句不必要,这到底对不对?如《人民日报》元旦社论《新年献词》中说:"毛泽东同志经常告诉我们,看问题要经过调查研究,要抓住事物的本质,而不要为一时的表面现象所迷惑。乌云遮日终究是暂时的现象。经过调查研究,世界上的确还存在着帝国主义;经过调查研究,世界上的确还存在着资本主义;经过调查研究,世界上的确还存在着被压迫民族和被压迫人民。总之,经过调查研究,世界上的确还存在着……矛盾,所有这些矛盾,都是不可调和的。"这篇文章是在教训人,因为修正主义不认识这些矛盾,不承认这些矛盾。如果不用这几个"经过调查研究"的排句,而只用一个"经过调查研究",那就没有这么有力了。过去对文章的繁简很有论争,有人觉得文章越简单越好,最近《人民日报》《文汇报》上还有人这样主张。我认为要看具体情况,有时候是"简"好,但有时却是"繁"好。要调查研究,不能一笔勾掉。例如贴标语,一条标语有一条标语的作用,如光强调简单,贴一条标语就算了。

学修辞一定要看全面,批评起来才会正确。要学一点美学,学一点文艺理论。过去的标准是古来有的就好,如"光阴如箭,日月如梭",好得很!但时代不同了,现在为什么不能讲"如飞弹"?显然"飞弹"比"箭"快得多。过去形容高大,一定用泰山来比,现在我们知道,珠穆朗玛峰比泰山高多了。古典主义者总认为古来有的就好。研究美学的人认为对称即美,有的学校造房子,这里造一幢,那里也一定要造一幢。果真这样的话,写文章就都要用四六对句了。对称一定好吗?句子能对的要对,不能对的就不必对,对句也不一定好。我们要有革新的眼光,过去讲好的东西不见得好;过去讲不好的也不一定不好。这就要有新的标准。要研究文艺理论、哲学、美学。美学上有一条:多样而又统一(不是多样加统一)。这里有模仿与创造的问题,有革新与继承的问题。因此要有标准,不能拿外国有的、古代有的来做挡箭牌。

第三,可以正确运用语言文字。

这比上两点难得多,能正确理解、正确评价,不见得能正确运用。研究修辞能帮助我们运用。

二、如何建立体系,继承传统;《修辞学发凡》是怎样写的

研究学问,建立体系要一点一滴地做,但要尽量注意全面。要从全局中想问题,但又要从一个一个问题出发,从实际出发。解决问题时尽量要有全局观点,要注意到其他问题。有人孤立地讲简单,不同材料联系起来,这是不对的。

做学问要一步一步来。我也是半路出家的。我国研究修辞是有传统的,许多老先生都讲究修辞。"五四"文学革命提出打倒孔家店,主张用新文学代替旧文学,用新道德代替旧道德。许多学生不会写文章,问我文章怎么做,许多翻译文章翻得很生硬,于是逼着我研究修辞。我是从调查修辞格入手的,调查每一格最早的形式是什么。格前面的"说明"不知修改了多少次,就这样搞了十几年。

如何建立体系。我认为不要为体系而体系,空洞地从体系出发来建立体系,应该碰到什么问题就进行调查研究,研究问题的时候,尽可能用全局观点,材料调查全了,这些材料用全局观点研究过了,综合起来自然成为体系。这就是说,从实际出发,切切实实地研究问题,解决问题,自然会构成体系。

有位同志问,修辞学与词章学、风格学关系如何?张志公写过一篇关于词章学、修辞学、风格学的文章,提出了这个问题。词章学过去讲诗辞歌赋。毛主席以前说过要研究词章学,后来在《〈中国农村的社会主义高潮〉的按语》里又提出要讲究"修辞"。张志公说,词章学是总名称,下面再包括修辞学。他主张:以词章学来统括修辞学和风格学,它们的关系如图一。照我看,词章学就是修辞学。我认为修辞学可以包括风格学,而词章学这一名称可以不用。如图二。

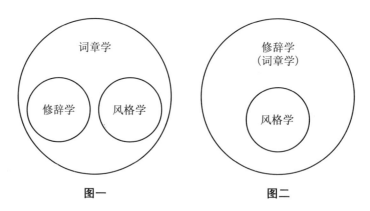

图一　　　　　　　　　　图二

过去收集修辞的例子很费力,到处找找不到;现在则不同,报章杂志俯拾皆是。例如"回文"有"人炼钢,钢炼人";顶真有"猪多肥多,肥多粮多,粮多猪多"等等。搞修辞可以分工,各人研究一些重点,各有所长。但要从实际出发,这与建立体系有关。

修辞学有没有阶级性？我在《修辞学发凡》中没有提到阶级性，现在也不预备讲。不是漏掉，而是故意不讲。修辞学上的许多手法，我们可以用，帝国主义也在用。他们利用它来搞我们，我们利用它来搞他们。譬如一把刀，拿在革命党手里，可以杀反动派；拿在反动派手里，也可以杀革命党。我们学修辞一定要学政治，学马列主义，但不要从修辞中去强调阶级性。

关于文与道的争论，有些人各执一端，辩不起来，其实，为了社会主义革命、社会主义建设，任何一门科学，都要尽其用。有些重文的人不敢讲重文，这没有必要。为什么一定要讲许多重道的话，把语文课变成政治课？"五四"时期我曾把国文课教成政治课，教成文化革命课，因为那时有必要。现在就不同了。我认为在学术上是什么，即应该讲什么。

如何继承传统？胡适主张全盘西化，一味学外国，甚至主张中国话也不必说了，用世界语说话。也有人要我们专学古人。这些都是极端错误的。中央有位同志说得好："屁股要坐在中国的今天，一手向古人拿东西，一手向外国人拿东西。"这比前几年讲的"厚今薄古"更明确些。

怎样继承？要革新地继承。专讲继承，要变成复古。我写《修辞学发凡》的时候，正是复古、读经搞得最厉害的时候。有人主张取消白话文，我们商量了一下，决定以攻为守，我们自己攻击白话文，说它不够"白"，提倡"大众语"，于是他们就来保护白话文了。在《修辞学发凡》里，我从《红楼梦》《镜花缘》等书中找了许多骂古文、挖苦古文的例子，目的是反对复古。这一部分请结合当时的斗争来看。总之，研究学术要站稳立场，要有国际主义、爱国主义，要好好学习马列主义、毛泽东思想。

三、现在存在什么问题

这几年大家对修辞学研究得少了些，希望大家努力。

我过去是做教员的，做过小学教员、中学教员、大学教员。我从学生卷子中开始研究，看他们那些地方不懂，什么地方容易错。先研究"呢""吗"的不同用法，后来从改学生试卷中找规律，找出规律后，学生就懂了。诸位也可注意学生什么地方对，什么地方错，这样研究很有成效。这几年许多问题没人研究，要加强。为了教育，应加强研究；为了时代，更应加强研究。现在的语言和"五四"时代已是相差很远很远的了，那时有许多人不会做文章，只知道"甲是乙"的格式，老是讲"花是红的"。现在不同了。但现在有许多语言现象，开始用时不大自然，不过后来也就习惯了。如"意味着"开始觉得用不惯，后来则觉得蛮好。"致以热烈的欢迎"等话，从古文看，都不大好；"派生"一词，是从日本来的，我本来也觉得别扭，而今都习惯了。现在出现了许多非常好的修辞新例，如歌剧《刘三姐》中有许多"双关"。譬喻则更多了，如"不怕鬼""不戴帽子""不打棍子""不抓辫子"等等，都很生动。

总之，研究不够是修辞学存在的最大问题。

另外，刚才有人讲起风格。《修辞学发凡》中没有深入地谈到风格。因为那时我被反动派借了各种名义从学校里赶了出来，不能不很快地出版这本书，来不及再进一步研究风格。到底怎样研究风格，大家可以考虑考虑。现在的公文和过去有很大不同，过去的公文讲"等因奉此"，现在没有了。过去的小说常用"却说"开头，现在也不用了。关于风格的问题还研究得很不够，我认为可以大大努力一下。

原载《复旦学报（社会科学版）》1979 年第 1 期

关于修辞学对象等问题答问[*]

陈望道

　　问："怎样适应题旨情境"，它是否修辞学研究的对象？是否有规律可循？有人主张修辞学应该研究修辞规律的运用，这种意见是否正确？

　　答：过去有些人用词造句喜欢生搬硬套，前人怎么讲，他们就怎么讲，如形容时间过得快就讲"光阴似箭，日月如梭"。运用修辞规律，从某一个具体例子来讲，很容易生搬硬套，而不能适应题旨情境。我们可以研究龙井的茶为什么叫"龙井"，茅台的酒为什么叫"茅台"，良乡的栗子为什么叫"良乡"，但怎样适应题旨情境的规律不容易找，如要找这种规律，就容易生搬硬套。对于修辞怎样适应题旨情境进行分析是可以的，但没有规律可循。上述意思在《修辞学发凡》里已作了说明："这种修辞技巧的来源有两个。第一是题旨和情境的洞达，这要靠生活的充实和丰富；第二是语言文字可能性的通晓，这要靠平时对于现下已有的修辞方式有充分的了解。技巧是临时的，贵在随机应变，应用什么方式应付当前的题旨和情境，大抵没有定规可以遵守，也不应受什么条规的约束。只有平时在这两方面做下了充分的准备工夫，这才可望临时能够应付裕如。"（上海文艺出版社 1962 年版，第 14 页）这就是说，讲修辞必须要对内容有所了解，另外也要对语言文字的习性有真正的了解，这样才能灵活运用。修辞没有定规

---

　　[*] 本文系作者 1964 年 3 月 24 日回答复旦大学语言研究室修辞组的同志所提有关修辞学对象、任务问题时的谈话记录。

可循,譬如一个修辞格式什么地方可用,什么地方不可用,都没有定规,贵在随机应变,修辞格式的运用是根据内容自然而然地来的,不是预先想好了的。陈毅同志修辞格式用得很好,但他不是预先想好要用什么格式,而是根据内容需要临时选用的。研究修辞规律的运用要抓住本质,如比喻要用得好,必须注意两件事物很不相同,但又有类似点,把"瀑布"比作"白熊摇头"就很好,这是从大的规律上去进行研究,如果不抓住本质去研究就会出毛病。总之,如果能防止生搬硬套,研究修辞规律的运用是可以肯定的。

问:修辞学是否要研究修辞病例? 有人认为研究修辞病例对写作有帮助,这种意见是否对?

答:积极修辞和消极修辞有区别。假如把通顺明白看作"零点",那末消极修辞就是研究零点和零点以下的东西,所谓零点以下的东西就是不通的,消极修辞就是要讲求通顺明白;积极修辞则要研究零点以上的东西。它们的关系可以用下图来表示:

我在《修辞学发凡》里列举了许多古书中不通的例子。如:"无丝竹管弦之盛","丝竹"是借代音乐,"管弦"也是借代音乐,这句话等于是说"无音乐音乐之盛",所以不通。又如"不得造马车","车"可造,"马"不可造,这在连贯上也是不通的。因此,修辞学研究病例是它的一个重要方面。

研究修辞可以提高阅读能力、写作能力,使阅读更能切实掌握内容,写作更能正确表达内容,使语文日益臻于精密完美。

问:文章中的艺术手法是否也属于修辞学研究的范围?

答:艺术手法就是技巧,修辞学要研究。《儒林外史》中写严监生临死之时,伸着两个指头,总不肯断气,在旁的侄儿和家人七嘴八舌,都猜不透他的心思,后来赵氏上前说了一句:"爷,只有我能知道你的心事。你是为那灯盏里点的是两茎灯芯,不放心,恐费了油。我如今挑掉一茎就是了。"登时就断了气。这是讽刺的艺术,从修辞上说也用得好。当然,我们是现实主义者,今天就不能这样用。运用修辞必须分析研究。

问:修辞与文法的区别何在? 是不是每一句通顺的话都是修辞?

答:凡通顺的话从修辞方面看起来都是修辞。文法是研究组织的,修辞是研究对应题旨情境而来的语文运用的。修辞现象比文法现象多。例如:"马,吾知其为马。"在文法上讲"马"是提示语,在修辞上要讲用这个提示语取得什么修辞效果。文法只讲如何组织成通顺的句了,修辞则要讲如何适应题旨情境而取得修辞效果。

问:两大分野(消极修辞、积极修辞)是否包括 切修辞现象?

答:两大分野完全可以包括一切修辞现象。任何事物都是一分为二的,不属于这就属于那。零点和零点以下是消极修辞,零点以上是积极修辞。

问:再请望老谈谈怎样进行修辞研究的问题。

答:任何学问都要找出一个关键性的东西来。文法讲功能,文法组织中的功能变了,文法也变了;修辞讲题旨情境,题旨情境变了,修辞也得变。例如不能把用于丧事的词用于喜事,反之,也不能把用于喜事的词用于丧事。在结婚场合用歇后藏词是可以的,但办丧事时用歇后藏词就不行。又如写中央领导接见或设宴招待外宾的新闻报道,往往要列出一大堆名字,这也是由题旨情境决定的。总之,评论修辞好坏要同题旨情境结合起来,离开题旨情境是很难讲好坏的。

研究修辞要注意新的修辞现象。如"一分为二"。"一分为二"是古文,它也可以说"分一为二"或"二分法",但"一分为二"更有力。完全新的现象开始时不容易被大家接受,完全旧的也不行。现在提倡演现代戏,而现代戏也还需要有一个成熟的过程。过去在开始演话剧的时候,看的人很少,演得也不好,经过不断实践,就逐渐成熟起来了。语文事实也是如此,解放后数词用得多了,这和毛主席著作的影响有关,也是由于通俗化、大众化的缘故,它便于记忆。这些新的修辞现象要加强研究。

关于关键性的问题要开展讨论。例如"发愤图强"还是"发奋图强",在上海就有争论,我主张用"发奋",也有人主张用"发愤",虽然意思差不多,但从字面上看起来,"奋"比"愤"好,更确切。现在都用"发奋图强"了。

原载中国修辞学会编《修辞学论文集》第一集,福建人民出版社 1983 年版。

有关修辞学研究的原则问题[*]

陈望道

一

　　修辞是对语文的综合利用。无论讲一个什么意思都可通过修辞手法表现出来。古代注意修辞现象超过注意文法现象。修辞和文法关系非常密切,要全面学,全面研究,当然各个人有所侧重,不妨先学修辞再学文法。我国古代对修辞很讲究,我们今天讲修辞要注意继承,但我们不能在原地踏步,在观点上应该高一些,要重视理论。讲理论,要用马列主义、毛泽东思想来指导,可不能贴标签,把马列主义和毛主席的话当作套语;马克思、列宁和毛主席的话都是针对说话当时的具体环境、具体问题的,用起来就不能直抄,更不能绝对化,用起来要具体化,要对我们的实践作分析。学马列主义、毛泽东思想,是学其原理,学其方法;学其字句没有用处。同时,过去的理论,唯心主义的东西也可以看看,研究《水浒》就可以看看金圣叹批的。搞学问,讲理论,也要知己知彼,正反两面的理论都要有所了解。

　　我的修辞学理论,不是从哪一本书上来的。我本来是搞文学批评的,把修辞当作文学领域里的一种运用,研究以新现实主义的理论(当然也有浪漫主义

　　* 本文系作者 1965 年 9 月 20 日的谈话纪要。

在里头）来写文章应该有什么样的态度，用什么样的方法。也可以说是拿文艺理论——无产阶级的文艺理论做基础，运用到写作上。另外，用的就是语言学的工具，把语言学的原理用到研究写作上来。当时我接触比较多的就是索绪尔的语言学说。讲修辞，要用文学理论和语言理论。

二

学问是从实际来的，实际情况是复杂的、变动的。修辞现象就很复杂。现在有些人讲修辞，讲修辞格讲得多，往往又只讲修辞书上已经列出来的辞格，这就不一定好。就是辞格，也要搜集新材料，要有新的概括，最好不要"炒冷饭"。在文法和修辞的研究当中，不要只看、只搜集合乎自己口味、合乎自己需要的东西，不可像马建忠那样用外国的文法筛子来筛中国的语言事实。说明问题也不要只用一些简单的例子排得整整齐齐，倒是要去搜集情况复杂的材料，要去看那些修辞现象和文法现象很复杂的书。这样才能从多样性中找出共同性，从复杂中找出简要的规律。

修辞、文法都会变，学问也会变，不过也总有不变的东西，那就是基本原则不会变。研究文法，要抓住功能的、组织的观点，这个原则是不能变的。修辞上讲形式和内容的关系，要求适应题旨情境，这个原则也是不能变的。语言文字的一切因素都可以利用，也都应该利用；修辞学就要研究对语文材料怎么用，支配怎么用的，就是对应写说时的题旨情境。抓住这一点来研究修辞现象，这就是我们的原则，也是我们自己的一点创造。

三

学术上也要提倡爱国主义。应当注意中国的学术史，要了解和总结我国古代以至近代在语文学术上的研究成就。这决不是向后看，而是为了向前看，为了发展今天的研究。我们反对那种对祖国语文学术遗产的虚无主义态度。胡适就是虚无主义的,他不仅不承认我国古代有任何的文法研究,而且连有关的文法概念都没有。事实并非如此,对文法意识的产生可以上推到春秋三传。在小学家、文论家等人的著作里就有着不少关于文法的见解,如刘勰的《文心雕龙》,就有了关于分别词类的萌芽,就有了关于句子构成的概念;至于实词与虚词的划分,更是我国古代文法研究所作出的有价值的贡献。当然,有体系的文法学开始于《马氏文通》。可是,即使对从《马氏文通》到《新著国语文法》,再到《中国现代语法》,直到最近的《现代汉语语法讲话》这个过程的注意也是不够的,而其中的经验得失实在值得好好总结一下。

修辞的研究在我国也开始得很早,历史很长久,也有自己的特点。解放以后,修辞学在注重实用和普及方面有很大的成绩,但深入的研究还显得不足,应当加强。特别像文体风格方面的研究就很可以努力一番。现在翻译出版了一本苏联语言风格学讨论的文集,使我们了解到苏联对风格学研究的一些情况。而看翻译者的序言,认为中国在风格学研究上如何不行,连有关风格问题的科学知识都没有,这就值得讨论了。我国古代关于风格的研究材料,是我们丰富的修辞学遗产当中一宗宝贵的财富。我国研究风格,包括语文"体裁"和表现"体性",是很早的,现在更是在研究,今后还要继续地深入研究。不过,我们的研究有我们自己的样子,不一定是人家的那个样子。为什么要用人家的样子作标准来否定自己,说自己怎么怎么不行? 总之,要知道,我们中国是有风格研究的,是有这方面的学问的。尊重这种事实,是学术工作中应有的科学态度和爱国主义态度。我们要建立起有我们自己特色的科学的风格学。

讲爱国主义的同时,要更好地加强国际的学术交流。外国的东西要化为自己的东西。学术上闭关自守不求新知是行不通的,而盲目崇洋照抄照搬也是不行的。建国以来,较多地引进苏联语言学的东西,尤其是学习斯大林论语言的著作,对汉语研究是有推动作用的;但在某些方面也有不加分析、全盘接受的教条主义倾向。近几年大家又对结构主义表示出兴趣,这也要有批判地吸收其有用的东西,要看他们是怎样分析语言的,学习其某些有效的方法,切不可生搬硬套。问题是在于要能"化"。我们讲语言学研究的中国化,就是要把古的、洋的都"化"在我们的学术研究里面。我们想,这样做有助于我国的语言学健康的发展,能够较快地达到世界先进水平。

原载池昌海主编《陈望道全集》第一卷,浙江大学出版社 2011 年版

修辞学传统

中国语词之弹性作用

郭绍虞

一、绪　　论

中国的语言文字，究竟属于单音呢，还是属于复音呢？这是一个长期争论着的问题。大抵以前之治语言文字学者以"字"为本位，所以多觉其为单音；现在之治语言文字学者以"词"为本位，所以又见其为复音。还有，从口头语讲，由于同音语词之增多，语言本身不得不增加连缀的词汇，所以有趋于复音的倾向，不能承认为单音的语言。但从书面语讲，目治的文辞不怕同音语词的混淆，为了要求文辞之简炼，有时并不需要复音的词汇，依旧停留在单音阶段。这在文言文中尤其是如此。由于这二种关系，所以口头词本位的语虽有趋于复音的倾向，而在字本位的书面语中，依旧保存着较多的单音语词，这就引起了语词本身的不固定性，这不固定性即是我们所说的弹性作用。

正由这种关系，所以近人提倡的"词类连书"，比较不容易实现。白话文的运动成功了，标点符号的应用也普遍了，何独于此比较合理的"词类连书"的主张却不容易引起人们的注意。就因语词本身有单音也有复音，在词汇演化过程中还没有完全固定，而运用这些语词以写成书面语的，又可以为修辞的需要，求音节之协调，有时可以化单为复，同时又可以化复为单，于是，语词之弹性作用，在书面语中也就显得格外突出了。

何以语词之弹性作用格外在文学作品中表现着呢？即因文人之修辞技巧，正在如何利用这种不调协性而使之调协，尤其是在骈文与诗歌中间，往往利用文字之单音，使成为文辞上单音步的音节，利用语词之复音，遂又成为文辞上二音步的音节。单复相合，短长相配，于是整齐中含铿锵，参差中合自然，而文章掷地真可作金石声了。实际上，这依旧与复音语词的本身有关系。盖中国之复音语词，与他族语言之复音语词不同。中国之复音语词，也以受方方的字形之牵掣，只成为两个单纯化的声音之结合。其孳化的基础，依旧是建筑在单音上的。①由这一点言，即谓为单音化的复音语词也未尝不可。所以复音语词以二字连缀者为最多，其次则三字四字。二字连缀者成为二音步，三字连缀者成一个单音步一个二音步，四字连缀者则成为两个二音步。中国文学之得有一种特殊的韵律者，即因语词的音缀，适合这种配合条件的缘故。

这不仅骈文与诗歌是如此。即就散文言也是这样，姑以欧阳修的《醉翁亭记》为例。文中如"太守归而宾客从也"句，"宾客"是复音语词；至如"太守与客来饮于此"及"觥筹交错，坐起而喧哗者众宾欢也"诸句，所用的"宾"或"客"，又都是单音语词了。这不仅于语词的单复之间不能更换，即如"宾"和"客"两个同样是单音词，也是不能代替的。这可见昔人用词，在这一方面是相当注意的。

利用单音语词演化为复音的倾向，利用复音语词之单音化的特质，于是语言文字之不调协性遂归于调协，而文学作品中遂很显著地表现着语词之弹性作用了。综合来说，不外四例：（一）语词伸缩例，即是语词成语之音缀长短，可以伸缩任意，变化自如。（二）语词分合例，即是单音语词可以任意与其他语词相结合或分离，而复音语词也可以分用如单词。（三）语词变化例，即重言连语任意混合的结果，演变孳生为另一新语词。（四）语词颠倒例，语词既可以分合变化，于是顺用倒用亦无限制。此四例对于音节的配合，极为方便，所以在骈文律诗中，此种现象尤为明显。中国旧文学的修辞技巧，实在以选择语词为重要的

---

① 参阅《中国诗歌中之双声叠韵》一文。

条件。选辞得当，可以求其匀整，可以求其俪对，更可以求其音调之谐和，随心所欲，无施不可；有时可使为谐隐，有时可使成回文，更有时可以运用古典。我们即使说中国文辞上所有的种种技巧，都是语言文字本身所特具的弹性作用也未尝不可。

二、语 词 伸 缩 例

先从重言伸缩之例说起：

重言之例有二：其一，起于状物摹声的作用者，如"关关""呦呦""洋洋""茫茫"之类，都由单音不足以摹状其意义，所以必须衍为重言。此类重言，必须二音一义以合成为词，所以不宜单用，单用则其义亡。其又一，本非重言，而以硬叠传神，或由摹肖口吻，或因状貌声情，如"高高""低低""大大""小小"之类，这些词的意义，和单用时并无分别；此类重言，根本不需复用，复用则其义重。所以由前一例言，不宜单用；由后一例言，又不必复用。然而昔人行文选辞，却偏要破除这些限制，而于自由伸缩之处，见出作家的修辞技巧。所以此种关系，出于作家自施炉锤，经过改造作用者半；由于语词本身原有的弹性作用，而作家巧为运用者亦半。

昔人讲训诂，有所谓以重言释一言之例。顾炎武《日知录》、钱大昕《十驾斋养新录》，以及俞樾《古书疑义举例》诸书，都举很多的例。在这些例中，我们正可看出昔人修辞有重言单用的方法，所以后人训释，就不得不仍用重言作解。《文选》中也有这般情形。谢瞻《张子房诗》"王风哀以思，周道荡无章"，即用《毛诗序》"厉王无道，天下荡荡无纲纪文章"之语；颜延之《秋胡诗》"燕居未及好，良人顾有违"，即用《毛诗》"或燕燕居息"之语；又《还至梁城作》"曷为久游客，忧念坐自殷"，亦即出《毛诗》"忧心殷殷"之语。这在李善注中都已举出。然则所谓荡者，荡荡也；燕者，燕燕也；殷者，殷殷也；都是重言单用之例。盖此类诗句为字数所限，所以虽有出处，不得不故意单用以求其匀整。点化成语，这正是作者匠心之处。不过同时也须知道,作者无论如何经营惨淡,总不能违反语言使用的习惯。所以在这些例句中,也可看出语词本身具有弹性作用的特征。

反过来看,更有衍单字为重言之例。臧琳《经义杂记》"论毛传文例最古"一条谓:"十三经中惟《毛诗传》最古而最完好,其训诂能委曲顺经,不拘章句,有经本一字而传重文者,有经重文而传一字者。"此言虽为训诂而发,然正说明中国语词在文辞应用上的伸缩性。重言可省为单字,所以经本一字而传须重言了;单字又可衍为重言,所以经虽重文而传又只须一字了。《大雅·公刘》:"于时言言,于时语语。"《毛传》谓:"直言曰言,论难曰语。"《周颂·有客》:"有客宿宿,有客信信。"《毛传》谓:"一宿曰宿,再宿曰信。"这些都是经用重言而传以单字释之之例。于此,可知经之重言只是用以足句而与意义无关。他如《邶风》之"燕燕于飞",《郑风》之"青青子衿",以及其他"行道迟迟""哀哀父母""嗟嗟臣工"诸语,莫不皆然。刘师培《正名隅论》谓"古代形容之词虽多重语,然单举其文,亦与重语无异……所谓重语者亦仅发音时延长之语耳",正是说明语词中重言伸缩的弹性。因此知道所谓作家之自施炉锤者,也不外善于选择语词,或运用语词而已。卢仝《寄男抱孙》诗:"添丁郎小小,别吾来久久,脯脯不得吃,兄兄莫捻搜。"这首诗因为对小儿说,所以利用叠字作小儿口吻。杨万里诗本近语体,故其《水月寺》诗"低低桥又低低路,小小盆盛小小花",亦利用单词复言的惯例以摹状声情。词曲中间其例尤多。苏轼《菩萨蛮》词"画檐初挂弯弯月",神情在"弯弯"二字。元张寿卿《红梨花》剧"怕人来,更犬惊,花阴里蹑足行行,柳影中潜身等等",神情在"行行""等等"诸字。明吴中情奴《相思谱》剧"人儿远远,天涯近近,此处孤孤,那边另另",亦全以硬叠传神。盖此种吐辞时延长之音,原为语言常态。明竹痴居士《齐东绝倒》剧中述象王说白"推过哥哥好做帝,偷去爹爹活晦气,丢下嫂嫂实孤凄,看上区区好情意",神情活现,也只是利用称谓中固有的重言,以成自然的音节而已。此虽无当叠的需要,却也有重叠的妙处。

于是,再说连语伸缩之例:

我们假使说重言的伸缩是长言短言的关系;那么,连语的伸缩,便是徐言疾言的关系。徐言为二疾言为一之说，自沈括、郑樵提出以后，直至清代顾炎武、俞正燮、郝懿行、刘师培诸人，都加阐说，可谓屡经证明，早成定论了。语言中既有此惯例，所以行文时单用复用，更可随宜而施。

《诗·小雅》"渐渐之石，维其卒矣"，郑《笺》云"卒者崔嵬也"，此处是四字句，不能用徐言，所以只能用疾言。《周南·卷耳》云"陟彼崔嵬，我马虺隤"，此处不用助词，且与"虺隤"对文，所以又只能用徐言。《尔雅·释山》云"崒者厜㕒"，"崒"即"卒"字，"厜㕒"即"崔嵬"字。可知古语中单词复词原是并用着的。《诗·鄘风》"墙有茨，不可扫也"，茨即蒺藜，此处以三字为句，宜用疾言；扬雄《羽猎赋》"获夷之徒，蹶松柏，掌蒺藜"，则以与松柏为对，又必须改用徐言了。《楚辞·儿辩》"君不知兮可奈何"，此句音节夷宕，当然以用徐言为宜；若如《左传》所载华元骖乘之歌："牛则有皮，犀兕尚多，弃甲则那！"便不用"奈何"字而用"那"了。

这犹可说由于疾言徐言，本是两个不同的语词，所以"卒"与"崔嵬"可以自由选用。至如双声叠韵的连语，所谓"析之则秦越"者，似乎不应单用了，然而有时为行文方便，亦正多单用之例。如"于乎"为叠韵连语，而《诗·文王》篇"于昭于天"，单用"于"字；"犹豫"为双声连语，而《楚辞·九章》"壹心而不豫兮"，单用"豫"字；"冯陵"为叠韵连语，而《诗·小旻》篇"不敢冯河"，单用"冯"字；"磐薄"为双声连语，而磐薄之石可谓之磐石，也可谓之薄石，是磐或薄字也可单用了。[①]准此类推，可知《诗·小雅》"何草不黄"、"何草不玄"，亦即《周南·卷耳》"我马玄黄"之意。就合体连语言之，犹且可以析用为单字。于此，可以知道这种单音文字的力量之大，即在不可分析的复音语词，待到用入文辞，也是可以随意节取的。

话又说回来，文辞中所以能随意节取语词的缘故，也因语言中本有此惯例，故于节用以后，可以不变原有的意义。即如名词称谓有时即可以操用这种手法

---

① 见俞樾《读山海经》"多博石"条。

加以割裂的。如称将军为将,顾炎武《日知录》举之;称先生为"先"或"生",赵翼《陔余丛考》举之。此外地名官名书名等也都有习惯的省称。顾炎武《日知录》有"古人二名止用一字""古人谥止称一字"诸条。钱大昕《十驾斋养新录》也有"古人姓名割裂"条,俞正燮《癸巳类稿》继之,更有《姓氏割裂为辞学说》。他们都以为此种割裂称引之例,大都为修辞关系,颇有见地。实则此种修辞关系,也即本于语词伸缩的弹性习惯,再加以推广而已。

随便举些实例:如潘岳《关中诗》"纷纷齐万,亦孔之丑";《马汧督诔》"齐万哮阚,震惊台司",均以"齐万年"为"齐万",则是为字数所限的关系。此种风气,在后汉赋家已开此例:如班固《幽通赋》"巨滔天而泯夏",王莽字巨君,而止用一"巨"字。王逸《九思》"管束缚兮桎梏,百贸易兮传卖",百里奚也止用一"百"字。到后来文尚骈俪,时为对偶所拘,于是割裂之例也更多。如谢惠连《雪赋》"王乃歌《北风》于卫诗,咏《南山》于周雅",案《南山》指《小雅·信南山》"上天同云,雨雪霏霏"句,则又以《信南山》为《南山》了。又如陆机《辨亡论》云"施绩、范慎以威重显,丁奉、钟离斐以武毅称",此二句不甚整齐,载《晋书》本传者本是如此,而《文选》改作丁奉、离斐,则其割裂以就整偶之迹,不是很为明显吗? 又或因于声律问题:如庾信诗"始知千载内,无复有申包","申包"谓申包胥;李商隐诗"曾不问潘安",潘安谓潘安仁。这是由于叶韵的关系。又如白居易诗"天教荣启乐,人恕接舆狂",荣启谓荣启期。李商隐诗"玉桃偷得怜方朔",方朔谓东方朔,此又为割裂以谐平仄之例。这些都是为修辞关系。这些虽是比较极端的例,然而实在是作者本于语言惯例加以惨淡经营之所致。

三、语 词 分 合 例

中国语词既有上述伸缩的弹性,所以文辞中可利用之以助行文之变化。但是更须知道:为什么会造成某些语词的伸缩性,原来还有汉语助词在中间起的特殊作用。从汉语语法讲,助词是造句法中的问题。何以会在构词法中起什么作用呢？事实上，这就是汉语的特征。汉语的造句法和构词法是有紧密关系的，所以研究汉语语法，尤其是古代汉语的语法，必须与修辞相结合，也即是和词汇相结合，才容易打破洋框框的束缚，而有助于语文的教学。这虽是另一问题，但现在所讨论的也正是语法和词汇相通的问题。由于中国语言基本上是单音缀的，所以在语法上会产生"华文所独"的助词，而助词在语句中是可有可无，仅在声调神态上表示一些作用的，这情况正和词汇之由单音语词发展为复音语词的情况相同，其中比较普遍的现象，就是单音语词加上词头或词尾以成为双音语词。其加词头的，如"老虎""老王""阿哥"、"阿三"之类；其加词尾的如"脑子""箱子""聋子""狮子"以及"虫儿""鸟儿""木头""石头"之类。这些词都是词根有义，而词头词尾则并无意义的。昔人称词头为发声词，词尾为收声词，这是因为在书面语中没有"词类连书"之例，而且在以前以"字"为本位的时候，也就以"字"为"词"，称之为发声词或收声词了，于是由构词法的词头词尾，在造句法中也就成为无意义的助词了。

其属于发声者，在古籍中如《书·大诰》"洪惟我幼冲人"之"洪"，《书·康诰》"爽惟民迪吉康"之"爽"，以及《诗·周颂》"思文后稷"之"思"，《邶风》"逝不古处"之"逝"，皆属此类。这类发语词后世少用或不用，还不致发生误解。即有解"洪"为大，训"爽"为明者，也与原义不太背谬。至其以"不""无""勿"等字为发声语者，一解作否定之义，便与原义正相反背了。王引之《经义述闻》所举"语词误解以实义"条①颇多属于此类之例。如《诗·小雅·车攻》之"徒御不惊，大庖不盈"，《小雅·小闵》之"如彼泉流，无沦胥以败"，《节南山》之"弗问弗仕，勿罔君子"，王氏都以为"不""无""勿"三字为发声，不能以实义解之，说极明确。可知发语词在昔人语言惯例中是极普通的情形。此类之例即在近世语言中，也有一些相同的用法。如《西厢记》"老僧准备下斋，先生是必便来"，"是必"，必也；此"是"字就不同是非之是。不过发语词在后世语言中比较少用，所以人家

---

① 见《经义述闻》卷三十二，又参阅俞樾《古书疑义举例》卷四"助语用不字"例。

亦不加注意而已。

不仅在普通语词如此,即名词也如此。有时因单字不成词,于是加字以配之,使成为复音语词,如虞、夏、殷、周皆国名,而曰有虞、有夏、有殷、有周,则以一字不成辞的关系。加一"有"字,便成为二音缀了。推之他类亦多有此。如邦曰有邦,家曰有家,室曰有室,庙曰有庙,居曰有居,方曰有方,帝曰有帝,王曰有王,民曰有民,众曰有众,三宅曰三有宅,三俊曰三有俊,三事曰三有事诸例,王引之《经义述闻》卷三所举甚多。此与后世称人名冠以"阿"字同例。如武后称阿武,韦后称阿韦,以及阿母阿谁之属皆是。顾炎武《日知录》云:"阿者助语之辞,古人以为慢应声。"慢应声者,即因语气舒缓,可以增字的关系。

其用在名词中间者,如介推之作介之推或介子推,孟反之作孟之反或孟子反,以及庾公之斯、尹公之他之类,全是如此。所以《左传》称烛之武而《后汉书·张衡传》称烛武,《左传》称钼麑而《说苑·立节篇》称钼之弥,或增或减,至为自由。明文翔凤《陶比部野弦阁诗集序》称剡溪为剡之溪,山阴为山之阴,可知即在后世也还有用此例的。元曲中如《城南柳杂剧》"笑三也波间楚大夫","也波"也即同于昔人之"之"字。近人以"胡先之骕","梅光之迪",称为笑谈,实则昔人原有此例,我们如以称名割裂为辞学,则称名增字,又何尝不可称为辞学呢?俞樾《古书疑义举例》所举句中用虚字例,多属此类。

其属于收声者,则近代语中常见其例。此例在古代亦已有之。如《史记·陈涉世家》:"夥颐,涉之为王沈沈者。"《索隐》引服虔云:"楚人谓多为夥,又言颐者,助声之辞也。"助声之辞即由语缓的关系。所以《汉书·陈胜传》易其语为"夥!涉之为王沈沈者",便不用助声之辞了。又如《战国策·齐策》:"夫齐虽隆薛之城,到于天,犹之无益也。"马氏《文通》卷六谓:"之字不为义,《论语》'犹之于人也'义同。"可知语缓语急,尽有伸缩的余地,全视行文所宜而施的。大抵古语多以发声足句,后世语则多以收声足句。这是古今语法上的分别。《商颂·烈祖》篇"有秩斯祜",秩训大,祜训福。"有秩斯祜",若以近世语译之即是"大哉福也"。其用语词以足句同,所不同者,不过易其语词之位置而已。《西厢记》中如"小姐是一女子,尚然有报父母之心","然"字不为义;"刚刚的打个照面","的"字不为义;"须索走一遭去来","来"字亦不为义。现时语言中如"如其"之"其","因于"之"于","既然"之"然",都只是收声的作用,不能解以实义。此外如元人曲中所用"不剌"二字,《西厢记》之"颠不剌的看了万千",《举案齐眉》剧之"破不剌碗内呷了些淡不淡白粥",若据闵遇五《五剧笺疑》所解以不剌为北方助语辞,不音铺,如怕人云"怕人不剌的",唬人云"唬人不剌的",更可知垫助语处皆带此二字,则又是用连语来助收声了。

以上都是语缓增字之例。如使语急则可以减字。顾炎武《日知录》卷三十二,臧琳《经义杂记》卷八,俞樾《古书疑义举例》卷二都曾论及此点;如以不如为如,不敢为敢,不可为可,不得为得,岂不为不之类,全是语急减字之例。此类之例,正与上例相反。其明有"不"字者解"不"为发声词,不以为否定之词;其明无"不"字者,又以为语急省"不"字,反解作否定义:古语难解,当以此类为最甚。细绎诸例,窃以为上述各例应分二类,岂不为不,与上述不如为如诸例不同,而与《论语·颜渊篇》"吾得而食诸"?《史记·孔子世家》引作"吾岂得而食诸",以"岂得"为"得"之例相同。大抵此类之例当由古语较少词尾助词的关系,恐与《古书疑义举例》所举"反言省乎字"诸例有关。所以《日知录》举《诗》"亦不夷怿"句,亦谓怿下省一乎字。因此类推,可知"我生不有命在天",其意即谓"我生不有命在天乎"? 加一乎字,意义自明,不必以"不"为语词,也不必以"不"为岂不了。他如《书·多方》"尔尚不忌于凶德",谓"尔尚不忌于凶德乎"也。《邶风·匏有苦叶》"济盈不濡轨",谓"济盈不濡轨乎"也。《小雅·常棣》"鄂不韡韡",谓"鄂不韡韡乎"也。即如《车攻》之"徒御不惊,大庖不盈",《桑扈》之"不戢不难,受福不那"诸句,也未尝不可作如此解释。姑拈此解,以就正于世之治训诂与语法者。

助词的作用不仅可以帮助复音语词的增减,同时更可帮助复音语词的变化。即就上述重言单用及连语单用诸例言之,我们若进一步追究它何以能单用之理,则知完全是助词的作用。此理在王筠早已说过。王氏《毛诗双声叠韵说》云：

> 有一言可抵连语者，"零雨其濛"，濛即溟濛也。"冽彼下泉"，以"冬日烈烈"推之，冽即栗烈也。"击鼓其镗"，镗即镗鞳也。"有卷者阿"，《传》曰"卷曲也"，卷曲亦恒言也。"爱而不见"，爱训仿佛，即暧昧（此又叠韵）也。"飘风发兮"，发与膚发风寒不异也。凡此皆以一字代双声，与不黄不玄何异乎？"静女其娈"，娈即婉娈也。"朱芾斯皇"，皇即唐皇，亦作堂皇也。"彼尔维何"，尔即丽尔，犹靡丽也。"子之丰兮"，丰即丰容也。况"烂其盈门"，烂即粲烂，而"角枕粲兮，锦衾烂兮"，亦分用于两句。凡此皆以一字代叠韵，与有阿有难何异乎？

他虽只说一言可抵连语，然观其所举之例，如"其濛""其镗""其娈""有卷""有阿""有难""发兮""丰兮""粲兮""烂兮"，以及"斯皇""彼尔""冽彼""烂其"诸例，都是借助词足句兼以传达情态，故知连语之单用又多是语词的关系。这些例可以看作词汇的问题，也可以看作是语法的问题。从词汇看，成为复音词，从语法看，又成为单音词了。

又王氏《毛诗重言》云：

> 《汝坟篇》"惄如调饥"，《传》："惄，饥意也。"《释文》："惄，《韩诗》作愵。"《易林》："㑖如旦饥。"㑖，即《颊弁》之"忧心恂恂"也。
>
> 《烝民篇》"穆如清风"，《笺》："穆，和也。"《疏》："穆是美之貌，故为和也。"案说本之"穆穆文王"《传》。

这又是重言借助词作用而单用的例。因知《诗经》中如《豳风·东山》之"慆慆不归"，即《唐风·蟋蟀》之"日月其慆"；《小雅·采薇》之"杨柳依依"，即《车辖》之"依彼平林"；《采薇》之"雨雪霏霏"，即《邶风·北风》之"雨雪其霏"；《小雅·伐木》之"坎坎鼓我"，即《陈风·宛丘》之"坎其击鼓"；《小雅·蓼莪》之"蓼蓼者莪"，即《蓼萧》之"蓼彼萧斯"；《召南·草虫》之"忧心忡忡"，即《邶风·击鼓》之"忧心有忡"。准是类推，其用复重言者，亦往往酌用单字以资变化。此例在王氏《毛诗重言》中亦说过。王氏谓：

《执竞》"斤斤其明",《传》:"明,察也。"《释训》:"斤斤明明,察也。"……详《释训》文义,似"其明"即是"明明"。

《召旻》"兢兢业业",《笺》:"业业,危也。"《长发》"有震且业",《传》:"业,危也。"是亦单词即同重言也。即震亦然。僖公九年《公羊传》"震震者何?犹曰振振然"是也。

据王氏所言则是"斤斤其明",犹云"斤斤明明","有震且业",犹云"震震业业"。因此,我们可以断言,重言连语之伸缩又有利用助词以调节的关系。

助词的增减已经有些分合作用了,于次,再言骈词组合的问题。这是与助词不生关系的另一部分。

由连语之例言之,大别之可分为音缀与义缀二种:音缀者有合音诰,如钲为丁宁,茨为蒺藜之属,即郑樵《通志》所谓"慢声为二,急声为一"者。有双声语如"磐薄""参差""留连""黾勉"之属。有叠韵语,如"逍遥""优游""嶙峋""鸿濛"之属,即朱谋玮《骈雅序》所谓"析之则秦越,合之则肝胆"者。此外,如反语音译语等亦属之。义缀者有并行连语,如"草木""花卉"之属,其义近;"天地""爱憎"之属,其义反。更有相属连语,或如"雪花""房主"之属,加字以限制其义;或如"桌子""年头"之属,加字以足成其词。音缀者所重在音,义缀者所重在义。音缀连语的伸缩作用已如上述。相属连语的伸缩作用,上文也曾述及一部分,如所举助词增减之例便是。至并行连语,即是现在的所谓骈词。骈词之组合有取其义之相反,有取其义之相并,也有取其义之相同。大抵也因单音不足以成词,于是组合之以使其双音化。

其取义之相同或相近者,于义为赘,于音则所以足词。此类语词,昔人谓之复语,或谓之连文。[①]王引之《经义述闻》之解经,往往论及此点。如卷十一"庸孰"条解《大戴礼记·曾子制言篇》"苟是之不为,则虽汝亲,庸孰能亲汝乎"句,谓"庸孰皆何也,言何能亲汝也;既言庸而又言孰者,古人自有复语耳"。这即是

---

① 顾炎武《日知录》卷二十四"重言"条亦即复语连文之例。

依语言惯例以解经的方法。清代经学所以与语言学语法学等有关者即在此。王氏又解《左传》之"叔父陟恪在我先王之左右，以佐事上帝"，据《尔雅》"格陟登升也"之语，读恪为格，谓陟格同义，指"魂升于天"之意。解《礼记·少仪》"问道艺"之语，以下文问其曾习与否，故据《列子·周穆王篇》"鲁之君子多术艺"句，训道为术，而以道艺连文。类此诸则，都足以说明古人自有复语之例，同时也说明了语词伸缩的弹性。《经义述闻·通说》中有"经传平列二字上下同义"条，《古书疑义举例》有"语词复用例"，亦可知此类连文，本是古书通例。我们于此，正可看出昔人修辞的法则。

又昔人语文不仅如上述之例，可以两字复叠成为并行连语，并且再可有三字重叠之例。此例在后世语言中比较少见，所以《左传》襄公三十一年"缮完葺墙，以待宾客"之语，唐李涪《刊误》就认为"完"当作"宇"。他不知这也是古人复语常例，所以段玉裁、王引之、俞樾诸氏均辨其误。段氏举《左传》"无观台榭"之例，王氏举《左传》"嘉栗旨酒""赋敛积实"及《国语》"论比协材""假贷居贿""蓄聚积实"诸例，俞氏举《左传》"庸次比耦"及《尚书》"郊牧野"诸例①，均足证古人语缓不嫌辞费。后人类此者，如《三国志·邓哀王传》"容貌姿美"之语，犹沿斯例。他如《楚辞·离骚》"忳郁邑余侘傺兮"，忳与郁邑同义。《史记·老庄申韩列传》"大抵率寓言也"，大抵与率同义。这又以单字与连语复用，似乎为上例之变；实则辞赋家如此用法也很多。至如《史记·平准书》："初先是往十余岁，河决观，梁楚之地，固已数困。"以"初""先是""往"三词重用而叠至四字更为极端之例。《汉书·食货志》易之云"先是十余岁河决灌，梁楚地固已数困"，就只用"先是"一词了。此例在后人虽罕见沿用，要之是古人属文通例，不得以繁复病之。

其取义之相并或相反者，有二种用法：一，意义方面确须此相并或相反的二重意义，则于义不为赘；二，虽是复词而只用其单义，则于义为赘。前一项并非

---

① 《经义述闻》卷十八"缮完葺墙"条，"古书疑义举例"卷二《语缓例》。

用以足句,后一项则完全是足句的关系。顾炎武《日知录》谓:"古人之辞宽缓不迫,如得失,失也;利害,害也;缓急,急也;成败,败也;异同,异也;赢缩,缩也;祸福,祸也;皆此类。"①则是骈词二字之意义相反者,古人往往侧用一义。近人刘盼遂所举《中国文法复词中偏义例》②亦足证明顾氏之说。据是,可知此类连语的运用,可以不重在义而重在音。易言之,仍是语词伸缩的弹性作用。

不仅如此,其在义之相并者,也往往有所侧重,只成连类而及之例。顾氏复举《易·系辞》"鼓之以雷霆,润之以风雨",及《礼·玉藻》"大夫不得造车马"诸句,以为风不得云润,马不得云造,而云润之以风雨及造车马者,取其成为复词则利于对偶或便于诵说而已。俞氏《古书疑义举例》所举"因此及彼"之例,又多属此类。俞氏且应用此例以正昔人训诂之误,因知词例之研究,真足为籀读古籍的帮助。而同时更足证明骈词之应用,大率因单字不能成词的关系。从这种例再推广之,于是《日知录》与《古书疑义举例》再举出人名连用也有连类而及之例。顾氏举了《孟子》中"禹稷"和"华周杞梁"二例,俞氏再举了《吕氏春秋》中"孔丘墨翟"与"文王周公"二例,可见古人对于修辞是把音节与意义看作同样重要的。

迨至此例用惯以后,则意义上的小差异便不必注意。如嫉妒虽有害贤害色之分,而《楚辞·离骚》"各兴心而嫉妒",专指害贤言;《毛诗·樛木序》言"后妃能逮下而无嫉妒之心",又专指害色言了。所以今人语言,对于此类连文往往不加分别:称言为言语,不必复有直言论难之分;称衣为衣裳,不必复有上衣下裳之分;称绳为绳索,不必复有小绳大索之分。是则昔人于平列骈词或对待骈词侧用其一义,原来也是语言之惯例。

语言中既有此惯例,所以文辞中也可以尽量运用此类连语,因为复词音节总比单词要强一些。《马氏文通》谓"古籍中诸名往往取双字同义者或两字对待

---

① 卷二十七"通鉴注"条。
② 见刘氏所著《文字音韵学论丛》。

者,较单辞只字其词气稍觉浑厚",即是此理。他并举《左传》吕相绝秦篇及《庄子·马蹄篇》中诸语为证,也可知由单词衍为骈词,正与衍为重言连语一样,都是语词的弹性作用。

由此更进,则同意义的连语,也可连用。辞赋中颇多此种手法。现在即以马融《长笛赋》为例:如《安翔骀荡》,李善注云"骀荡,安翔貌";"怡傀宽容",注云"怡傀,宽容之貌";这些是注中明言二连语同义之例。又如"兀崒狋巇"。注云"嵰峻之貌";"蚡缊繙纡",注云"声相纠纷貌";"缠绵蜿蟺",注云"盘屈摇动貌",这又是注中明言四字同义之例。此外如"从容阐缓""纷葩烂漫"诸语,注中虽不言同义,实也是由意义相近的连语组合以成者。谢惠连《雪赋》"至夫缤纷繁骛之貌,皓旰皫絜之仪",其词气之浑厚,音节之爽利,也是从复用同义的连语得来。

上所云云只指单辞组合的骈词而言。至于本是复音语词而再加合用,那就必须加以割裂了。复音语词的割裂合用,实在等于另造新词,此另于下文变化例中述之。现在只就专门名词的合称为例。专门名词的合称,在修辞上也有二种作用,即是词繁者可使之简,义单者可使之复,易言之,也即是语词的弹性作用。

专名之原为单字者,则组合成为骈词本极方便。如《诗·鲁颂·閟宫》之"奄有龟蒙","保有凫绎",《毛传》云"龟,山也,蒙,山也";"凫,山也,绎,山也";此即臧琳《经义杂记》所谓"经合而传分"之例。其非单字者则割裂缩合,有各种变化的例。其比较匀整者,如《庄子·胠箧篇》"削曾、史之行,钳杨、墨之口",简称曾参、史鱼以为曾、史,杨朱、墨翟以为杨、墨。潘岳《西征赋》"怀夫萧、曹、魏、邴之相,辛、李、卫、霍之将",谓萧何、曹参、魏相、邴吉,及辛庆忌、李广、卫青、霍去病诸人。这些都是缩合姓氏或截取首字之例。贾谊《吊屈原》文"世谓随、夷为溷兮,谓跖、蹻为廉",随、夷指卞随、伯夷,跖、蹻指盗跖、庄蹻。潘岳《西征赋》"长卿、渊、云之文,子长、政、骏之史",渊云指王褒(字子渊)、扬雄(字子云);政骏指刘向(字子政)、刘歆(字子骏)。这些又为缩合名号或截取末字之例。

　　然而昔人文中不能尽如上述二例作比较匀整的割裂合并，于是因音节对偶的关系，又不免时多变化。顾炎武《日知录》曾举其例云：

> 　　文中并称两人，而一氏一名，尤为变体。杞殖、华还二人也，而《淮南子》称为殖、华。贾谊《新书》"使曹、勃不能制"，曹，曹参，勃，周勃也。《史记·孟子荀卿传》"管、婴不及"，管，管仲；婴，晏婴也。司马迁《报任安书》"周、魏见辜"，周，周勃；魏，魏其侯宝婴也。扬雄《长杨赋》"乃命骠、卫"，骠，骠骑将军霍去病；卫，大将军卫青也。《杜钦传》"览宗、宣之缮国"，韦昭曰："宗，殷高宗也，宣，周宣王也。"《徐乐传》"名何必夏、子，俗何必成、康"，服虔曰："夏，禹也；子，汤也，汤，子姓。"班固《幽通赋》"周、贾荡而贡愤"，周，庄周，贾，贾谊也。汉《序彰长碑》云"丧父事母有柴、颖之行"，柴，高柴；颖，颖考叔也。夏侯湛《张平子碑》云"同贯宰、贡"，宰，宰我；贡，子贡也。《风俗通》"清拟夷、叔"，邵正《释讥》"禂夷、叔之高怼"，《传子》"夷、叔迁武王以成名"，杜预《遗令》"南观伊雒，北望夷、叔"，陶潜诗"积善云有报，夷、叔在西山"皆谓伯夷、叔齐。汉《广汉属国侯李翊碑》"夷、史之高"，《巴郡太守樊敏碑》"有夷、史之直"，皆谓伯夷、史鱼。陶潜《读史述九章》，程、杵是程婴、公孙杵臼。《新唐书·尉迟敬德传》隐、巢是隐太子、巢刺王，一谥一爵。（卷二十三）

在此文中所述诸例有姓与名错举之例，如"曹勃""周贾"等是；有姓与字错举之例，如"宰贡""夷史"等是；有姓与国错举之例，如"夏子"等是；有谥与爵错举之例，如"隐巢"等是；有姓与爵错举之例，如"骠卫"等是；有上下字错举之例，如"宗宣"等是。此外更有顾氏所未举者，如姓与谥错举之例，班固《幽通赋》"宣、曹兴败于下梦兮"，宣、曹谓周宣王、曹伯阳。有名与职业错举之例，如王褒《洞箫赋》"于是般、匠施巧，夔、妃准法"，般、匠谓公输般、匠石。后世如李白《扶风豪士歌》"原、尝、春、陵六国时"，谓平原君、孟尝君、春申君、信陵君也。韩愈《赠崔立之》诗"东、马、严、徐已奋飞"，谓东方朔、司马相如、严安、徐乐也。此亦本《文选》修辞之例，而任意割裂，巧为组合。可知分合的作用，也因有伸缩的作用故。此外，如地名官名年号等亦均有割裂合称之例。①惟以用于应用文字则非所宜。俞正燮《癸巳存稿》卷九《奏折文字体式述》，历举乾、嘉时申饬省文凑捏之例，亦可知割裂并合虽有音节关系，而自另一方面言，实在是文字游戏的技巧，对于表达意义的作用有一定的限制。

语词之伸缩增减既如上述，所以分用合用也极自由。《诗·卷耳》"我马玄黄"，玄黄是双声连语，指马病之意，本不可分用，而《小雅》分用之为"何草不黄""何草不玄"诸句，是合体连语也可分别析用了。《礼·曲礼》："卜筮者……所以使民决嫌疑，定犹与也。"犹与即犹像，是双声连语，昔人训为二兽名，视同并行连语，非是。犹与既为合体连语，似也不能析用，然而《老子》"与兮若冬涉川，犹兮若畏四邻"，也即分别用之了。

至于骈词之分用，则例证更多。骈文之化单笔为复笔，全用此种手法。宋玉《高唐赋》"旦为朝云，暮为行雨"。"云""雨"为意义相并的骈词；"上属于天，下见于渊"，"天""渊"为意义相反的骈词。正以骈词本是单词的组合，所以更宜于分用。

语词之分用也多利用助词的关系。如《诗·鄘风·君子偕老》"玼兮玼兮，其之翟也"，又"瑳兮瑳兮，其之展也"，"玼""瑳"双声，盖即同字或体，犹《宾之初筵》诗"屡舞傞傞"，《说文》引作"屡舞姕姕"。《毛传》云："玼，鲜盛貌。"案《说文》云"玼，新玉色鲜也"，"瑳，玉色鲜白也"。故知玼玼瑳瑳，同字异体，均状鲜盛之貌。②又《邶风·式微》云"式微式微，胡不归"，郑《笺》："式微式微，微乎微者也，式，发声也。"这都是增加助词以分用重言，使音节舒长之证。又如《郑风·子衿》之"挑兮达兮"，"挑""达"双声语，故《毛传》云："挑达，往来相见貌。"《周颂·

---

① 地名之缩合者如陆倕《石阙铭》"折简而禽庐、九"，谓庐江、九江二郡。《陈书·文学·褚玠传》"稽、阴大邑"，谓会稽、山阴。又顾炎武《日知录》卷二十亦言地名割用一字之例。官名之并合，如《晋书·陈寿传》"杜预将之镇，复荐之于帝，宜补黄、散"，谓黄门侍郎与散骑常侍。《南史·何戢传》"若帖以骁、游亦不为少"，谓骁骑将军与游击将军。年号之缩合者，如熙宁、元丰之称熙、丰，天启、崇祯之称启、祯，《日知录》卷二十"割并年号"条亦论之。

② 见马瑞辰《毛诗传笺通释》。

有客》"有萋有且","萋""且"亦双声语,义犹踟蹰。《毛传》亦合训之云:"萋且敬慎貌。"他如《邶·北风》之"其虚其邪",郑《笺》"邪读如徐",故胡承珙《毛诗后笺》谓:"虚徐二字为叠韵形容之语。"《商颂·那》之"猗与那与",俞樾《茶香室经说》谓:"猗那即《隰有苌楚》篇之猗傩。"这又是利用助词以分用连语之证。类此诸例,即臧琳所谓经分而传合之例。①盖重言连语既杂助词以足句,则在经虽是分用,而在传当然合训了。

至于并行连语之利用助词以分用者,则其例更多。如《小雅·斯干》之"爰居爰处,爰笑爰语",《菁菁者莪》之"载沉载浮",《沔水》之"载飞载止""载飞载扬""载起载行",真是不胜备举。此类之例与上文所谓化单笔为复笔同一作用。如"居"原为单音语词,合以"处"字遂成骈词;然而仅仅一个二音步在音节上犹不足以成句,缀以助词,称为"爰居爰处",便化单为复,就成为很整齐的音句了。

四、语词变化例

语词既有伸缩分合的便利,于是更多变化。把连语而延长之,就成为复合的重言。《诗经》中颇多复衍连语之例。如"委蛇"为叠韵语,《召南·羔羊》云"委蛇委蛇,退食自公。"这是连用叠韵连语之例。而《鄘风·君子偕老》所谓:"委委佗佗,如山如河",则就把连语改为复合的重言了。《毛传》于"委蛇"与"委委佗佗"义训相同,可知这就是语词的变化作用。所以王筠《毛诗重言》谓:"委蛇而长言之,即是委委佗佗。"又如苾芬为双声语,故《小雅·楚茨》云"苾芬孝祀",而《信南山》云"苾苾芬芬,祀事孔明",则又衍为复合的重言了。因知复合的重言,本与连语无别,亦只是发音时延长之语而已。这是语文伸缩而变易之一例。《朱子语录》谓:"此心停停当当恰在中间。"又谓:"吴才老说梓材是《洛诰》中书真恰恰好好。"此亦可为语言中本有硬叠延长之例。他如《齐侯镈钟铭》

---

① 《经义杂记》卷八"毛传文例最古"条。

以"都俞"作"都都俞俞",关尹子以"裴回"作"裴裴回回",《韩诗外传》以"冯翊"作"冯冯翊翊",樊绍述《绛守园池记》以"文章"作"文文章章"①,虽不免过于好奇,然亦只是此例过度的应用而已。

反之,复合的重言亦可减为连语,如《楚辞》:"登石峦兮远望,路渺渺兮默默。""渺渺默默"为复合的重言,而颜延年《还至梁城作》诗"眇默轨路长,憔悴征戍勤",即用《楚辞》语而缩成为连语了。又如司马迁《报任少卿书》"意气勤勤恳恳",亦复用重言,而柳宗元《柳浑行状》"词旨切直,意气勤恳",即用司马氏语,而亦缩为连语了。《礼·乐记》云:"诗云:'肃雍和鸣,先祖是听。'夫肃肃敬也;雍雍和也。夫敬以和,何事不行。"顾炎武《日知录》据之谓:"《诗》本肃雍一字而引之二字者,长言之也。"可知《诗》之"肃雍"实即"肃肃雍雍"之义。盖缩复合的重言为连语,原是诗人修辞恒例。《小雅·十月之交》"噂沓背憎",《传》云"噂犹噂噂然,沓犹沓沓然",可以为证。俞樾《茶香室经说》"俾民忧泄"条即应用此例以作解,其言云:

> 《民劳篇》:"惠此中国,俾民忧泄。"《传》曰:"泄,去也。"《笺》云:"泄犹出也,发也。"愚按忧泄与"寇虐""憯恢""丑厉""宏大"等字一例,皆二字平列。《传》、《笺》之义非也。忧当为优,优之言优优也,泄之言泄泄也。《尔雅·释言》:"优优,和也。"隐元年《左传》"其乐也泄泄",杜注曰:"泄泄,和乐也。"俾民优泄者,俾民优优泄泄,乃和乐之意也。据《说文》忧愁字本作𢝊,其作忧者和之行也,然则此经作忧,正优优之本字矣。

（卷四）

俞氏能明昔人修辞之例,所以作解通达若是。修辞学有时可以帮助读者之了解者,亦正在此。

不仅重言可以缩合成连语,即连语也可以缩合成另一新连语。盖此与专名合称之例相同,一方面为割裂,一方面为并合。马融《长笛赋》"激朗清厉",李善

---

① 翟灏《通俗编》"叠文"条。

注云"激切明朗",是"激朗"即"激切明朗"的缩合;又"牢剌拂戾",注云"牢落乖剌",是"牢剌"又"牢落乖剌"的缩合。他如嵇康《琴赋》"优游躇跱",注云:"蹰躇竦跱。"陆机为《顾彦先赠妇》诗"音息旷不达",注云:"音问消息也。"鲍照《拟古诗》"迷方独沦误",注云:"沉沦迷误也。"凡此类比较生僻的连语,殆无不是出于一般人缩合成的新词。

此外更有重言连语相混以见变化者,这在摹声或状物的语词为尤多。如"泼剌"为连语,杜甫诗"船尾跳鱼泼剌鸣",而王实甫《丽春堂》杂剧"不剌剌引马儿先将箭道通",《西厢记》"仆剌剌宿鸟飞腾",则连语而长言之,兼有重言的作用了。

他如"纷纷"为重言,"纷乱"为连语,而合成"乱纷纷";"兢兢"为重言,"战兢"为连语,而合成"战兢兢";都是语词变化的例。梁廷楠《曲话》极称元曲用叠字之新异,其所举例,如"曲弯弯""高耸耸""直挺挺""闹攘攘""碎纷纷""明朗朗",以及"忽剌剌""支楞楞""扑冬冬""滴溜溜""笃簌簌"等词,大率都由重言连语变化得来。此类语词若再加以语助词,便成"远哉遥遥""殆哉岌岌"诸词,昔人文中往往见之,在近代语中反而比较少见了。元曲中又有"忒楞楞腾""疏剌剌沙""斯琅琅汤""支楞楞争""吉丁丁珰""扑通通东"诸语,于混用重言连语之外,复缀以合音之字,在这些例中,更可看出中国语词之有弹性作用。

至或另加形容词以成新词者,于意义方面不免有些变更或限制,然而有时也可说是语词的弹性作用。如扬雄《河东赋》"轶五帝之遐迹,蹑三皇之高踪",一方面把骈词"踪迹"分用在二句中间,化单笔为复笔,一方面又嫌单词不合句调,于是称"遐迹",称"高踪",又变单词为复词。类此诸例,骈文律诗中触处可见,虽与普通语词之弹性作用有些分别,实则也是伸缩变化的一种方便法门。这是文人修辞利用语词弹性作用的特征,才变并行连语易为相属连语的。

五、语词颠倒例

语词固然有不可颠倒使用者。宋人嘲倒语诗所谓"如何作元解,归去作潜陶"者,人皆知之。明人亦有嘲人误呼石人为仲翁者。"翁仲将来作仲翁,皆因书读少夫工,马金堂玉如何入,只好州苏作判通。"可知语词一经倒用,便易受人嘲笑,然此类只是就专门名词言耳。至于普通语词,本多颠倒之例。《诗》之"中谷""中林""中河""中阿""中沚""中陵""泽中""原中""中田"诸语,《毛传》均以"谷中""林中""河中""阿中""沚中""陵中""泽中""原中""田中"诸语释之,便可知颠倒用词,也是辞学。不过这犹兼有语法上的关系,与语词之倒用有别。至如《齐风》"东方未明,颠倒衣裳。颠之倒之,自公召之","东方未晞,颠倒裳衣,倒之颠之,自公令之"。把"衣裳""裳衣""颠倒""倒颠"反复互用,则完全成为变化的弹性作用了。不过这种颠倒用法,在文化进步之后,有时也会成为两个不同的语词的,如"言语"与"语言","负担"与"担负",意义就有区别了。

大抵此类语词之颠倒使用,也有时代的关系,古语以颠倒为常例,后世则以颠倒为变例。俞樾《古书疑义举例》所举"倒文协韵例"只就协韵之句而言,实则古人之倒用语词尚不限于协韵。如《大雅·云汉》"上下奠瘗",而《邶风·燕燕》作"下上其音";《大雅·行苇》"牛羊勿践履",而《王风·君子于役》作"羊牛下来";《周南》"螽斯羽",而《豳风·七月》作"五月斯螽动股";《小雅·鱼藻》首章云"王在在镐,岂乐饮酒",次章云"王在在镐,饮酒乐岂",可知无论骈词连语,昔人本多倒顺互用之例。不仅诗是如此,即于散文,也可如此。《孟子》"父子之间不责善",一方面却说"子父责善而不相遇也"。《管子·形势解篇》"法度者万民之仪表也,礼义者尊卑之仪表也",而《韩诗外传》谓"智如泉源,可以为表仪者人师也"。所以俞樾《读楚辞》解"呫訾"为"趑趄","儒儿"为"嗫嚅"。他说:

《卜居》:"将呫訾栗斯,喔咿儒儿,以事妇人乎?"愚按韩昌黎文"足将进而趑趄,口将言而嗫嚅",即本乎此。呫訾,即趑趄也。訾从此声,趄从次声，本同部字，古得相通，呪之转为趄，犹足恭之足音沮也。儒从需声，嚅亦从需声，古同声而通用，儿之转为嗫，犹雌霓之霓音啮也。使易《楚辞》为訾促，为儿儒，则即韩文之趄趄嗫嚅矣。使易韩文为趄趄，为嚅嗫，即《楚辞》之呪訾儒儿矣。双声叠韵之辞，本无一定，倒顺皆通耳。

此种颠倒使用法，在汉人犹有此习惯。如汉《溧阳长潘乾碑》，用"蒸黎"作"黎蒸"，董仲舒《贤良策》，用"勉强"作"强勉"。司马相如《上林赋》"山陵为之震动，川谷为之荡波"，而张衡《西京赋》云"河渭为之波荡，吴岳为之阤堵"，一用"波荡"，一用"荡波"。其甚者如《广汉属国侯李翊碑》，用"丁陵"作"陵于"，则颠倒专门名词，不免有"元解""仲翁"之诮了。

唐、宋以后类此之例便比较少见。《礼·月令》"坣邱垄之人小高甲厚薄之度"，王引之据古本谓当作"小大高卑薄厚之度"，也可知类此颠倒使用之例，在后世不甚通行，所以俗儒不免以意改窜了。葛立方《韵语阳秋》云：

> 连绵字不可挑转用，诗人间有挑转用者，非为平侧所牵，则为韵所牵也。罗昭谏以沉寥为寥沉，是为平侧所牵，《秋风生桂枝》诗所谓"寥沉工夫大"是也。又以泩澜为澜泩，是为韵所牵，《哭孙员外诗》所谓"故侯何在泪澜泩"是也。（卷二）

据葛氏所言，则知连语倒顺互用，在后世已成变例，所以必须有相当的条件。否则只有如韩愈这样喜欢"横空盘硬语"者，才能以颠倒见奇倔。如孙奕《履斋示儿编》"倒用字"条所举韩诗"碧海滴珑玲""磨淬出角圭""应对多差参""后日悬知惭莽卤""推书扑笔多慨慷"[1]诸句，于用韵关系之外，同时令人兼有生硬奇崛的感觉。

六、结　论

在本文里所提出的问题有两点比较重要：一是语法上的问题，一是文学上

---

[1]　案韩愈《孟生诗》"顾我多慷慨，穷檐时见临"，是用"多"字。原句"多"作"歌"，殆孙氏误记。

的问题。

　　由语法言，昔人对于古籍中不甚了解的字眼，往往用"无义""发语辞""语中助词"……一类的话搪塞过去，固然嫌其笼统；但在近人一定要把这些字眼逐一弄清，以外语语法的观念来讲中国的文句，实在也不免有求之过密之失。盖中国的语言，确随语急语缓的分别而有助声之辞。助声之辞，只在音节上有足句的作用，不在语法上有意义的作用；易言之，只表现语句之神态，而不表现语句之意义。元曲中之"也那"，即同于现在口语中的"来"，也有些近于以前古籍中之"之"。《桃花女》杂剧"知他是您行凶也那我放泼"，意即是说："知他是您行凶来我放泼。"《金钱花》杂剧"莫不是醉撞入深宅也那大院，莫不是梦迷入瑶台也那阆苑"，意即是说："莫不是醉撞入深宅来大院，莫不是梦迷入瑶台来阆苑。"此类词句为现代人所熟习，故可知道这些是语词，只是助声之辞，而不必凿求其义。假使历时稍久，后人不得其解，也即不能理会到说话的神情，而泥于语法以求之，那也可能说"也那"与"来"均有"与"义，看成连词而不看作是助词了。古诗中之"言"，或解为"而"字，或解为"以"字，固然很妙；然而笼统地称为语词，也未尝有什么大不妥当之处。《考工记》"梓人曰必深其爪，出于目，作其鳞之而"，而谓颊毛，言作"其鳞"与"而"也。《孟子》"得之不得曰有命"，言得与不得也。此类句中所用"之"字，若视同口语中之"来"字，也未尝不可。《诗经》中如"亦孔之将""亦孔之嘉"诸语，于副词形容词之间，犹且可用助词；何况在两个意义相并的语词中间。我并非赞同昔人笼统的解释，而不欲由语法以治训诂。我只觉得文辞中间每字每词，都可精密地分别其词性，乃是后起的事，而施于古籍则或不尽然。我又觉得每字每词之能确定其词性，只可施于散文中间，至施于韵语则又不尽然。大抵愈近于口语，则愈多助声之辞；愈是古代的语言，愈不适合于后世精密的语法；而愈是韵文，也愈须要利用助声之词以足成音句。语词中说"荒唐"与"荒乎其唐"，是同样意义，若必欲凿求此"乎"字"其"字的词性，便失之泥。《诗经》中之语词，被昔人误解以实义者，则应当纠正；若昔人笼统的称为"发语辞"或"语中助词"者，便应当细玩诗人之语气，应当体会现时口语的神情，应当顾到昔人韵语的词例。语法的推求，固然是一种途径，似也不必全重在这一方面。这是从语词之弹性作用所想到的一点。

由文学言，我的见解也有与时贤出入之处。我并不承认骈文律诗为文字的玩意儿，我只觉得在中国的语言文字中，不妨有骈文律诗的体裁。盖中国语词因有伸缩分合之弹性，故能组成匀整的句调，而同时亦便于对偶；又因有变化颠倒的弹性，故极适于对偶而同时亦足以助句调之匀整。因此，中国文辞之对偶与匀整，为中国语言文字所特有的技巧，而这种技巧，却完成了中国文学的音乐性。所谓骈文律诗，实即是从这种趋势演变来的。阮元《文言说》云：

> 古人以简策传事者少，以口舌传事者多，以目治事者少，以口耳治事者多。故同为一言，转相告语，必有愆误。是必寡其词，协其音，以文其言，使人易于记诵，无能增改。

可知对偶与匀整的辞句，正从语言中来。不过后人变本加厉，踵事增华，于是似乎觉得只成为文字的技巧，似乎觉得只是文字的玩意儿而已。我们只须看古语如"众心成城，众口铄金"[①]，"生相怜，死相捐"[②]，"相马以舆，相士以居"[③]，"尺有所短，寸有所长"[④]等对偶而匀整的句子，便可知经传诸子中"水流湿，火就燥"，"云从龙，风从虎"[⑤]，"满招损，谦受益"[⑥]，"食无求饱，居无求安"[⑦]，"大器晚成，大音希声"[⑧]诸语，本是语言中常用的句法。我们再看诘言中"千山万水""千兵万马""千秋万岁""有始有终""有名无实"以及"四分五裂""四通八达""孝子顺孙""公子王孙""咬文嚼字""舞文弄法"诸语，一句中自为对偶，亦可知与《易》之"进德修业""云行雨施"，《老子》之"天长地久"，王粲诗之"风流云散"，韩愈文之

---

① 《国语》引谚。
② 《列子》引古语。
③ 《家语》引谚。
④ 《史记》引鄙语。
⑤ 《易·乾文言》。
⑥ 《书·大禹谟》。
⑦ 《论语》。
⑧ 《老子》。

"积道藏德""倒廪倾囷"诸语初无分别。义如语言中"百战百胜""百发百中""一丘一壑""数一数二""丈一丈二""无边无岸""夹雨夹雪"及"近水惜水""将错就错"诸语，利用叠字以成对偶与匀称者，与《诗》之"不日不月"①"有洸有溃"②"有条有梅""有纪有堂"③杜荀鹤《送僧诗》之"道了亦未了，言闲今且闲"诸语，又有何分别。所以我说对偶和匀整，本是中国语言文字中共有的特点。此种特点，不仅宜于骈文和律诗，即在古文中也需要整句，在古诗中亦适宜偶语的。古文中如韩愈《答窦秀才书》篇幅极短，而其中所用的整句，如"学成而道益穷，年老而志愈困"；"操数寸之管，书盈尺之纸"；"身勤而事左，辞重而请约"，"遁其光而不曜，胶其口而不传"；"钱财不足以贿左右之匮急，文章不足以发足下之事业"；以及"稇载而往，垂橐而归"诸语，都是俪体的形式。古诗中如李白《赠饶阳张司务璲》诗亦仅寥寥数语，而其中偶语如"慕蔺岂曩古，攀嵇是当年"；"功业嗟落日，容华弃徂川"；"一语已道意，三山期著鞭"；"蹉跎人间世，寥落壶中天"；"独见游物祖，探玄穷化先"诸语，均近律体。韩之于文，李之于诗，都是力矫骈俪的，犹且如此，可知这是语言文字共有之特性，为修辞上所不能废除的。清代学者如高邮王氏父子之治经，每以经文为相对成文；这虽不免有过泥之处，然就古人修辞条例言之，却是极适合的。

正因如此，所以语言也有骈俪的可能。谚语中如"拳不离手，曲不离口"，"养儿防老，积谷防饥"，"好马弗吃回头草，好女弗穿嫁时衣"诸句，利用排句，以使音节匀整。又如"杀人可恕，无礼难容"，"孤犊触乳，骄子骂母"，"药医不死病，佛度有缘人"诸句俨成对偶，竟与骈句无别。所以即在白话文中亦不妨有骈俪之句。语录文做到后来成为骈体的格言了，戏曲做到后来也变戉骈体的说白了。这固然有一部分或由文士们文字迷的关系，然亦由语言本身可以发挥此种特长之故。我们且看明北海冯氏《不伏老》剧第一折中论科场一节：

---

① 《王·君子于役》。
② 《邶·谷风》。
③ 均《秦·终南》。

〔看介〕看这条约，开写得比往年又加十分详细，是好整齐严肃也呵。只见规模宏大，法度森严。明远楼，高出广寒宫，至公堂，压倒森罗殿。天字号，地字号，密匝匝，摆列着数千百号；东文场，西文场，齐截截，分定了一二三场。南卷，中卷，北卷，都则是策论经书；《易经》《书经》《诗经》，更兼那《春秋》《礼记》。知贡举，乃本部尚书，都总裁，是当朝宰相。考试官，监试官，提调官，印卷官，也有那巡绰监门官，多官守法；弥封所，对读所，誊录所，又有那收掌试卷所，各所奉公。四边厢往来击柝，一周遭昼夜提铃。往来击柝，只见那穷光棍闭着眼敲木皮，一下下道，怕怕他，怕怕他；昼夜提铃，只见他碜油花，背着手，摇铁片，一声声道，定定铎，定定铎。高挑着，竿上灯，里千盏，外十盏，明晃晃，红荡荡，都做了火天火地；紧挨着，天下士，前一层，后一层，喘吁吁，闹炒炒，都做了人海人山。进了门，耳边厢，喝一声："仔细搜！"则被他捏捏挪挪，搜检那袖儿里排筵；过了晌，头直上，喊几阵："上紧写！"则被他击击聒聒，比并得眼儿中灼火。鸡鸣照号，张的张，李的李，恰叙了三言两语，都道长兄见教见教。日出散题，你是你，我是我，才问了一字半句，只说小弟不知不知。英雄入彀，虾腰曲脊，紧靠着四扇板儿；卫士传餐，侧耳听声，单等那三通梆子。半生不熟干饭团，这的是太仓多年老米。连泥带土托腮骨，元米是天津道地干鱼。放下的，你一双，我一双，隔年陈，那讨一个儿可口馒头；端着的，东半碗，西半碗，腥泔水，却有几点儿连毛汤料。一个家丧气消魂，不是病，不是痛，可又早皮里抽肉；一个家捜肠刮肚，不知饥，不知渴，只觉的口内生烟。有一般光纱帽，无展翅，挣眉睁眼，打扮的似抹额钟馗；有一般破头巾，油手帕，连耳带腮，包裹的似缠头回子。有一般亨亨亨，呀呀呀，扭不来，捏不出，撇弄的魂灵儿，虚飘飘在九霄云外；有一般双双双，察察察，写不停，煞不住，丢答的笔尖儿，滴溜溜在八面风中。有一般光辉明润，一字字犹如老蚌生珠；有一般巧思精工，一篇篇恰似春蚕作茧；有一般速才的，心应手，手应心，霎时间只待争先睹快；有一般熬场的，夜到明，明到夜，一心里都要取胜夺魁。只听得画鼓连声发罢擂，乍乍乍，冬冬冬，一更打作二更，二更打作三更；又听的云牌乱响撞了钟，丁丁丁，当当当，三点打作四点，四点打作五点，都只是虚张声势，止不过故意穷忙。虚张声势，把俺平生学问，逼勒在风檐寸晷之前。故意穷忙，把俺盖世功名，出脱在片纸只字之上。神人共助，大道为公。子俺这一张字纸，斯琅琅掷地金声；单听那三级龙门，刮剌剌震天雷响。谁知文章由乎己，穷达在天；取舍存乎人，迟速有命。马前看锦，非关他眼底成名；箩里拣瓜，单看你祖先积德。吃了封门宴，上马宴，另有三日一小宴，五日一大宴；费了礼部钱，京县钱，还有东城也使钱，西城也使钱。金华坛，麻姑坛，淮安坛，只要双料大坛；醲儿酒，脑儿酒，珠儿酒，都是加味细酒。油盐酱醋，流水而来；鹅鸭鸡猪，贯鱼而进。招贤之礼甚厚，恩典有加；取士之门大开，奔趋恐后。（《盛明杂剧》二集）

这不是俨然一篇白话的科场赋吗？因此知道剧中丑角之说白，与大鼓书急口令等，尽管口若悬河，一似倾筐倒箧而出者，而听者却都能了解，这全由匀整的关系。《清平山堂话本》中《快嘴李翠莲记》，真可谓语言妙天下了。然而假使除掉了匀整的作用，又那能如此呢？这是我所谓语体文中应当参些土气息的地方。

然则现在的语体文，是不是应当仍走老路，以成为白话的骈体或韵体呢？那又不然。现在人主张欧化的问题，与一般白话文欧化的倾向，那本是不错的。不过，我们须知何以现在的白话文会走上这条路？有人以为那是近人不满于以往文辞只重平面的铺排，而欲求其意义之复杂包孕，始创此类特殊的句法。但是此种要求亦不自今日始。以前翻译佛经的时候，也早已创造出这种包孕的子句，何以这种句法不会影响到其他文体，又何以佛经必须以四字为句，这个关键实在全在于标点符号。盖昔人作文先要注意到断句，骈文无论矣，即在散文也是如此。一般古文家所研练揣摩者，大都不外句法的问题。句调可以成诵者，古文即能够成功。否则句读且不易确定，教人如何懂得。一般古文家的作品，凡句涩言艰者，往往不传，即传亦不易普遍。樊绍述的《绛守居园池记》，一般人正以好奇的心理作用反为之注释疏解，然而终究亦不易上口。所以黄宗羲甚至以读王思任《游唤》为行罚之令。由这一点言，桐城派主张雅洁，对于这种风气确实改革了一下。

古人为了没有标点符号，所以只有在句法上注意。第一求其匀整。匀整则无论如何复杂的意义均可曲折达出，而不流晦涩，如佛经的翻译是。第二求其对偶。骈文在意义上虽觉难懂，而在诵读上却是方便。所以韩、柳虽创古文，而唐、宋四六依旧有其地位。第三求其叶韵，不匀整的固须用韵以为断句的标识，如长短句；即匀整的也因用韵以后更觉琅琅上口，如《史记·龟策传》宋元王一段，虽是口头言语，却全是韵语。所以中国文辞重在音句而不重在义句。中国歌诀之多以此，旧时欲使家喻户晓的告示而偏用六言韵语者亦以此。以上数项都是就韵文骈文，或如佛经之准韵文准骈文说的。懂得这个关系，于是戏曲语录之类虽重在运用口头语言，所以也会倾向骈俪的原因，就不难推知了。

至于散文，则不能有此便利，然而古文家却利用语句组织上的关系以分句。宋陈骙《文则》云："文有数句用一类字，所以壮文势广文义也。然皆有法。韩退之为古文伯，于此法尤加意焉。"不错，文句用重复的字，诚所以"壮文势广文义"。而我们更须知道于此二者之外尚有断句的关系，恐怕断句或是更根本的问题。如韩愈《画记》"行者，牵者，涉者，陆者，翘者，顾者，鸣者，寝者，讹者，立者，龁者，饮者，溲者，陟者，降者"诸语，假使用标点符号的话只须说"有行、牵、奔、涉……诸状"足矣。《易·说卦》云："乾为天，为圜，为君，为父，为玉，为寒，为冰，为大赤，为良马，为老马，为瘠马，为驳马。为木果。"《庄子·齐物论》之状风吹窍穴云："似鼻，似口，似枅，似圈，似臼，似洼者，似污者。"都是这一类的句法。

不仅如此，即在普通句法不必用复字者，亦以意义完足，句读分明为标准；所以不适宜于长句而只适宜于短句，不适宜于表达复杂的意思，而只适宜于表达简单的意义。愈在这一方面考究，所以文辞愈求其铿锵可诵。其所表现的意义虽不如欧化文字之复杂而音节却远胜之。

现在的语体文有标点符号以为辅佐,则不完全的句子插在中间,便不会有上下文不相衔接之感。不整齐的句子错落杂用,也不会有诘曲聱牙之感。这是现在语体文所以不妨欧化之故。然而犹且有许多过度欧化或硬译的文辞,比天书还难懂,则又以对于中国语言文字之特性,不免太不顾到的缘故。这是从语词之弹性作用所悟到的又一点。

总的来讲,研究语法如能顾到词汇,则容易理解汉语之特征,也就更容易结合实际,使研究成果适合于语文教学。否则像《马氏文通》这样,依照他的企图何尝不想用在教学方面,使语文教学有更多更快的成就,可是事与愿违,他只在语法研究开创了一些门径,而于语文教学方面却很少收获,此中原因,不是可以令人深长思之的吗?语法研究是需要的,但语文教学的实际应用,似乎更重要一些,也即是更应该多加注意一些。因此我想在语法研究之外,强调一些词例的研究,这是土生土长的土办法,也许可供语法研究者作一种参考。

这样古代汉语和现代汉语的分野可以分得很清了,同时古典文学和现代文学的分野也可以分得很清了,也即是在文学史研究方面都必须重视阶级观点和历史观点,而在长时期的古典文学史方面再应注意一些古典作家如何在不同时期内怎样不同地运用语言文字以形成不同的艺术技巧和风格的问题。

原载《燕京学报》第 24 期,1938 年

修 辞 剖 析

郭绍虞

一、修辞与修辞学

中国以前很早就有"修辞"的术语,却不见"文法""语法"这些术语。这问题我已作了初步的解答,但不敢自信。我认为"文法""语法",这些术语,以前不妨包括在"修辞"术语之中。这个问题,我在《汉语语法修辞新探》一书中反复地提到,我极愿听取同志们的不同意见,作最后的决定。这问题是要在争论中来作决定的,不是坚持西洋语法和修辞是两种不同的学科而可以草率反对得了的。现在我仍没有改变原来的意见,而且更进一步提出汉语修辞所有包赅语法的作用,那就不仅是两结合的问题,而且更强调了修辞的作用,简直可说不仅是两结合而且成为混合体了。这个问题在汉语史里确实可有这种现象,不过我依旧承认语法和修辞在现在来讲是两种不同的学科,因为从现在和将来发展的趋势来看完全是两种不同性质的学科。这是两个不同的命题:若从中国的历史事实来看,则我提出的结合、混合的问题,可能是符合历史事实的;但由发展的趋势看,却又可以不一定以历史事实为依据的。所以,我认为这虽是两个不同的命题,但对现在研究语法修辞的问题,也不是没有一些关系的。顾到汉语的特殊性,可能会削弱一些唯洋是从的习惯性。

现在,我又准备提出一个新的命题:文法、语法之学既可以包赅在"修辞"术语之中,那么含义较广,内容也较丰富,应该可以发展它的特性建立成学了,何以又不问以前建立了"修辞学"的名称。这儿就试图解答这问题:

一、中国人在封建专制的压力之下,死气沉沉,一般人都不想标新立异,创立什么新学说,以取誉一时。老子的《道德经》尚且在别人"强为我著书"的情况之下才勉强写成的,"名之所至,谤亦随之",于是某些人可能很容易滋生这种"多一事不如少一事"的思想。

二、语法、文法问题,在中国既没有成学,修辞也没有成学的必要。古人虽有《修辞鉴衡》一类之书,但不自名为学。大抵古人所谓"学",乃在风气既成之后,学者既众,自然形成的结果,如汉代所谓"齐学""鲁学""京氏学""庆氏学"之类,这是古人的风气。即后来宋明时代的"道学""理学""心学",以及"濂""洛""关""闽"之类也还保存这个风气。当然也有就学术的内容性质而言的,如"经学""史学""玄学""文学"之类,乃是南朝刘宋文帝所立四学,才以学为教,好像和现在的学术名称有些相近。但是这所谓"学",范围都是较广的,修辞语法等等,似乎还够不上立学的条件。所以古人称"修辞",也不一定符合于现在的修辞学。我们说明这一点,正是说明古人所谓"修辞",其内涵还是和现代人所谓修辞学,不妨有些区别的。

二、现代修辞学的两大流派

修辞学名称之建立自现代开始,溯其来源,大抵有二。一派来自西洋或东洋,总之都重在辞格。其开始起于唐钺之《修辞格》。在唐氏此书以前,我还没有见到有所谓修辞之学。但唐氏不自称为"学",这正是他的高明处。唐氏假使要立修辞学之称,以与马建忠之文法学争胜,那么以唐氏之学问,只须再加一些工夫,写成修辞学方面的煌煌巨著亦并不困难。我们看他的《国故新探》第一卷中论及文学修辞之文,都有独到之见。所以他如要创辟修辞学,一定可有相当的成功。在这一派的著作中,唐氏既不自名为学,于是王易的《修辞学通诠》和陈望道的《修辞学发凡》都可作为这方面的代表作。后起之秀,如陈介白之《新著修辞学》亦能自成一家之言。王易与陈介白二氏之书都涉及文体问题,又与陈望道氏不同。这一派的成就,吕叔湘氏已有微辞,我在《汉语语法修辞新探》一书中已引及之,兹不复赘。

另一派则是杨树达氏的《中国修辞学》。其《自序》谓"语言之构造,无中外大都一致,故其词品不能尽与他族殊异,治文法者乃不能不因。若夫修辞之事,乃欲冀文辞之美……则其所以求美之术自异。况在华夏,历古以尚文为治,而谓其修辞之术与欧洲为一源,不亦诬乎?昧者顾取彼族之所为一一袭之。彼之所有,则我必具;彼之所缺,则我不能独有,其贬己媚人不已甚乎!"我很佩服杨氏这种"自尊其族姓之心",反对仅以辞格为主的修辞之学,可说在修辞学方面另辟了一条途径。这条途径似乎走的人尚不甚多。因为一般人对杨氏之《中国修辞学》可能不很理解。由于此书体例有些像杨氏的《论语疏证》,并不重在发挥自己的意见。但这二书毕竟又不完全相同。《论语疏证》比较晚出。陈寅恪序谓其"既广搜群籍以参证圣言,其文之矛盾疑滞者,若不考订解释,折衷一是,则圣人之言行终不可明矣。今先生汇集古集中事实语言之与《论语》有关者,并间下己意,考订是非,解释疑滞……诚可为治经者辟一新途径,树·新模楷也"。他的《中国修辞学》也用这种方法,完全从古籍中论到古人修辞的例,而稍加说明。这也可说是"辟一新途径,树一新模楷"。这就因杨氏学有根柢,所以可以特负独行,不作贬己媚人之态。可惜有时又走到另一极端,觉得自己的意见太少,恐学者不易领会,所以一般讲修辞学者又很少提及此书。

这两派的争论可能就是洋和中两种不同倾向,实则这种倾向之所以形成,都由于这两种语言文字各有基本特征,两不相同而产生的。假使各存成见,相持不下,那么争论不休,又可能造成学术界的派性。等到派性滋长之后,再要消除,那就比较困难了。当然争鸣也是学术界发展的必然现象,但心平气和,减少一些火气,似乎风度更高一些。从这样促进,这样提高,那就可使洋为中用,不致有畛域门户之感了。各种语言文字都可体现出各个民族文化之特点,可以彼此相比,以显其异,也可以相互研究,以观其同。以前中国闭关自守,逐渐形成夜郎自大之习,及到欧化东渐,经过几次挫折,又觉得事事不如人,于是风气所趋,又来一个大转变。

这是我所以对杨氏之治学多少有些同感的原因。但我与杨氏又有一些不同的地方。杨氏对语法修辞之学有先后之分。他是先治语法,后攻修辞的,所以他以为"治文法者乃不能不因",而于修辞之专讲辞格者则认为"削己足而适人履"。他是把语法与修辞一科绝对分开的。我则对汉语之语法修辞二科认为有部分可以相互结合的现象。这是我们的一些分别。

三、语法修辞混合的原因

由于深佩杨氏之学,所以从现在出版的一些修辞学书来讲,我也倾向于杨氏一边。我钦佩他看到语法修辞有相近之点,更钦佩他看到中国修辞学有特殊之点,不随流俗之讲修辞只限于辞格,可惜他这本书为矫正流俗之弊,又不免太过一些。我觉得"古为今用,洋为中用",这是一个比较合适的科学态度,假使他先攻修辞后治语法,可能他的主张会稍变一些。

为什么?中国人讲"修辞",始见于《易经·乾卦·文言》"修辞立其诚"之语。这相传是孔子之言。何以对于修辞问题提得这么早,而对于"文法""语法"的问题却不见有人论述。即使有人提到"文法"二字,也往往是作文法之义,与修辞近而与近人所讲文法学绝不相同。这个问题,我久存在心,却没有很好找到答案。自从编写《汉语语法修辞新探》一书,约略看到一些汉语特征,刚才悟到中国人之不讲文法语法,并不奇怪。我总认为我们的祖先会造成这样悠久的文化,可以相信中华民族决不是低级的,而是具有突出的聪明才智值得自豪的。不仅如此,我们的民族又能尊重其他民族文化的优点而吸收之,以丰富提高自己的文化。文法语法之学,确是从人家学来,但学到以后也确实对中国的语言文字之学,放出了一些自己的光芒。既不看轻自己,亦不强人以从己,这种态度,这种胸怀,是我们民族的光荣传统。

因此,我想到中国以前,没有义法语法之学,并不是我们民族的耻辱,而是与修辞之学两相结合的关系。这结合的程度有深有浅,也可深可浅。其所以或深或浅的原因,完全随时代的需要而变化。在最深的阶段,简直可说语法包赅在修辞之中,在最浅的阶段,简直根本只有语法,无所谓文法,当然可与修辞划界而成为两种不同性质的学科了。

这样说明,可知语法(文法)与修辞有可以结合的一面,也有可以各自独立的一面,语法与修辞的微妙关系,即在这一点。

因此,我觉得把修辞与修辞学分开来讲,要比较合适一些。我们推崇杨氏之学,并不是要在这两派中宗主某一派,而是说从杨氏的著作中容易看出古人所谓"修辞",虽不标榜称之为"学",却比自封为"学"的更高超一些,也更圆满一些,灵活一些。

我同杨氏一样是比较具有强烈的民族自尊性的。我总认为语法修辞诸学,假使确实为初学读书写文所迫切需要,那么以前的先民一定不会忽略这些入学的门径书。只因汉语汉字自有它的特点,所以先哲们正可利用《三字经》《千字文》这些书籍作为幼学入门之资。《幼学琼林》则是高一级的入门书。循序渐进,未必比"人手刀尺"一类的教科书为逊色。我不是看轻这种小学教科书,不过说古人对"幼学"也是有一套办法的。这套办法,当然是古疏而今密,或古劣而今优,但我正要从疏密优劣之中,推究它的所以然之故,看出他演变的原因趋势,这就可以自抒己见,化腐朽为神奇了。事物的演变,往往是从不科学转到科学性的。我们作这样的探索,正是要在科学性中再加一些民族性,也就可以更推进一步,发挥一些更大的学术作用。所以首先要说明推重杨著,不是使修辞学倒退一步,而是推进了一步,从原有的基础上,再加以发展,其实用意义一定会更高一些。

何况杨氏修辞学,还有另一个特点。正因他加强民族性,所以会看到中国的修辞学有与语法学结合的可能性。这一点恰恰与我的论点不谋而合,不过我的论点是从汉语特征看出来的，而他则是从修辞的角度看出来的而已。

我从语法观点看问题，看到了吕叔湘氏的《中国文法要略》讲文法，就有结合修辞倾向（见《新探》264页）；现在看到杨氏的《中国修辞学》恰恰又说明了修辞学与语法混合的问题。两相结合，恰好合拍，就使我增加了汉语的语法修辞有结合的可能的理论根据。我是赞同吕叔湘氏提出"语法修辞"这一学术名词的，我也是崇拜我们的先哲的。我很奇怪我们的先哲很早提到"修辞"这名词，却绝不提到语法文法的名词。这一定有它的原因，决不是由于古人的一时疏忽。直到读了杨氏的《中国修辞学》才恍然大悟，原来古人所谓修辞本是包赅文法语法的意义在内的。

于何证之？容我略举数例来说明这问题：

1. 范仲淹《严先生祠堂记》最后的歌词"云山苍苍江水泱泱。先生之风，山高水长"，此"风"原用"德"，是仄声字，乃是按照一般诗歌式的换律如此，所以称"先生之德"。诗格诗例一类之书，当然不可与现代文法语法之书相提并论，但于此可以说明两件事：一、范氏之文之工不是依靠文法语法一类之书学习得来的；二、诗格诗例，尚且可以打破，更足以证明中国古时只重修辞不重文法的迹象。

2. 中国古时只讲"辞"，即"修辞"之称也不常见。如《左传》襄公二十五年记郑子产献捷于晋，晋人问陈之罪，子产对答得很得体，孔子因称赞说"言之无文行而不远"，只用一个"文"字，再说"非文辞不为功"，也只用"文辞"两字，这就与《论语》"东里子产润色之"之语相合。又襄公三十一年记"子产相郑伯以如晋"一节，叔向也称赞子产答辞之得体，其言曰"辞之不可已也如是夫！子产有辞，诸侯赖之，若之何其释辞也！"诗曰："辞之辑矣，民之协矣；辞之绎矣，民之莫矣；其知之矣"。此处只用一个"辞"字。可知古人对于"修辞"的理解，只是修饰言辞之意。这样讲，所谓"修辞"，也平常得很，说得再郑重一些，也不过等于三不朽中所谓"立言"的意思。"修辞立其诚"不过说"立言要重在诚"而已。后世文化日进，对于言辞文辞的要求也日益提高，于是有修辞之学，有文法语法之学，各有专攻的特点,愈走愈歧,也就愈不相关了。所以不相关是一回事,互相关是另一回事,可以各是其是,却不必互非其非。

3. 刘知幾《史通·惑经篇》云"凡在人伦不得其死者,邦君以上皆谓之弑,卿士以上通称为杀,此春秋之例也。案桓二年书曰宋督弑其君与夷及其大夫孔父,僖十年又曰晋里克弑其君卓,及其大夫简息。大臣当为杀而称及,与君弑同科。苟弑杀不分,则君臣靡别者矣"。绍虞案:刘氏此文提出的是文法兼修辞之例,即使按照春秋之例,改二"及"字为"杀",也不足为今人语法修辞分开之证。因为语法文法云者,都是指那时一般通行之习俗,并不是迷恋于《春秋》规定之旧说,所以不能算是语法或文法问题。至于杨树达氏在称引此节文辞之后,所加以按语,谓"此二'及'字非'与'字之义,乃连及之义,因弑君而连及其臣耳"。此说较通达,但恰好说明语法问题包赅在修辞之中。

4. 杨氏修辞学书中所举《增益增字》诸例,如欧阳修"仕宦至将相,富贵归故乡",于"仕宦""富贵"之下,均加一"而"字等等,都是修辞兼文法之例。《马氏文通》谓"凡上下截两相背戾,则以'而'字掉转。"古人不习文法,但此种法度,可用可省,其所以用或不用的标准,则决于修辞。一加"而"字,精神顿出,可以欧氏增之。

5. 杨著第四章论《变化》第一栏,又第十八章论《省略》,都是大部分从文法观点来叙述的。这可见语法修辞关系之密。古人讲修辞不讲文法,正因汉语文法比较简单,不妨包赅在修辞之中,杨氏则举而标出之耳。假使杨氏不懂文法,他就不会标举这些子目了。古人讲辞例,固然可说是修辞之例,实际上与近人所谓文法之学很相接近。

此外,还有许多可举之事实,不复备述。

总之,由于汉语本是单音语词,所以文字也只能是单音。口语是容易变的,文字就比较固定。此后文辞,对于单双语词可以随便运用,而以音节为主,所以只适于讲修辞,不重在讲语法。

四、关于"修辞"一词不同理解的三个阶段

1. 骈文时代

现在就只谈"修辞",不谈"修辞学"。前面讲过:"修辞"的意义相当于"立言"。所谓"修辞立其诚",犹言立言要重在诚。因此,对于这"诚"字,究竟怎样理解就有各种不同的认识。假使把修辞看作是文章的形式技巧,那么"诚"便可看作文章的内容意义。一篇文章不会没有内容的,也不会纯用空话,堆砌了很多形容修饰之语,就可以自认为尽行文之能事的。从这点看,修辞与"诚"是分不开的。这是一种意义。这种意义,是随骈文的发展而逐渐形成的。在那个时期,文质问题就成为一个讨论中心,译成今语,也可说是形式与内容的问题。所以就这一问题言,内容与形式,本是并行不悖,应当双方兼顾的。但时风所趋,往往不能这样均衡发展。起初不过稍有所偏,稍久这偏向便成积重难返。到积重难返的时候,矛盾的双方面也就转变为敌对性、革命性。而原来的极盛时代的风气,也就转化成为革命的对象了。

由于矛盾转化的关系,所以骈文时代的文学也就走向极端而成为文字型的文学。造成文字型的文学,那就与语言背道而驰,走向自己没落的道路去了。

从汉语的特征言,本可看出一些语法修辞结合的现象。这在我的《新探》一书中已经反复地好多次提到这一问题了。这一问题的提出,并不是根据偶尔看到的一些迹象,而是在汉语汉文的本身中确实找到了这些迹象存在的问题。我觉得在中国的文学里确实存在着文字与语言两种不同类型,而这两种不同类型之所以产生,还是由于语法修辞之学有可以相互结合的关系才形成的。由于汉语语法的简易性,自然滋生着与修辞相结合的可能性。这是在西方民族的语言里绝对做不到而在中国的文学里却完全可以做得到的。这不是信口胡言,而是可以随时随地找到例证的事实。不过这二者结合的程度可有高下浅深之分而已。中国文学史里存在的事实则是抹杀不了的。

看到了这个问题,那就知道骈文时代的文学不是没有文法可讲,而是修辞淹没了语法,把语法包含在修辞之中,遂使人们看不出它的语法作用,于是大家也就简单地认为此时的文学无语法可言了。

马建忠没有看到这问题,于是只好硬着头皮,来撑住自己的威风,也就不顾事实,认为六朝的骈文只能等之"自郐以下"没有可说的价值。其实,任何文学,只须写成文章,可以彼此相喻,那就决不会绝无语法文法可言。这就是说骈文时代的文法也决不是不能说、不可说的奥秘,不过由于文法包赅在修辞之中,在表面上看也就觉得无可论说而已。

由于中国语言文字之特征,所以古人只强调修辞不必讲语法或文法。这不是古人的聪明才智看不到语法或文法的问题。

可是,太强调"修辞"也有它的局限性。这局限性表现在哪儿?由于汉语的简易性,没有什么语尾变化,所以不妨强调一些修辞作用。再由于过度强调了修辞作用,也就更促进了汉语的灵活性,限制了词类的固定性,反而促进了语法、文法的不重要性。"春风风人","解衣衣我",这一类名词动词用同一字的例子,在古汉语中可说是相当普遍的现象。那么,试问,词性且不易固定,又怎么能确立词类的区分呢?中国人以前之不讲语法文法,这是一个主要关系。

我们试再追溯到骈文时代的文学是怎样形成的。中国人的聪明才智是很能发扬自己的文化,同时又是很能吸收其他不同的文化。在春秋战国之际,人才辈出,楚国后起,但是楚人多才,早有定评。屈原《离骚》又能在文学界别树一种新帜。这新的旗帜,经过宋玉景差诸人相继为赋,嗣响不绝,于是"骚""赋"一派就在文坛上别立一宗。汉人崇尚辞赋,就是走上了这一条新开辟的途径。后人所谓"文章两司马",司马相如就是走这条新途径的代表。扬雄继之,虽分为诗人之赋与辞人之赋两种不同风格,但又指出这两种赋的总倾向,其共同点都不外一个"丽"字。这"丽"字就造成了骚和赋的一致性。同时也就使中国的文学从辞赋时代进入了骈文时代。这样的进行和发展原是顺理成章,毫无疑问的必然性。然而却使中国的文学走上了文字型的方向,愈走愈背弃了语言,这就走上了绝途。物极必反,当然要变成革命对象了。反映在语言学问题上,又扩充了修辞学的地盘,削弱了语法学或文法学创造和建立的可能性。这种情况正是由于汉语的特征所造成的。如果再从语法修辞的角度来看问题,则恰恰说明汉语的语法与修辞不仅有结合的可能,并且有混合的迹象。语法是可以包赅在修辞之中的。这是历史上的事实,是不可磨灭、不容抹煞的事实。可惜马建忠没有看到这一点,于是只能撇开骈文不讲。撇是撇不开的。假使骈文没有文法可讲,岂非世界文学史上的一种奇迹!我也不过从汉语的特征上偶而发见这一问题而已。发现问题并不等于解决问题,所以我渴望语言学界的同志们有以教我。

2. 古文时代

骈文时代不免太强调了"修辞",于是一方面淹没了文法,几乎在当时的文辞中很难看出语句中的文法关系。鲍照的《芜城赋》只有"当昔""故能""是以""若夫"诸词,差可窥出一些,但这是在转折关头,不能不用这些词语的缘故。至如江淹恨、别二赋更为突出,如《恨赋》之"于是""至如""若乃""至乃""若夫""及央""或有"诸词。《别赋》中"至若""乃有""或乃""至如""又若""傥有""至乃""是乃"诸词,都是篇章中起"提挈"作用的。这种文法只能说是作文法,不能说是语文法。

至于其他句子中的文法构造,由于偏尚偶对的关系,就被修辞现象掩盖住了,所以语法修辞结合的现象是汉语特征中一个颠扑不破、无可非难的具体事实。

因此,我再想到另一个问题"修辞立其诚"句,假使以"修辞"为文,则"立其诚"为质,文质并重,不可稍偏;偏重一端,当然引起一种相反的作用。这即是唐代的古文运动。古文运动,当然是对骈文的革命或革新的运动,但是唐人提出的革命或革新主张,在刘勰的《文心雕龙》一书中也早已提到过。如《原道》《徵圣》《宗经》以及《情采》等篇之论文质问题,都与唐代韩柳诸人的主张有些相近,何以这些古文家都不提刘勰《文心》一字,是不是各持门户之见所以不提呢?不是的。现在想来,他们的宗旨虽有部分相近,但韩柳毕竟与刘勰不同。刘勰取的是改良主义,不是彻底的革命派,所以韩柳不能引为同道者。刘勰写的正是骈文,韩柳写的则是散体,这是他们根本不同处,没法算是同调。刘勰走的还是骚与赋一路,所谓宗经只是表面文章,是没法合拢来的。所以《马氏文通》可以引经据典,并有取于韩愈之文,却不能引刘勰的文章作为例证。这个分别,也就在语法修辞的比重关系,并不一样。刘勰的章句篇,虽讲到一些语法问题,但分量极少。就他当时的情况言,也只能如此。马建忠《文通序》也曾称引此文。但马氏说:"顾振本知一之故,刘氏亦未有发明。"真的,刘氏是不会有所发明的,因为在汉语语法比较简单的情况之下,再加以那时修辞特别强调"丽辞"的情况之下,语文法包赅在修辞之中,教他怎么能对语文法问题有所发明呢?时风众势所限,所以古文家也不会重视刘勰的著作而加以发扬的。

那么,韩氏的门徒能不能像马建忠那样,把韩愈之文条分缕析,分别纳入到各项词类中去,建立一门文法学呢?

同样不能。汉语的语法,从构词起到成词组,再进到成句子,都取同一方式,再加上没有语尾变化,没有动态变化,构词造句之法,的确和西语大不相同,是比较容易的。正因为比较容易,所以古人只感到修辞之难,却很少注意到语法文法的问题。甚至可以把文法问题包赅在修辞的问题中去,所以我们要研究骈文的文法,必须先揭开修辞这层蒙面布。马建忠没有揭开这一层布,所以只好摈而不讲。但是摈弃不讲,只能说是一种消极的办法,不能说是积极解决问题的方法。

我于此看出骈文与古文有相通之处。古文可讲文法,骈文也可讲文法,假使说骈文无文法可言,那么苏轼称韩愈"文起八代之衰",难道八代之文,都是没有文法可言吗?苏轼的指摘和"八代之衰"乃是指八代之文没有内容,不合义理。只知片面地顾到"修辞"的重要,却忘了"修辞"句中"立其诚"三个字,所以见其为"衰"耳。因此,我们对于"立其诚"三字在不同的时代可有不同的理解。六朝(或八代)时人的理解是文质问题,是形式和内容的问题。

至于唐代的古文运动可有两种意义，一是文法观念开始在修辞的约束中解放出来，逐渐知道文法的独立性，但是这还是第一步的开始，并没有突出的成绩。

另一，提出了"道"的问题，成为汉学到宋学过渡的桥梁，这即是我以前所说的"唐学"。李汉《昌黎先生集序》谓"文者，贾道之器也"。柳宗元《答韦中立论师道书》亦谓"文者以明道，是固不苟为炳炳烺烺，务采色，夸声音而以为能也。"这问题很重要，上承王通《中说》，下启宋代道学。实是一个重要的桥梁。古文运动开始注意到文道合一，这即是所谓贯道明道之说，但在道学家看来，这种说法还是不彻底的，明而未融的，必须走到极端，成为文以载道说，使文学成为道的工具，道的附庸，方才可以满足，所以唐学只起一种桥梁作用。

古文是从骈文过渡到语体的桥梁，唐学又是从汉学过渡到宋学的桥梁，而这种桥梁作用又恰恰都反映了修辞观点与文法观点从混合到分歧的迹象。

修辞二字最初的原始意义，本于言辞文辞之意义得来。这是与世界各国的文化发展，恰好有相近或相类似的一点。至于所谓文法或语法，则都属后起的事。所以修辞的观点可以比较接近。至于语法文法的研究，则往往随各国的语言文字的差异而有所不同。这是我与杨树达氏的论点稍有差异的地方。

修辞本指善于运用言辞文辞的人。这些人有胜人的才华，可以临机应变，用言辞折服一些当时的敌人。这与先有文人诗人而后有文学诗学是一个道理。至于中国的语言文字，由于都是单音的关系，所以语法文法遂亦可以附隶在修辞范围之内，不必独立成学。

因此，我们所要注意的，反而不在语法文法之学而在修辞之学。修辞之义明，文法的问题也自然清楚了。

这样看问题，就引起了一个新的问题。即语法和修辞能不能结合？这答案要从具体事实来决定。就西洋的语言文字讲，是不可能的。就中国语言文字的演变趋势讲，也是不大可能的，但却不是绝对不可能的。就中国古代的文学语言讲，则又是可以绝对肯定的。这不是像某些人这样坚持文法修辞各具不同的性质,因此,也就没有结合的可能。我不怪别人的发生误会,只怪自己这部《语法修辞新探》,还是用了"语法"两个字,所以发生误会或误解。假使用了"文法"这名称,可能这误解会减少一些。

我觉得身为中华民族,不免有些民族自豪感,总以为中国人的聪明才智并不逊于其他民族。别的民族能做得到的,中国人也一定会跟上去做得到。不必过于迷信别人,轻视自己。

于是,可以进一步谈谈这个论点,又是基于什么因素才产生出来的呢? 老实说,这就是从汉语的特征得到的启发。我觉得,在任何民族的祖先中,都有一些出类拔萃的人物。我们纪念这些人物,或者崇拜这些人物,就因这些人物为我们创造了文化,建设了事业。这些人的英雄性格、高贵品德,都有值得我们崇拜的地方。我也正从这一点上引起了我的怀疑。我觉得我们的祖先在中国文化的各个方面都作出了卓越的贡献。何以独对文法语法之学直到马建忠才开始提出这问题。马氏把这问题提出来了何以影响不大,成绩也并不突出? 直到现在提出了语法问题,刚才引起了人们的注意。人家注意到这个问题了,何以毛泽东同志在学习语法之外,再要人们学一点修辞,学一点逻辑。这就说明了学习汉语的问题,并不那么简单。这固然也可说外国人要学好外语,也有同样情形,在语法之外都是要学点修辞、学点逻辑,才能尽语言文辞之用的。假使这样的答复是可以令人满意的,那么我们还要追问下去:"修辞立其诚"之语,见于《易经・文言》,旧说《文言》为孔子所作,何以孔子只提修辞不提到文法这个问题? 何以文法问题,一直不很为人注意,直到宋以后文学逐渐走向语体化的时代,才有一些论虚字或助字之书? 这些都是值得讨论的问题。所以我认为古人对于语言的研究讲修辞要注意得多一些,而对于文法的注意就比较薄弱一些。到魏晋南北朝的时期则更趋极端,于是才造成文字型的文学。这样,对修辞的问题达到了顶点了。这个关系,完全是中华民族的语言文字与西语不同,所以会造成这种现象。这是一个根本性的问题。我的语法修辞结合之论是从这种关系上看出来的。

骈文太强调了修辞,于是忽略了语言。古文呢?接近语言了,但只能说是接近语言化的语言,离开真实的口语还是有一定的距离。所以依旧不合于语言,这看桐城派的文章就可以明显地反映出来。所以骈文古文,还是"一丘之貉"。

3. 语体时代

所谓骈文、古文、语体三个时代,只是就当时新流行的文体而言,所以,古文通行了,骈文仍未尝衰歇。《马氏文通》的作用,至多对文言文可能起一些作用,对语体文,就根本不适用了。这一点是必须明白的。一般地讲,骈文古文也照样流行于士大夫阶层,可能是封建社会的基础没有动摇,那就只能说文法和修辞的比重稍有一些差异而已。不说别的,以前的国民政府已是辛亥革命成立后的机构,但是公家的通电与公函还是沿袭文言旧体,直到人民政府成立之后才可说是语体文流行的时代。必须到这个时代,打碎了封建社会的一切残余机构,于是文法学也改称为语法学,而语法与修辞刚才各自成为独立的两种专门的学术。所以我们讲到语体时代,必须首先说明这些关系,才能说明寿世的文学与酬世的文学还有一些区别。新兴的是寿世的文学,它的本身能自跻于不朽,旧有的是酬世的文学,则是在旧社会里还有一些残余势力,但只是作应酬之资而已。

文学重在创造,创造首贵革新,所以古文时代之古文与语体时代之小说戏曲,都是寿世的文学,至如代帝王发言的诏令,以及朋友间的书启,他如寿序、墓铭之类则属于酬世的文学。这类作品虽同样编印入集,但作品的价值并不高。所以在一个人文集中,往往兼有这两类的作品,是并不奇怪的。

骈文时代,只重在文质的问题,所以不妨倾向于修辞。但是他们讲修辞,没有对"立其诚"的问题加以注意,所以骈文时代的文学可说完全走向修辞一边,根本忘记了"立其诚"的观念。于是唐人虽提出明道之说,但与"立其诚"的要旨距离还远,宋人则更进一步于哲学方面来阐说"立其诚"的意义。此说到文天祥可说作了一个总结性的理论,所以他的文章对一些问题发挥得最为透彻。他在《西涧书院释攗讲义》一文中说:

中心之谓忠,以实之谓信,无妄之谓诚。三者一道也。夫所谓德者,忠信而已矣。辞者德之表,则立此忠信者修辞而已矣。德是就心上说,业是就事上说。德者,统言一善固德也,自其一善以至于无一之不善亦德也。德有等级,故曰进。忠信者,实心之谓。一念之实固忠信也,自一念之实以至于无一念之不实亦忠信也。忠信之心愈持养则愈充实,故曰忠信所以进德。修辞者,谨饬其辞也。辞之不可以妄发,则谨饬之故。修辞所以立其诚。诚即上面忠信字。"居"有守之之意。盖一辞之诚固是忠信。以一辞之妄间之,则吾之业顿隳,而德亦随之矣。故自其一辞之修以至于无一辞之不修,则守之如一而无所作辍,乃居业之义。德业如形影:德是存诸中者,业是德之著于外者。上言"进",下言"修"。业之修所以为德之表也。上言"修业",下言"修辞"。辞之修即业之修也。以"进德"对"修业",则"修"是用力进,是自然之进。以进德对居业,则进是未见其止,居是守之不变。惟其守之不变,所以未见其止也。

一般人讲"修辞立其诚",只就此五字立论,而文氏则根据全篇意情加以发挥,所以更为切实。此节虽没有明指唐学,但对唐学的缺点与其限度,却能鞭辟入里,说到极中肯处。严格说来,可能唐人之文还有不诚实处,于是再说:"辞之义有二:发于言则为言辞,发于文则为文辞",那么所谓古文辞之学还只做了一半。必待宋时道学盛行,兼重语录,提倡了言辞一体,才比唐学更进一步,包括了言辞之学。他再说:

嗟乎,圣学浸远,人伪妄作,而言之无稽甚矣。诞谩而无当谓之大言,悠扬而不根谓之浮言,浸润而肤受谓之游言,遁天而倍情谓之放言。此数种人,其言不本于其心而害于忠信,不足论也。

这是对唐学的不满。他再说:

呜呼,圣贤千言万语,教人存心养性,所以存养此真实也,岂以资人之口躯而已哉。

这好像还是对一般文人讲的。但是不仅如此,他再看到了宋学的末流之弊,多少看出了唐宋学与周孔之学之真实区别处。看到了宋学中也有正学俗学之分。其关键全在一"诚"字。于是又来一个"呜呼"。这个"呜呼"才使文氏丧心极了。一个"嗟乎",一个"呜呼",可以看出文天祥之为学,更可以看出文天祥之为人,一团正气,至死不变,这是他的忠信诚实之处。亦可见中华民族自有他的精神文化,自有它的兀立于地球上的可贵之处。此后,直到清代王源的《修辞立诚论》才再继续发挥了文氏"立诚"之义。"古为今用","洋为中用",就要重在"为今""为中"两个方面,才能使"古"与"洋"发生作用。假使一味崇古,或一味崇洋,可能都会起反作用。所以"立诚"的问题,正是不可不注意的一个重要问题。

文天祥的一生学问,就是着重在"立其诚"的精神,学到说到,说到做到,而且是生死以之的切实地做到。这是古人对"修辞"的一种看法,这是真宋学与一般唐学之绝不相同处。后来王源的意见,恰与文氏暗合。王氏是当时颜李学派中人。颜元、李士恭都是清初的思想家,强调实学,所以思想与一般道学家文学家有不同之处,但与文氏的论点却往往相合。

这是第一点,说明宋学的真切可贵处。也可说是中华民族对"修辞"两字的真实理解,但我们对于"修辞立其诚"的理解却是这样逐步提高,逐步明确的。

五、结 论

说到此,才与近代一般人所讲的修辞,其意义有些相近,但仍不完全一样。

近人所讲的修辞学,都是本于唐钺的《修辞格》一书发挥的。其实,唐氏之学方面很广,他本是"向实验室中求知识的人,不是向线装书中求知识的人",这是他在《国故新探·小引》中自述的话。我们现在不知他原来研究的实验室是哪一门类的实验室,但是在此书中,看到他学问知识的广博,实在令人惊讶。即就线装书中知识而言,也比一般治修辞学者为高。他不仅有文学方面的知识,而且有关于音韵学训诂学各方面的知识;不仅有文学与语言文字的广泛知识,而且有诸子学与历史学方面的知识。闻见既博,论述亦精,真使人五体投地,从心底里佩服。

所以我常说治修辞学最好能有唐氏这样广博的知识为基础,那就能够解决修辞方面的种种难题,写得又精辟又透彻。学问是多方面的,假使仅仅就辞格方面举一些例而称之为"学",似乎总觉不够,陈望道氏的《修辞学发凡》,所以高出一般人的著作,就因他于积极修辞之外再讲消极修辞(王易也是这样),两两相比,自然胜于同类著作了。可惜唐氏写了《修辞格》之外没有继续写下去。

我在这个方面看到古人对修辞问题提出得那么早,而语法方面古人却忽视不讲,因此发生疑问。推究其故,才得出语法修辞结合之论。

从中国语言文辞的特征言,的确修辞比语法更重要些。从构词到成为成语与词组,再进到造句成义,其形式与方法都是一致的。所以古人就只讲修辞,不必再提什么语法或文法。不讲语法与文法,并不是轻视文法,更不是不懂语法或文法的重要性,而是语言文字的特征,修辞比语法更重要一些。《论语·宪问篇》:"为命,裨谌草创之,世叔讨论之,行人子羽修饰之,东里子产润色之。"修饰和润色都是修辞方面的问题,语法只能占据讨论中的一部分,因为逻辑也可属讨论范围。所以古人只讲修辞,不讲语法,可能由于语法比较简易,可以并入修辞的范围之内,这是比较重要的一点。

此外,古人有辞例之称,其性质与文法相近,那么也可说古人不是不注意语法,由于名称不同,方法不同,遂错误认为中国以前没有语法文法之学。我总认为中国人的聪明才智,不会不想到这一问题的。由于过分强调了修辞,显得不重视语法而已。这是第二点。

再进一步,索性以修辞掩盖了语法,把语法问题纳入了修辞范围之内,两相结合,混淆不清,事实上都是汉语的语言文字自有其特征,所以有两结合的可能性。这个问题,我在《汉语语法修辞新探》一书中论之已详,不复赘述。

语法与修辞两种学科早已分别建立。这是事实,谁不知之。但是我的语法修辞结合之论所以会被人误解者,可能由于我沿用时习"语法"之称,所以会造成误解情况。中国的语言与文字,已在几千年的历史事实中,由我们的祖先陆续创造陆续修订才陆续完成的。因此,这种语法修辞结合的迹象也随时代而不同,古人于这两方结合的迹象比较繁复,到现在已逐渐消失,但尚未完全消失。所以我还可以根据这些迹象发为此论,不过此种迹象在古文辞中更多一些而已。这是历史的事实,我将在历史事实中陆续证实这意见以消除某些人的误解。

因此我从文法语法之争,转为文法语法之分,研究古典文学的人,可研究一些文法,而研究现代文学的,则应研究一些语法。这样分别建立两种不同的学科,或者对语言文字可能跨进一步作更深入的研究。

1982 年 3 月

原载《修辞学研究》第 1 辑,华东师范大学出版社 1983 年版

"联绵字"在文学上的价值

吴文祺

　　文章的形式，和内容很有关系；假使有了真挚的情感，微妙的思想，而没有适当的词类来充分地恰好地表现出来，也是徒然。Flaubert 曾说："无论要说何等东西，都要选一个唯一的字眼去表示它：一个唯一的动词去活画它，一个唯一的系词去形容它。"Salsgnt 也说："有了真挚的情绪，还须勉求适切的词类，使和我的情绪相吻合。"可见遴选词类这一步工夫，在文学上是必不可少的了。

　　中国自胡适之先生等提倡白话文以来，那骸骨般的文言文之被淘汰，是当然而且必然的趋势。然而白话中词类的贫乏幼稚，不足以"曲尽其致"地表现复杂微妙的思想和情感，也是我们信仰白话文有"至高无上"的价值的人们所不能否认的，要补救这种缺点的方法，虽有多种，但最好是尽量的采取文言中的"联绵字"。

　　文言中的单音词——一音表示一意的——很容易混淆，自然没有存在的必要和价值。但联绵二字的复音词，在"义"上，既有丰富的含蓄，又因这一类词大都是双声或叠韵的，（如"含糊"同为浅腭音"流离"同为舌头音——是双声；"蹉跎"同为歌韵，"窈窕"同为篠韵——是叠韵），故在"声"上又有音乐的功用，既没有单音词"容易混淆"的毛病，更没有多音词如"德谟克拉西""辟克匿克"……那种"诘诎聱牙"的缺点：实在具有语言学家沙司所谓"简洁直截的功用，和明了透辟的优点。"不但此也，从"联绵字"的"声"上看来，除了"音节和谐"的好处之外，还有一种"助意"的作用：如"巇嶭"一词，不仅从"义"上表示出一个"山岭高峻"的概念,并且由"声"上也可以使人发生一种"高大险峻"的感觉;"容与"一词,不仅从"义"上表示出一个"优游自得"的概念,并且从"声"上也可以使人发生一种"逍遥自在"的感觉,这或许是"联绵字"所独具的优点吧。

复次,文学上的描写,越细腻深刻,便越能动人;故描写一种动作,或是描写自然界的现象……都应该选一种适当的词类,把它如画地传达出来。譬如说:"这是一座山""他在那里笑""他走过来了"……则山的形状如何不可知,"笑"和"走"的姿势,也不能活现出来。我们如用"嵚崟""巉岈""嵯峨""突兀"……这一类词去形容山势;用"莞然""粲然""辗然"……这一类词去表示"笑"的程度的不同;用"逶迤""逡巡""踟蹰""蹀躞"……这一类词去活画走的姿势:那么自然会使人发生一种明了浓丽的影像了。刘勰的《文心雕龙》里说得好:"'灼灼'状桃李之鲜;'依依'尽杨柳之貌;'杲杲'为日出之容;'瀌瀌'拟雨雪之貌;'喈喈'逐黄鸟之声;'喓喓'学草虫之韵。'皎日','彗星',一言穷理;'参差','沃若',两字穷形。"这几句话很能道出"联绵字"的好处。又谢冰心先生在伊的创作《遗书》里曾说"文体方面,我主张白话文言化,中文西文化,这"化"字大有奥妙,不能道出的,只看作者如何运用罢了。"所谓"白话文言化"难道于白话中夹七夹八杂几个之乎者也的字眼儿吗? 不是! 不是! 难道于白话中用几个垃圾的典故吗? 不是! 不是! 简洁说一句:便是尽量的采取文言中的"联绵字"罢了。我们且看伊《遗书》里的:

> 无边的波浪上,闪烁的金光,衬着东山濛濛的晓色,这景物都陈列在我的眼底。

> 好灿烂的月光呵,海面和向月的岸上,都被幽辉染得如同罩上一层银雾一般。山影和林影之下,却是深黑的,微风吹着树梢,疏叶受光,也闪烁的动摇。

又如落华生的《空山灵雨》:

> 桃实桃叶,映入水中,更显出溪边的静谧。真想不到仓皇出走的人,还能享受这明媚的景色。

这种描写,何等细腻! 何等美丽! 又近来的诗人,颇能借重"联绵字"来帮助音节的和谐,较那机械式的平仄,印板式的格律,好得多了。如:

看他们三三两两,回环来往,夷犹如意。(《尝试集》)

月光一样的朝暾,照透了这蓊郁着的森林;银白色的沙中,交横着迷离疏影。(《女神》)

樱桃花下,蓦然记起十年前邂逅相逢也有这么一瞬。(刘大白《泪痕》)

万千个竹影,森森斜上的石径,崎岖。(王统照《西湖理安寺外》)

快乐中的寂寞,要算真寂寞了:浩浩荡荡活泼泼的儿歌队里,可惜心弦断了。(沈玄庐《心弦断后的微笑》)

春禽飞去后长留嘹呖的歌声。(宗白华《流云》)

云皎洁,我的衣;霞烂缦,我的裙裾。终古去翱翔,随着苍苍的大气。(俞平伯《小劫》)

一会儿呜咽低婉的箫声在墙东徐徐地摇曳而升,我知道这是赵家雨官哥哥吹的。后来箫声由低婉而变为悠扬,悠扬的箫声渡过墙来,散布浮动于墙头的竹叶丛里,于是映在粉墙上的淡淡的竹影,就珊珊地摇动起来。(刘延陵《奋梦》)

秋风飒飒至了,满林的黄叶辞别了故枝。(郭绍虞《淘汰》)

淡淡的太阳,懒懒地照在苍白的墙上;纤纤的花枝绵绵地映在那墙上。(朱自清《静》)

可怜我落伍的小鸟,零丁寂寞。(徐玉诺《晚秋》)

暝色下了,云彩没了,但鲜明愉快的情趣,已印入我心的深处。(叶绍钧《江滨》)

夕阳的光淡淡地洒在园的东角墙上。我的心载着怅惘与悲哀静悄悄地立着。(郑振铎《下午的园林》)

(以上所引,只就记忆所及拉杂写来,比次的先后,并没有什么关系,请大家不要误会。)

若不是用"夷犹""述离""邂逅""嘹呖""翱翔"……这一类词,音节还能这样和谐吗?表现还能这样充分吗?故我以为冰心所谓"白话文言化",大约是指采用文言中的"联绵字"而言的——虽然伊说"这化字大有奥妙,不能道出的",但我却要携着智慧之灯,去照见伊的秘密。

总之,"联绵字"在现在普通俗语中既没有相当的同意词可以代替,如果我们勉强把彼译成了其他的言词,若以"放荡自适"代"逍遥",以"耽于游乐而忘归"代"流连",以"穷困而转徙道路"代"流离"……(以上所译,仍旧含有死词的分子,如都要译成大多数人们口中说惯的话语,即使用了数十句言词,恐怕还不足以尽一个"联绵字"的意义吧。)不但义蕴所存,不能如"逍遥""流连""流离"……那么深远,那么丰富;且字数的繁重累赘,声音的"诘诎聱牙",说、听、写、忆几方面,也都将大感不便了。故我们如果要使白话文能够应"表现复杂的思想,精微的情感"之需要,便非尽量的采用"联绵字"不可。不过这种词类,大都是孕育在"浩如烟海"的典籍中,我们若因了要采取彼的缘故,而到"浩如烟海"的典籍中去研求,不要说精力做不到,即使做得到,而寻一粒金于数斗沙中也未免太不经济了。要是不到旧籍中去寻求,又怎么样呢?翻检字典吗?但自说文以来的那种把联绵字支解成单字的字书,实在不能有丝毫供献。翻检辞典吗?但中国旧时既没有辞典——《尔雅》虽然勉强可以算一部分类编纂的辞书,然收罗究竟有限得很,那里足以供我们现在的需要?——现在坊间所出的,又大都浅陋可笑,万万不足以语乎此。我们现在只希望朱丹九先生的《读书通》早日出版,因为这书是联绵字的宝库,我们有了这部书,遇需要联绵字的时候,就可以"随吾所欲"地向这书中去遴选,免得埋头故纸堆中去做那"沙里淘金"的不经济的笨事。

或者又说"你一面既反对典故,一面却又主张采用孕育于各种旧籍中的类于典故的联绵字,这不是自相矛盾吗?"这话错了。我们应该明白:以古人用过了的词类为典故,实在是旧文人的腐见,是我们所万万不能承认的。譬如"白米""红叶""四时""万物"……本来是几个日用的熟语,但顽固派偏要说"白米"是杨维桢诗"白米红盐十万家"的典;"红叶"是《酉阳杂俎》"有一红叶,大如掌"的典;

"四时"是《易经》"与四时合其序"的典;"万物"的《易经》"万物资始"的典;……这不是一种迂谬可笑的见解吗? 我们若在承认旧文人所谓"前人用过即成典"的意义底下来反对典,那么连前人用过了的语言文字……也都应该反对了!

或者又说:"(联绵字)大都是死的词类,实在没有采用的价值。"这又错了。词类的死活的界限,并不是上帝指定的!"自由""赞成""革命"……其初何尝不是纸上的死语? 现在却成了贩夫走卒的口头禅了。"具体""抽象""艺术""道德"……其初又何尝不是纸上的死语? 现在都成了斯文中人的口头禅了。"联绵字"在现在虽然似乎是大多数的民众所不能了解的,但若经了文艺家的运用,教育家的传播,安知将来不变为极通俗的口头禅呢? 要之,一种词类,只要问他有没有存在的必要和价值,不必强分什么死活。况且大多数不受教育的人们,正因了词类缺乏的缘故,所以常有"词不达意"的毛病;我们应该借着文艺和教育的力量,把高尚的词类尽量地灌输给他们,去提高他们语言的程度;决不该"削足适履"地弃了丰富的言词去"移樽就教"。

此外,联绵字在国语学上也有很大的价值,不过不在本文的范围以内,我就不说了,至于从增加词类方面讲,虽然外来语及方言及新造词也有被采用的资格,但总不能如采用"联绵字"的那样便捷而且适宜。其原因当另为一文以论之。

关于"联绵字"的问题,在今日以前似乎还没有人详细地系统地论述过。此文只凭着个人的直觉随笔写来,谬误之处,不晓得有多少哩? 好在北大国学研究所中,已有研究"联绵字"的发起,我想他们将来一定有许多好意思可以贡献给我们。我并且希望他们能够指正我此文的谬误。

最后,我还有一句话,我所谓采用"联绵字"是"先有了思想和情感,然后再去找适当的词类来表现"的意思若是没有思想情感,而徒然堆砌着几个词类,那真是闹笑话了! 这一点要请大家注意才好。

原载刘大白主编《责任》,1923 年;《民国日报·觉悟》,1923 年 2 月 26 日;《小说月报》十四卷三期,1923 年 3 月 10 日。

关于旧诗的格律

张世禄

旧体诗共有六种：先秦古诗，汉魏六朝古诗，律绝诗（近体诗），古体诗，词，曲。这六种以后，就是新诗了。新诗的格律问题暂且不谈，这里只谈旧诗的格律。

分析旧诗的格律，有五种现象可以作为构成诗歌格律的要素提出来讨论。这五种是：一、押韵脚，二、调平仄，三、讲对仗，四、整字数，五、定句式。我们要读古时诗歌，必须对这五种要素有所理解。

一、押　韵　脚

1. 押韵的意义

采取韵母相同或相近的字来押韵，就是把字音后半部分相同或相近的字排在句子的末了，使各句或相隔的几句末了字音的韵腹和韵尾相同或相近。这样让读者、听者感到诗歌声音的和谐，因而产生一种美感。押韵是构成诗歌节奏的要素的一种。某一个音经过一定间隔重现一次，再经过一定间隔，又重现一次，这样构成了往返回复的旋律。所以押韵成为诗歌格律形式的一种要素。例如：

　　红军不怕远征难 nan——an

　　万水千山只等闲 xian——an

独立寒秋，湘江北去，

　桔子洲头 tou

看万山红遍，层林尽染，

　漫江碧透，百舸争流 liou

2. 押韵的方式

韵母相同或相近的字有间隔地重复再现，有的间隔得多一些，有的间隔得少一些，就形成了押韵的不同方式，以连句韵、隔句韵最为常见。

周朝古诗（以《诗经》为代表）以连句、隔句的押韵为最多。律绝诗，以隔句韵为常规。诗的有无格律，首先在于这种押韵的情况。古诗可以换韵，律绝诗不能换韵，必须一韵到底。

词的用韵，词牌里有规定，例如：《沁园春》，隔三四句押韵，不换韵。《菩萨蛮》，句句有韵，连句韵，中间换韵。

3. 用韵的系统　—韵部的分合

诗歌跟随时代变化，形成历代不同的诗体。语言也跟随时代变化，历代诗歌各自依据其时代的读音来押韵。历代的语音系统不同，诗歌用韵的系统也就不同，这样就关系到韵部的分合（依据韵母相同相近的字归成各部，叫做韵部），例如：哪些字和哪些字可以押韵，哪些字与哪些字不能押韵，各依据历代不同的韵部。

周代古诗用韵依据《诗经》韵系统。与后代押韵情况大不相同。

《诗经·东门之池》："东门之池，可以沤麻；彼美淑姬，可以晤歌。"

池，四支；麻，六麻；歌，五歌；在《诗经》中却成为一部，成为"歌部"。

汉魏六朝古诗——五言诗与《诗经》用韵不同，而渐渐接近于《平水诗韵》。

例如《木兰诗》：

> 万里赴戎机，关山渡若飞，
>
> 朔气传金柝，寒光照铁衣，
>
> 将军百战死，壮士十年归。（五微）

或者比起平水诗韵来更宽些：

《孔雀东南飞》(《古诗为焦仲卿妻作并序》)：

> 新妇谓府吏：
>
> "感君区区怀。
>
> 君既若见录，
>
> 不久望君来。
>
> 君当作磐石，
>
> 妾当作蒲苇。
>
> 蒲苇纫若丝，
>
> 磐石无转移。
>
> 我有亲父兄，
>
> 性行暴如雷。
>
> 恐不任我意，
>
> 逆以煎我怀。"
>
> 举手长劳劳，
>
> 二情同依依。

以上一段，将十灰、四支、五微合为一部。隋唐律绝诗用《平水诗韵》一百零六韵。如杜甫《春望》：

> 国破山河在，城春草木深。
>
> 感时花溅泪，恨别鸟惊心。
>
> 烽火连三月，家书抵万金。
>
> 白头搔更短，浑欲不胜簪。（十二侵）

在杜甫《秋兴》八首中间"四支"两首,"五微"一首,毫不相混:

　　闻道长安似奕棋,

　　百年世事不胜悲。(四支)

　　昆吾御宿自逶迤,

　　紫阁峰阴入渼陂。(四支)

　　千家山郭静朝晖,

　　日日江楼坐翠微。(五微)

唐宋古体诗又较《平水诗韵》要宽。如李白《春思》:

　　燕草如碧丝,秦桑低绿枝。

　　当君怀归日,是妾断肠时。

　　春风不相识,何事入罗帏。

四支、五微又相混,但是与十灰分开来。

又如李白《长干行》:

　　郎骑竹马来,绕床弄青梅,

　　同居长干里,两小无嫌猜。

　　……

这一大段四支、五微相混,而又与十灰分开,可见古体诗与汉魏六朝古诗用韵系统不同,古体诗更接近于《平水韵》。

　　词所用的词韵,又较《平水韵》为宽,接近于现代音,例如苏轼《水调歌头》:

　　明月几时有?把酒问青天。

　　不知天上宫阙,今夕是何年。

　　我欲乘风归去,

　　又恐琼楼玉宇,高处不胜寒。

　　起舞弄清影,何似在人间!

天、年、寒、间,一先、十四寒、十五删相通押;在诗韵中多分开用。

曲所用的曲韵,依照《中原音韵》十九部,更近于现代音。例从略。

4. 押韵与"平仄"的关系

诗歌一般平仄不通押,先秦古诗,大体上平押平,仄押仄,平仄不通押,不过平仄四声,与后代不完全相同。例如《诗经·关雎》:

> 参差荇菜,左右流之。
>
> 窈窕淑女,寤寐求之。(平声韵)
>
> 求之不得,寤寐思服。
>
> 悠哉悠哉,辗转反侧。(仄声韵)

汉魏六朝古诗,也是平仄不通押。律绝诗(近体诗)一般只用平声韵,一韵到底,不能换韵,平仄更不能通押,以平为收,是韵字所在;仄收之句,不是韵字所在。一般只用平声韵,第二、第四、第六双数句押韵。第一句可以仄收,可以平收,平收押韵,仄收不押韵。古体诗与先秦汉魏古诗相仿,一般平仄不通押,可以换韵,平押平,仄押仄。

词由词牌规定,哪些地方用仄声韵,哪些地方用平声韵,哪些地方换韵,也都有规定。一般平仄不通押,平押平,上去押上去,入押入。

曲由曲牌规定,哪些地方用平,哪些地方用仄,也都有规定;与词最大的不同:曲,平仄通押,以韵部为纲。平仄通押,与现今白话诗相同,而与诗韵的以四声为纲恰恰相反。例如马致远《天净沙》:

> 枯藤老树昏鸦,小桥流水人家。
>
> 古道西风瘦马,夕阳西下,
>
> 断肠人在天涯。

押韵与平仄很有关系,押韵顾到平仄,关系到诗歌体裁的分别。换言之,押韵的系统与诗歌体制都同平仄的分别有关。

二、调 平 仄

1. 平仄长短的实质

平仄的分别,是根据中古平上去入的四声系统,平是平,上去入合为仄,分成两大类。平是长音步所在,仄是短音步所在,主要是长短的分别。由平仄构成的诗歌格律,是一种长短律。这种看法的根据何在? 列举如下:

① 根据向来相传的四声区别

最明确的有释真空《玉钥匙歌诀》:

平声平道莫低昂,上声高呼猛烈强,

去声分明哀远道,入声短促急收藏。

这种说法,在近代科学研究结果中得到证实。刘复《四声实验录》的结论:

平声平直,曲折最少——平衡调。上去两声,曲折最多,或上升,或下降,或降升,或升降,总之,非平衡调。入声最短,促调。

平衡调可以延长,延长而不变;非平衡调,不可延长,延长而变为平衡调。不可以延长的,与促调合并为仄声,短音步所在。可以延长的平声,独成一类,为平声,长音步所在。

② 根据六朝人关于平仄的描写

平仄的名称,确定在唐朝,六朝时有了这种分别,而没有这种名称,当时描写平仄的分别是这样的:

沈约《宋书·谢灵运传论》:"前有浮声,后须切响。"

刘勰《文心雕龙》:"声有飞沉,飞则声飏不还,沉则响发而断。"

"飞"、"浮声"、"声飏不还";"沉"、"切响"、"响发而断";浮声和切响显然是长短的分别,由声调而影响长短。

③ 根据诵读诗歌的经验

平声所在的音步,读音要延长(像乐谱上的打拍子,二拍);仄声所在的音步,读音要缩短。

<u>黄 沙</u> 直 上 <u>白 云</u> 间,

延长　　缩短　　延长　　延长

（二拍）（一拍）（二拍）（二拍）

一 片 <u>孤 城</u> 万 仞 山。

缩短　　延长　　缩短　　延长

（一拍）（二拍）（一拍）（二拍）

<u>红 军</u> 不 怕 <u>远 征</u> 难,

延长　　缩短　　延长　　延长

（二拍）（一拍）（二拍）（二拍）

万 水 <u>千 山</u> 只 等 闲。

缩短　　延长　　缩短　　延长

（一拍）（二拍）（一拍）（二拍）

每句分四个音步,大都长短相间;整齐中又有变化。

④ 根据中古梵汉对译的梵文字母

梵文字母,元音有长短的分别,用汉字译音,用平声字译长音字母,用仄声字译短音字母。如:

a　i　u　　ā　ī　ū

衰　壹　坞　　阿　伊　乌

可见平仄为长短音的分别。

2. 辨认平仄的方法

① 从古今字调（声调）的变化上来分辨

古音分平上去入,平仄分别根据于平上去入,到现代普通话标准语音里变为阴平、阳平、上、去。从古四声到现代四声,平仄分别起了一些变化。平分阴阳,入派三声（分派到平上去三声当中去了）。

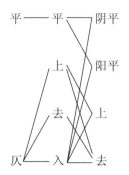

平声字分派到阴平、阳平中，但还是平声一类，上声字一部分分派到去声中，其他上、去还是上、去，总归是仄声一类。

只有入声字有部分变为上、去，有部分变为阴平、阳平；变上、去的总归是仄声，没问题；所成问题的，就是古音的入声字变为现代的阴平、阳平的，要作为仄声来认，仍把它们作为入声来看。原来入声变为阴平、阳平的，大约有二百多字，只消记住，认为仄声。其他阴平、阳平，一概归入平声一类。换句话说：从现代普通话的阴平、阳平的字当中，拣出原来古音入声字，作为仄声看待，问题就解决了。例如：

一、七、八、十（今读阴平、阳平）

yī qī bā shí

二、四、五、六、九（今读上声去声）

以上都是仄声字。"一、七、八、十"是变成阴平、阳平的入声字，它们原来是仄声，仍作为仄声看待。

② 利用现代有入声的方言来分辨

原来的入声字，变为现代的阴平、阳平的，不过两百多字。这两百多字原来属于古音入声的，照现代有入声的方言读法去念，就认出它们是仄声字了。"一、七、八、十"在吴语中就仍念入声。

③ 从日常使用的词语当中识别

单音词中有的因同义词关系而分别平仄，即同义字而分平仄：

根—本　枝—叶　性—情

基—地　心—意　知—识

劳—苦　欢—喜

有的因类义关系而分别平仄,即类义字而分平仄:

鱼—鸟　禽—兽　兵—马

花—草　千—万　鸡—犬

三—两　三—四　人—物

有的因反义关系而分别平仄,即反义字而分平仄:

今—古　天—地　男—女

明—暗　劳—逸　虚—实

优—劣　生—死

成语中包含平仄相间的两部分,实际包含平仄两词。

同心同德　心旷神怡　惊天动地

好学深思　日新月异　排山倒海

弃暗投明　专心致志　千军万马

万水千山　万紫千红　破釜沉舟

喜见乐闻　雪中送炭　锦上添花

阳春白雪　走马看花　下里巴人

平仄相间,合于语言自然的规律,所以在诗歌中形成一种格律,成为本民族所喜见乐闻的形式。

3. 平仄在诗歌当中的运用

① 律诗(格律诗)与非律诗的区别

毛泽东同志在给陈毅同志谈诗的一封信中说:"律诗要讲平仄,不讲平仄,即非律诗。"律诗与非律诗(大都指古体诗而言)主要的区别,就在于讲不讲平仄。

律诗的一半,半截,就是绝诗,一般的律诗是八句(或者七言,或者五言),绝诗是四句。各句都要采取平仄相间的格式。

② 各句平仄相间的格式

五言诗句的四种格式：

甲、仄起仄收　仄仄平平仄

　"共向雷锋学""白日依山尽"

乙、平起平收　平平仄仄平

　"如君领会多""黄河入海流"

丙、平起仄收　平平平仄仄

　"利人糜顶踵""欲穷千里目"

丁、仄起平收　仄仄仄平平

　"示范耿星河""更上一层楼"

五言诗中，"二、四"两字是音步所在。

七言诗中，"二、四、六"三字是音步所在。

二、四、六分明，平仄要调；一、三、五可勿论，非音步所在。

七言诗句的四种格式：

甲、仄起仄收　仄仄平平平仄仄

　"两个黄鹂鸣翠柳"

乙、平起平收　平平仄仄仄平平

　"一行白鹭上青天"

丙、平起仄收　平平仄仄平平仄

　"窗含西岭千秋雪"

丁、仄起平收　仄仄平平仄仄平

　"门泊东吴万里船"

一、三、五不论，二、四、六分明；因为一、三、五非音步所在。

③ 平仄各句的排列

律绝诗第一句可以仄起，也可以平起，无论各句怎样排列，总要遵守"粘""对"两种规则：

律诗八句第一、三、五、七句为单数句;第二、四、六、八句为双数句。单数句与双数句构成一联,平仄要相对。上句是平平仄仄,下句是仄仄平平;上句平起,下句仄起;上句是仄仄平平,下句是平平仄仄;上句仄起,下句平起。第一联的双数句与第二联的单数句,平仄要相同,这叫做"粘"。律诗八句,成为四联,各联的上下两句,平仄要"对"。上一联的第二句(双数句),与下一联的第一句(单数句),平仄要"粘"。律诗八句的平仄关系:

```
1 2 3 4 5 6 7 8
∨∨∨∨∨∨∨
对 粘 对 粘 对 粘 对
```

李白《登金陵凤凰台》没遵守上述规则,就是"失粘"。关于平仄句的排列,首联的第一句,可以平收,也可以仄收,平收的要押韵,第一句平收,就与第二句连句为韵。除首联第一句可平收可仄收以外,其他各联单数句仄收,双数句平收,仄收不押韵,平收句押韵,一般律绝诗,都是押平韵,一韵到底,中间不许换韵,关于平仄押韵的关系问题,上面讲过了,这里不重复。律诗中间两联上下句都须讲对仗,不但平仄要相对而意义上也要相对。

三、讲 对 仗

1. 对仗的意义

对仗,或称为对偶,即同一联的上下句,各个字词,除平仄相对以外,又在意义上、词性上依次相对;同时词和辞句的形式、语法结构又要求相类相同。试以一个对子作例:

铁肩担道义　妙手著文章

肩、手,类义字;担、著,动词;铁肩、妙手,偏正结构;道义——担道义、文章——著文章,动宾结构。又如:

高天滚滚寒流急　大地微微暖气吹

主谓结构相对,迭音词相对。

2. 诗体与对仗的关系

从先秦古诗到汉魏六朝古诗，有逐渐骈俪化的倾向。

从古诗逐渐产生律绝诗，律诗中间二联，须要对仗。杜甫律诗《春望》的颔联、颈联：

感时花溅泪，

恨别鸟惊心。

烽火连三月，

家书抵万金。

绝句不必讲对仗，也可以讲对仗。杜甫绝句：

两个黄鹂鸣翠柳，

一行白鹭上青天。

窗含西岭千秋雪，

门泊东吴万里船。

古体诗不调平仄，不讲对仗，可以说是复古的自由诗。词曲要调平仄，也要讲对仗，哪些地方平仄要那种格式，哪些地方要对仗，统由词牌、曲牌规定。例如《沁园春》：

鹰击长空，鱼翔浅底，万类霜天竞自由。

山舞银蛇，原驰腊象，欲与天公试比高。

《浣溪纱》的后半段一二句要对仗：

不是一人能领导，那容百族共骈阗。

一唱雄鸡天下白，万方乐奏有于阗。

四、整 字 数

1. 各句的字数

汉字一个字一个音节。"字"或称"言"。先秦古诗以四言诗为主，以《诗经》

为代表。汉魏六朝古诗以五言为主,如《古诗十九首》等。律绝诗,五律七律,五绝七绝。古体诗,五古、七古,比较自由。词,长短句,词牌规定长句或短句。曲,与词很相近,曲牌极严格,各句或长或短曲牌极严格,各句或长或短,听于曲牌。

2. 整篇的字数

古诗、古体诗,整篇里句子多少、字数多少不一定,随兴之所至。

律诗八句,绝诗四句,整篇字数:七律五十六字,五律四十字;七绝二十八字,五绝二十字。排律,中间句子及字数可以延伸。

词各句长短参差,而整篇字数有词谱确定。各调规定每篇字数。

曲可以加衬字,整篇字数不定,比较自由。

五、定 句 式

1. 诗歌一般的句式

四言诗,二二句式;五言诗七言诗有"三字尾",五言诗二三句式;七言诗四三句式或二二三句式。例如:

> 国破山河在,城春草木深。

> 剑外忽传收冀北,初闻涕泪满衣裳。

2. 词曲中特殊的句式

一四句式,例:"看|万山红遍","数|风流人物","到|中流击水","问苍茫大地","望|长城内外"。

一七句式,例:"引|无数英雄竞折腰"、"忆|往昔峥嵘岁月稠"。

三字句,二一句式,例:"几时有""斜阳外""伤情处"。

一二句式,例:"问青天""人长久""不思量"。

原载《徐州师范学院学报(哲学社会科学版)》1982年第4期

修 辞 学

郑业建

弁 言

业建历任湘、鄂、苏、豫等省中学及长沙雅礼、上海交通、劳动、复旦、中公、暨南、同济诸大学修辞讲授者，十有八年矣。所编讲义，不下十种，随手散弃者既不少，而"一二八"之役，炮毁者尤多。民国二十二年，曾于病中应立达书局总编辑易静正先生之请，将灰烬之余者，仓卒补缀成《修辞学提要》一书，付该局印行。当时既不克精思，印后又未经雠校，讹夺极多，深为遗憾。近数年来，时复于公私图书馆及坊间书肆，搜录修辞学材料，既已哀然盈箧矣。初欲纂成长编，供人参考，继思非近百万言，不克完成，如此巨制，将使学子无力购读，仍不如提要勾元，以梗概示人之为得也。因取去年在复旦大学中文学系所编之修辞学讲义，节其尤要者，成此小册，约十二万言。如每周讲授两小时，一年可毕。大学高中，两均适用；高中自修，初中参考，亦属相宜。因文字浅昂，例证普通不难索解也。孟子曰："梓匠轮与能与人规矩，不能使人巧。"淮南子曰："工多技则穷，心不一也。"故智者创物，巧者述之，能者精取而弘用之。修辞之道，亦云尔也其任多乎？

民国二十六年清明权中郑业建序于沪寓

第一章 修辞学之界说

修辞学者,为研究语言文字之组织,使说者或作者了解运用语言文字之技巧,以期获得听者或读者之同情及美感之科学。质言之,即研究增美语言文字之方法论,故又名美辞学。

按学(Science)之为言,与常识(Common Knowledge)有别。学者,乃知识而有系统之名称即以一定之对象为研究之范围,而于其间求统一正确之知识者。若知识而无系统,无条理,则虽多见多闻犹不过常人之知识,非所谓科学也。我国古来之文人,能矣多矣,然大抵知其当然,而不知其所以然,是仅得谓有其识与术而不得谓有其学也。

又学与术亦有别凡其研究之目的纯在事实或法则之阐明,而不问其所得知识之用途者,是之谓学,若其意之所存,不专于格物致知,乃欲用所知以指导吾人之技能者,是即所谓术也。修辞学之目的,不独在类集文章之知识而发见其巧妙,且欲学者能应用其巧妙增美其语言文字,以期得心应手,取精用宏。然则修辞学乃学而兼术者。故曰修辞学者,研究增美文字之方法论也。

第二章 修辞学之功用

科学为扩大吾人知识生活者;艺术为灌溉吾人情感生活者。修辞学属于艺术美——参看下节表解——其功用自与美术相同,即一在养成自己之审美心;一在感发他人之审美心;一言蔽之,即在感发美之情操耳。吾人为文,属稿之际,所以自感也;脱稿之后,所以感人也。试各举事例,证之于左:

(一)自感者

颜之推《家训》云:"文章之体,标举兴会,发引性灵,使人矜伐,故忽于持操,果于进取。今世文士,此患弥切,一事惬当,一句清巧,神厉九霄,志凌千载,自吟自赏,不觉更有旁人。"

何薳《春渚纪闻》云："东坡先生尝谓刘景文与先子曰：'某平生无快意事，惟作文章，意之所到，则笔力曲折，无不尽意，自谓世界乐事，无喻此者'。"（按亦见商承勋《豪语》）

英国十九世纪小说家沙克雷（Thackeray，William Makepeace，1811—1863）自言其叙《钮康传》中（The New-Comes，1857）钮康大尉（Colonel New Comes）之死，曾痛哭数日，此尤足为自感之例。

（二）感人者

司马迁《史记·屈原传》云："余尝读《离骚》《天问》《招魂》《哀郢》诸篇，未尝不垂涕想见其为人。"

班固《汉书·扬雄传》："雄怪屈原……作离骚自投江而死，悲其义，读之未尝不流涕也。"

英国文学家狄更士（Dickens，Charles，1812—1870）著《孝女耐儿传》（The Old Curiosity Shop，1840）下卷时，读者惟恐小耐儿（Little Nell）至于死，函恳狄更士无令其死者，达数百人。

德国文学家哥德（G. W. Gothe）著《少年维特之烦恼》，读者无不唏嘘流涕，追慕维特之遗风，而效其书中所写之装束。所谓维特热（Werther's fieber）（或译失恋的自杀热）者，流行于　时，甚有读其书而实行自杀者。

他如魏文侯读《晨风·黍离》，遂使子复位；后汉周磐读《汝坟》，乃为亲从仕；类此之事，不胜枚举，识曲听真，岂偶然哉？昌黎诗云："作者非今世，相去时已千；其言有感触，使我复凄酸。"信哉！其言也。又史称子贡巧辞，而五国各变；苏秦游说，而六国合从；法哲卢梭（Rousseau，Jean Jacques，1712—1778）著《民约论》（Le Contract Social，1726），开法国革命之先河；嚣俄（Hugo，Victor，1802—1885）撰《克林威尔》（Cromwell）序文，为文学革命之导火；挪威易卜生（Ibsen，1828—1906）著《娜拉》一剧，遂引起妇女运动；高尔斯华绥（Galsworthy John，1867—1933）著《裁判》（Justice）一剧，卒改良英国监狱；屠格涅夫（Turg-enev，Ivan Sergeievitch，1818—1883）著《猎人日记》，而俄国农民因得自由；史陀活夫人（Stowe，Mrs. Harriet Beecher，1812—1896）著《黑奴吁天录》（Uncle

Tom's Cabin），而美洲黑奴因之解放（1863）；希腊独立战争失败时（1823），将士沮丧，拜伦（Byron，1788—1824）至军中歌其矫激革命之诗，士卒感愤兴起，终胜土耳其。益征文辞之效力，非武力所可比拟。又如陈琳之檄，可愈头风；杜甫之诗，能疗疟疾（葛常之《韵语阳秋》曰：《古今诗话》载子美因见病疟，曰，诵吾诗可疗，令诵"子章髑髅血模糊，手提掷还萧大夫"之句，病遂愈）；虽为一时之雅谑，亦可想见其文情。孔子曰："诗可以兴，可以观，可以群，可以怨。"证之上例，岂独诗然？大抵辞修情富之作，不论其为诗，为文，为小说，为戏曲，皆可以感动人心，移易风俗；《易》所谓"鼓天下之动者存乎辞"，诗所谓"民之观感系乎辞"，洵非虚语也。故文辞之于人也，饥不能食，寒不能衣，若无所可用者。然而一语之工，令人拍案叫绝；一章之艳，为之击碎唾壶；吾人欣赏名作，亦时或遇之，岂必远征古例哉？庄子有言，无用之用，是为大用。其是之谓乎？子贡曰："出言陈辞，身之得失，国之安危也。"主父偃曰："人而无辞，安所用之？"刘向曰："辞不可不修，说不可不善。"（《善说篇》）顾炎武曰："后人于下学之初，即谈性道，以文章为不必用力。然而孔子不曰：'其旨远，其辞文'乎？不曰：'言之无文（按江琬云：夫有篇法，又有字句之法，此即言而有文者也——《答陈蔼公书》），行而不远'乎？"（《日知录》）彼数子者皆重视修辞如此。读者其可以雕虫小技而目此学哉？

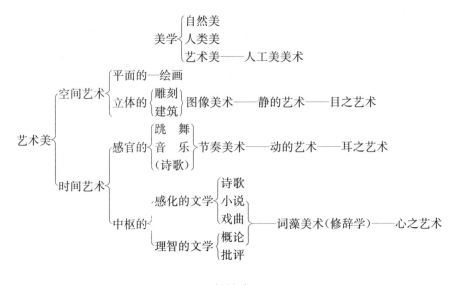

　　修辞学与文字学之关系　文由集字而成,故字为文之基础。孔子曰:"必也正名乎! 名不正,则言不顺。"(汉韩婴《韩诗外传》云:"孔子侍坐于季孙,季孙之宰通曰:'君使人假马,其与之乎'? 孔子曰:'吾闻:君取于臣谓之取,不曰假'。季孙悟告宰通曰:'今以往,君有取谓之取,无曰假'。孔子曰:'正假马之言而君臣之义定矣'!")按古所谓名,即今所谓字。刘勰曰:"立文之道,惟字与义字以训正,义以理宣。"韩愈曰:"欲为文章宜先识字。"曾国藩曰:"余观汉人文章未有不精于小学训诂者,如相如、子云、孟坚,于小学皆专著一书。"以上诸说,皆身长文词之人所言,足见修辞学与文字学关系之密切矣。

　　修辞学与论理学之关系　论理学为各科学之科学,而几为吾人研究如何进行思维之形式,以推求真理之科学修辞学为研究如何发表思维以阐明真理之科学。二者一表一里,关系自极密切。且修辞家推理宜精深,观察宜正确,此种才能之训练乃论理学之职务。故张末曰:"学文之端,急于明理,如知文而不务理,求文之工,世未尝有也。"袁伯修云:"沧溟(李攀龙)赠王(世贞)序,谓:'视古修辞,宜失诸理。'夫孔子所云辞达者,正达此理耳。无理则所达为何物乎?"西哲杜威氏曰:"意义连缀,斯成词句。词句连缀,斯成篇章。然必合论理,始能条理井然,首尾一贯。"读以上诸说,更可知修辞者,必习论理,始能"控名责实,参伍不失"也。

　　修辞学与文法之关系　文法为根据各民族语言文字之习惯及规则,绅绎其条理,并说明如何采用其材料而配合之,以发表吾人思想之科学。修辞学为根据古今绝妙好辞,探索其艺术之奥妙而说明之,使读者相悦以解,而作者可资借镜之科学。二者同为语言文字之技术,不过有程度上之浅深耳。质言之,修辞学不过于已合文法之词句上,再运用论理学、心理学、美学等条件而修饰之、更扩充至篇章上之修饰,使臻尽美尽善之境耳。若文且不通,修于何有? 旨哉! 德威希尔曰:"文法者,所以教吾人说话作文正确之道,即在沿用语言文字之最善惯例也。论理者,所以教吾人表现思想如何一贯而不背心理定律之道也。修辞学者,所以教吾人于正确一贯之外,更求有力可爱,以期清晰引人兴趣者也。"

修辞学与心理学之关系　文学本为心理作用之表现,即从人类心理综合而成之出品;而心理学即研究心理作用之法则之科学;二者均以心之作用为对象。不过一在表现,一在了解。夫欲表现明白,必先了解清楚。故欲研究文学,必先研究心理。韩非曰:"凡说之难,在知所说之心可以吾说当之。"王充曰:"文贵乎顺合众心,不违人意。"盖无论说话作文,必善于忖度人心,始能得人同情,修辞学之主要目的,即在满足此要求也。

修辞学与人生哲学之关系　人生哲学为探讨人生究竟者;文学为表现人生,批评人生者。内容形式兼美之文辞,虽不明言人生目的何在,而能暗示人生以南针:若词藻虽美,而内容空虚,或思想谬误之文字,仍不得谓为美辞。白居易与元稹论诗书曰:"'余霞散成绮,澄江静如练'(按此为谢朓晚登三山还望京邑诗句),'归花先委露,别叶早辞风'(按此篇鲍照《玩月城西楼廱中》诗句)之什,丽则丽矣,吾不知其所讽焉。"此正谓言之无物者,不足贵也。方宗诚《柏堂读书笔记》云:"孔子系《易》曰:'言有物';又曰:'言有序';二语千古立言之法。言中之物,即所谓要也,元也,言而无物,即是空文,闲文,浮伪之文;然有物而不能有序,则又不能发挥其理,曲畅其义,鼓舞其情,令千百世后读者感动而兴起。故又在于有序。"可知内容与形式,一若美人与粉黛。"美人未尝不粉黛,粉黛未必皆美人"(杨慎语)修辞学不过为表现思想之工具,文辞之有无价值,须先视其思想有无价值。若全无内容者,则直等毫无思想之蜡制美人耳。故修辞家之能事,不仅在形式方面字句之修饰,且须求内容方面思想之精确充实,而思想之精确充实,全在有哲学之素养与生活之认识也。

总括言之,修辞学与各科学相互关系如下:整理思想之法则,为论理学;整理语言文字之法则,为文字学、语法、文法;探讨思想之法则,为心理学;修饰语言文字之法则,为修辞学。换言之,文字学在使作者名正言顺;语法、文法在使作者文从字顺;论理学、心理学在使读者心安理得;修辞学在使读者情满趣足。

郑业建编著《修辞学》节选,正中书局 1946 年版

修辞学理论

修 辞 论 四 则

高天如

陈望道先生《修辞学发凡》的问世，标志着具有悠久历史的我国传统修辞学已经发展到一个新的阶段，因为汉语修辞学由此脱离了文学评论附庸的地位，并丰富和扩大了自己的研究领域，从而成为一门独立的学科。可是，对于这一新兴学科的研究对象和任务，修辞学界尚有某些不甚一致的看法。为此，本文以"修辞性质""修辞与美""修辞研究"和"修辞的'理'"为题，谈点个人的管见。

修 辞 性 质

修辞是人们使用语言（文字）材料以求完美地表达特定思想内容的手段，因而修辞"是语文的综合利用，也是内容的具体表达"①，它是表达者（语言文字）和被表达者（思想内容）的关系中的现象。从表达方面看，修辞是关于语言（文字）的具体应用；从被表达方面看，修辞又是表达思想内容的艺术手法。以辞格"比喻"为例，它是必定应用着相应的词语和语法规则的，至于"明喻""暗喻""借喻"的不同，众所周知，就是由于使用比喻词的不同或用不用比喻

---

① 《陈望道语文论集》，上海教育出版社 1980 年版，第 599 页。

词以及句式的不同而区别开来的。可是,能否据此认为修辞仅仅是一种语言现象呢? 不能。因为修辞还是一种文学性的创作活动,是美化语言的手段。张弓先生说过:"修辞是在一定语境下,一定上下文里具体利用语言因素以构成语言的艺术手法,这是创造性活动。"①仍以"比喻"为例,人们运用它,无疑是为了具体而形象地说明某人或某事物的性状以创造语言的美的。可是,在修辞实践中,要取得运用的切当、构成语言的美,单凭写说者的语言能力是不能奏效的,还必须具备对于题旨和情境的洞达,而后才有可能完美地描绘或叙述所要表达的思想内容。这种基于写说者对题旨和情境洞察能力的修辞实践,已经是一种创作活动,是写说者智能的体现。虽说修辞是关于语言的具体应用,但并不等同于表现为语言要素正误的使用现象,而是在规范的基础上为美化语言所进行的文学性的调整或加工。陈望道先生在阐述关于修辞的"语言文字之外"和"语言文字本身"的两面工夫的问题时认为:"修辞技巧的来源有两个:第一是题旨和情境的洞达,这要靠生活的充实和丰富;第二是语言文字可能性的明澈,这要靠平时对于现下已有的修辞方式有充分的了解。"②这"两面工夫",也正说明作为语言使用现象的修辞是既具有语言性又具有文学性的。

先谈修辞的语言性质。由于修辞是语言实践中的现象,关涉语言的应用问题,一切与语言无关的调整或加工,亦与修辞无关。例如,"由于思想认识的改变而带来的语言的变动"③,就不应视为修辞现象。修辞手段的物质存在形式只能是语言以及它的书面形式文字,包括作为语言文字替代符号的标点符号、图示符号之类。因而修辞手段具有与语言体系一样的一些基本属性。修辞手段是由人类社会约定俗成的,它不是自然现象而是社会现象,具有社会性;修辞手

---

① 张弓《现代汉语修辞学》,天津人民出版社 1963 年版,第 22、26 页。

② 陈望道《修辞学发凡》,新文艺出版社 1958 年版,第 14、21、42 页。

③ 王希杰《修辞的定义及其他》,见胡裕树主编《现代汉语参考资料》(中册),上海教育出版社 1981 年版,第 471 页。

段是一视同仁地为社会所有成员服务的,它没有阶级性,具有全民性;修辞手段是客观存在的,是个以人们主观意志为转移的,它具有客观性。即使由写说者的生活基础所制约的关于语言同题旨和情境的适应性,亦不为人们的阶级地位或思想感情所规定。比如:"谋事在人,成事在天""人为财死,鸟为食亡"这些并不符合科学认识的谚语,如果它们分别出于某宿命论者或某拜金主义者之口,用适应题旨和情境的原则考察,也不能不认为这些谚语的形式同内容是相适应的,是符合修辞的原则或规律的。

再谈修辞的文学性质。说修辞具有文学性,主要是由于修辞是说话作文的文学性因素。以积极修辞言,常见的比喻、比拟、夸张、借代、对偶、反复、摹状、感叹等辞格本来就是造成文学形象具体而生动的手段。因而,它们与文学创作的某些艺术手法亦具有共同的特征。如,诗歌的"比兴"手法与修辞的"比喻""映衬"之类;寓言的借物喻人、喻情的手法与修辞的"比拟""夸张""讽喻"之类,其构思逻辑无异是一致的。在《修辞学发凡》里,"鹬蚌相争""狐假虎威"这些寓言,就被作为"讽喻"的材料予以引证的。而"鹬""蚌""狐""虎"这些动物,在作品里是完全人格化了,实际上又是"拟人"的运用。至于"事喻"和"物喻",就几乎与文学的艺术手法没有什么两样了。因为,"事喻,是借叙述一个故事来说明一个道理",物喻"是通过比较细致刻画一个具体的事物来曲折地反映作者的思想"。①以消极修辞言,它亦与文学的语言艺术化是相通的。消极修辞的基本原则是要求所应用的语言精当地表达特定的思想内容,达到"明确、通顺、平匀、稳密"的境地。而这一原则实践的结果,也就创造了亦为文学所要求的语言的美质。"话语文章在传情达意上能够尽职就是'美',能够尽职的属性,就是美质。"②因此,无论积极修辞抑或消极修辞,在创造语言的美这一方面,均与文学的艺术手法相一致。既然如此,修辞也就不会没有文学性。

---

① 袁晖《比喻》,安徽人民出版社 1982 年版,第 46、49 页。
② 陈光磊《修辞如何研究语言美》,见 1982 年 6 月 28 日《文汇报》。

修 辞 与 美

修辞是创造语言的美的手段。这里所谓语言的美,非指表现伦理道德、讲究礼貌语言的"语言美",而是以语言的艺术化为标志的。然而,语言的美也不只是文学作品或积极修辞范围之内的现象,事实上一切语言作品或一切修辞领域都可存在因修辞而创造的语言美。当然,如果修辞不当,亦会造成语言的丑。只要构成语言形式与思想内容的关系的作品,都具有语言的美或丑的问题。因为,"语言文字的美丑全在用得切当不切当:用得切当便是美,用得不切当便是丑。"①所谓"用得切当不切当"这种修辞的事,无疑是遍布于一切语言作品的。因此,说"公文事务语体,科学技术语体都不追求什么'美化语言'"②,实际上就等于排斥了修辞的普遍性以及语言的美质与修辞原则的一致性。语言的美质,固然可以体现于文学作品的形象描绘之中,而亦可以体现于其他语言作品的论说记述之中。即便是简要的"药方"之类,如果表述切当,那同样可以体现出明达、朴直、庄重的美质。可见,修辞与美如同形影相随不可分离。

尽管因修辞而造成的语言美,其分布领域并不局限于文学作品的范围之内,但语言美与文学作品的艺术美,在表现方面仍具有共同的特性,即语言的美丑和文学形象的美丑,都不为所表现的客观对象的美丑所规定,而取决于表现手法的高下。蒋孔阳先生在谈到艺术美的问题时,这么说:"艺术美就不仅仅是一个什么是美的事物、美的思想和感情等的问题,它还同时是一个表现的问题。"③所谓"表现的问题",无疑是包含着修辞的因素在内的。如:鲁迅所鄙薄的"杨二嫂"(《故乡》中的人物),被比喻为"圆规";夏衍所怜悯的"芦柴棒"(《包身工》中的人物),其名亦为借喻格的运用。对此,无论从人物的刻画方面看还是

---

① 陈望道《修辞学发凡》,第 14、21、42 页。
② 王希杰《修辞的定义及其他》,见胡裕树主编《现代汉语参考资料》(中册),第 471、472 页。
③ 蒋孔阳《美和美的创造》,江苏人民出版社 1981 年版,第 24 页。

从语言的运用方面看,都是成功的。尽管这两个人物的身份不同,作者对他们的爱憎感情也不一样,但其艺术表现和修辞技巧都是美的。再如,在毛泽东同志的诗词里,作为喻体的"鲲鹏",一为用以比喻"反革命力量"(《蝶恋花·从汀州向长沙》"六月天兵征腐恶,万丈长缨要把鲲鹏缚"),一为用来比喻"马克思主义者"(《念奴娇·鸟儿问答》"鲲鹏展翅,九万里,翻动扶摇羊角"),所指显然不同,但比喻都是切当的,同样表现出不为客观对象所规定的语言美。

当然,修辞所创造的语言美并不完全等同于文学的艺术美。这是因为艺术美虽说讲究修辞技巧,但它是以塑造形象为目的的;语言美所追求的,则是以内容与形式相切当为原则的语言的艺术化。因此,文学的艺术美除要求语言美外,还包含精神范畴的伦理美之类。诚然,形象塑造的美丑,并不决定于形象所代表的客观对象本身的美丑,但却与作者对待客观对象的感情态度有关,不会不受作者世界观的制约。如果"杨二嫂"被写成褒扬的人物,或"芦柴棒"被作为贬抑的人物来写,根据文学的艺术标准,还不能认为那两个形象是美的。而评价语言的美学标准就不同了。只要符合修辞的规律,达到语言形式与思想内容相切当的要求,就应承认那是美的。至于写说者的世界观如何,那是无关紧要的。例如:"僧敲月下门""春风又绿江南岸"这些脍炙人口的名句,如果从其所反映的作者贾岛或王安石的世界观来评价,未必达到他们所处那个时代的思想高度,而这些名句并未因此而失去作为修辞范例的语言的美。由此可见,对于所表达的客观对象和写说者的思想感情,修辞都具有相对的独立性。

那么,能不能因此而把修辞笼统地归结为使用语言的现象呢?也不能。前文已述,在语言实践中还存在不属修辞范畴的表现为规范与否的使用语言现象。如:发音的准确度、生造词语、语法规则和文字书写的正误等等。因为,它们不是"根据对于自然对于社会的认识调整语言"①的活动,不关涉决定语言美的属于表里关系上的"切当"或"不切当"的问题。因而评判它们的标准,只是为

---

① 《陈望道语文论集》,上海教育出版社1980年版,第261、609页。

社会所公认的语言（文字）体系，并不在这些语言现象与其所表达的思想内容的适应性。可见，使用语言的活动并非皆为修辞现象，修辞仅仅是作为创造语言的美的一种使用语言的现象。因此，说修辞是为了"美化语言"、是"艺术加工的法则"，或称修辞学为"美辞学"，都是着眼于修辞与美的不可分割的关系的，是切合实际的立论。

修 辞 研 究

由于修辞具有语言和文学的双重性质，因而修辞的研究，也就存在关于语言性的研究和关于文学性的研究两个方面。当然，这两个方面的研究，是不可截然分开的。纵观我国修辞学的发展历史，可谓古代修辞学是侧重于文学性的研究的，而现代修辞学则侧重于语言性的研究。我国传统的修辞研究，大都散见于文论、诗话之类的著述里，都是从文学理论、文学批评的角度立论的。即使是对于修辞理论、修辞手段研究较多的著作，如《文心雕龙》《诗人玉屑》《文则》《修辞鉴衡》等，亦重在探讨诗文的得失和写作的高下，对于修辞手段的研究往往缺乏全局的考察，甚至修辞研究与思想内容的评价有时是糅合在一起的。以《文心雕龙》的"风格"论为例，其"所谓典雅，是指内容符合儒家学说，文辞比较庄重。所谓远奥，是指说理符合道家学说，文辞比较玄妙含蓄"[1]。现代修辞学则不同，它注重关于修辞的语言性的研究，因而立足于全面考察修辞手段与语音、词汇、语法和文字诸因素的关系，确认"修辞现象，就是运用语文的各种材料、各种表现方法，表达说者所要表达的内容的现象"[2]。结果新发现的辞格增多了，修辞手段的研究范围开阔了，并建立起积极修辞和消极修辞两大分野的理论，把修辞研究从文学的圈子里扩大到一切说话作文的领域。当然，现代修

---

① 唐启运《汉语修辞学的过去和现在》，载中国修辞学会会刊《修辞学论文集》，1981年。
② 《陈望道语文论集》，第599页。

辞学也没有弃置关于修辞的文学性的研究,只不过脱离开关于思想内容的研究,而集中于因修辞而创造的语言的美的探索。从《修辞学发凡》里,不难发现其修辞理论正是语言学理论和美学理论相结合的产物,作者"已把美学观融合在修辞理论的论述之中"①。继《修辞学发凡》之后,张弓先生的《现代汉语修辞学》是又一部着眼于美的研究修辞的重要代表作。作者开宗明义宣称:"修辞学的中心任务,就是研究艺术化语言的手法和规律,就应当兼顾修辞方式和寻常词语的艺术化方法。"②

现代修辞学关于修辞的文学性的研究已经不同于传统修辞学,它是与语言性研究相结合的,对于那种把思想内容的评价糅合丁修辞研究之内的做法一般是不可取的,它排斥关于语言作品思想性的直接评价。因此,我们不赞同把作为"表达的客观对象和主观感情"的"修辞内容"视为"修辞现象",并列入修辞学的研究对象之内。③固然修辞与思想内容(即"表达的客观对象和主观感情")有密切联系,而修辞学所研究的仅仅是联系着思想内容的表达方式和技巧,它只是表达思想内容的手段而不是思想内容本身。同一修辞手段可以用来表达不同的思想内容,不同的修辞手段也可以用来表达相同的思想内容。例如:"时间就是性命""时间就是金钱""时间就是力量",这三句话运用的修辞手段是同一的,表达的思想内容是不同的;用以指称"少先队员"的"红领巾""祖国的花朵""未来的希望",表达的思想内容是同一的,而运用的修辞手段却不同。可见,修辞手段与思想内容没有必然的关系,即什么样的思想内容要求使用什么样的修辞手段,或什么样的修辞手段该用以表达什么样的思想内容。如果把思想内容概括在"修辞现象"之内,那不仅无法考察同类修辞手段的共同特征和规律,而且势必偏离修辞研究的任务,去作关于思想内容的去伪存真、祛恶扬善的工作。

---

① 宗廷虎《探索修辞的美》,载《〈修辞学发凡〉与中国修辞学》,复旦大学出版社 1983 年版,第 399 页。

② 张弓《现代汉语修辞学》,第 22、26 页。

③ 黎运汉、张维耿《汉语修辞学的对象、任务和范围》,载中国修辞学会会刊《修辞学论文集》,1981 年。

显然，没有一本修辞学著作是以此作为它的中心任务的。无论是积极修辞的研究还是消极修辞的研究，关于思想内容的考察，大都是作为修辞的条件来推究的。

人们之所以会把思想内容认作"修辞内容"，这无异是因传统修辞学的影响，而把修辞的效果同语言作品的社会作用混为一谈了。考察语言作品的社会作用，是不能不衡量其思想内容和语言形式两方面的实际成效的。而研究修辞效果，所凭借的则仅仅是作为语言作品的语言性和文学性因素或语言艺术化的水平。归根结蒂，修辞学所研究的，只是"随应意思内容的需要调节地运用语言文字的形式"①，而不是这种"形式"所联系着的思想内容。否则，修辞研究不仅有可能错将其他学科的研究对象当作自己的研究对象，而且无从辨别修辞现象的既区别于语言又区别于文学的本质。

所谓修辞兼具语言的和文学的性质，并非语言的和文学的一切特性的相加。所谓关于修辞的语言性的研究和文学性的研究，亦不说明修辞研究同语言研究、文学研究具有同一的研究对象。只是修辞研究的方法和着眼点同语言研究或者文学研究的某些方面具有共同的特征。因而修辞学既非单纯的语言学，也不是隶属于文学理论或文学批评的一个部门。现今，修辞学之所以隶属于语言学，那是"由于语言和使用语言两者之间的密切关系，把它们放在一门科学里进行研究，会有更多的方便和好处"②。事实上，修辞学已经显示出相对于语音学、词汇学、语法学等语言学分支的独特地位。这不是人为因素的作用，而是为修辞学研究对象自身的特殊规律所使然的。因此，陈望道先生提出，修辞学是"介乎语言和文学之间的一门学科"③，这对于修辞研究的独立和发展是至关重要的。

---

① 陈望道《修辞学发凡》，第 14、21、42 页。
② 王德春《语言学的新对象和新学科》，见胡裕树主编《现代汉语参考资料》（中册），第 491 页。
③ 《陈望道语文论集》，第 261、609 页。

修 辞 的 "理"

修辞的"理",有"事理""情理"和"文理"。

鲁迅先生在《漫谈"漫画"》中说过:"'燕山雪花大如席',是夸张,但燕山究竟有雪花,就含有一点诚实在里面,使我们立刻知道燕山原来有这么冷。如果说'广州雪花大如席',那可就变成笑话了。"为什么可以说"燕山雪花大如席",而不能说"广州雪花大如席",无疑是因为修辞要符合事理的缘故,广州下大雪实属不可能。那么,说燕山的雪花竟有如"席"之大,何以又不成笑话,难道也是客观事实么? 诚然,就客观的自然现象言,那不是事实;可是,它却是符合主观的情理的。

修辞的"情理",非谓一般的人之常情,那是指修辞现象是否符合写说者或人物的思想感情的实际。也就是说,因修辞而造成的言语是否恰当地反映了人们对于客观事物的主观感受、愿望和理解等思想感情的因素。所谓"燕山雪花大如席",从字面看,是形象的扩大;而从内容言,则是作者对于北方雪天实际感受的写照。因为,如席之大的雪花虽非事实,而作者对于彼时彼地寒冷气候的感受却是存在的。可见,如此的夸张,乃是合于情理的。

至于"文理",那又与"事理"和"情理"有别,它是指语言文字自身的规律或习惯。例如:以"言身寸"替代"谢"字(析字),"道是无晴还有晴"中的"晴"兼表"情"义(双关),用"友于"而不用"兄弟"(藏词),这些辞格都是基于文字、语言诸因素的利用而构成的。尽管其用法是超出常规的,然所利用的语言文字因素并不违背该语言的系统,因而是合于文理的。以前例言,如果"析字"不以字形结构为依据,"双关"所关涉着的两个不同语词没有语音上的同一,"藏词"的本词与藏词语的连接不属习用,那就于文理不合,也就达不到语言的表达效果,这些辞格当然就不会成立。

修辞的事理、情理和文理,从消极修辞方面看,它们是统一的,也就是说,它们在语言文字上的体现是直接的,而且是兼备的,并不发生辞面子同辞里子的离异现象,毋庸赘述。可是,从积极修辞方面看就不同了,一些辞格所取用的语言文字的直解意义,往往表现出某些不合事理的现象,因而与其所表达的思想内容常常不相吻合。正如陈望道先生在《修辞学发凡》里说过的那样:"(1)消极手法侧重在应合题旨,积极手法侧重在应合情境;(2)消极手法侧重在理解,积极手法侧重在情感。而(3)积极手法的辞面子和辞里子之间,又常常有相当的离异,不像消极手法那样的密合。"这种修辞上的表里不一致的离异,当然并非言不及义,更不是由于认识的浅薄或语文知识的不足而造成的错乱现象;而是由于写说者为了表达的需要,依照辞格的规则,采用了艺术手法所致。因而,那依然是以"理"为据的。使用恰当的辞格,其辞面子的直解意义即使不合事理,也可以得到情理的补足;即使对应事理和情理都费解,也可以依照文理推求到它的符合事理或情理的本意。因为,某些辞格的辞面子和辞里子的矛盾,只是外在的表面现象,仅仅是由于辞格的要求使然。因此,积极修辞虽不同于重在使人"理会"的消极修辞,它是通过具体的、体验的语言材料而重在使人"感受";然而,这种感受并不仅仅是直觉的,它除了给人以具体而生动的形象特征外,还会使人感受到其所欲表达的内在的思想内容。鲁迅先生在《白莽作〈孩儿塔〉序》里,为了说明殷夫诗的价值一连用了六个比喻,说"这是东方的微光,是林中的响箭,是冬末的萌芽,是进军的第一步,是对于前驱者的爱的大纛,也是对于摧残者的憎的丰碑"。人们从这些比喻辞里感受到的,显然并不限于"微光""响箭""萌芽""进军""大纛""丰碑"这些事物的形象,还会由此理会到鲁迅先生对于新兴的无产阶级革命文学的深刻理解和崇高的评价。这是不言而喻的。

为什么重在感受的积极修辞,也能达到传递理性的思想内容的客观效果呢? 就是因为辞格的运用总是建立在事理、情理或文理的基础之上的。在辞格的辞面子和辞里子之间,虽有"相当的离异",但不是毫不相干的对立。由于"理"的制约,辞格的表里双方总是以某种特定的方式联系着,从而构成辞面子和辞里子的转换条件。只要实现了这种转换,不难发现,在因修辞而造成的言语的形式和内容之间,是体现着一致性的。前例鲁迅先生所用的六个比喻,虽说殷夫写的是"诗",并不就是"微光""响箭"之类,但"微光"的朝气、"响箭"的锋利、"萌芽"的生命力、"进军"的斗争精神,则同样是《孩儿塔》所具有的特性,因而它也就成了指引人们前进的"大纛"和记载着光辉业绩的"丰碑"。可见,比喻格的"一致性",就是通过把喻体的特性转换为本体的特性实现的。再以夸张、比拟来说,虽然辞面子的某些直解意义往往无客观事实可言,那是写说者的意愿或幻觉,但却表现出修辞语同思想感情相对应的一致性。前文列举过的夸张格是如此,比拟格也是如此。拟人的物,何以能有喜怒哀乐之情,无疑是人情的反映,是由人支配的,是为了适应情理的需要。再如:飞白、析字、藏词等辞格,虽不直接体现言语表里之间的一致性,但人们同样可以通过辞格运用的规则和条件,把辞面子的假象,转换为辞里子的真意,从而领悟到言语的表里相应的关系。飞白格是明知其错而故意仿用的一种修辞手法,运用它必须使人意识到那是"故意仿用",甚至点明其"错"。鲁迅先生在《估〈学衡〉》中所用"英吉之利",其上文就交代了在《中国提倡社会主义之商榷》一文里有"乌托之邦"的说法,其下文又称此为"奇句",为"有病之呻"。这是遵循飞白格的规则和条件的,因此所谓"英吉之利",也就明明白白地成了作者以"反"映"正"的妙用了。假象"英吉之利"的真意(英吉利),自然也就昭然若揭。至于析字、藏词之类,前文已述,都是本于文理的辞格,其辞面子和辞里子之间的由此及彼的联系也就不是偶然的,乃是某种必然的逻辑关系的反映。因而,析字格的本字、藏词格的本词,虽说是潜在的,却是可以推究出来的。尽管文理不同于以客观事物或思想感情为依据的事理和情理,它是属于语言义字的形式方面的;但是,本于文理的辞格,其本意同样是建立在事理和情理的基础之上的。因此,就这类辞格的潜在的本字(词)而言,它们对于所表达的思想内容同样体现出表里之间的一致性。

应该指出,积极修辞的矛盾现象,并不均表现为辞面子和辞里子的离异。以映衬格为例,其所利用的语词配置的矛盾,实际上只反映着客观事物或思想感情的矛盾。如:(1)"止住这止不住的泪水",(2)"熟悉的陌生人",(3)"骂人的不骂人党"。这里,"止住"与"止不住"的矛盾,"熟悉"与"陌生"的矛盾,"骂人"与"不骂人"的矛盾,都准确地表达了客观事物或思想感情的矛盾所在。例(1)的"止不住"表明哀思难断,"止住"表明应节哀奋发,因而两者的配置使用,恰好表达了一种既悲哀又奋发的心理状态。例(2)的"熟悉"表明其人具有已见的性格特征,说他"陌生"则说明未曾相识。因而该例作为对于某个文学典型的表述,也是恰如其分的。例(3)的"不骂人"只是口头上宣称的,"骂人"是其人的实际表现,因而以"骂人"修饰"不骂人党",实际上正表述了其表里不一致的虚伪性。可见,这样的修辞手法,其辞面子的直解意义,虽然有语义间的对立现象,但辞面子与辞里子的关系并不矛盾,因为辞面子本身就是相对应的事理或情理的直接表述。

总之,修辞并不是"花言巧语"的摆弄,而是为了有效地表达和交流思想以美化语言的手段。因而,修辞不可以无"理",有"理"的修辞,方为正确的修辞。那种不合修辞之理的"笑话",只会使人莫衷一是、无所适从,既不能适应表达的需要,也不会实现语言文字的交际职能。因此,无论是研究修辞理论,还是从事修辞实践,都要关顾修辞的事理,把握修辞的情理,探究修辞的文理。因为,修辞的"理",实乃修辞手法在实际运用时的基本准则。

本文为《修辞三论》《修辞的"理"》二文的合辑。前文原载《〈修辞学发凡〉与中国修辞学——纪念陈望道〈修辞学发凡〉出版五十周年》(复旦大学出版社1983年版),后文原载《修辞学习》(1983年第4期)。

语辞魅力初论

胡奇光

怎样使平凡的事物显出光彩,艺术语言上处处充满魅力,是一件值得我们认真探索的事情。

——秦牧

"语辞魅力说"的提出

不言而喻,一首诗或一部小说对读者越有魅力,它的艺术生命也越久长。甚至连杂文也不例外。

人们评论作品,所常用的诸如"引人入胜""动人心弦""令人陶醉""耐人寻味""百读不厌""钩魂摄魄""具有迷人的力量"之类赞语,均指艺术魅力而言。艺术魅力本来是不难感觉到的,可是,如要给以说明,哪怕是极其肤浅的说明,也是很难的。

马克思指出:

希腊人是正常的儿童。他们的艺术对我们所产生的魅力,同它在其中生长的那个不发达的社会阶段并不矛盾。它倒是这个社会阶段的结果,并且是同它在其中产生而且只能在其中产生的那些未成熟的社会条件永远不能复返这一点分不开的。①

这段话给我们指明一个方向:艺术的魅力来自社会的生活。

据此,我们探索作品的艺术魅力,自应着重它的思想内容。为什么? 因为作品的思想内容直接地反映着生活的真实。与此相应,我们还要看到,而且必须看到:"就真正的意义上说,美的文词就是思想的光辉。"②这样,我们不妨从语辞入手,去探索作品的艺术魅力。

对"语辞魅力"的研究,是对艺术魅力研究的一个组成部分。在这方面,最早作出贡献的,要数陈望道先生的《修辞学发凡》了。

大体说来,在《发凡》出版之前,人们侧重从思想内容上去探索艺术魅力。如近代诗人黄遵宪所说:

孔子所谓'兴于诗',伯牙所谓'移情',即吸力之说也。③

所谓"吸力",即指魅力。孔子以降,如刘勰说的"文外曲致"④"情在词外曰隐"⑤;钟嵘说的酌用兴、比、赋,"干之以风力,润之以丹采,使味之者无极,闻之者动心"⑥,实质上所指的都是艺术魅力。再如杜甫说的"淑气含公鼎"⑦"吟多意有馀"⑧,司空图说的"韵外之致""味外之旨"⑨、范温说的"有余意之谓韵"⑩、严羽说的"入神"⑪、李渔说的"机趣"⑫等等,都在不同程度上与艺术魅力的探索有关。

---

① 马克思《政治经济学批判序言、导言》,人民出版社 1975 年版,第 34 页。
② 朗吉弩斯《论崇高》,引自《西方美学家论美和美感》,商务印书馆 1981 年版,第 48 页。
③ 黄遵宪 1904 年致梁启超信,引自《人境庐诗草笺注》,上海古籍出版社 1981 年版,第 1253 页。
④ 刘勰《文心雕龙·神思》。
⑤ 《文心雕龙·隐秀》佚文,引自张戒《岁寒堂诗话》。
⑥ 钟嵘《诗品·总论》。
⑦ 杜甫《八哀诗·故右仆射相国张公九龄》,《杜诗镜铨》,中华书局 1962 年版,第 695 页。
⑧ 杜甫《复愁》,《杜诗镜铨》,第 822 页。
⑨ 司空图《司空表圣文集》卷二《与李生论诗书》。
⑩ 范温《潜溪诗眼》,引自钱钟书《管锥篇》第 4 册,中华书局 1979 年版,第 1362 页。
⑪ 严羽《沧浪诗话·诗辨》。
⑫ 李渔《闲情偶寄·词曲部·词采第二·重机趣》。

到了近代,梁启超对自己所创造的"新文体"(改良派的新体散义)的特色,作过评论,指出:

> ……务为平易畅达,时杂以俚语、韵语及外国语法,纵笔所至不检束;……其文条理明晰,笔锋常带情感,对于读者,别有一种魔力焉。①

"魔力",即魅力。他敏锐地看到语言与"魔力"的关系,这已触及"语辞魅力"的问题。很可惜,他未能深入下去。

直到 1932 年《修辞学发凡》问世,我们才能从书中看到我国修辞学史上对于"语辞魅力"问题的第一次出色的论述。《发凡》是在论及"积极修辞"时提出这个问题,阐明这个问题的:

> 所谓积极手法,约略含有两种要素:(1)内容是富有体验性、具体性的;(2)形式是在利用字义之外,还利用字音、字形的。【按,书的别处则作:"对于语言文字的一切感性的因素的利用,简单说,就是语感的利用。"②】……这种形式方面的字义、字音、字形的利用,同那内容方面的体验性具体相结合,把语辞运用的可能性发扬张大了,往往可以造成超脱寻常文字、寻常文法以至寻常逻辑的新形式,而使语辞呈现出一种动人的魅力。在修辞上有这魅力的有两种:一种是比较同内容贴切的,其魅力比较地深厚的,叫做辞格,也称辞藻;一种是比较同内容疏远的,其魅力也比较地淡浅的,叫做辞趣。两种之中,辞藻尤为讲究修辞手法的所注重。在小说诗歌等类叙事抒情的语言文字上用得也最多。③

这段论述,十分重要,如今读来仍觉新鲜。现在试将所论的要点,略陈如次:

第一,"积极修辞"的"两种要素"——"形式方面的语感的利用","同那内容方面的体验性具体性的结合",这是形成"语辞魅力"的前提。至于那种"超脱寻常文字、寻常文法以至寻常逻辑的新形式",不妨看作呈现"语辞魅力"的一种特

---

① 梁启超《清代学术概论》,商务印书馆 1933 年版,第 142 页。
② 陈望道《修辞学发凡》,上海教育出版社 1982 年版,第 70 页。
③ 同上,第 4 页。

殊手段。

第二，从修辞上看，"语辞魅力"为"积极修辞"的两类——辞格和辞趣所具有。换言之，数目繁多的辞格和辞趣，一以"语辞魅力"贯之。

第三，语辞的魅力的强度，与语辞同内容关系的密切程度成正比：辞格"比较同内容贴切的，其魅力比较地深厚"；辞趣"比较同内容疏远的，其魅力也比较淡浅"。据此，辞格理应比辞趣尤为注重。

第四，研究"积极修辞"与探索"语辞魅力"，本是一回事。因为"积极修辞"的纲领，即在使人"感受"。①

就这样，"语辞魅力说"的提出，便把修辞的研究，提到美学的高度去考察：魅力的问题，本是美和美感的问题。

"语辞魅力说"与"文章美质说"

那末，"魅力"与"美"有什么关系呢？

请先看古罗马诗人贺拉斯的一句名言：

> 一首诗仅仅具有美是不够的，还必须有魅力，必须能按作者愿望左右读者的心灵。②

在他看来，"魅力"比"美"还显得重要，这是对的：作品艺术性的高下及其社会影响的大小，要看它对读者的魅力如何而定。至于"美"与"魅力"之间的关系，贺拉斯没有说，而从现象上指出两者关系的，是德国思想家莱辛。莱辛在《拉奥孔》（据朱光潜先生中译本）一书指出：

> 诗想在描绘物体美时能和艺术争胜，还可用另外一种方法，那就是化美为媚。媚就是在动态中的美……③

---

① 陈望道《修辞学发凡》，第70页。
② 贺拉斯《诗艺》，《诗学 诗艺》，人民文学出版社1962年版，第142页。
③ 莱辛《拉奥孔》，人民文学出版社1979年版，第121页。

这段话，宗白华先生在《美学散步》一文中曾作过摘译，那"化美为媚……"两句则作："把'美'转化做魅惑力。魅惑力就是美在'流动'之中。"①可见，"在描绘物体美"时，"魅力"就是"媚"，那是一种"在动态中的美"，具有"左右"人们心灵的吸引力。白居易在《长恨歌》里写杨贵妃，就用了个"媚"字："回头一笑百媚生，六宫粉黛无颜色"。

现在，我们回到语言问题上来。"魅力"是一种"在动态中的美"，这句话为我们理解"语辞魅力说"与"文章美质说"之间的关系，提供了一把钥匙。

"文章美质说"首先在《作文法讲义》里提出。陈望道先生以功用为依据，来分析文章的美质：

> 文章在传达意思的职务上能够尽职就是'美'，能够尽职的属性，就是美质。②

据此，他分析"文章的美质"有知识的、感情的、审美的三种：

> 知识的美质就是'明晰'，感情的美质就是'遒劲'；审美的美质就是"流畅"。③

可见，所谓"文章的美质"，其实是指语言的功能风格的特点。如与《发凡》对比，那末，可以这么看：

"明晰"——"要别人看了就明白"④，这与"消极修辞"旨在使人"理会"毫无二致。

"遒劲"——"要别人看了会感动"⑤；"流畅"——"要别人看了有兴趣"⑥。这两点则与"积极修辞"旨在使人"感受"大致相同，而且这两者从现象上看，都是一种"在动态中的美"，因而都可看作"语辞魅力"的风格上的要求。

现在，我们来比较两段文字。一段是鲁迅先生在《门外文谈》里说的：

> 美国人说，时间就是金钱；但我想：时间就是性命。无端的空耗别人的时间，其实是无异于谋财害命的。⑦

---

① 宗白华《美学散步》，上海人民出版社 1981 年版，第 8 页。
②③④⑤⑥ 均见《陈望道文集》第 2 卷，上海人民出版社 1980 年版，第 223 页。
⑦ 《鲁迅全集》第 6 卷，人民文学出版社 1981 年版，第 97 页。

另一段是朱自清先生在散文诗《匆匆》里说的：

> 燕子去了,有再来的时候;杨柳枯了,有再青的时候;桃花谢了,有再开的时候。但是,聪明的,你告诉我,我们的日子为什么一去不复返呢? ——是有人偷了他们罢:那是谁? 又藏在何处呢? 是他们自己逃走了罢:现在又到了那里呢?①

这两段文字宣传同一个思想:要珍惜时光。可是,它们却具有不同的风格特点,即有着不同的美的特质:一"遒劲";一"流畅"。具体地说,前者用譬喻,将丰富的思想铸成发人猛省的警句,好似黎明的洪钟,一声声在人们心里激荡;后者用自然界周而复始的现象来反衬时光的"一去不复返",通过排比、拟人、设问等手法,组成旋律流畅的诗句,宛如一支轻快乐曲,不住地回响在人们的心头。借用《作文法讲义》上的话来说,前者的确"能够栩栩动人,能够咄咄逼人"②;后者也着实"使人不厌百回读"③。而这,也就是两段文字对读者所产生的魅力。

如此看来,不论是谈"文章的美质",还是谈"语辞的魅力",都可归结为一条:从语言表达的社会效果出发。为什么非得这样不可呢? 这里一个重要原因,是与陈望道先生的语言观"有着血肉的联系。"他在《关于修辞》一文里指出:人类关于语言的观念,至今已从知道"语言是'说'的","只把一个'说主'放在眼里",进步到知道"语言是'说给你听的',把'听者'也算在里面"④。

"语言是我说给你听的",这句十分通俗的话语,正道出了"语言的神髓":它不仅指出了语言交际中个人("我")与他人("你")一致、表达("我说")与接受("你听")相应的事实,而且还指明语言表达面向他人、旨在他人接受("我说给你听")这个道理。因此,能否为他人接受便成了衡量语言表达好不好的标准。而要他人接受,首先要让人懂得,也就是令人"明白",如此,以"文章的美质"而

---

① 《朱自清诗文选集》,人民文学出版社 1955 年版,第 27 页。
② 《陈望道文集》第 2 卷,第 226 页。
③ 同上,第 227 页。
④ 《陈望道语文论集》,上海教育出版社 1980 年,第 262 页。

论，"明晰"便是"遒劲""流畅"的前提；就修辞手法而言，旨在令人"理会"的"消极修辞"便是旨在令人"感受"的"积极修辞"的底子。再拿"语辞的魅力"来说，它的风格基调应是"明晰"。哪怕是语言含蓄的诗篇，也应以"明晰"为基调的，要不，就会走向含蓄的反面，成为含糊、晦涩的了。但自然，作为"语辞魅力"的风格标志，便是"遒劲""流畅"之类美的特质。这些美质的形成，又与辞格的运用密切相关。

辞格的美感魅力

语辞的创造，不仅要利用汉语、汉字的形、音、义，而且还要利用汉语的词法、句法以至章法（段法）。在不少场合下，往往几种成素同时兼用：如析字，就利用汉字的形及音；又如仿拟，就涉及句法与章法。一句话，是要极大限度地发掘、调动并利用汉语、汉字的"一切感性的因素"。这用美国语言学家萨丕尔的话来说，便是充分"利用自己本土语言的美的资源"。①

据《发凡》一书来看，辞格既不是小玩意儿，也不是大法宝。辞格的全部意义，即在比较地同内容"贴切"，因而它的魅力也就较为"深厚"些；而且就呈现"语辞魅力"而论，它不是唯一手段，但确是重要手段之一。人们正是从这个意义上需要它，注重它，运用它，研究它。

为了说明辞格的魅力，我们试以毛泽东同志说的三句话为例，来进行比较：

其一：我们必须继承一切优秀的文学艺术遗产，批判地吸收其中一切有益的东西，作为我们从此时此地的人民生活中的文学艺术原料创造作品时候的借鉴。②

其二：我讲了一个"古今中外法"，就是：屁股坐在中国的现在，一手伸向古代，一手伸向外国。③

---

① 萨丕尔《语言论》，商务印书馆1964年版，第139页。
② 毛泽东《在延安文艺座谈会上的讲话》。
③ 引自何其芳《毛泽东思想的阳光照耀着我们——回忆延安文艺座谈会》，见《文艺论丛》第1辑，上海人民出版社1977年版，第17页。

其三：古为今用，洋为中用。①

据何其芳同志回忆，第二句本是第一句话的口头解释。

这三句话，说的是一个意思，就是要处理好借鉴古代的，外国的文艺遗产与创造中国当代新文艺的关系。可是这一意思的三种说法，却又适应于不同场合、不同文体：第一句精密，绝无歧义，适用于指导性的文件；第二句通俗，形象生动，原是面向大众的讲解；第三句凝炼，高度概括，常用作政策方针。

二、三两句，尤值得讨论。从表达效果看，这两句都能令人过目成诵，并便于触类旁通。所谓触类旁通，是指这种情况而言的：人们对它们的理解，正如《发凡》所说，"免不了有各自经验所得的感想附杂在内"②，由此而借助联想，将它们直接移用到文艺以外的、诸如"科技"的领域。恰恰就是这一点，把人们迷住了。为什么二、三两句有这样的魅力？这与它们用了辞格有很大的关系：一用譬喻，一用对偶。

第三句所用的对偶，实为体现汉语形式美的辞格，如《发凡》所说，"在形式方面实是普通美学上的所谓对称"。而且对偶是汉语独有的修辞手法。第二句所用的譬喻，是描绘形象、显示意境的辞格，钱钟书先生把譬喻看作"是文学语言的根本"③。正由于句中出形象，因而又比第三句更为易懂，即使不识字的人也能一听就记住，一想能理解。

再看对偶与譬喻同内容的密切程度，譬喻自然比对偶要直接得多。证据是：用譬喻表现不同的思想内容，必要相应地采取不同的语句组织形式，而对偶不一定这样，比如同样为四字格式的对偶，可表现不同的内容，而格式不变，例如"古为今用，洋为中用"，或者"方以类聚，物以群分"④，或者"居必择乡，游必就士"⑤等等，便是例证。因此，譬喻与对偶同样是辞格，但譬喻比对偶的魅力又要

---

① 毛泽东 1964 年 9 月 27 日对中央音乐学院的意见的批示。
② 陈望道《修辞学发凡》，第 53 页。
③ 钱钟书《旧文四篇》，上海古籍出版社 1979 年版，第 36、51 页。
④ 《周易·系辞上》。
⑤ 《荀子·劝学》。

"深厚"些。为什么？语辞的魅力的程度，与语辞同内容关系的密切程度成正比。

同理，这个观点可用来对《发凡》所列的四类辞格的魅力强度，作一说明。据我们初步的分析，大体上可以这么说："材料上的辞格"和"意境上的辞格"的魅力较强些；"章句上的辞格"其次；"词语上的辞格"又次。

请先看"材料上的辞格"和"意境上的辞格"。

据《发凡》，"材料上的辞格"有：

一、譬喻，二、借代，三、映衬，四、摹状，五、双关，六、引用，七、仿拟，八、拈连，九、移就

"意境上的辞格"有：

一、比拟，二、讽喻，三、示现，四、呼告，五、夸张，六、倒反，七、婉转，八、避讳，九、设问，十、感叹

大体说来，"材料上的辞格"，是指就客观事象而行的修辞；"意境上的辞格"，是指就主观心境而行的修辞。这"客观""主观"的两类区分，只是从原则上划了一条界限，而实际上，任何两极之间往往存在着中介之物。《发凡》的作者当然深明此理，在辞格的编排次序上，体现着从"客观"向"主观"过渡的辩证程序。如果我们留心细察，便不难看出，这两类辞格的编次上，大体形成三个"自然段落"：

（一）从"譬喻"开始，挨次的有"借代""映衬""摹状""双关""引用""仿拟"，这些辞格大体上侧重客观事象的描写；

（二）接着出"拈连""移就"过渡到"比拟"、下接"讽喻""示现"，这些辞格重在表现主客观统一的意境；

（三）从"呼告""夸张""倒反""婉转""避讳""设问"蝉联而下，直到"感叹"，这些辞格便侧重主观心境的抒发。

必须指出：《发凡》不把"夸张"放在描写客观事象一类里，而列之于抒发主观心境的"呼告"之后，这是有独到见解的："夸张辞的作用，在乎抒描深切的感

动"，"重在主观情意的畅发，不重在客观事实的记录。"①又，在《发凡》里，"引用"排在"材料上的辞格"里，而不移至"章句上的辞格。"这大概与文章里经常引用故事及诗词佳句这种实际情况有关。不过，在文学创作里，"引用"不能算是描写客观事象的一种手法。

总的说来，这两大类辞格的魅力，还是较强的，这是由于它们对客观"事象"的描写，对主客观统一的"意境"的表现，对主观"心境"（感情）的抒发，都比较直接地与内容美联系在一起。至于与形式美密切联系的"章句上的辞格"或"词语上的辞格"，虽也与内容美相联系，但没有那两大类辞格那样直接。其中尤以譬喻、借代、比拟、夸张、映衬、示现、双关、婉转等种为最。这几种辞格，较为典型地显示了形象思维方法的特色。所谓"语辞魅力"，首先是指语辞所表现的生动的形象魅力。对此，《发凡》还作了具体的规定：

> 每个说及的事物，都像写说者经历过似地，带有写说者的体验性，而能在看读者的心里唤起了一定的具体的影像。②

这段话的最后一点即唤起鉴赏者心里的具体影像，往往为人们所忽略，殊不知这恰恰是呈现"语辞魅力"的一个客观标准，语辞如不能唤起鉴赏者心中"具体的影像"，就谈不上有魅力。

再看"章句上的辞格"。

据《发凡》，"章句上的辞格"有：

> 一、反复，二、对偶，三、排比，四、层递，五、错综，六、顶真，七、倒装，八、跳脱

再加上"警策"，便有九种。"警策"原来列入"词语上的辞格"，但据《发凡》所说"警策辞，也称警句"③，似应划入"章句上的辞格"。

这类辞格，一方面可以表现一个完整的意思，因为是"章句"；另一方面又属

---

① 陈望道《修辞学发凡》，第128页。
② 同上，第70页。
③ 同上，第187页。

于语言形式美的范畴,其中如"反复"与"层递",就直接采用了形式美学上的专名。

"反复""层递"两词的采用,似乎启示人们,要从形式美学的角度去研究"章句上的辞格"编次。

我们知道,在美的形式法则中,有反复与层递(或称加减、层累)、对称与均衡(或称等量)、调和与对比(或称映射)等等,其中主要是反复与层递。正如刘大白说的:"对称和等量,是反复形式中的两种变相;调和和映射,也是加减形式中的两种别相。"①他进而指出"反复"与"加减"(即层递)的区别:

> 反复形式中所重复出现的,是完全同样的事物,而加减形式中所重复出现的,是逐渐加高或减低、加大或减小、加多或减少、加浓或减淡、加长或减短,加阔或减狭、加强或减弱的类似的事物。②

明白这些道理,再来看"章句上的辞格",便会深感这些辞格的编次,是井井有条、主次分明的。我们完全可以依着所列的顺序,将它们分为两小类:

甲、以"反复"带头,挨次的有"对偶""排比"。这些辞格的特点,在有齐同的倾向;

乙、以"层递"带头,挨次的有"错综""顶真""倒装""跳脱"。这些辞格的特点,在有差等的倾向。

介于这两者之间的、可以作为这两者的纽带的,便是"警策":警策的组织形式,因较多地体现"对称"法则而显出齐同的倾向;同时,它的表述方式,又往往以采用"对比"法则而体现差等倾向。如"不塞不流,不止不行"③"大音希声,大象无形"④之类警句,在语句形式上是对称的,在表述方式上则是对比的。对称是"反复"形式的一种变相;对比是"层递"形式的一种别相。这种"一身而二任"的现象,是毫不足奇的:"二性事物"的存在原是较为普遍的现象。

---

①② 刘大白《中诗外形律详说》一百七节。
③ 韩愈《韩昌黎集》卷十一《原道》。
④ 《老子》第四十一章。

一般说来,这两小类辞格以气势、格调、节奏、韵律等等的创造,来表现内容而呈现魅力的。当然,"反复"之类齐同倾向的辞格与"层递"之类差等倾向的辞格各有所长,也各有所短,因而在实际运用上,往往要互相取长补短。这两种不同倾向辞格的运用,是受到美的形式原理支配的。事实上,《发凡》对此已有过提示:

> 说话有时原也需要反复等等类似辞,但若类似处太多,却也容易使人生厌;此时可以调剂使用的,便是错综辞法。用了错综辞法,则同中有异,单调平板等毛病便自消灭了。这种辞法的重要,我以为至少不在对偶下。①

这里,实际上把美的形式原理——"多样的统一",给端出来了。我们由此也可悟到:要依据鉴赏者的审美心理,使措辞造句、运用辞格等等,达到"多样的统一"的境地,这也是呈现语辞魅力的一大原因。

至于"词语上的辞格",如析字、藏词、飞白、镶嵌、复叠、节缩、省略、折挠、转类,回文等等,在尽可能利用汉语、汉字的形式特点及其组织功能,自属于形式美的范围。一般说来,其魅力比"章句上的辞格"稍为浅淡些,已逐渐与"辞趣"接近。我们在此不再一一详述。不过有一点似应指出:这类辞格,在特殊的条件(题旨情境)下,可能显出特殊的魅力;但如果离开特定的条件(题旨情境),那要变成文字游戏的。

"语辞魅力"的总则

语辞的美的创造过程,同时也就是语辞魅力的呈现过程。"文章美质"的形成与"语辞魅力"的呈现,有着共同的法则。诚如《发凡》所指出的:

> 总之,修辞以适应题旨情境为第一义,不应是仅仅语辞的修饰,更不应是离开情意的修饰。即使偶然形成华巧,也当是这样适应的结果,并非有意罗列所谓看席钉坐的钉铆,来做"虚浮"的"装饰";即使偶然超脱常律,也

---

① 陈望道《修辞学发凡》,第 214 页。

应是这样适应的结果,并非故意超常越格造成怪怪奇奇的‘破格’。凡是切实的自然的修辞,必定是直接或间接的社会生活的表现,为达成生活需要所必要的手段。①

这段论述,揭示一条修辞的美学规律,一条语辞运用的美学规律。简言之,即是:语辞以适应题旨情境为第一义,以表现社会生活为旨归。"消极修辞"的总则在于此,"积极修辞"的总则也在于此;语辞的美的创造法则在于此,语辞魅力的呈现法则也在于此。如有所区别,也仅仅是"消极手法侧重在应合题旨,积极手法侧重在应合情境"②而已;显然,语辞魅力的呈现,也应"侧重在应合情境"。

现在我们首先要讨论关于"超脱常律"的新形式问题。

所谓"超脱常律",具体地说,是指:"超脱寻常文字、寻常文法以至寻常逻辑。"它是"使语辞呈现一种动人的魅力"的一种特殊手段。因此,用"寻常文字、寻常文法以至寻常逻辑"的观点来看,必然扞格不通。清代评论家李渔以为宋祁的《玉楼春》词"红杏枝头春意闹"这名句中的"闹"字"殊难著解",甚至说"争斗有声之谓'闹'。桃李'争春'则有之;红杏'闹春',予实未之见也"③。道理正在这里。

如此看来,"红杏枝头春意闹"句中的"闹"字,的确是"超脱常律"的字法。问题在于这"超脱常律"的字法,是不是适应题旨情境的结果? 这点,我们先听听近代与当代学者的意见。

李渔以后,学者们对此作出与李渔不同的种种解释——

刘熙载释之以"触著":

宋景文"红杏枝头春意闹","闹"字,触著之字也。④

---

① 陈望道《修辞学发凡》,第 11 页。
② 同上,第 9 页。
③ 李渔《李笠翁一家言·笠翁余集》卷八"窥词管见"。
④ 刘熙载《艺概》,上海古籍出版社 1978 年,第 121 页。

王国维释之以"境界"：

"红杏枝头春意闹"，著一"闹"字，而境界全出。①

钱钟书先生释之以"通感"：

方中通说"闹"字"形容其杏之红"，还不够确切；应当说："形容其花之盛（繁）。""闹"字是把事的无声的姿态说成好像有声音的波动，仿佛在视觉里获得了听觉的感受。②

看来越解释也越尖新，越合理，诚如积薪，后来者居上。

综观诸家所论，意在揭开这"超脱常律"的字法的奥秘。"红杏枝头春意闹"句中的"闹"字，用得看似无理（"超脱常律"），实则入乎情理，这便造成了一种"出人意外"，又"入人意中"的艺术魅力：说它看似"超脱常律"，就因为用了"通感"的手法；说它实则入乎情理，是指"著一'闹'字，而境界全出"，因为要活现杏花盛开、春色动人的意境，达到"绘声""绘色"的地步，只有一个动词可用，那就是"闹"字。

按"闹"字，《说文》所无；据南朝梁、陈之间编定的《玉篇》，原作"㘷"。这个会意字，当指集市人众；人众，必声杂。而人众，或声杂，均有"盛（繁）"之意。在宋祁的时代，即北宋初年，"闹"字通常作声杂解：徐铉本《说文·新附字》："闹，不静也。"《广韵》去声卷四第三十六："㘷，不静，又猥也，扰也。闹，上同。"可见李渔所说"争斗有声之谓'闹'"，那是解错了，倒是"閙"字有时可训"争斗有声"；而"闹"字在北宋时，以"不静"为通用义，同时还保存"盛（繁）"之意，所谓"猥也，扰也。"正因为这样，它才能"绘声""绘色"地活现出杏花盛开、春色动人的意境。

由此可见，"超脱常律"的新形式，也还是适应题旨情境的结果。请注意，《发凡》所说的"情境"，涵义甚广，可以统括古人说的"物境""情境""意境"③三者，王国维说的"境界"，实际上就是"意境"；而且还要注意《发凡》立论独特之

① 王国维《人间词话》。
② 钱钟书《旧文四篇》，上海古籍出版社1979年版，第36、51页。
③ 旧题王昌龄撰《王少伯诗格》，《格致丛书》卷百五十九。

处,是不单提"情境",总是"题旨情境"并提的。

其次,我们要讨论关于"情境"与"题旨"的关系问题。

语辞本身没有什么魅力在,魅力由于适应题旨情境而产生。"题旨情境"是二而一、一而二的观念。它可以有所侧重,如说"消极手法侧重应合题旨,积极手法侧重应合情境",但同时必须有所兼顾:提"情境"要兼及"题旨",提"题旨"要兼及"情境"。可是,人们往往单提"情境"或"语境",而不兼及"题旨"。如高名凯先生就曾如此说过:

> 语言艺术家的一个"创作"的秘诀就在于利用具体的主客观的环境和言语上下文的环境来使语言成分产生特殊的语义上的变化。例如毛主席的《长征》里的"五岭逶迤腾细浪","细浪"不但具有全民共同语的语言成分所具有的"细小的波浪"的意思,同时也具有一个新的意义"远处看来细小起伏的山坡";这意义是一种创新,是一种艺术创造的产物。①

"具体的主客观的环境和言语上下文的环境",这叫"语境",与"情境"大体相近。高名凯先生以为,语义的创新,取决于"语境",这个观点很好,不过还不够全面,因为正如《发凡》所说:

> 这种随情应境的手法,有时粗看,或许觉得同题旨并无十分关系,按实正是灌输题旨的必需手段。②

据此可知,语义的创新,语辞的妙用,均依据于题旨,取决于情境。

如此,我们的解释自与高名凯先生有别:的确,"五岭逶迤腾细浪"句中"细浪"一词,正适切地形容"五岭"的峰峦起伏、蜿蜒绵长的情状。可是,仅仅这样解释还是不够的,世界上决无纯粹写景的杰作。要进一步,就不能不求助于题旨。《长征》的题旨,体现在开头两句:"红军不怕远征难,万水千山只等闲。""只等闲"三字正表明红军对于"万水千山"的态度。"五岭"仅仅是"千山"之一,当

---

① 高名凯《语言论》,科学出版社 1963 年版,第 219—220 页。
② 陈望道《修辞学发凡》,第 10 页。

然不在话下。"五岭逶迤腾细浪",是说:在红军看来,横亘赣、湘、粤、桂等省的"五岭",峰峦起伏,连绵不断,宛如腾跃而去的细小波浪。因此,这诗句中,一用"细浪"一词,就把红军顶天立地的英雄形象,一日千里、一往无前的进军步伐衬托出来。咏山,是咏人。

最后,我们要讨论一下:关于能动地适应题旨情境的问题。

所谓"适应题旨情境",是指能动地适应题旨情境。这是语言技巧的关键所在,也是语辞呈现魅力的关键所在。《发凡》指出:

> 技巧是临时的、贵在随机应变,应用什么方式应付当前的题旨和情境,大抵没有定规可以遵守,也不应受什么条规的约束。①

语言技巧,说到底,是一种反映生活的能力。生活瞬息万变,表现生活的语言技巧便要"随机应变"。

我们知道,"应付当前的题旨和情境",如果需要用反复之类"方式",那就用反复之类"方式",这叫"随机应变";如果需要用"超脱常律"的特殊"方式",那就用"超脱常律"的特殊"方式",这也叫"随机应变"。

语辞唯求"随机应变",用得其所,才能呈现魅力;反之,就会走向美的反面。正如《淮南子·说林训》说的:"靥辅在颊则好,在额则丑。"

在此我们要研究一下"正反虚实"之类表达"方式"与能动地适应题旨情境的关系。

的确,陈望道先生反对过那种"在意思底结撰上以'起伏照应''擒纵伸缩'等等形式为最后判决的准据"的"技巧主义"②,反对过那种"想把什么结体增义或什么正反虚实、详简单复、缓急轻重、平直曲折、整齐错综,来支配辞格"的"不切实际的玄谈"③,因为这些"学说"违背了"随机应变"即能动地适应题旨情境的原则,而成了僵死不变的八股。但反对"技巧主义",不等于废除"技巧"。事实

---

① 陈望道《修辞学发凡》,第`1页。
② 《陈望道文集》,第2卷,第165页。
③ 陈望道《修辞学发凡》,第250页。

上,正是陈望道先生本人,在《作文法讲义》里论述了"长短""骈散""张弛""宾主""断续"之类句式,并指出,这类句式"是可以随宜而用的"。"随宜而用",就是"随机应变",能动地适应题旨情境。因此,如出于"应付当前的题旨和情境"的需要,像"正反虚实"之类表达"方式"也可以而且应该运用。

清代文学家魏禧说得好:

> 凡文之工者,美必兼两:每下一笔,其可见之妙在此,却又有不可见之妙在彼。①

照此看来,魅力实际上是一种"兼两"之美。正因为它在本性上是一种"兼两"之美,因而表现于现象上,便是一种"在动态中的美"。具有"兼两"之美的语辞,适于能动地表现思想感情的波澜,社会生活的矛盾。求之于事实,有《红楼梦》可证。《红楼梦》语言之所以有魅力,其中一个重要原因,即在所用的语辞具有"兼两"之美。这用戚蓼生《石头记·序》上的说法,就是有"一声也两歌"之妙。再证之于理论,有王朝闻先生的论述,他在《矛盾的魅力》一文中说过:

> 矛盾存在于现实之中,现实无处没有矛盾。因此再现矛盾的艺术,是富于魅惑力的艺术。②

语辞的魅力,来自生活的辩证法。语辞呈现的动人彩虹,全由生活的阳光照射所致。这就是《发凡》一再强调的:"凡是切实的自然的修辞,必定是直接或间接的社会生活的表现,为达成生活需要所必要的手段。"从这个意义上,我们可以说,语辞与生活的关系,好比希腊神话里的英雄安泰与他母亲地神的关系:安泰往地上一靠,就获得力量,英勇无敌;语辞一旦形象生动地表现了生活的真实,便会有着动人的魅力。反之,如果离开社会生活,离开特定的题旨情境,仅仅在语辞上寻求什么"美"或"魅力",那就像《百喻经》所说的那个傻财主,只要盖第三层最高楼,而下令拆除这下面两层!

---

① 魏禧《魏叔子文集·目录》卷二《杂说》。
② 王朝闻《新艺术创作论》,人民文学出版社 1963 年版,第 59 页。

现在,我们再看一看文章开头所引秦牧先生的话。他提出:怎样使"艺术语言上处处充满魅力"?[①]这是一个十分值得研究的问题。我们依据《发凡》里的有关论述,对这个语言学中的美学课题,作了初步的探索。但自然,错误在所难免,不过,在探索中我们也逐步明白了:

魅力是一种"兼两"之美,一种"在动态中的美",它是变化万千的社会生活的美的升华。

语辞魅力的活泉源,在社会生活的辩证法;而作为它的客观标准,则是鉴赏者的审美感受,首先是要唤起鉴赏者心中的"具体的影像"。

由此而确定语辞魅力的标尺:在于语辞同那"内容方面的体验性具体性相结合"的密切程度;

由此而决定语辞魅力的美学规律:"以适应题旨情境为第一义",以表现社会生活为旨归。

为呈现语辞魅力,要善于动用"本土语言的美的资源。"

辞格的运用,辞趣的表现,或"超脱常律"的形式的创造,"正反虚实"之类表达方式的采取,凡此种种,均因能动地适应题旨情境而呈现魅力。

以"应付当前的题旨和情境"为轴心,出现形形色色的适应,或借以展现矛盾,或借以描绘形象,或借以表现意境,或借以抒发诗情,如此等等,都化作"多样的统一"的语言形式美,向人们显示出魅力来。

一句话,用功利的观点来分析语辞魅力产生的原因,用辩证的观点来看待呈现语辞魅力的法则方式,这便是《发凡》给予我们的宝贵启示之一。如果今后能出现"语言美学",那么,这新学科的基石,大概已由《发凡》奠定吧!

原载《〈修辞学发凡〉与中国修辞学》,复旦大学出版社 1983 年版

---

① 秦牧《艺海拾贝》,上海文艺出版社 1978 年版,第 192 页。

我国古代的比喻理论

李金苓

比喻是我国人民喜闻乐见、运用广泛的修辞手法。书面记载中最早的比喻现象，可见于殷代的《盘庚》三篇。如上篇的"若网在纲，有条而不紊。若农服田力穑，乃亦有秋"等等。后来《诗经》中的比喻就更多更成熟了。这一修辞手法的生命力很强，至今仍在不断丰富发展。

理论来源于实践。随着比喻现象的大量产生，便有人从理论上进行总结。对于这一手法的特点、规律和运用原则等，历代均有探讨。回顾一下比喻理论发展的简史，将不无裨益。

一

我国关于比喻的理论，最早见于春秋战国时期。

孔子在论及"仁"时，曾说过"能近取譬"①的话。朱熹注："譬，喻也。……近取诸身以己所欲譬之他人，知其所欲亦犹是也"。这可说是最早关涉到比喻的言论了。再追溯起来，我国第一部诗歌选集中已出现了"取譬不远，昊天不忒"②

---

① 《论语·雍也》。
② 《诗经·大雅·抑》。

的诗句,可见那时人们已经重视"取譬"了。

战国时期,争辩、游说之风盛行。"一人之辩,重于九鼎之宝;三寸之舌,强于百万之师。"①先秦诸子为了游说君王,宣传自己的学说,驳斥异己的论点,大多重视谈说、论辩的言语艺术。而比喻则是论辩中最常用的手法之一。墨子、庄子、孟子、荀子、韩非子等辩才卓越,都是善于运用比喻的能手。最早给比喻下定义的要算是《墨子》。墨派在总结论辩的方法时,提出:"辟也者,举也物而以明之也。"②辟即譬,王引之云:"也与他同。"这就是说:比喻是用他一事物来说明这一事物的方法。墨子常以人们熟知的事物或以寓言作譬。例如:"吾言足用矣。舍吾言革思者,是犹舍获而捃粟也。以其言非吾言者,是犹以卵投石也。尽天下之卵,其石犹是也,不可毁也。"③这里以谷穗、石头、蛋为譬来说明自己学说的坚不可摧。此外,墨子还反对不恰当的比喻。如对子夏之徒的"狗狶犹有斗,恶有士而无斗矣"的比喻,他曾批评说:"伤矣哉! 言则称于汤文,行则譬于狗狶,伤矣哉!"④他认为用猪狗的争斗来比喻武士的争斗是不妥的。

荀子也极为善辩,对其他学派进行过批驳。他在谈到论辩的言语艺术时也提到比喻之法:"谈说之术,矜庄以莅之,端诚以处之,坚强以持之,分别以喻之,譬称以明之……"⑤即强调比喻是谈说中不可缺少的一种方法,谈说时要用比喻来说明道理。可见他的观点与墨子相同。但由于他的儒家思想及以礼义为中心的美学思想,所以他主张比喻要合于礼义。"辩说譬喻……而不顺礼义,谓之奸说。"⑥这已经不单指比喻的技巧,而涉及比喻的思想内容了。此外,荀子在《法行》篇中谈到,孔子以玉的各种不同特征来比喻各种不同的品质。在《宥坐》

---

① 《文心雕龙·论说》。
② 《墨子·小取》。
③ 《墨子·贵义》。
④ 《墨子·耕柱》。
⑤ 《荀子·非相》。
⑥ 《荀子·非十二子》。

篇中谈到,孔子通过描绘水的各种不同形态来作各种不同的比喻。这都涉及如何用譬的问题。不过荀子还没有在理论上明确提出取譬的方法。

名家的代表惠施更是一位辩才犀利、善用比喻的论辩家。汉刘向《说苑》中所记载的梁王和惠施关于譬喻的一场对话,已是众所熟知的了。惠施所说的"夫说者,固以其所知喻其所不知,而使人知之",则进一步补充了墨子、荀子的看法。他认为比喻手法是说者用自己所知道的事物作比,来说明对方所不知的事物。比喻的作用是为了使对方明白,易于理解。譬如直说"弹之状若弹",而对方仍不能明白弹为何状;如以弓为喻,说"弹之状如弓,而以竹为弦",则对方就会明白了。可见比喻的重要。因此惠施的结论是:"今王曰无譬,则不可矣!"

综上所述,先秦时期,由于"百家争鸣"局面的形成,论辩、游说风气的兴起,社会上普遍重视口语的"谈说之术",从而也很重视比喻的技巧。孔子、墨子等人有关比喻的理论,虽然只是片言只语,但远在公元前五、六世纪,我国便有了这方面的见解,确是很宝贵的。与西方相比,在时间上早于希腊的亚里士多德。与著名哲学家恩配独克莱斯(Empedocles)——当时被称为"熟于用譬喻的语法家"——相距不远。所以先秦诸子对修辞理论的贡献是不可抹煞的。

先秦诸子所论及的还只限于论说中的比喻手法。到了汉代,则进一步谈到了诗歌中的比喻手法。如《毛诗序》指出:"故诗有六义焉:一曰风,二曰赋,三曰比,四曰兴,五曰雅,六曰颂。"其中的"比"就是比喻,汉郑玄《周礼》大师条注:"比者,比方与物也。"《礼记·学记》则进一步指出比喻对诗法的重要性,所谓"不学博依,不能安诗"。郑玄注:"博依,广譬喻也。"就是说,不学习用譬,就不能写成好诗。因为诗中多不直言,常用比喻来微婉达情。尤其是春秋时期行人使者,在外交场合,必须会将《诗经》中的诗句,用来作比,以表明自己的观点、态度。由此可见,学会广博譬喻是何等重要!

《淮南子》一书也曾指出比喻的重要,不过并不限于诗歌的范围。如"缪称者……假象取耦,以相譬喻,断短为节,以应小具,所以曲说攻论,应感而不匮者也"；"说山说林者……假譬取象，异类殊形，以领理人之意"①。这是认为论说中需要比喻。"凡属书者……言始终而不明天地四时，则不知所避讳；言天地四时而不引譬援类，则不知精微……从大略而不知譬喻，则无以推明事"②。这是认为属书者也需要用譬喻。《淮南子》一书中就用了不少比喻。

东汉哲学家王符《潜夫论·释难》中谈到比喻手法产生的原因："夫譬喻也者，生于直告之不明，故假物之然否以彰之。"这与惠施所说，如直告"弹之状如弹"而人仍不能明白，必须借别一物来打比方才能说明的观点一样。只不过王符明确提出，譬喻"生于直告之不明"。可见这一时期，人们已经认识到譬喻是一种曲说的表达手法。

至于怎样用譬的问题，董仲舒、王充、王逸均从不同的角度有所论及。西汉董仲舒曾指出山水的各种不同形状可以用来作为各种不同的比喻。如："水则源泉混混沄沄，昼夜不竭，既似力者；盈科后行，既似持平者；循微赴下，不遗小间，既似察者；循溪谷不迷或奏万里而必至，既似知者；……"并点明"是以君子取譬也"③。还说明董仲舒比荀子更有意识地注意到如何用譬的问题。东汉王充则主张运用比喻，要因事设比，符合客观事物的实际，否则就不能说明道理。所以他提出了"夫比不应事，未可谓喻也；文不称实，未可谓是也"的观点④。王逸在《楚辞章句·离骚经序》中，对《离骚》如何用譬作了归纳："《离骚》之文，依《诗》取兴，引类譬喻，故善鸟香草以配忠贞，恶禽臭物以比谗佞，灵修美人以媲于君，宓妃佚女以譬贤臣，虬龙鸾凤以托君子，飘风云霓以为小人。"这里用实例说明喻体和本体的关系：两者均不同类，但它们之间在善恶方面各有类似点，以善喻善，以恶喻恶。如以大众视为"善"的象征的"善鸟香草"等比喻"忠贞、贤臣"，而以"丑"的象征的"恶禽臭物"等比喻"谗佞、小人"。

总之，汉代对于比喻手法的论述，较先秦具体深入。如论及比喻的范围，由

---

①② 《淮南子·要略》。
③ 《春秋繁露·山川颂》。
④ 《论衡·物势》。

论说而扩及诗歌,由口语而扩及书面语。对怎样用譬的问题则有意识地从各种不同角度阐述。同时,也谈到比喻的重要及产生原因等。

二

梁朝刘勰的《文心雕龙》对比喻手法有较全面、精辟的论述,主要论及以下几个方面:

(一) 什么是比喻

刘勰在《比兴篇》中简洁扼要地回答了这个问题。"故比者附也。……附理者,切类以指事。""且何谓为'比'? 盖写物以附意,飏言以切事者也。"他认为所谓比喻就是运用事物打比方,来明白而确切地说明事理的一种表现手法。

刘勰还看到:用作比喻的事物是繁纷多样的,或用声音作喻,或用形貌作喻,或用心思作喻,或用事物作喻等。即"或喻于声,或方于貌,或拟于心,或譬于事"。他并分别举出宋玉《高唐赋》的"纤条悲鸣,声似竽籁",枚乘《菟园赋》的"焱焱纷纷,若尘埃之间白云",王褒《洞箫赋》的"优柔温润,如慈父之畜子也",及马融《长笛赋》的"繁缛络绎,范蔡之说也"等例说明这一观点。

(二) 比喻的分类

刘勰最早为比喻手法分类。他从被比事物的抽象或具体的角度,把比喻分为两类:

第一类是比义,即以具体的事物来比抽象的义理。例如用常见的金锡来比喻美德等。刘勰说:"故金锡以喻明德,珪璋以譬秀民,螟蛉以类教诲,蜩螗以写号呼,浣衣以拟心忧,席卷以方志固:凡斯切象,皆比义也。"

第二类是比类,即以具体事物来比具体的形貌。如用常见的"雪"来比麻衣的洁白。"至如'麻衣如雪','两骖如舞',若斯之类,皆比类者也。"[1]

---

① 《文心雕龙·比兴》。

但从比喻的内部结构来看,刘勰所举的实例中,有相当于现代所说的"明喻""隐喻""博喻"的,也有相当于现代所说"借喻"的。如《辨骚》中说:"虬龙以喻君子,云蜺以譬谗邪,比兴之义也"。这是指《九章·涉江》"驾青虬兮骖白螭",《离骚》"飘风屯其相离兮,帅云蜺而来御"而言。这里的"虬龙""云蜺"就是用喻体直接代本体而出现的借喻。只不过刘勰并没有这样的分类而已。

(三) 怎样用好比喻

(1)"物虽胡越,合则肝胆"①。这是刘勰的一个很精辟的观点。他认为比喻要用得好,必须做到本体和喻体像北方和南方那样离得很远,即两者看起来是毫不相干的事物;同时又必须在比喻之后,突出它们像肝胆那样密切,即两者要有极相似的比喻点。如张翰《杂诗》:"青条如总翠。"青条是青青的枝条,总翠是很多翡翠毛。一是植物,一是鸟的羽毛。两者截然不同类,可谓远如胡越。但两者在色彩的"碧绿"上是很相类的。于是这一比喻用在适当场合就像"肝胆"一样亲切了。刘勰的这一观点具有朴素的辩证因素,对后世影响很大。清代吴曾祺说过:"刘彦和所谓物虽胡越,合则肝胆,可谓善言设喻之用也已。"②二十世纪二三十年代,唐钺的《修辞格》、陈望道的《修辞学发凡》等书都继承了这一观点。

(2)贵"切至"。刘勰指出"故比类虽繁,以切至为贵,若刻鹄类鹜,则无所取焉"③。他认为比喻贵在贴切、妥当。如果把天鹅比成鸭子,那就是不切,就是失败的比喻。何谓切至?黄侃在《文心雕龙·札记》中有过解释:"切至之说,第一不宜沿袭,第二不许蒙笼。"关于比喻切至的例,刘勰在《书记篇》中谈到:"刘廙谢恩,喻切以至。"刘廙把自己被赦罪比之为"遭乾坤之灵,值时来之运,扬汤止沸,使不焦烂。起烟于寒灰之上,生华于已枯之木",可谓贴切矣。

(3)贵"巧"。刘勰曾提出"喻巧而理至"④的观点。他以邹阳在狱中给梁孝王写信辩解为例表明,由于用了巧妙的比喻,而说理充分,结果转危为安。可见

---

① ③ 《文心雕龙·比兴》。

② 《涵芬楼文谈·设喻》。

④ 《文心雕龙·论说》。

比喻巧妙的重要。刘勰在《定势篇》中,谈到不同的文体适合不同的风格时,指出"连珠七辞,则从事于巧艳"。连珠这种文体的特点之一是运用各种比喻来说明道理,如王粲《仿连珠》、陆机《演连珠》等。刘勰认为这种文体适合于巧妙华艳的风格,也就包括运用比喻能巧、宜巧的含义在内。

(四)比喻手法的作用

刘勰看到比喻有"敷华""惊听"的修辞效果。他认为扬雄、班固、曹植、刘桢等作家,描写山川云物的诗赋,都是依靠运用比喻手法,而收到生动艳丽、耸动视听的效用的。因此说:"至于扬班之伦,曹刘以下,图状山川,影写云物,莫不〔纤〕综'比'义,以敷其华,惊听同视,资此效绩。"①

此外,刘勰还初步看到比喻手法与文体的关系。如"繁缛者,博喻酿采,炜烨枝派者也"②,即认为繁丰的文体与比喻众多、辞采丰富有关。如"相如之《难蜀父老》,文晓而喻博,有移檄之骨焉"③,即认为司马相如的《难蜀父老》,文辞晓畅,比喻广博,因而具有移、檄文体的特征。

除刘勰外,梁代钟嵘在《诗品·总论》中曾谈到比喻的问题。第一,着重从比喻的作用来说明:比喻是用事物来表明作者的思想观点的,即所谓"因物喻志,比也"。

第二,指出"若专用比兴,患在意深,意深则词踬。若但用赋体,患在意浮,意浮则文散,嬉成流移,文无止泊,有芜漫之累矣"。他认为专用比喻的缺点是"意深""词踬",专用赋体则有"意浮""文散"之弊。因为比喻是一种"因物喻志"的曲说手法,赋是"直书其事,寓言写物"的一种直说手法。这一观点虽有一定道理,但也不能绝对化。正如陈望道先生所说:"修辞以适应题旨情境为第一义"。如若题旨情境需要,也可专用比喻。古代也有全篇皆比的。如清代王夫之在《姜斋诗话》中指出:"《小雅·鹤鸣》之诗,全用'比'体,不道破一句,《三百

---

① 《文心雕龙·比兴》。
② 《文心雕龙·体性》。
③ 《文心雕龙·檄移》。

篇》中创调也。"

另外，晋代葛洪也指出要防止"譬烦"之病。

魏晋南北朝的比喻理论较先秦两汉更为全面具体。对比喻的定义和分类，比喻的运用、作用，比喻与文体的关系等问题的论述，均比前人深入一步。尤其是刘勰的《文心雕龙》一书对比喻作了专篇论述，并提出了不少精辟的见解。

三

先秦与魏晋的比喻理论，对后世也有影响。如唐皇甫湜在《答李生第二书》《答李生第三书》中，相继提出"凡喻必以非类，岂可以弹喻弹乎？"及"凡比必于其伦"的观点。这与惠施的反对以弹喻弹之说相一致。同时，也与刘勰的"物虽胡越，合则肝胆"之说一脉相承。

唐代的皎然也谈及比喻："取象曰比。"①皎然将比限于取象，则不免失之偏颇，因为比也有取义之类。前人刘勰的观点较为全面。宋代朱熹提出"比者，以彼物比此物也"②的观点，则更为简洁明确，至今仍沿用。

宋代对修辞理论最有贡献的是陈骙的《文则》。他很重视比喻，认为文章不可无喻。"《易》之有象，以尽其意；《诗》之有比，以达其情。文之作也，可无喻乎？"同时，他运用分析归纳的方法，将比喻手法分为十类，即直喻、隐喻、类喻、诘喻、对喻、博喻、简喻、详喻、引喻、虚喻。③陈骙的论述值得肯定的有三点：

第一，他最早以经传为对象，将其中比喻手法详尽地分析归纳为十类。每类均总结出规律，并举有例证。分类较细，观点、材料俱全。比刘勰的分类更深入一步。

① 《诗式·用事》。
② 《诗集传·周南·螽斯》注。
③ 《文则·丙一》。

第二,他所总结的这些修辞特点,多数是符合汉语实际的,至今仍是客观存在的规律,只不过有些名称和分类与今天不同而已。如他所说的"直喻""详喻""类喻"约相当于现代修辞学的"明喻"。他所说的"对喻"约相当于现代"明喻"中的略式。他所说的"简喻"则相当于现代的"隐喻"。他所说的"隐喻"则相当于现代的"借喻"。至于"诘喻""引喻"约相当于现代的"比喻兼反问""比喻兼引用"。而"博喻"一类,也是陈骙首先总结出来的,与现代的"博喻"相当。过去刘勰虽也有过"博喻"之称(如"韩非子富而博喻"),但含义与此不同。

第三,陈骙在比喻的分类上,初步注意到语言形式的特点,这是一个很大的进步。如他指出"直喻"的特点是"或言犹,或言若,或言如,或言似,灼然可见"。这就是从语言形式着眼的。在陈骙之前,刘勰的分类是从被比事物的不同着眼的。唐孔颖达的《毛诗正义》虽初步触及语言形式,指出"诸言'如'者,皆比辞也",但他只看到一个"如"字是比喻的特点。陈骙则更进一步,指出"如""犹""若""似"等为比喻中的"直喻"手法的特点。这一特点的总结至今仍是正确的,一直为后世所采用。如清代陈奂也接受陈骙的观点,说过:"曰'若'、曰'如'、曰'喻'、曰'犹',皆比也。"[1]吕佩芬也说:"他若曰如、曰犹、曰若、曰视、曰类、曰比、曰同,又其喻之显焉者也。"[2]现代陈望道的《修辞学发凡》则继承和发展了这一观点。

当然,陈骙的分类也有缺点,他没有坚持一个统一的分类标准。有时从语言形式分类,有时从意义分类,有的两者兼顾。多标准的结果必然导致分类有交叉,不够科学。甚至有的不应属于比喻,如"虚喻",陈骙也当作一类。陈望道曾指出其"方法不密,分析不精,往往见有一点细节不同,便把一样东西看成几样东西,又见到一件东西,往往就把其他没有重要关系的事项也拉拢来说"[3]。但是总的说来,陈骙对比喻分类探讨的历史贡献应该充分肯定。

---

① 《诗毛氏传疏·葛藟篇》。
② 《经言明喻编·例言十则》。
③ 陈望道《修辞学发凡》。

对比喻进行分类的，还有宋代的任广。他在《书叙指南》一书中，综合了许多诗人的例句，根据内容将譬喻分为正类与反类。正类有"速之譬""易之譬""安之譬"等。反类有"难之譬""误之譬""重之譬"等。每一譬下举有一种或数种例句，并注明作者。这种分类虽没有提出什么理论与规律，但从写作、材料的角度来看，则对后人颇有益处。

宋代的诗话、随笔中，也有谈到比喻手法中的小类，如借喻、博喻等。如宋惠洪《冷斋夜话》："魏菊庄曰：比物以意，而不指言一物，谓之象外句。如无可诗：'听雨寒更尽，开门落叶深。'是以落叶比雨声也。又云：'微阳下乔木，远烧入秋山。'是以微阳比远烧也。用事琢句，妙在言其用而不言其名。"这里所说的以落叶比雨声，以微阳比远烧，实即现代修辞学中的借喻手法。惠洪称为"象外句"，指出其特点为"以物比意，而不指言一物"，"言其用而不言其名"。再如洪迈《容斋随笔》："韩苏两公为文章，用譬喻处，重复连贯，至有七八转者。韩公《送石洪序》云：'论人高低，事后当成败，若河决下流东注，若驷马驾轻车就熟路，而王良、造文为之先后也，若烛照数计而龟卜也。'《威山诗》序云：……苏公《百步洪》诗云：'长洪斗落生跳波，轻舟南下如投梭。……飞电过隙珠翻荷'。之类是也。"这里谈的是博喻手法，韩愈的《送石洪序》连用三个比喻说明石洪的论辩才能。苏轼的《百步洪》连用七个比喻来形容轻舟南下之"快"。洪迈虽没有用"博喻"的名称，但指出了这种手法的特点。客观上是对陈骙所谓博喻的补充。

关于如何取譬的问题，有些诗话中也有论及。如宋魏庆之《诗人玉屑·托物》："诗之取况，日月比君后，龙比君位，雨露比德泽，雷霆比刑威，山河比邦国，阴阳比君臣，金玉比忠烈，松竹比节义，鸾凤比君子，燕雀比小人。"这一论述与东汉王逸相类，不过取况的范围指"诗"而言。与此相类的观点，在唐朝白居易《与元九书》及刘知幾的《史通》中也提到过。再如罗大经《鹤林玉露》中就诗家喻"愁"为题，谈及"诗家有以山喻愁者"，"有以水喻愁者"，也有以"烟草""风絮""梅子雨"等几种喻体共同喻愁之多者，如贺铸的《青玉案》。这里说明同一个本体"愁",可以分别用不同的喻体来打比方。前人如苟子、董仲舒所论取譬是着眼十喻体方面,而罗大经谈取譬则立足于本体。这就使取譬问题的探讨面扩大了。

唐宋时代比喻理论有以下特色:(1)陈骙《文则》一书是继刘勰《文心雕龙》之后的重要修辞学著作。该书对比喻作了详尽的分类,并对每类的客观规律作了探讨。(2)开始出现了大批诗话、词话、随笔等书,对比喻的论述较多。其特点是通过评论具体作品中比喻的优劣来阐述有关的比喻理论。

四

元、明、清时代,比喻研究也有所发展。主要表现在以下几方面:

第一,出现了汇编比喻现象的专书。如明代徐元太的《喻林》、清代吕佩芬的《经言明喻编》等。这是比喻研究发展和深入的一个标志。

《喻林》是最早撷取古书中比喻现象而编纂的专书。正如郭子章在《喻林序》中所说:"汇喻为林,自今少司马中丞徐公始。"[1]序中指出比喻手法运用广泛:"诗有八义其三曰比,言之贵喻上矣。故蒙庄寓言,籍外论之,韩非喻老,继以说林,下至白马青牛,谈天雕龙之徒,靡不托物以附意,飓言以切事。"[2]同时又指出比喻手法的重要:无论议道、议事,无论立言、知言,都离不开比喻。"故议道匪喻弗莹,议事匪喻弗听","故夫立言者必喻,而后其言至;知言者必喻,而后其理彻","岂能舍譬而悟理,损象而明道乎?"[3]因此作者在公余之暇,坚持收集例句,古书中"凡语涉比辞者,无论圣贤与流略之粕华,目所尝见必手录焉"[4]。所收书目众多,资料丰富,有经史子集及道经佛经等共四百余种。全书分十门,列类五百八十有奇,总汇一百二十卷。作者对比喻的观点相承于刘勰。

---

①②③　郭子章:《喻林序》。

④　《喻林自序》。

《经言明喻编》收集十三经中的比喻,总得喻词 7391 条,每条后均附有喻义。除资料丰富外,理论上也有贡献。

(1)比喻的范围更广。作者把文章立言之法归为两类:正言与喻言。"文章体格不一,而其法止有两端:正与喻而已。"①何谓正言?"正言之者,因事陈理,积经成文,读者可以循其文而通其意。""诏、诰、书、疏、策、论、序、说之类皆正言之也。"可见正言约相当于直说、明说的手法。何谓喻言?"假喻言之者辞藻丰富,寄托遥深,所言在此,意实在彼。人或卒然读之,几莫能得其指归。""骚七连珠皆假喻言之也。"②可见喻言约相当于委婉、曲说的手法。正言之外全是喻言,因此比喻范围过于广泛。

(2)看到喻词和所喻的错综关系有二:

(甲)喻词同而喻不同者。

一种是喻词同而喻义不同。如《尚书·商书》以"若火之燎于原,不可向迩,其犹可扑灭"为喻词,喻"浮言之不难遏绝也"。而《左传·隐公六年》《左传·庄公十四年》也以此为喻词,其所喻则为:"恶之易长而难灭也。"这是同一喻词而喻义不同的例。

一种是喻词、喻义同而所喻之事不同。如《诗经·小雅》:"战战兢兢,如临深渊,如履薄冰。"《左传》《论语》《孝经》都引用此喻,喻义均为恐惧之义,但所喻的本体有所不同。《左传·僖公二十二年》引用此喻,以"喻公无卑邾易而无备之意也"。《论语·泰伯》则"喻其保全身体之难也"。《孝经·诸侯章》则"喻诸侯不敢骄奢之意也"。这是同一喻体可比喻不同本体的例。

(乙)喻词不同而喻同者。如《易·随卦》的喻词"出门交"与《易·同人》的喻词"同人于门"③。两者词虽不同,但所喻相同,都是比喻"同人之心博而公"之意。

---

① ② 《经言明喻编总序》。
③ 《经言明喻编·例言十则》。

（3）比喻的类别。作者从喻体的角度，将比喻分为物喻、人喻、事喻三类。"有以物喻者，《易》之潜龙牝马、《诗》之关雎鹊巢是也。有以人喻者，《易·明夷》之文王、箕子，《书·无逸》之中宗、高宗、祖甲、文王是也。有以事喻者，《易》之眇能视、跛能履，《诗》之凡民有丧，匍匐救之，《礼》之妇人不饰不敢见舅姑是也。"①所见承于刘勰。

第二，一些论文、论诗的专书中，论及比喻手法的具体规律。如借喻手法，元代范德机曾为借喻下定义："借喻，借本题说他事。如咏妇人者，必借花为喻；咏花者，必借妇人为比。"②陈绎曾也谈到这一手法，只不过他不称"借喻"而称为"隐语"。他举了很多实例："《论语》：'割鸡焉用牛刀'，'有美玉于斯，善贾而沽'，'诸虎兕出于柙，龟玉毁于椟中'。《孟子》：'城门之轨，两马之力欤！'皆隐语也。《小雅·鹤鸣》《古乐府·藁砧》全篇隐语，庄列尤多。"③博喻手法，清吴曾祺有论述，观点与洪迈相近。

第三，关于怎样用好比喻的问题，金代王若虚、明代高崎、清代吴曾祺均有所论，归纳介绍如下：

（1）忌求新而不当。惠洪在《冷斋夜话》中曾提出三个观点：①用美女比化，尘俗不佳。②称赞黄庭坚用美男子比花，新奇"出类"。③其叔渊材用美女和美男子一齐比花，则更为新奇，"意尤佳也"。对此，王若虚批评说："花比妇人，尚矣。盖于其类为宜，不独在颜色之间。山谷易以男子，有以见其好异之僻；渊材又杂而用之，益不伦可笑。此固甚纰缪者，而惠洪乃节节叹赏，以为愈奇。不求当而求新，吾恐他日复有以白皙武夫比之矣，此花无乃太粗鄙乎！"④王若虚主张不应为求新而失当，是有道理的。比喻固忌陈旧、因袭，但也忌一味求新而导致不伦不类之弊。

---

① 《经言明喻编·例言十则》。
② 《木天禁语》。
③ 《文说》。
④ 《滹南诗话》卷下。

（2）忌"稠叠"。高崎指出："譬喻忌稠叠，每用当以正意隔之，又有逐段设譬喻者，今变其法，上下错综不拘。"①谢榛在《四溟诗话》中也谈到："比喻多而失于难解，嗟怨频而流于不平"。这当然也有一定道理，比喻太多，全用曲说手法表达，易流于隐晦难解。但最关键的问题还在于运用得当。如运用有当，则比喻多而连用反可收到更好的修辞效果。如上述苏东坡的《百步洪》即是一例。

（3）忌泛、滞、熟、俗。吴曾祺指出："尝谓设喻之失，凡有数端，一曰泛而不切，好取华辞，无关实义是也。二曰滞而不化，胶于实迹，反昧大意是也。三曰熟而不解，袭取旧闻，不得新义是也。四曰俗而不韵，杂用俚言，有伤大雅是也。明此四端，则于设喻之道思过半矣。"②此论颇有价值。郭绍虞先生对此作过进一步阐述，认为譬喻之妙在能化、能新、能切、能韵。"化就不落滞相"，"新就不出沿袭"，"切则不会蒙笼"，"有韵即不会俗"③。

从以上几千年来比喻理论的发展，可得出以下认识：

（一）我国古代比喻理论在丰富的比喻现象的基础上产生。它随着社会文化的发展而发展。它来源于实践而又指导实践。如先秦时，为了辩说、论战的需要，比喻理论应运而生。墨子、荀子、惠施等相继在这方面作了总结。他们的理论对提高谈说术的效果起了很好的作用。魏晋时期，人们重视比喻。刘勰对此进一步研究，对后世影响很大。以后的诗话、词话、随笔等的理论，则直接对作诗、词、文均有指导意义。

（二）比喻理论的发展由简而繁，由浅而深，逐步深入，较有系统。从整体看，一开始集中在什么是比喻及其重要性的理论上，以后逐步探讨比喻的运用、分类、作用、与文体的关系等具体规律。从个别理论看，如比喻的运用问题，自孔子的"能近取譬"，到刘勰的"物虽胡越，合则肝胆"，再到吴曾祺"明此四端"的

---

① 《文章一贯》。
② 《涵芬楼文谈·设喻》。
③ 《譬喻与修辞》。

理论,逐步具体深入。从系统性看,先秦时所论零碎而无系统。魏晋后较为全面,并出现专篇研究。如《文心雕龙·比兴》《文则》的"丙一"、《涵芬楼文谈·设喻》等。明代则有了汇编比喻的专书。从论述的范围看,古代所述比喻的范围较广,有的包括象征、比拟等手法在内。从论述的作者看,有哲学家、思想家,有文学家、诗人,有史学家等,各自或从论说、逻辑的角度,或从诗文的角度,或从史学的角度等不同方面进行探索,这就使比喻理论的研究更为丰富、细致。这些,对现代比喻理论的发展都有重大影响。

(三)从社会的要求看,古代比喻理论还跟不上文化发展的需要。和大量的丰富多彩的比喻现象相比,理论还显得薄弱,不够系统、全面。这就要求我们迅速整理、研究前人的文化遗产,并在此基础上,把比喻理论的探讨推向应有的深度。

原载《修辞学研究》第 2 辑,安徽教育出版社 1983 年版

荀子的修辞观

严 修 金大焕

战国后期的荀子,是中国古代杰出的唯物主义思想家。他对语言问题也有许多真知灼见。本文仅就他的修辞观作一点探讨。

战国时代是诸侯兼并、百家争鸣的时代。处士横议,唇枪舌战,政论家们的论辩方法、文章技巧已相当成熟,语言表达艺术受到人们普遍重视。因而战国时期成了中国古代修辞学光辉的日出时期。

这个时期的荀子,对修辞学发表过许多深刻的见解,其中最为重要的有三点:重视内容,讲究文饰,分辨对象。

一、重 视 内 容

荀子是正统的儒家代表人物,具有鲜明的文质并重和文道合一的文学观、修辞观,十分重视所表达的内容,强调"君子之言……正其名,当其辞,以务白其志义者也。"(《正名》)认为文章的内容必须合乎礼义,合乎仁,合乎法,合乎道,要以圣人及其经典为准则。荀子的这种意见,是后世文章必须明道、徵圣、宗经观点的先河,也是后世文以载道思想的先驱。

荀子认为,内容正确的言辞辩说具有巨大的社会效应,"言必当理"(《儒效》),"说行而天下正"(《正名》)。反之,如果言辞辩说不法先王、不法礼义,就是"奸言"

"奸说"。"凡言不合先王,不顺礼义,谓之奸言,虽辩,君子不听。"(《非相》)"辩说譬喻,齐给便利(齐:疾也。给:急也。便利:敏捷),而不顺礼义,谓之奸说。"(《非十二子》)荀子还批评惠施、邓析的学说为"不法先王,不是礼义,而好治怪说,玩琦辞,甚察而不惠,辩而无用。"(《非十二子》)荀子甚至辛辣地要求那些"言而非仁"的小人闭起嘴巴,不要胡说八道。"小人辩言险,而君子辩言仁也。言而非仁之中也,则其言不若其默也,其辩不若其呐(呐:通讷)也。"(《非相》)

荀子认为,凡是议论,必先"立隆正",所谓"立隆正",就是树立崇高而正确的标准,有了这个标准才能明辨是非。"凡议,必将立隆正,然后可也,无隆正则是非不分,而辩讼不决。"(《正论》)荀子心中的崇高而正确的标准,就是儒家的礼、义、仁、法、先王、圣人、经典等等,概括起来,也就是"道"。"辩说也者,心之象道也。心也者,道之工宰(工宰:主宰)也。道也者,治之经理(经理:常法)也。心合于道,说合于心,辞合于说,正名而期(期:当,适合),质请(质:本,根据。请:通情,事物的真实情况)而喻,辨异而不过(不过:没有错误),推类而不悖,听则合文(合文:合乎礼义),辩则尽故(尽故:穷尽缘由)。以正道而辨奸,犹引绳以持曲直,是故邪说不能乱,百家无所窜(窜:隐藏)。"(《正名》)

荀子还猛烈抨击那些言行不一的人,认为"察辩而操僻""是天下之所弃也"。(《非十二子》)荀子还批评那些没有正确思想却又伶牙俐齿、能说会道的人,认为这些人是"治之大殃"。"假(假:当)今之世,饰邪说,文奸言,以枭乱天下,谲宇(谲宇:诡诈无常)嵬琐(嵬琐:邪僻委琐),使天下混然不知是非治乱之所存者有人矣。"(《非十二子》)"言无用而辩,辩不惠而察,治之大殃也。"(《非十二子》)荀子的这一观点是与孔子的思想一脉相承的,孔子曾说:"巧言乱德",(《论语·卫灵公》)"巧言令色,鲜矣仁。"(《论语·学而》)

二、讲 究 文 饰

荀子从美学的高度,认为美的事物,是美或善的内容与其相应的外在形式的统一,他说:"诚美其德也,故为之雕琢刻镂、黼黻文章以藩饰之,以养其德也。"(《富国》)又说:"性者本始材朴也,伪者文理隆盛也。""无伪则性不能自美。"(《礼论》)这里的所谓"伪",不是通常欺诈、假装的意思,而是人为的意思。《广雅·释诂》:"伪,为也。"《荀子·性恶》:"可学而能、可事而成之在人者,谓之伪。"荀子批评"鄙夫""腐儒",说他们"好其实而不恤(恤:顾也)其文,是以终身不免坤(通"卑")污佣(通"庸")俗。"(《非相》)荀子讲究文饰的观点,是典型的儒家"文质并重"的观点。孔子说过:"情欲信,辞欲巧。"(《礼记·表记》)孔子又说:"志有之:'言以足志,文以足言。'不言,谁知其志?言之无文,行之不远。"(《左传·襄公二十五年》)

荀子还十分重视言谈的方法和技巧,他说:"谈说之术:矜庄以莅之,端诚以处之,坚强以持之,譬称以喻之,分别以明之,欣欢芬芗以送之,宝之、珍之、贵之、神之,如是则说常无不受。虽不说(通"悦")人,人莫不贵。"(《非相》)荀子在这里对谈说之术的分析,既全面又透彻,非常精彩。如果掌握了这种谈说之术,就可以取得征服对方的效果,即使对方不"心悦",但也不得不"诚服""常无不受""人莫不贵",这就是"诚服"的表现。写到这里,就想到最近发生的一件事:

1998年5月6日至7日,在北京外国语大学举行第二届"外研杯"全国高校大学生英语辩论赛,参赛的有8所著名大学:清华大学、北京大学、北京师范大学、西安交通大学、中山大学、吉林大学、大连外国语大学、复旦大学。由复旦外文系李峻、吴蔚两位女同学组成的复旦代表队,预赛战胜清华大学队,半决赛战胜北京大学队,决赛战胜西安交大队,连战皆捷,荣获冠军。归来后,复旦代表队的教练兼领队何刚强教授,在《复旦》校刊上发表一篇文章,题为《京城英语舌战,展现复旦风采》,其中有一段说:"辩论队成员当然更难忘外文系系主任陆谷孙教授自始至终的关心、帮助、指导与鼓励。别的不说,就在4月30日,他几乎花了一天时间为辩论队的八篇备用稿作最后修改和润色,从而保证了辩手们英语表达上的生动、精确、有力。当天下午5点多钟,陆谷孙教授还特意回到系计算机房,给我们送上一张书写得非常漂亮的小纸条,在辩论队出征前再次寄予殷切的嘱咐,可谓意味深长:'谈说之术,矜庄以莅之,端诚以处之,坚强以持之,譬称以喻之,分别以明之,欣欢芬芗以送之。——荀子《非相》'复旦辩论队在每次临阵之前都要重温一下陆老师的这段赠言,它成了我们在北京期间的座右铭。"想不到荀子的修辞学说竟然为复旦大学代表队在辩论赛中夺魁,作出了如此重要的贡献,真是妙不可言!

拿荀子与老子、庄子相比,在对待语言、对待言辞修饰的问题上,荀子的态度是积极的,而老子、庄子的态度是消极的。老子、庄子认为言辞的文饰是多余之举,甚至怀疑言语存在的必要性。老子在《道德经》中说:"道之出口,淡其乎无味。"(35章)"不言之教,无为之益,天下希及之。"(43章)"大巧若拙,大辩若讷。"(45章)"知者不言,言者不知。"(56章)"信言不美,美言不信。善者不辩,辩者不善。"(81章)庄子继承并发展了老子的观点,说:"言者所以在意,得意而忘言。"(《外物》)"语之所贵者,意也。意有所随。意之所随者,不可以言传也。"(《天道》)他还形象地以"斫轮"为例说:"斫轮,徐则甘(甘:宽也)而不固,疾则苦(苦:紧也)而不入。不徐不疾,得之于手,而应之于心,口不能言,有数存焉于其间。"(《天道》)老子、庄子在语言观、修辞观上与荀子的不同,反映了道家思想与儒家思想的差异。

拿荀子与韩非比较,荀子主张文质并重,而韩非却主张尚质重用、尚用轻文。韩非虽然是荀子的学生,但其思想却属于法家范畴。法家主张耕战,强调实用功利,否定文采藻饰,把"饰"与"质"对立起来。韩非曾说:"礼为情貌者也,文为质饰者也。夫君子取情而去貌,好质而恶饰。……夫物之待饰而后行者,其质不美也。"(《解老》)"好辩说而不求其用,滥于文丽而不求其功者,可亡也。"(《亡徵》)"今世之谈也,皆道辩说文辞之言,人主览其文而忘其用……怀其文忘其直,以文害用也。"(《外储说左上》)韩非还向人主发出警告说:"夫不谋治强之功,而艳乎辩说文丽之声"则"国乱而主危"(《外储说左上》)。韩非尚用轻文的观点是片面的,不过用历史的眼光看,他反对"儒以文乱法"(《五蠹》),强调"须饰而论质者,其质衰也"(《解老》),这对当时批判、抵制儒家的繁文缛礼,对后世反对唯美主义、形式主义的文风来说,也还有一定的积极意义。

三、分 辨 对 象

荀子另一个重要的修辞观点,就是强调要分辨交际对象,区别对待,有的放矢。他在《劝学》中说:"问楛(楛:恶也)者,勿告也;告楛者,勿问也;说楛者,勿听也;有争气者,勿与辩也。故必由其道至,然后接之,非其道则避之。故礼恭,而后可与言道之方;辞顺,而后可与言道之理;色从,而后可与言道之致(致:极,最高境界)。故未可与言而言谓之傲,可与言而不言谓之隐,不观气色而言谓之瞽。故君子不傲、不隐、不瞽,谨顺其身。"这是一段非常精彩的公关语言学的论说。对待不同的交谈者,要采用不同的态度、方法和内容,掌握不同的分寸和火候。对有些人,要"勿告""勿问""勿听";对有些人要"接之",对有些人要"避之";对那些"礼恭""辞顺""色从"的人,要因势利导,循循善诱;在交谈中还要把握"不傲""不隐""不瞽"的交际原则。

荀子在《非相》中又说:"凡说之难:以至高遇至卑,以至治接至乱。……曲得所谓焉,然而不折伤。故君子之度己则以绳,接人则用抴(抴:引导)。度己以绳,故足以为天下法则矣;接人用抴,故能宽容,因众以成天下大事矣。故君子贤而能容罢(罢:疲弱),知而能容愚,博而能容浅,粹而能容杂,夫是之谓兼术。"荀子强调对各种不同对象,要善于引导,要兼容并包,要"因众以成天下大事"。也就是说,为了共同的远大目标,要宽容,要广泛团结,这也就是荀子所说的"兼术"。

比荀子年长的庄子,也很强调分辨交际对象,他在《人间世》中讲过这样一个故事:"颜阖将傅卫灵公大子,而问于蘧伯玉曰:'有人于此,其德天杀。与之为无方,则危吾国;与之为有方,则危吾身。……若然者,吾奈之何?'蘧伯玉曰:'善哉问乎!戒之慎之,正汝身也哉!形莫若就,心莫若和。虽然,之二者有患。就不欲入,和不欲出。形就而入,且为颠为灭,为崩为蹶。心和而出,且为声为名,为妖为孽。彼且为婴儿,亦与之为婴儿;彼且为无町畦;彼且为无崖,亦与之为无崖。达之入于无疵。'"

庄子讲述的是一种高超的交际艺术!颜阖将要去做卫灵公的太子的老师,而这个太子骄横凶残,与之相处十分危险,他就去求教蘧伯玉。蘧伯玉告诉颜阖一个妙方:根据太子的特点去培养教育他。首先,作为师傅,本身必须"正"。其次,"形莫若就,心莫若和",就像《人间世》下文所说的"养虎者","虎之与人异类而媚养己者,顺也;故其杀者,逆也。"第三,即使形就心和,也还是很危险的,必须小心谨慎,把握分寸,"就不欲入,和不欲出"(亲近不能太过度,诱导不要太显露),过了头,也会招致灾祸。第四,在交际的方式上可以灵活多样,不拘一格,"为婴儿""为无町畦""为无崖",均无不可,但总的目的是为了教育改造对方,"达之入于无疵"(使他达到无过失的正道)。庄子是道家,荀子是儒家,是两个不同学派的代表人物,他们在语言观、修辞观上有不少分歧,但在重视分辨不同交际对象并积极加以引导这一点上,又殊途同归,具有共识。

关于分辨对象,荀子还有一个看法,就是一切从实际出发,从交谈的对象出发,有话则长,无话则短。"言而当,知也;默而当,亦知也。故知默犹知言也。故多言而类(类:《方言》六:"齐谓汰为类。"),圣人也;少言而法,君子也;多言无法而流湎然,虽辩,小人也。"只要内容好,言辞的长短是随意的,有时沉默不语也是明智的,可以是圣人,也可以是君子。最不好的是"多言无法",没有正确的思想内容,却夸夸其谈,即使能言善辩,口若悬河,也不过是个"小人"而已。

两千三百年前的荀子,在修辞方面发表过许多精辟见解,重视内容、讲究文饰、分辨对象,是他修辞观的核心部分。他的修辞思想,比较集中地反映在《劝学》《非相》《非十二子》《富国》《正论》《正名》诸篇中。他的修辞观,不仅对后世的修辞学发展有积极的影响,而且对后世的文学批评和美学思想也有启发作用。

启林有声

参考文献

章诗同:《荀子简注》,上海人民出版社 1974 年版。

杨柳桥:《荀子诂译》,齐鲁书社 1985 年版。

杨伯峻:《论语译注》,中华书局 1980 年版。

任继愈:《老子新译》,上海古籍出版社 1985 年版。

郭庆藩:《庄子集释》,中华书局 1961 年版。

陈奇猷:《韩非子集释》,上海人民出版社 1974 年版。

杨伯峻:《春秋左传注》,中华书局 1981 年版。

钱玄等:《礼记今注今译》,岳麓书社 1994 年版。

郭绍虞:《中国文学批评史》,中华书局 1962 年版。

敏泽:《中国美学思想史》,齐鲁书社 1987 年版。

袁晖、宗廷虎主编:《汉语修辞学史》,安徽教育出版社 1990 年版。

《复旦》(复旦大学校刊),1998 年 5 月 15 日。

原载《修辞学习》2000 年第 2 期

修辞学与心理学

宗廷虎

修辞学是介于多种学科之间的一门边缘性科学。它与许多邻近学科的关系密切,其中就包括心理学。心理学的原理和研究成果,对修辞学的发展至关重要。

为什么这样说呢？修辞学既然是研究语言运用规律的学科,它就要研究运用什么样的手法表达思想,才能打动对方的心,取得最佳的效果。而在修辞时,也都受到各种心理因素的支配。可见,修辞活动和人的心理活动是息息相关的。

但是若干年以来,一些修辞学著作在分析某些修辞手法时,虽然也或多或少地联系一些心理学原理,可是总嫌零碎了些;有的甚至对心理学的发展还不甚了了。从整体上看,系统地吸取心理学研究成果不够。本文拟就修辞学和心理学的关系方面介绍一些情况并略作粗浅的探索,志在抛砖引玉。

一、心理学始终在研究言语活动

多年以来,除了修辞学之外,还有一门学科参加了研究言语活动的行列,这就是探索人的心理的学科——心理学。心理学所说的"言语"概念与语言学所说的概念相同,即指"每一个人在实际生活中对语言的具体运用"①。修辞学也

---

① 伍棠棣等主编《心理学》,人民教育出版社 1980 年版,第 88 页。

研究语言的运用,只是角度不同罢了。

心理学认为,言语现象是心理现象的一种表现。心理学对言语现象的研究,是从心理学的角度出发的,至少有以下几点值得修辞研究者注目。

(一)揭示了言语和思维的关系

心理学著作指出,言语和思维的关系十分密切,言语不仅是人类交际的手段,同时也是人类思维的工具。这表现在:

首先,言语的存在离不开思维。人们运用语言来写说,目的在于表达自己的思想,即表述种种意见和看法,而要表达得精确、清晰、系统,就要事先对自己的言语进行严密的组织,使它层次分明,重点突出,内容完整。所有这一切都离不开思维的作用。另一方面,人们是通过听、读别人的言辞、文辞,来理解对方的思想,而理解就是思维的一种作用。斯大林说得好:"语言是直接与思维联系的,它把人的思维活动的结果,认识活动的成果,用词及由词组成的句子记载下来,巩固起来,这样就使人类社会中思想交流成为可能了。"[1]因此可以说,没有思维,即没有言语。

其次,思维也离不开言语的作用。不论是思维活动的进行,还是思维结果的巩固、记载和表达,都离不开言语的作用。言语(包括口头言语和书面言语)足以激发起人的思维活动。人不但在别人的言辞刺激下进行思维,也可以在自我言辞的刺激下进行思维。有时我们可以看到一个人独自沉思时在自言自语。这种自言自语,就是一个人向自己表述认识,这种"内隐的言语"也同样可以刺激思维。

(二)说明了言语活动的生理基础

心理学著作告诉我们:"言语的交际活动乃是人的大脑两半球在语言的词的刺激作用下,所进行的一种极其复杂的信号活动。言语的交际乃是人们以某种通用的语言的词作为条件刺激物,来相互激发一系列的第二信号系统的条件

---

① 《马克思主义与语言学问题》。

反射,从而彼此交流思想或意见的过程。"①这是根据巴甫洛夫学说所作的解释。巴甫洛夫认为:言语是人脑第二信号系统所特有的机能。言语活动乃是一种大脑反射。"发展着的动物界在达到人类的阶段时,就获得了一个对于神经活动的机制的特殊附加物。"这就是作为人类特有的言语活动和思维活动的机制的第二信号系统,第二信号系统的条件刺激物就是"被说出来的,被听到的和被看见的词。"②这儿所说的"词",乃是音、形、义的整体,它是概念的物质外壳。它能激起第二信号系统的反应。第二信号系统是一般动物所不具有的。而一般动物只具有第一信号系统的功能。它们对语词的音也会有一定的反应,如鹦鹉学舌和猫狗对人们呼叫它们的名字时,有时会反映出一定的动作,这仍然是第一信号系统在活动。

心理学著作还把言语活动分为说写和听读两个方面。说写:"是言语的表达过程,称为表达性言语,它主要是通过言语运动分析器的活动实现的";听读"是言语的感受过程,称为印入性言语,它主要是通过言语听觉分析器和言语视觉分析器的活动实现的"③。

据心理学家的实验证明,多数人(习惯于用右手劳动为主的人)的言语运动分析器、言语听觉分析器和言语视觉分析器都位于大脑的左半球,它们共同组成大脑皮质的"言语区"。言语活动过程中的每一个因素,都以"言语区"的大脑皮层的不同部位或系统为其神经基础。人们说话时,信号从发音机构传到大脑皮质的"言语区",言语运动分析器在起作用,说话受大脑皮质的充分调节和控制。人们在听和阅读时,言语听觉分析器和视觉分析器又工作起来。它们以耳、眼为感受器。临床诊断证明,当大脑有关部分发生病变时,有的人会出现视觉失语症(文字盲),病人只能看到字形,不能理解字义;而有的人产生听觉失语症(文字聋),能听到言语的声音,不能理解意义。这是两个分析器失去调节作

---

① 杨清《心理学概论》,吉林人民出版社 1981 年版,第 382 页。
② 《巴甫洛夫全集》第 3 卷第 2 册,第 335 页。
③ 曹日昌主编《普通心理学》下册,人民教育出版社 1980 年版,第 7 页。

用所致。以上三个分析器是有密切联系的。这种联系在大脑的中枢部分形成，整个言语活动是这三个分析器共同作用的结果。

此外，心理学家从人的生理和心理的角度分析了言语的感知和理解。例如有些心理学家通过实验发现，人在感知言语时，往往是以短语结构为自然单位的。短语结构的作用还表现在记忆信息的贮存过程中。有的心理学著作还分析了言语的修养等。这些，都很值得重视。

心理学著作对言语活动的研究，当然不止这一些。但仅仅从以上粗略介绍中即可看出，其中不少方面对修辞学颇有启迪。

二、修辞学研究离不开心理学研究

修辞活动中所涉及的两方，说写者和听读者既然都是"人"，那么他们都必然会产生心理活动。说写者的修辞活动离不开思维，要受大脑"言语区"的指挥；听读者的大脑皮层也受到对方语词的刺激而引起种种反响。由此可见，修辞一时一刻也离不开人的心理。修辞学是研究运用修辞手法的规律的，心理学是研究心理活动的规律的。前者研究的规律不但不能违反后者的规律，还要力求完全适应后者的规律，这样才会有成功的修辞。因此，我们认为，修辞学研究离不开心理学研究。

心理学把心理过程分为认识、情绪和情感、意志等三个方面。这三个方面都与修辞密切相关。由于篇幅所限，本文只打算重点分析认识过程中的心理现象及其与修辞现象的关系。

认识过程由感知、记忆、想象、思维等组成。它们都是人为了弄清客观事物的性质和规律而产生的心理活动。修辞时应该考虑这些心理活动的特点，如何在符合这些特点的基础上，使修辞在人的心理上取得较好的效果。以下分别说述。

（一）感知和修辞

感知是感觉和知觉的总称。"感觉是客观事物直接作用于人的感觉器官，在人脑中所产生的对事物的个别属性的反映。""知觉是直接作用于感觉器官的客观事物的整体在人脑中的反映。"①两者的共同点:都是客观事物直接作用于感觉器官而在头脑中所产生的对当前事物的反映。不同点:前者是眼、耳、鼻、舌等感觉器官对客观事物个别属性的反映;后者是对事物各种不同属性、各个不同部分及其相互关系的综合反映。

许多作家和修辞学家都深深懂得这一点。例如陈望道在《美学概论》一书中指出:"依严密的心理学用语的习惯,都以感觉为经验之最简单的要素,以这最简单要素综合的结果为知觉;把感觉与知觉之间设有一个界限。"他还把感觉中的视觉和听觉称为"高等感觉"。不少作家善于调动读者的"高等感觉"。如:

①倚杖柴门外,临风听暮蝉。渡头落余日,墟里上孤烟。

（王维《辋川闲居赠裴秀才迪》）

王维既是诗人,又是画家,他善于运用语词描绘出各种图画。这首诗除了"听暮蝉"给人以听觉感受外,其余都通过视觉来展示画面。

现代作品中也不乏这方面的佳例,有时还使用摹声词和色彩词。如:

②故乡的风筝时节,是春二月,倘听到沙沙的风轮声,仰头便能看见一个淡墨色的蟹风筝或嫩蓝色的蜈蚣风筝。

（鲁迅《风筝》）

这"沙沙"便是摹声词,"淡墨色""嫩蓝色"是色彩词。这种词用得好,会使读者如闻其声,如见其形,增添语句真实感人的魅力。有的修辞书把这种描摹听觉或视觉的手法称为摹状格或摹绘手法。

以上是同时摹写视听两个感觉的。有时只写一种感觉,也同样能获得强烈的效果。如刘白羽《日出》中的一段从视觉着笔:

③……原来是太阳出来了。它晶光耀眼,火一般鲜红……不知不觉,所有暗影立刻都被它照明了。一眨眼功夫,我看见飞机的翅膀红了,窗玻

---

① 北京师范大学等四院校编《普通心理学》,陕西人民出版社1982年版,第156、208页。

璃红了,机舱座里每一个酣睡者的面孔红了。

感觉主要有视、听、味、嗅、触等五种,此外还有温度感觉、筋肉感觉、运动感觉等。不同的作家往往对某种感觉感受较深。如杜甫,由于战乱等原因,长期飘泊于祖国南北,常徘徊长吟于水乡泽国,有感于江流茫茫,细雨霏霏,他的思想常被漠漠的雾气所笼罩,对潮湿有特殊的感受。因此诗中多次出现"湿"字。如:

④ 香雾云鬟湿,清辉玉臂寒。

(《月夜》)

⑤ 细泉兼轻冰,沮洳栈道湿。

(《龙门镇》)

⑥ 晓看红湿处,花重锦官城。

(《春夜喜雨》)

读者细细吟哦咀嚼上述诗句,一股湿漉漉的感觉,不是会油然而生吗?

心理科学的最新研究成果表明,人类除了能通过五官分别把感知传达到神经中枢,以引起兴奋外,五官或五官中的一部分感觉,能在大脑中交叉、融合。奥地利的 H.罗拉赫在《意识论》中,把人的"冲动直接到达感觉中枢而引起的兴奋称为'特异性兴奋',把那来自各个感觉器官的,在网状结构中经过转换而产生的向大脑皮层其他区域进行弥散传播的兴奋称为'非特异性兴奋'。"这"特异性兴奋",即我们在上文所说的单一、直接的感觉;而"非特异性兴奋",就是"通感"修辞手法的生理基础。人的五官感觉是直接统一于大脑的,它们共同组成了一个有机的整体,在具体活动中往往互相促进,互相影响,互相补充。因此早在古代,不少作家就已经熟练地运用通感手法。如:

⑦ 诗味今更馨。

(孟郊《答李员外小榼味》)

⑧ 风暖鸟声碎,日高花影重。

(杜荀鹤《春宫怨》)

例⑦读诗会有"馨味",这是视、听觉向嗅觉转移。例⑧前半句是听觉"鸟声"向视觉"碎"靠拢,后半句是视觉"花影"向触觉"重"转移。

现代作家善于运用通感的佳例也很多。如:

⑨ 我将深味这非人间的浓黑的悲凉。

(鲁迅《记念刘和珍君》)

⑩ 你的话象一把大风扇

扇得人心里起热潮。

(臧克家《今昔吟·忠烈篇》)

例⑨"深味"是味觉,"浓黑"是视觉,"悲凉"一词又将情感与触觉联系在一起。短短一句话,作用于读者的感官,使人获得综合的艺术享受。例⑩也是听觉("话")、视觉("大风扇")、触觉("热潮")交织、融合在一起,艺术效果明显。

由于通感这种手法是作者多种感官协调活动的结果,所以它能通过语词把人们的多种感觉调动起来,在脑海中浮现出各种佳物妙景,这已同下文论述的联想、想象等内容密切相关了。

(二)记忆(回忆、联想等)和修辞

记忆是过去的经验在人脑中的反映。它与感知(人脑对当前直接作用的事物的反映)有所不同。记忆由"记"和"忆"两部分构成,从信息加工观点来说,记忆就是对输入信息的编码、储存和提取的过程。

俄国生理学家谢切诺夫曾经指出:一切智慧的根源都在于记忆。记忆是"整个心理生活的基本条件。"有了记忆这个功能,人才能积累经验,扩大经验、巩固感知,正确思维。因此,宋代张载就曾说过:"不记则思不起。"①

正因为记忆能把过去感知过的事物,例如听到过的话语、看到过的景象在脑海中再现,故能产生"话犹在耳""历历在目"的效果。

记忆与修辞的关系十分密切。许多修辞手法是建筑在记忆(尤其是其中的

---

① 《宋史·张载传》,中华书局1978年版,第275页。

回忆和联想)的基础上的。按照巴甫洛夫学说,人们对某一事物的一次或多次识记,就能促使大脑皮层暂时神经联系的形成和巩固,从而留下痕迹。回忆就是使这些痕迹再活动。联想是建筑在事物之间存在千丝万缕联系的基础上的。亚里士多德曾概括出著名的联想三定律,即接近联想、类似联想、对比联想。回忆常常以联想的形式出现,在追忆一种事物时,会运用各种联想。许多修辞手法的形成,就是建立在回忆和联想的基础上的。

例如比喻,最主要的心理基础就是类似联想。有了联想,比喻才能产生。请看下例:

① 贼来如梳,

兵来如篦,

官来如剃。

（鲁迅《谈金圣叹》）

② 这个人我从小看到大:狐狸的嘴、蛇的心、狼一样的贪狠、鬼一样的聪明。

（曹禺《王昭君》）

例①由于贼、兵、官对民众的骚扰与梳、篦、剃有类似点,作者抓住这一点激发读者的联想,便于人们识记。例②"这个人"和狐狸的狡猾……有类似点,因此这一比喻唤起人们对狐狸、蛇、狼等本性的联想,从而加深了对"这个人"本质的认识。

双关同比喻类似。作者在运用时既要借助于巧妙的联想,听读者也要通过联想去体会作者的机智。如:

③ 空对着,山中高士晶莹雪;

终不忘,世外仙姝寂寞林。

（《红楼梦》第五回）

例③的"雪"谐音"薛",指薛宝钗;"林"亦关指林黛玉。这种手法能起一石双鸟的作用,情趣盎然。

其他不少修辞手法,也能唤起人们回忆和联想。如:

④ 泥瓦匠,住草房。纺织娘,没衣裳。

卖盐的,喝淡汤。种田的,吃米糠。

编凉席的睡光床。当奶妈的卖儿郎。

(民歌)

例④是映衬,通过描绘旧社会各行各业劳动人民生活的苦难,反衬剥削阶级吮吸民脂民膏的残暴。但后者却一个字也不点明,留待读者去联想。这是一种对比联想。

又如借代、拈连、藏词、对偶县至迭字、析字等,均能在不同程度上用到联想。听读者往往要顺着作者的思路,由此及彼地去理解、思考作品中的事物,体味它们更深刻的含义。

(三) 想象和修辞

"想象是在现实刺激影响下,在头脑里对旧形象加工改造,形成新形象的心理过程。""想象中出现的形象,不是记忆形象的简单出现,而是自己从未感知过的新形象。"[①]

从生理机制上看,想象是人脑中旧的暂时联系经过重新组合形成新的暂时联系的过程。

事实上,不少作家在运用修辞手法前,都要开动想象的机器。俄国作家冈察洛夫在谈到自己写作过程时说:"各种人物都不让我安静下去,他们都在舞台上纠缠着,表演着;我听到他们的谈话的片断……"[②]而巴尔扎克在创作时,却每每要和作品中人物对话。这都是想象在发挥作用。

许多修辞手法的形成,是建筑在想象的心理基础之上的。示现就是这样,它把未见、未闻、过去、未来的事物,说写得如见其形,如闻其声。例如:

---

① 北京师范大学等四院校编《普通心理学》,陕西人民出版社 1982 年版,第 323、324 页。

② 转引自捷普洛夫《心理学》,人民出版社 1955 年版,第 107 页。

① 白雄尊者,即驾狂风,滚离了雷音寺山门之外,大作神威。那阵好风,真个是:

……这一阵,鱼龙皆失穴,江海逆波涛。玄猿捧果难来献,黄鹤回去找旧巢。丹凤清音鸣不美,锦鸡喔运叫声嘈。……

(《西游记》第九十八回)

听读者跟随作者一起,也展开了想象的翅膀,眼前展示了一幅幅图景。

拟人不论是将人拟成物,还是将物拟成人,都要运用想象。有时可以把物想象得具有人的生命。如:

② 于是大地苏醒了,树叶从沉睡中扬起头,水波从凝静中张开眼,一切曾经被黑夜掩盖了的,都露出了鲜红的笑靥……

(刘白羽《平明小札》)

例②把树叶、水波以及自然界的一切都比拟成具有人的种种动作,十分生动形象。

夸张也依靠想象而发挥魔力。如:

③ 别看他蔫头蔫脑的,一千锥子也扎不出血来,心肝五脏可是玻璃做的,里外透明。

(杨朔《三千里江山》)

例③的"一千锥子扎不出血来","心肝五脏可是玻璃做的",都是不可能实现的夸张,但都能唤起读者的想象。

除了上述手法外,朴素的描绘、委婉、含蓄等都能引起想象。例如《红楼梦》对贾宝玉的描写是:"虽怒时而似笑,即瞋视而有情。"而林黛玉长得:"两弯似蹙非蹙笼烟眉,一双似喜非喜含情目。"这种白描手法能诱发读者去想象这两人究竟是什么模样。正因为这样,许多作家都要求作者和读者能充分想象。宋代梅尧臣提倡:"作者得于心,览者会其意。"[①]而法国波德莱干脆称赞想象为"一切功

---

① 《六一诗话》引。

能的皇后",说它能发挥"神秘的功能"①。

(四) 思维和修辞

"思维与感觉和知觉一样,是人脑对客观现实的反映。不过,感觉和知觉是对客观现象的直接的反映,而思维是对客观事物间接的、概括的反映。"②思维反映的是客观事物共同的、本质的特征和内在的联系。

从生理机制上看,思维是人脑对外界刺激的回答,是大脑的反射活动。按照巴甫洛夫学说,它是两种信号系统的一种协同活动,是人脑对客观事物进行分析和综合、抽象和概括的过程。

成年人的思维一般可分为形象思维和抽象思维两种。形象思维是用表象来进行分析、综合、抽象、概括的,具有形象的特点;抽象思维是用概念、判断、推理的形式来反映客观事物的,概括性强。形象思维实际上也可包括联想和想象,为了突出叙说,上文已专段论述。不论是形象思维还是抽象思维都与修辞关系十分密切。

早在半个世纪之前,《修辞学发凡》已揭示了形象思维、抽象思维和修辞的联系。它指出:消极修辞"大体是抽象的、概念的",它"必须处处同事理符合";而积极修辞却是"具体的、体验的",它要在听读者心里唤起"一定的具体的影像"。因此,消极修辞与抽象思维紧密相连,积极修辞与形象思维密不可分,不论从理论和实践上,《发凡》已作了不少论证。

在修辞活动中,要使语言表达得明白、通顺、精确、富有条理及前后呼应,没有抽象思维的帮助,是根本不可能做到的。它们的前提一定要概念、判断、推理都准确无误,思维要经过严密的组织和加工。尤其是论说文篇章修辞,说理要层次分明,衔接要天衣无缝,各段落之间要精心安排,各种修辞手法要密切配合,才能组成一个和谐的整体。这些固然要形象思维,但更加需要抽象思维。

---

① 《一八五八年画展》。
② 华东师大心理学教研室编《心理学》,华东师大出版社 1982 年版,第 142 页。

限于篇幅,从略。

心理过程除了认识过程外,还有情感过程和意志过程。情感过程会表现人的喜怒哀乐;意志过程指人在达到一定目的,克服困难时的种种心理活动。所有这些,均与修辞——言语活动密切相关。人们在运用一种修辞手法时,往往和几种心理现象、心理过程发生联系。例如,运用比喻手法,既要联想,又要想象,有时还要回忆。又如,运用比拟,既要依靠想象,往往还要联想,更要借助移情作用,这就与情感过程密不可分。有的修辞手法甚至与认识过程、情感过程、意志过程都有联系。上文为了论述方便,只举了一种主要的关系,但并不排斥其他。

三、心理学的发展与修辞学的发展

心理学与修辞学作为两门独立的学科在我国正式建立,虽然还是近几十年的事,但是把心理活动与修辞活动结合起来,早在几千年之前就已经认识到了。这说明两者关系是何等的密切。

关于"情"与"辞"的关系,古人论述很多。例如,孔子就提出过"情欲信,辞欲巧"①的要求。相传为汉人所作的《毛诗序》,也阐述过"情动于中而形于言"的论点。梁代刘勰的《文心雕龙》在论述两者的关系时,还关顾到说写者和听读者两方:"夫缀文者情动而辞发,观文者披文以入情。沿波讨源,虽幽必显。"②作者还谆谆嘱咐,要"为情而造文",不能"为文而造情"。

关于说写要注意听读者的心理,韩非早在《说难》一文中已提出。他说,游说必须考虑不同对象,要"知所说之心",看法精辟。《周易》更具体地指出,可从人们的谈话中,看出他们不同的心理:"将叛者其辞惭;中心疑者其辞枝;吉人之辞寡;躁人之辞多;诬善之人其辞游;失其守者其辞屈。"类似的论述,《孟子》中也有。

---

① 《礼记·表记》。
② 《文心雕龙·知音》。

关于想象与言辞运用的关系，晋代陆机的《文赋》讲得很具体："其始也，皆收视反听，耽思傍讯，精骛八极，心游万仞。其致也，情曈昽而弥鲜，物昭晰而互进，倾群言之沥液，漱六艺之芳润。"这说明有了想象，言辞才能"倾"之而出。

关于单项修辞手法的心理基础，东汉的王充在谈到"增"（夸张）时曾有阐述。他指出为什么要用"增"呢？因为"俗人好奇，不奇，言不用也。"为了满足"俗人"的"好奇"心，故"誉人不增其美，则闻者不快其意；毁人不益其恶，则听者不惬于心"①。

不但中国学者在这方面有论述，西方学者亦然。

关于想象、形象和修辞的关系，古希腊的亚里士多德，在其名著《修辞学》和《诗学》中均有阐发。他说："诗人在安排情节，用言辞把它写出来的时候，应竭力把剧中情景摆在眼前！唯有这样，看得清清楚楚——仿佛置身于发生事件的现场中——才能作出适当的处理，决不至于疏忽其中的矛盾……此外，还应竭力由各种语言方式把它传达出来。"②修辞学家、演说家昆提利安在《演说学原理》第六卷中指出："有一种经验……事物不在我们眼前，但我们在想象里可以清清楚楚地看到，好像真的在我们眼前一样。谁真有这种敏感，能唤起这种感觉，他就能够激动感情。这种人有活泼的想象力，能把一个人的说话和行动用最逼真的方式表达出来。"他还认为："这种本事，任何人要学都学得来。"

关于感情、想象和修辞的关系，公元三世纪时的雅典修辞学家朗吉弩斯说得好："说话人由于其感情的专注和亢奋而似乎见到他所谈起的事物，并且使读者产生类似的幻觉。"③他论述到了说话人的心理活动的重要，以及修辞活动所产生的心理效果。十八世纪的法国启蒙运动思想家、作家狄德罗也认为："没有感情这个品质，任何笔调都不能打动人心。"又说："情绪能表现得愈激烈，剧本的兴趣就愈浓厚。"④

① 《论衡·艺增》。
② 《诗学》第 17 章第 55—56 页。
③ 《论崇高》。
④ 转引自《文艺理论译丛》1958 年第 2 册，第 148—149 页。

有的作家论述了推理和修辞的关系。十六世纪末,英国哲学家、修辞学家培根在《修辞论》中认为"修辞的任务是将推理加入于想象而动人意志"[1]。

以上论述虽然精彩,但总起来看,都只是片断。比较起来,我国现代的一些修辞学著作中论述较为详细,也表现出某些修辞学家的识见。

有的修辞书在论述修辞学理论时,涉及了一些修辞学原理。例如,早在1923年问世的唐钺的《修辞格》,在"绪论"里就谈到了修辞格的心理基础,"人人语言的心理作用都含着使用修辞格的潜隐能力。"他把辞格分成五大类,其中"根于联想的"和"根于想象的"两类,就是从心理角度分类的。陈望道在论述两大分野的作用时,认为"记述的境界"中的消极修辞,"以使人理会事物的条理、事物的概况为目的"。[2]而"积极的修辞,却要使人'感受'","必须使听读者经过了语言文字而有种种的感触"[3]。他把辞格分成四大类,其中"意境上的辞格",就是"指就主观心境而行的修辞"。[4]同年出版的金兆梓的《实用国文修辞学》指出了修辞学研究必须以心理学原理为基础:"吾人既欲以修辞学的本领,使吾之所作如何可适于读者之观听,则非从心理上加以研究不为功。"

有的修辞书在论述单项修辞手法时,亦联系到它们的心理基础分析。例如,《发凡》指出:示现"是把实际上不见不闻的事物,说得如闻如见",这种手法建筑在"想象的景象"的基础之上。呼告往往只有在"情感急剧"时才用。夸张"重在主观情意的畅发,不重在客观事实的记录"。感叹则每每在表达"猛烈的感情"时才用。他在《美学概论》中还指出,譬喻、借代、双关、藏词等都具有"联想内容"。曹冕1934年出版的《修辞学》对"比喻之原理,基于观念联络之原理"作了详细分析。台湾修辞学家黄庆萱也认为"许多修辞方式是以心理学作基础的",因而在他的《修辞学》中,对多数辞格都论及了它们的心理学原理。

---

[1] 转引自黄庆萱《修辞学·前言》。
[2] 陈望道《修辞学发凡》,上海教育出版社1979年版,第53页。
[3] 同上,第70页。
[4] 陈望道《修辞学发凡》,上海大江书铺1932年版,第433页。

根据以上列举的事实,我们可以得出以下结论:

首先,从古今中外名家学者的不同论述中,我们可以认识到:修辞活动和心理活动、修辞现象和心理现象、修辞学和心理学,是紧密联系在一起的。这是客观存在的事实,也是事物之间固有的规律,是不以人们主观的好恶为转移的。我们只有下苦功发现它、认识它的义务,而没有闭眼置之不理的权利。

其次,我们还可以注意到一个有趣的现象:古往今来不少在修辞学研究中卓有成效的学者,不论是被尊称为"西方修辞学之父"的亚里士多德,还是古罗马最负盛名的修辞学家昆提利安,抑或是揭开近世西方修辞学序幕的英国修辞学家培根,或者是我国著名的修辞学家唐钺、陈望道等,都对修辞学和心理学的关系,从不同方面作了论述,有各自独特的贡献。是否可以作这样的分析:正是由于他们能将两者结合起来研究,就使他们对某些问题的探讨比较深入,从而使他们的研究能更上一层楼,起了较大的促进作用。这些历史经验,都很值得重视。

再次,即使从已经在这方面取得一定成绩的修辞学著作看,比较多地还只论述了有关修辞学心理基础的一个部分或几个部分,还没有进行全面系统的论述。其实,不但是修辞理论、修辞手法的心理学基础要研究,修辞活动如何适应听读者的心理变化,也要研究。这些方面的领域宽广得很。从发展前景来提要求,甚至可以专门建立一门心理修辞学。可做的工作是很多的。

放眼世界,近二三十年来,尤其是近几年来,国内外的心理学研究有了很大的进展。即以西方心理学为例,其发展就有两个显著特点:一是从心理机能的研究,发展到大脑机制的研究,生理心理学的发展很快。二是心理学服务于实践的领域日益扩大,在心理学这个主干上衍生出许多分支,如心理语言学、教育心理学、军事心理学、艺术心理学、儿童心理学、社会心理学、司法心理学、商业心理学等等。其中不少方面都能为修辞学的进一步发展创造有利条件。在我国,由于"四化"的需要,心理学的研究正在突飞猛进。修辞学要取得重大突破,与心理学结合起来研究,是重要途径之一,必须倍加重视!

原载《修辞学论文集》第 2 集,福建人民出版社 1984 年版

修辞现象研究

何物"同义结构"

陈光磊

（一）在关于修辞学研究对象的讨论中，出现了一种把同义结构或同义手段普遍化、绝对化的理论构想。按照这种理论构想，各种语文材料和表达手段一旦用于修辞而形成为具体的"作品"，就可以这样那样地解释为或说成是从某种某类同义结构或同义手段中选择的结果；修辞就是一个同义结构或同义手段选择的问题。于是也就把修辞学的研究对象主要确定或完全归结为同义结构或同义手段。这种意见是值得讨论的。

（二）认识和把握一门学科的研究对象，就是要从根本上抓住它的矛盾特性。修辞学研究的是什么呢？我们认为，陈望道先生关于"修辞学所努力的，是思想和表现关系的探求"[①]的论断，关于"修辞以适应题旨情境为第一义"[②]的观点，关于"修辞是语文的综合利用，也是内容的具体表达。一个内容可以有几种具体表达方法，修辞所要研究的，就是这些具体的表达方法"[③]的阐释，都概括地指明了修辞学的研究对象——修辞现象的矛盾特性。修辞，就是力求完美地解决一定的思想内容和语文表达形式之间的矛盾，以造成切应题旨情境的具体表达。可以说，修辞现象的矛盾性表现在：

---

① 《陈望道语文论集》，上海教育出版社1980年版，第266页。
② 陈望道《修辞学发凡》，上海教育出版社1979年版，第11页。
③ 《陈望道语文论集》，第599页。

甲、一定的思想内容同语文表达形式的对立统一；

乙、某种具体表达同特定的题旨情境的对立统一。

这里所说的"具体表达"，就是思想内容和语文形式相统一的具体语句，也就是所谓"言语作品"。修辞所讲究的，就是造成这两种对立统一当中的种种关系。

（三）用"同义结构"或"同义手段"来概括修辞学的研究对象，仿佛修辞研究的重心在于"结构"与"结构"、"手段"与"手段"之间的"同义"关系。而在我们看来，修辞讲究的重心应当是所运用的"结构"或"手段"同所要表达的思想内容之间的结合关系。这种关系具体地体现在各种语文表达形式上，也就是各种修辞的法式上。同义结构的选用，归根到底也还是要通过对某种修辞法式的分析才说得清楚的。同义结构的选择虽然是常见的重要的修辞现象，但它并不见得就能笼罩了修辞学的全部天地。

（四）如果一切修辞现象都是同义结构问题，那末，我们对于任何修辞作品的措辞都可以而且也能够指明它是从哪一系列的同义结构中选取出来的。如宋祁的名句"红杏枝头春意闹"，"闹"用得好，为什么？照同义结构的修辞观，就应当指出"闹"是从哪一系列同义结构中挑选出来的，或者说明"闹"同什么什么"构成"了怎样的同义结构。这恐怕就不那么容易。倘要说明其所表现的修辞规律，似乎用"通感"或"移觉"就可以解释明白。当然，也许会有这样的假说：用"闹"和不用"闹"，这也就是同义结构或同义手段问题，或者说"通感"或"移觉"同"非通感"或"非移觉"也就是构成了同义手段。这样来解释问题，恐怕不但把修辞学"闹"玄了，而且把语言学中的同义学也"闹"得有点玄乎了。

（五）把"同义系列"作为研究语言风格的一种理论观点和方法，大概是由高名凯先生从介绍苏联风格学的讨论中引进的。他论说了"无论在语音方面，或是在语法方面，或是在词汇方面，平行的同义系列的研究或同义学的研究就成为了风格学研究的主要对象之一，而对这些平行的同义系列的研究也就成为了风格学的主要任务之一"①。但是,他并没有把语言风格学的研究对象归结为平行的同义系列。他的结论是:"风格学一方面要研究语言中具有各种不同风格色彩或表情色彩的平行的同义系列,同时又要研究对语言中所有的要素在风格的构成上所有的运用手段。"②现在有些论说同义结构的文章,对此加以改造和发挥,把同义结构说得在修辞上无所不在,无往不用。这是不是恰当,就很可研究,甚至像是不是可以把"风格学"和"修辞学"完全画上等号,也还是可以研究的一个问题。

(六)关于"同义结构"的本身,应当探讨这样一些基本问题:

1. "同义"的"义",其含义是什么? 或者说,指说某某与某某为同义,则要说明同的是什么"义"?

2. "同义"的"同"又怎样来确定,也就是说,意义之间具有怎样的关系才可以算"同"?

3. "同义结构",其"结构"的范围怎样? 是不是语音、词汇、句子、段落、篇章、文体、风格等等举凡一切语文现象都可以纳入这种"结构"?

4. 人类复杂精微的语文表达过程,是不是仅仅就是一个同义结构的选择过程? 把修辞归结为"选择",在理论上和实践上到底有什么意义?

对于这些问题,目前好像还缺乏确切的系统的理论上和方法上的说明。有关论说同义结构的文章的看法也并不那么一致。譬如说,关于"语音的同义结构"或"同义的语音结构",有的说有,有的则说并不存在③;有的在"同义结构"的范围里只论"结构"(句法结构),而不把同义词语归在里头④,等等。何物"同义结构"? 现在似乎也还只是一个"模糊"的概念,需要从对修辞现象的进一步考察中作出比较明确的界定和科学的论证。

---

① 高名凯《语言风格学的内容和任务》,《语言学论丛》第四辑,上海教育出版社 1960 年版,第 204 页。

② 同上,第 205 页。

③ 王德春认为:"语音是语言的物质外壳,它本身没有意义。无所谓同义手段。"语见他所作《论修辞方法》,刊中国修辞学会会刊《修辞学论文集》(1981),第 94 页。

④ 参见郑远汉《略论同义结构》,同上,第 68 页。我同意他对"同义结构"作系统界定的观点。

（七）关于同义结构或同义手段，论说者一般还分为"语言体系中"的同义结构和"言语表达中"的同义结构两大部类。而所谓"言语表达中的同义结构"的提出，就把纷呈杂出的修辞现象一塌刮子都"同义结构化"了。那末，什么是言语表达中同义结构或同义手段呢？有人用《阿Q正传》中未庄的人们嘲笑阿Q的两句话"唉，亮起来了"和"原来有保险灯在这里"作为例证，说这两个"说法"都表示了同样的描叙意义，即都表示对阿Q加以嘲笑的思想感情，因此它们就是"言语表达中的同义手段"；或者说，这两个"说法"同义，其所用的"语言材料"就变成了"同义手段"了①。这里的逻辑好像是这样的：甲、乙两个"言语作品"，它们所表达的意义相同（甚至宽泛到只要在思想感情上属于同一的对人"嘲笑"的范畴），这甲与乙就是同义结构或同义手段了，或者转个弯说，因为甲乙两个"言语作品"同义，所以它们各自所运用或所包含的"语言材料"也就变成"同义结构"了。这种逻辑推断的周全性似乎值得考虑。如果给同一个人物画肖像，或用木炭画，或用水粉画，或用油彩画，这样画出来的木炭肖像、水粉肖像、油画肖像，无疑可以说都是"同义作品"；但是，难道就能据此而断定木炭、水粉、油彩这几样东西的"结构"和"手段"都是"相同"的吗？它们就成了"同义结构"吗？语言的"结构"、"手段"之于修辞是工具和材料，正如木炭、水粉、油彩之于绘画是工具和材料一样。要是确认修辞是对语言的运用，那末，修辞所运用的"结构""材料""手段"等等都是属于语言体系的；这些"结构""材料""手段"一经应用而具备了描述意义，那它们就从抽象的"语言"转化为具体的"言语"，也就造成了"言语作品"。所谓描述意义上的"同义"，实际上大部分是"言语作品"的"同义"，而并不是"语言材料"本身的"同义"。所谓"言语表达中的同义手段"，实际所指却是"同义的言语作品"，这从那些引来作为"言语表达中的同义手段"的例子中就可以看出。把"同义作品"和"同义手段"画上等号，从而把"同义的言语作品"和"同义的语言结构"混合起来统称"同义结构"或"同义手段"，这就

---

① 王希杰《修辞的对象及其他》，《语文研究》1982年第2辑，第61页。

不但混淆了修辞表达上"意义"的不同层次,而且也不免把"语言"和所谓"言语"都混为一谈了。

（八）同样一个思想内容,往往可以造成不同的"言语作品"来表达,这是由于对应题旨情境运用有关语文材料的结果。修辞的研究正是应当结合题旨情境来看怎样运用有关语文材料使同一个内容产生多种多样的具体表达,以期达到所追求的表达效果。陈望道先生的《修辞学发凡》就分析过一些所表达的意思相同而具体表达不同的修辞实例。如他拿《论语》中的一句话——

> 君子疾没世而名不称焉。

与《古诗十九首》之一的:

> 回车驾言迈,悠悠涉长道。四顾何茫茫,东风摇百草。所遇无故物,焉得不速老? 盛衰各有时,立身苦不早。人生非金石,岂能长寿考? 奄忽随物化,荣名以为宝。

两相比较,指出"两例的主要的意思可说完全相同,而一只'直写胸臆,家常谈话',单就概念明白地表出,一却'托物起兴,触景生情,而以嗟叹出之',除却表出概念之外,还用了些积极手法"。而"所谓积极手法,约略含有两种要素:(1)内容是富有体验性、具体性的;(2)形式是在利用字义之外,还利用字音、字形的"[①]。这是从探求"思想和表现关系"的观点,来说明表示同样意思的各个具体表达,即意义相同的思想内容与语文形式的种种具体的统一,可以运用不同的语文材料和不同表达方法来造成。修辞学正是要对这种种运用上的不同与思想内容的关系作出研究,从而概括出语言运用的表达模式——修辞方式。从同义结构的观点来看,这《论语》中的一句话与《古诗十九首》里的一首诗就是"构成"了"同义结构"或"同义手段",而其中某个"言语作品"的产生也就是在这样的"同义结构"或"同义手段"中选择的结果。对于这样的修辞现象,从"思想和表现关系"的观点和用"同义结构"的观点来观察并作出论证,哪一种更能揭

---

① 陈望道《修辞学发凡》,上海教育出版社 1979 年版,第 4 页。

示修辞现象的矛盾性、规律性呢？这是可以进一步讨论的,或者说是"争鸣"的。但是,对于客观存在的"一个内容可以有几种具体表达方法"①的修辞现象的认识和研究,并不是"同义结构"的理论设想提出来以后才有的新事物！以为只有提出"同义结构"或"同义手段"的"理论"才把或才能把修辞学的研究对象搞明确了,而在它以前的修辞学或与它观点不同的修辞学是连研究对象也不能搞清楚的,这个论断恐怕是下得太早了一点,甚至还可能是过偏了一些吧。

（九）《修辞学发凡》还对《梦溪笔谈》《扪虱新话》和《唐宋八家丛话》里所记载的关于"黄犬奔马"句法的争议作了讨论②,归纳所有记载描述有匹马奔跑中踩死一条黄犬这同一事象的句子共有六种：

① 有奔马践死一犬。（沈括）

② 马逸,有黄犬遇蹄而毙。（穆修）

③ 有犬死奔马之下。（张景）

④ 有奔马毙犬于道。

⑤ 有犬卧通衢,逸马蹄而死之。

⑥ 逸马杀犬于道。（欧阳修）

古人论文中比较这些用句的工拙优劣,意见不一。陈望道先生从修辞学的观点作了论说,认为这些句子具体表达的不同"都由于意思有轻重,文辞有宾主之分"而来的,不是"凭空抽象地讨论所能判定工拙优劣的"③。他指出各人用句不同之处是"张（景）着眼在犬,沈（括）着眼在马,各为一句,穆（修）着眼在犬马两物,就此记以两句"④。同一个客观事象,由于写说者观察的角度不同,对应题旨情境的不同,所用语文材料的不同等等,就会造成具体表达上不同的种种"言语作品",这是普遍存在的修辞事实。鲁迅先生就曾经比较过"日落山阴"和"山背

---

① 《陈望道语文论集》,第 599 页。

② 陈望道《修辞学发凡》,第 58 页。

③ 同上,第 59 页。

④ 同上,第 60 页。

后太阳落下去了"这样两个句子,他说:"我自己的译法,是譬如'山背后太阳落下去了',虽然不顺,也决不改作'日落山阴',因为原意以山为主,改了就变成太阳为主了。虽然创作,我以为作者也得加以这样的区别。"①在他看来,这两个句子"原意"并不一样,应当加以"区别"。像这种改变句中主宾之序形成表达上"主旨"不同以致改了"原意",而其所记述对象却是相同的不同句子的"描述意义",是怎样一种意义关系,是不是就是"同义结构",这是值得研究的。按照同义结构的理论,上面记述奔马黄犬的六个句子,当然"构成"了同义结构或同义手段,鲁迅所说的两句当然也构成了同义结构或同义手段。而且按照这种理论,其中某一句都是从这些"同义结构"中选用来的。这恐怕就相当为难了,凭什么能够确定沈括或者穆修或者张景所用的句子就恰恰是从这六句里面"选择"出来的呢? 实际上这些具体的"言语作品"的形成,如我们前面所说过的,是写说者根据自己对题旨情境的适应需要运用有关语文材料的结果,并不一定是从既成的同义结构中选取一个而成的。正如陆稼祥同志所说:"修辞的技能技巧,也不光是'选择'一种……在特定场合下,作者首先考虑的是这些'技能技巧'(按,陆文所指'重迭''镶嵌''委婉'等手法),而不光是考虑'选择'的技巧;在有些场合下,作者直接挑选一些词语,用在自己的言语中,并没有从同义结构中去选择。如果,把这些'技能技巧'与'方式方法',统统归结为'选择'两字,则未免失之笼统,毫无实用价值。"②

(一○) 主张用"同义结构"来统括修辞现象的文章,几乎没有不举出王安石"春风又绿江南岸"的名句为例子的,认为句中的"绿"和被删掉了的"到、入、满"等等"构成"了"平行的同义结构";至于这"绿"和"到、入……"同的是什么义,好像没有哪家同义结构的理论讲明白过。或曰这是"言语"中的"同义",是描述意义相同。但是,一般说来,"描述意义"是属于句子的述况性或表述性的,而不是

---

① 鲁迅《二心集·关于翻译的通信》。
② 陆稼祥《修辞学研究的对象和任务》,见《修辞学论文集》(1981),第21页。

属于词的词汇意义的。因此,如果要说这是描述意义上的同义结构或同义手段的话,似乎应当以全句为例,不大好以一个词为例的。这且不说,重要的是,作为修辞研究,对于"春风又绿江南岸"这个诗句的修辞成就和价值应当作出怎样的科学阐释,是不是它的成就和价值就在于把"绿"和"到……"构成了"同义结构"呢? 或者说就在于从"绿"和"到……"这样"灵活的""同义结构"中"选择"了一个"绿"字呢? 即使就说"选择"吧,归根到底,也还是要说明为什么只有选用"绿"才取得了最佳的表达效果,它所运用的修辞方式又有怎样的特点,"绿"字的运用体现了怎样的修辞规律。否则,可以说就没有尽到修辞学的责任。那末,为什么说"绿"字在这里用得好呢? 古罗马诗人贺拉斯明确指出过:"一首诗仅仅具有美是不够的,还必须有魅力,必须能按作者愿望左右读者的心灵。"[①]王安石诗句里的"绿"字之用就正是对这种能"左右读者的心灵"的"魅力"所作的追求和创造的成功! 从美学上讲,魅力就是美在"流动"中,或者说"在动态中的美"[②]。"绿"字本是描写色相的形容词,这里采用了"转品"或"转类"的修辞手法,把它转为动词来用,就把"绿"的色相动态化了,也就是把春风化物的力量给活现出来了。这也就使所要描写的江南春景的美处在"流动"之中,化为了"动态中的美",这样的艺术语言自然就会显现出动人的魅力。而"转品"或"转类"这种修辞方式,它改变一个词语所属的品类,即改变它的常用法,这也就在一定程度上造成了超脱寻常文法的新形式;所以,此法"如果运用得当,颇可使语辞简洁生动,使人对它发生一种特殊的兴趣"[③]。人们不正是对"绿"字持有这样一种"特殊的兴趣"吗? 而所谓"特殊的兴趣",也许就正是魅力的一种表现形态。诗句之所以产生如许的魅力,还在于它最能体现江南春光的特色:绿! 绿色,是春天的象征,这是熟悉江南之春的人们都共有的具体的体验。可以说,诗人也正是在艺术构思中反复体验着触动乡思的具体感受,终于捕捉到了,同时又是

---

① 贺拉斯《诗艺》,杨周翰译,人民文学出版社 1962 年版,第 142 页。
② 参看胡奇光《语辞魅力初论》。
③ 陈望道《修辞学发凡》,第 192 页。

创造出了这个平常而又鲜明的形象。所以,这个"绿"字的转品辞法,又正是饱和着诗人对江南春色之美——"绿"的含义的具体体验。这个诗句的艺术成就,在修辞上正是体现了这样一个基本规律:"这种形式方面的字义、字音、字形的利用,和着内容方面的体验性具体性相结合,把语辞运用的可能性发扬张大了,往往可以造成超脱寻常文字、寻常文法以至寻常逻辑的新形式,而使语辞呈现出一种动人的魅力。"①在我们看来,就这个诗句而言,修辞学主要就是要这样去研究和说明其中"绿"字何以用得好,好在哪里,而不是主要去研究"绿"可以同什么什么"构成"了什么"灵活的"或者"广义的"或者"言语表达中"的"同义结构"或"同义手段"。如果以为只有从"同义结构"或"同义手段"的"选择"上去研究"绿"才是修辞学的对象,那末,要是没有《容斋随笔》关于王安石修改这个诗句的记载,对于这个既成的富有魅力的诗句,又将怎样去确定和落实它的研究对象呢? 修辞学该怎样去研究它呢? 或者竟无从研究了呢?②

(一)几乎所有主张用"同义结构"来概括修辞学研究对象的文章,都提出和论证"替代"或"互换"是判别同义结构尤其是言语表达中同义结构的方法。这成为他们确定上述王安石诗句中"绿"和"到、入……"是同义结构的依据。其实,"绿"和"到、入……"并不是替代或互换关系,而是修辞过程中比较试验的用词。一般语言学上所说"替换"、"代替"在方法论上的意义和价值与同义结构论者所说似乎并不相同。按 R. R. K. 哈特曼、F. C. 斯托克的《语言与语言学词典》所述,"替换法"(Substitution)是"在一个更大的单位内,用一个语言项目去替换另一个语言项目的过程或结果,如用|t|去替代 pin(别针)中的|p|,或用 out 去替代 I went home(我回家了)中的 home,其目的是为了找到不同的成分(Distinctive element),或者是为了向学话的人解释某种语言结构"③。可见,这

---

① 陈望道《修辞学发凡》,第 4 页。

② 这个问题拙文《修辞学研究什么》(刊《修辞学研究》第 1 辑)已经提出,但还没有得到满意的回答,所以再次提出请教。

③ R. R. K. 哈特曼、F. C. 斯托克《语言与语言学词典》,黄长著等译,上海辞书出版社 1981 年版,第 339 页。

种替换法并不是以可以替换的语言项目具有相同的意义为前提和依据的,自然也就不能用它来确定语言项目的同义关系。事实上,可以"替代"的,未必就是"同义结构",而"同义结构"也未必就能"互换"。周祖谟先生就指出过:"语言里的词虽然有时可以互相代替来用,但不一定都是同义词。"①而同义词"在语言里,它们不是用来互相代替而是用来确定意思并表示我们对于被说明的事物所持的态度的一些词"②。他还不止一次地提醒人们注意,同义词虽然词义上有某一部分相同或差不多相同,可是也不能任意换用。③要把"替换法"作为同义结构的判别法和确定法,恐怕还得从学理上作更有说服力的论证才行。修辞上对语文材料和表达手段的"选择"是基于比较,而不是着眼于或立足于替代或互换。不能把"比较"同"替换"当作完全相同的一回事;也不能把语文材料和表达手段的比较选择只局限在"同义结构"或"同义手段"的范围里面。

(一二)修辞所努力的,是追求语文表达的最佳效果。就对于修辞现象中同义形式的研究而言,最要注意考察意义相同或相近的语文材料或手段,在一个具体表达中由于选择的切当与否,会产生表达效果上的显著差别,如意义基本相同而褒贬色彩不同的同义语词,倘若在一个具体表达中选择失当,那就效果大不一样。该褒而用贬或当贬而用褒,那就会造成不好的、甚至最差的表达效果;如果须以倒反手法褒词贬用或贬词褒用,而却拘守原来词义褒贬的分际来措辞,那表达效果也会有强弱、高下之殊。总之,在某个具体表达里,某个词语被恰当运用而达到了预期的表达效果,它就是"一字不易"的,其他同义词语也就无可替代。因为一替代,效果就会改变,就会有差别,这种差别有时也许并不很大,而有时却是很大的。可是,有些人以"替代法"为立足点来确定同义结构,于是有这样的定义:"平行的同义结构就是表示相同或相近意义的两种或两种以上的在表达效果上具有细微差别的不同的语言格式。"④按照这个定义,同义

---

①②③　周祖谟《汉语词汇讲话》,人民教育出版社 1959 年版,第 45、46 页。
④　林兴仁《汉语修辞学研究对象初探》,《南京大学学报(哲社版)》1980 年第 2 期。

结构的确定有两个必要条件:(甲)不但意义相同或相近,(乙)而且表达效果也要只有"细微差别",也就是说,表达效果也要大致相同或相近。这样,似乎同"义"结构也必须是同"效"结构了!可惜,这个定义恰恰又同"绿"和"到、入……"这个拿来作为同义结构的范例大相径庭,因为"绿"和"到……"在表达效果上具有极大差别。"绿"所创造的艺术意境决非"到……"可比!王安石正是追求到和创造了最佳的表达效果,能说这"最佳"效果与其他效果只是"细微差别"吗?现在有些论说同义结构的文章屡有界说与例证不相一致的地方。像前面所引述的例子,把"哙,亮起来了"和"原来有保险灯在这里"两句作为同义结构,似乎就可斟酌。这两句话在《阿Q正传》里的上下文是这样的:

> 谁知道阿Q采用怒目主义之后,未庄的闲人们便愈喜欢玩笑他。一见面,他们便假作吃惊的说:
>
> "哙,亮起来了。"
>
> 阿Q照例的发了怒,他怒目而视了。
>
> "原来有保险灯在这里!"他们并不怕。
>
> 阿Q没有法,只得另外想出报复的话来……

难道这两句话能互相替代吗?实际上,这两句话不但所运用、所包含的"语言材料"(词汇、句法等等)各不同义,而且在"言语表达"上各自的思想含义也并不相同,它们隐含着因果相承的关系,后一句在申说所以"亮起来"的原因,同时又更加深对阿Q的癞头疮的嘲弄;它们连同义的"言语作品"都算不大上。如果竟还要说"亮起来"句和"保险灯"句的运用是互相"选择"的结果,那就更令人费解。理论上说同义结构之间是可以互相"替代"、加以"选择"的,而所举的典型实例却是不能这样做的。这样一些例证与界说不相一致的情况,也许就是把同义结构普遍化、绝对化,又因而要把语言格式所表达的意义同所产生的效果混合在一起的逻辑后果。而这又正好透露出一个消息:这种"同义结构"的修辞理论概括不了客观存在的修辞事实。

原载《修辞学研究》第2辑,安徽教育出版社1983年版

任选词表极点义的关联条件

蒋　勇

一、引　　言

　　将任选词的语义解释为极点义的学者为两派：一派以 Fauconnier(1975a，1975b)为代表。他们认为 any 暗示梯级中的极点，任选词和形容词最高级的量化意义相当，都可以表示完全肯定或完全否定的梯级蕴含义；另一派以 Lee & Horn(1994)为代表，他们认为极点义是 any 的词汇编码义。我们不完全同意 Fauconnier 的观点，认为 any 并非在所有语境中都暗示极点义。我们也不完全同意 Lee & Horn 的观点，反对把 any 的本义视为极点义，认为应区分任选词的本义和含义，任选词的本义是表示允许自由和任意选择，而极点义是它在某些语境中产生的含义。为了解释任选词 any 和"任何"为何有时只表示极点义而有时不表示极点义，有时具有全称量化义而有时具有存在量化义，我们用关联论(Sperber & Wilson 1986/1995，Carston 2002)中词语的编码义在语境中被微调的原理来解释任选词在语境中传递的含义，其中包括极点义、非极点义、全称量化义、存在量化义。我们认为任选词的本义在语境中通过语义收缩而产生极点义。

　　本文先介绍和评述两派梯级解释论，最后用语义收缩原理重析由任选义跃迁到极点义的含义推导过程，并分析任选词的非极点义和量化义。

/ 214 /

二、任选词的梯级解释论

(一) Fauconnier 的梯级解释

对英语任选词语 any 的梯级解释以 Fauconnier(1975a，1975b)为代表,他对比了 any 和最高级的许多相似点,特别是在量化意义方面的相似性。任选词 any 和量化最高级表达的存在量化义是指全量否定的意义,即集合中不存在某个事物,如(1)a、(1)b。它们表达的全称量化义是指全量肯定的意义,如(2)a、(2)b。

(1) a. Ernest did not hear any noise.

　　b. Ernest did not hear the loudest noise.(Fauconnier 1975a:361)

(2) a. Any noise bothers my uncle.

　　b. The faintest noise bothers my uncle.(Fauconnier 1975a:366)

Fauconnier(1975a:373)指出:"如果我们把 any 的功能解释为暗示任意梯级上的低位点,那么 any 的逻辑和句法属性也产生于梯级原则……"Fauconnier(1975a)又指出:any 与形容词最高级具有相似的量化力量,它们都可以用梯级原则(scalar principle)加以解释。他认为梯级原则使 any 和形容词最高级在语境中发挥了全量肯定或全量否定的量化功能。他把用来表达量化意义的最高级称为量化最高级(quantifying superlatives)。梯级原则与命题框架(propositional schemata)、语用梯级(pragmatic scale)、梯级衍推(scalar entailment)和梯级颠倒(scalar reversing)等一系列概念相连。命题框架是表示一组变量之间的函数关系的命题表达式,例如刺激信号(如声音的大小)和感知效果之间的单调函数关系可由含有两个变量 x 和 y 的命题来表达:x bothers y。语用梯级是指由同一命题图式生成的一套命题选项集,它们按照某一语义纬度(如质与量)形成一个梯级排列。设命题图式的形式化公式为 $R(x，\cdots)$,R 代表命题函数(propositional function),x 代表函数中的一个变量,省略号代表有可能增加的自由变量,诸如 x bothers y 中的 y。(2)b 表达的全称量化意义可以用图 1 来表示:

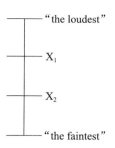

图1 （引自 Fauconnier 1975a:361）

图1表示由命题框架"x bothers y"生成的一套命题构成的语用梯级,x 指噪音,x_1 的分贝高于 x_2,由 $x_1 > x_2$ 和 x_2 bothers y 可推知 x_1 bothers y。梯级推理的方向是由低端的情况推知高端的情况,底端的命题的信息蕴含力度最大,它蕴含其上所有命题的信息。(2)b 的命题位于语用梯级的底端,通过梯级推理表达全量肯定的意义。而在(1)b 中,梯级推理的方向发生颠倒(即蕴含关系发生颠倒),由高量值的情况推知低量值的情况。如果 Ernest 的耳朵聋得连最大的声响都听不到,则意味着他听不到任何声响。如图2所示:

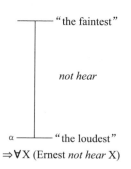

图2 （引自 Fauconnier 1975a:366）

图2表示由命题框架"Ernest did not hear x"生成的一套命题构成的语用梯级。否定宏量就相当于否定全量,图中的式子 $\forall x$ (Ernest *not hear* x)表示对于语用梯级中所有的变量 x,Ernest 都听不到。设 x_2 所在的命题在语用梯级 S 中比 x_1 所在的命题的位置低,则 $R(x_2, \cdots)$ 的信息蕴含 $R(x_1, \cdots)$ 的信息。

在图 1 中,他将最微弱的声响放在语用梯级的底端,而在图 2 中,他将最大的声响放在语用梯级的底端,图 2 颠倒了图 1 的梯级。Fauconnier 把概率较低的命题排列在语用梯级的较低位置。因此,梯级推理在空间上的表征始终是自下而上,从语用梯级中概率较低的命题衍推概率较高的命题。遗憾的是 Fauconnier 没有明确地把这个道理表示出来。推导梯级含义的梯级原则是:如果 x_1 在语用梯级中的位点比 x_2 低,则 $R(x_1)$ 蕴含 $R(x_2)$。即由概率较低的梯级命题衍推同一语用梯级中概率较高的梯级命题。如果梯级中位置最低的命题为真,则梯级中所有的命题皆为真。这符合信息论的基本原理。信息论是用事件的先验概率来计算信息量的。先验概率较小的事件传递较大的信息量,先验概率较大的事件传递较小的信息量,先验概率为 1 的事件是必然性事件,人们不需要接受信息就可以凭常识推知事件一定发生,故必然性事件传递的信息量为零。然而,由于 Fauconnier 未明确指出命题所包含的量值与概率之间的函数映射关系,没有说明他是按照概率而不是按照量值来排列梯级命题的,所以读者不明白为何在图 1 中他把微量放在底端,而在图 2 中又把宏量放在底端。梯级衍推分为维持梯级的推理(scalar preserving reasoning)和颠倒梯级的推理(scalar reversing reasoning)。肯定命题是维持梯级的推理,如果能够根据 $x_1 \sqsupset x_2$ 推导出 $R(x_2) \sqsupset R(x_1)$,这时是维持梯级的推理,如图 1 所示。否定命题是颠倒梯级的推理,如果能够根据 $x_1 \sqsupset x_2$ 推导出 $\neg R(x_1) \sqsupset \neg R(x_2)$,这时是颠倒梯级的推理,如图 2 所示。

Fauconnier 通过对比分析指出任选词和量化最高级之所以具有相似的量化力量是因为任选词和量化最高级都是指代梯级极点(scalar endpoint)。他认为一种语言的讲话人共享的语用假设(pragmatic assumptions)对某类语句的逻辑属性会产生影响,由于听话人能利用语用假设中的梯级蕴含关系进行梯级推理,推导任选词的全称量化和存在量化含义,所以讲话人能以一指万,用梯级极点暗示梯级中的所有选项。

但 Fauconnier 的解释存在以下问题。

（i）任选词在有些语境中并不暗示梯级上的极点，也不传递完全肯定或完全否定的意义。如：

（3）在游戏中，玩家可以自动躲在任何掩体后面……（人民网 2010-04-09）

（4）30 岁的海伍德本赛季年薪是 600 万，他将在 7 月份成为完全不受限制的自由人，届时他可以同任何球队签约。（人民网 2010-05-10）

例（3）、例（4）都不表示极点义和全称量化义。如果禁用分身术，则一个玩家只能躲其中某个掩体后面。一个球员也不可能在同一时期与所有的球队都签约。以上两例均说明任选词被解释为极点义和全量肯定或否定意义是需要语境条件的辅助的。值得注意的是，Fauconnier(1975a，1978)在两篇文章的论述中都认为应把任选词的功能解释为暗指（indicate）一个任意梯级的低位点，而不是说任选词本身的语义内容就是指代梯级的低位点。可见，他认为任选词的极点义是含义而不是本义。但 Fauconnier 并没有解释为何表示任选义的词语能够暗示极点义。

（ii）含有任选词的命题的量化义的推导没有运用梯级逻辑。比较例（5）、例（6）中全称量化意义推导过程的差异。

（5）普京：俄有能力应对任何挑战，解决最复杂的问题。（人民网 2015-05-04）

（6）如今，社会风气变幻莫测，"只要你出钱，我就出租"，也反映出"钱能解决任何问题"的拜金现象。（人民网 2015-02-05）

虽然例（5）、例（6）都传递全称量化的含义，但对含有量化最高级和任选词的命题的含义推导过程是不一样的，前者运用了梯级运算，后者运用了加合运算。当然，启动加合运算也需要获得语境条件的支撑，如例（3）、例（4）就不允许加合运算。

由梯级逻辑构成的演绎推理

大前提：如果有能力解决最复杂的问题，则有能力解决所有问题。（梯级运算）

小前提：俄有能力解决最复杂的问题。

结　论：俄有能力解决所有问题。

由加合运算构成的演绎推理

大前提：如果能解决任何问题，则能解决所有问题。（加合运算）

小前提：钱能解决任何问题。

结　论：钱能解决所有问题。

既然任选词能通过本身的语义传递全量肯定或否定的含义，何需通过梯级极点义去解释它的量化义？

(iii) 虽然有时任选词和量化最高级的量化意义相当，但它们在语境中的表达效果不一样。

(7) Mary：I really enjoyed the chats with your parents. I hope they liked me.

Peter：(a) Don't worry. My parents would approve of any girl I liked.

(b) Don't worry. My parents would approve of the most unattractive girl I liked.

Mary 在与男友 Peter 的父母见面后说她感到很高兴，与他们谈得来，希望他们喜欢她。从 Mary 的谈话中可以看出她忐忑不安的心情。Peter 想安慰她。比较 Peter 在例(7)中做出的两种回答：(a)任何女孩，只要是我喜欢的，我父母都会认可；(b)即便是最丑的女孩，只要是我喜欢的，我父母都会认可。Mary 对 Peter 的第一种回答不一定会介意，"any girl"指代任何一个他喜欢的女孩，它覆盖的范围可以从最优秀的女孩到极平庸的女孩，它并不预设 Mary 到底是属于哪类女孩。但在 Peter 的第二种回答里，他预设了 Mary 属于较差劲的那类女孩，不然他就不会说那样的话来安慰她。根据常理，只有那些很平庸的、自惭形秽的女孩才需要用比她更差的女孩来安慰她，于是 Peter 贬低了女友，损害了她的自我形象。可见任选解释和梯级解释是有差异的，如果把任选词的意义解释为极点义，则看不出 Peter 的两种回答产生的效果的差异。

(二) Lee & Horn(1994)等的梯级解释

Lee & Horn(1994)、Horn & Lee(1995)、Horn(2000)、Lahiri(1998)等欲解决一个持久争论的问题：当用 any 表达存在量化和全称量化意义时，这两种量化结构中的 any 是两个不同的词(即同形异义词)还是同一个词的不同用法？他们认为两个 any 实质上都是一个内含梯级焦点算子 even 的不定限定词 (indefinite determiner)：any CN(普通名词)＝even a＋CN。Even 预设可能性梯级(Lee & Horn 1994:15)，表让步，所以 any 表示梯级让步义(相同观点又见 Tovena & Jayez 1999, Lee 1996)，讲话人用含有 any 的命题表示即使听话人选取极点时命题也为真，可以从极点的情况衍推所有其他梯级位点的情况。Any 指向某种极值(extreme value)，如指代一个最小数量或极端成员，如例(8)与量级相关，例(9)与质/类的梯级相关。

(8) Peter doesn't know any lawyers.

＝Peter doesn't know even a single lawyer.

(9) Any lawyer can tell you that.

＝Even the most ignorant lawyer can tell you that.

把任选词的本义视为极端义的学者还包括：Heim(1984)，Lee & Horn (1994)，Lee(1996)，Horn(2000)，Lahiri(1998)，Israel(2011)，Langacker (2002)，Haspelmath(1997)，Tovena & Jayez(1999)，Zepter(2003)，Condoravdi(2010)，Chierchia(2013)，邵敬敏、赵秀凤(1989)，杉村博文(1992)，袁毓林(2004)，张定(2013)等。

但 Horn 等人的梯级解释也存在一些问题。

(i) 混淆了 any 的本义和含义的区别。在这点上，他们的解释比 Fauconnier 的解释还退步。Fauconnier 认为 any 暗示极点，而 Horn 等认为 any 内含 even 的语义，即把极点义视为 any 的词汇编码义。我们认为 any 的各种含义都必须以任选义为前提，any 所指代的极值不是它本身所含有的，而是与语境相互作用而生成的，any 只是在特定的语境中才与两类梯级相关，因此 Horn 等的解释以偏概全。我们需要从理论上解释为何 any 在某些语境中能从任指义转向特指的极点义。

（ii）任选词的让步义意味不是通过 even＋极点义获得的，而是通过扩域功能获得的。事实上，从任选义本身就足以推导出让步。Kadmon & Landman（1993）认为任选词具有扩大选项域的功能（简称为扩域功能）。事情常有例外，讲话人为了确保命题成立，一般需要对命题中所指对象的范围进行限定，而任选词通过其自由选择的意义暗示把一般所谓的例外的边界成员也一并纳入到范畴中，于是把默认的窄域扩充为宽域，表示宽域中也无一例外。我们可以用博弈优选策略中风险与收益的平衡来刻画任选词为何含有让步义。虽然言语交流具有合作的性质，不是所有的时候都涉及博弈和需要验证命题真值的情况，但讲话人使用任选词就预设了双方扮演证实者和证伪者的角色，讲话人用它保证即使在最广的域中听话人也找不到一个反例，对讲话人使用任选词加强语气的意图的识别就是要顺应和领会他的让步意图。从命题的证实者和证伪者二人博弈的角度来看，一方面，讲话人总是命题的证实者，为了加强语气，他向听话人保证即使把选项域扩至最大，把所有的例外全都纳入，命题依然成立。Vendler（1967）指出 any 用作限定词时代表一张空白的保单（blank warranty），讲话人允许听话人任意填入各种名词。讲话人使用任选词意味着他不限制听话人的选择范围，放纵他进行任意选择，讲话人表示无论听话人选择集合中的哪一个选项来验证，命题都为真。讲话人深知扩域会增大命题被证伪的风险，因为扩域纳入了例外的选项，命题为真的概率会被降低，但如果扩域后命题的真值被证实，讲话人将获得更大的收益（加强了信息度、说服力和语气），而选择证明窄域的命题为真只能获得较小的收益。讲话人甘愿冒最大的被证伪的风险是因为他想获得具有最大的说服力的证据。即使在最不利于讲话人的情况下，命题都为真，则在更有利于讲话人的情况下，命题也应当为真，讲话人更有获胜的机会。换言之，扩域后的命题为真，扩域前的命题（语境默认的关于窄域的命题）更有可能为真。于是，任选词就含有"even、甚至、即使、连"等词语含有的让步意味,就如同棋艺高的人为了显示自己的水平而使用让步策略一样,即使让对方先走步,或让对方多走几步,他也有把握战胜对方。另一方面,听话人为了更有效地证伪讲话人的命题,选择界外成员或例外的选项是最佳策略,当他把例外也纳入选项集的时候,就领会了讲话人的让步策略。无论是合作的还是对立的语境都可以用交际双方的博弈策略和收益来描述任选词含有的让步意味。例如:

（10）军统特工:她曾做过日本特务的情妇,拉出去毙了。

舞女:长官,我真的不是汉奸,求你饶了我吧！只要你们别杀我和我的儿子,我什么都愿意为你干！

人们一般不愿意去干太冒险的事情。例(10)中的"什么"扩大了任务的选项域,将所有冒险的任务一并纳入,即使叫她去冒死引诱日本特务上钩她也会去干。由于扩域意味着包含了更多的冒险的任务,所以任务的选项域越大,军统特工的收益越大,而舞女的收益越小、损失越大。舞女看似选择了劣势的博弈策略,但扩域表达能增强说服力。虽然舞女不知道军统特工到底要让她去干什么,但她知道她愿意干的事情的范围越广,她对军统的用处就越大,对于证明自己不是汉奸具有最大的说服力,所以她提出了最大的让步和妥协条件,欲以最大的贡献和牺牲换取自己和儿子的生命。因此,可用博弈效用来刻画讲话人使用任选词时采取的让步策略。

三、梯级解释论的优势和两派的理论困惑

（一）梯级解释的优势

两种梯级解释论具有一个共同的优势,即梯级解释有时符合讲话人的交际意图。Rullmann(1996)等曾用一些反例来证伪梯级解释,但他们忽视了在某些语境中对任选词的解释需要从字面义的层面进入到含义的层面才能最终把握讲话人真正的交际意图,任选词表达的含义有时确实指向梯级中的极端项,这

说明梯级解释尚有其合理的一面,不能一棒子打死,只是需要找出允许梯级解释的语境条件,这样才能避免一概而论、以偏概全。任选词在语境中可以通过不定指称暗指集合中某一极端成员。

(11) 任何人都没有超越宪法法律的特权。法理昭彰,有腐必惩。(人民网 2015-06-13)

在例(11)中,"任何人"能扩大人的选项域,把例外的成员也包括进来,但听话人仅理解了"任何"的扩域义,尚未把握讲话人的意图,他还需要收缩任选词所指代的外延,确定讲话人意图中所指的极端成员。普通老百姓没有超越宪法法律的特权是毋庸置疑的,而位高权重者在有的国家和朝代常被视为例外,古有"刑不上大夫"之说。读者根据这些常识和语篇发展的总分模式预测下文出现的不是一个普通的人。任选词在语境中暗示极端选项的现象说明梯级解释有它合理的一面,只是它尚未把其中的语义收缩机制揭示出来。

(二) 两派的理论困惑

主张做梯级解释的一派把任选词的意义理解为指代梯级中一个具有极值的选项,但他们既无法解释任选词在某些语境中不指代梯级极端项的现象,也无法有效地解决任指与定指解释之间的矛盾。主张做任选解释的一派(如 Vendler 1967;Rullmann 1996;Dayal 1998;Giannakidou 2001)把任选词的意义理解为指代集合中任意的、不需加以区别和限制的一个选项,他们认为任选词表达的是不定指称的意义,反对把它视为定指梯级中的某一极端项。然而,他们无法解释任选词在某些语境中确实指代梯级极端项的现象。两派都陷入了理论困惑之中。

(三) Duffley & Larrivée 的研究启示

Duffley & Larrivée(2010)认为应区分 any 的本义和含义,任选义是 any 的本义和词汇核心义,而极点义是经过语用推理而衍生的含义。Any 在某些语境中可以没有极点义,但必须有任选义。

(12) Pick any card.(Duffley & Larrivée 2010:7)

(13) I don't see any cars coming.(Duffley & Larrivée 2010)

Any 做类的解释时字面义是任何类型的。例(12)表示任由对方抽取一张卡片,没有规定他只能抽取一张具有极值的卡片。Any 做量的解释时字面义是任何数量的。例(13)表示没有看见任何数量的车辆,当然包含没有看见一辆车。Duffley & Larrivée 认为 any 的极点义是在任选义的前提下做出的,是词汇核心义与语境相互作用的结果。她们的目的就是找出那些引导梯级解释的语境类型,其中包括三类言语语境:(1)any 被强调和重读;(2)any 修饰的是单数名词;(3)any 受极量词语修饰。她们得出的结论是梯级解释需要满足一些语境条件。Duffley & Larrivée 对 any 的本义和含义的区分无疑是一个重大的理论进步。然而,她们只是描述了梯级解释的某些言语语境和语音条件。她们的解释也存在这些问题:

(i) 三种言语语境都只是梯级解释的必要条件,而不是梯级解释的充分条件。例如,any 有了重音未必会导致梯级解释。任选词在非极性语境中一般都具有重音,即使在不表示极点义时也是重读的,如例(14)。

(14) A:Bring me a cup.

B:Which one?

A:Oh, any one.

在例(14)中 any 可以被强调和重读,修饰的也是单数代词,但并不指代某个特别的杯子。讲话人不要求拿最漂亮的杯子,只要求拿一个杯子,随便哪个杯子都行。因此,即使具有他们所列举的三类语境线索,任选词也是仅表自由选择的意义,不一定表极点义。

(ii) 他们没有具体说明听话人领会任选词的极点义时推导含义的过程,没有从学理的角度说明词语的外延在交际中被收缩的原理和听话人是如何识别讲话人传递极点义的意图的。

我们认为任选义和极点义之间的关系正可以用关联论中有关含义推导和

语义收缩的原理来解释。从关联论的角度来看,任选义是通过语义收缩而传递极点义的,即编码信息(任选义)+最佳相关的语境假设⇒极点义。

四、最佳关联假设与 any 的语义定位

(一) 或然推理

能提供 100% 的支持证据的推理称为必然推理。只能提供某种小于 100% 的支持证据的推理称为或然推理。或然推理属于合情推理的一类,是一种以常识为基础的推理形式,它是从给定数据到构建假设来解释数据的推理,它的推理前提与结论之间的联系不是必然性的联系而是可能性的联系,因为存在多因一果的现象,认知者在多种可能的原因中选定一个最为"合情"的原因。(Hobbs 2004:724) Peirce(1955:151)对或然推理的定义是:

引起惊讶的事实 Q 被注意到;

如果 P 为真,Q 必然为真;

于是有理由假定 P 为真。

例如,某人在盗窃案发生前没钱,而在案件发生后突然有钱。此人有可能是通过盗窃发财。当然,此人有钱的可能性还包括继承遗产、接受别人的捐赠或债务偿还、赌博获利等。由于有许多可能的 P 都能导致 Q,这就涉及在一组变量中衡量和筛选最佳的原因。或然推理是朝向最佳解释的推理,或然推理得出的结论是通过在对事实的各种假设中选择最佳假设而获得的。例如,电瓶车抛锚了,电表计数器显示电量耗尽了,推知没电导致了抛锚。其他可能性还包括电表计数器或其他部件坏了。但长时间没充电具有较大的权重。几乎所有的常识性推理都是非单调性逻辑推理,都具有或然性、未定性和可被废弃性。

(二) 关联原理

Sperber & Wilson(1986/1995)提出了关联论,认为说话人的意义依赖于说话时的意图,听话人对说话人的意图识别需要参照最佳相关的语境假设。他们

认为语用推理具有或然推理的性质,是朝向最佳解释的推理。设智能体拥有知识库 K,听到的话语内容为 Q,语用含义的推导需要从知识库中调取最佳相关的假设 k_1,结合 Q 推导出结论 R,即 $k_1, Q \vdash R$。关联论说明智能体总是设法使 R 达到最佳效果。Sperber & Wilson(1986/1995)指出,由于讲话人遵守经济原则,他使用的语句往往只提供简短的、不完整的信息,听话人不能根据初始逻辑式来直接确定语句真正要传达的内容,他必须从所提供的编码信息出发,吸纳语境信息,做出进一步的推理才能较准确地理解讲话人传递的内容,因此启动语境假设是理解任何话语所必须的。由于语境的多样性,听话人启动的语境假设不同,每种话语就会有一系列潜在的不同的解释,所有这些解释都有可能与编码信息相容。

(15)"村里一半都是我的娃"这个村支书,是"夸夸其谈",还是确有其事,抑或是"幼吾幼以及人之幼"的圣贤,把别人的孩子当作自己的孩子。都需要给公众一个真相,如果涉嫌违法必将受到法律的严惩。(人民网 2013-09-03)

不同的语境假设会导致不同的解释,听话人的任务就是要找到讲话人意图中的解释。例(15)中画线部分的含义至少可以有两种解释:如果他很关心和爱护自己的孩子,于是对别人的孩子也很关心和爱护;如果他对自己的孩子漠不关心,那么他也不会在乎别人的孩子。读者根据自己对圣贤的期待并在"幼吾幼以及人之幼"和"村里一半都是我的娃"的诱导下,会选择前一种解释。

Sperber & Wilson 认为语境假设的关联度是用认知效果和加工心力来衡量的:

a. 认知效果越大,越相关。

b. 获得这些效果所需要的心力越小,越相关。

这就意味着话语理解的过程是:

a. 沿着最小心力的路线,按照可及性的顺序来考虑解释。

b. 当解释满足了期待的关联度时,就暂时终止解释活动。

可及度最高的语境假设耗费的心力最小,会被最先想到。在实时的交际过程中,听话人最先想到的语境假设如果满足了他的关联期待,该语境假设就最相关,由此得到的解释就是最佳关联的解释,故他不再继续搜索或逐一对比其他可能的解释。

(三)词语外延的收缩

词语的内涵和外延成负相关:词语的内涵越丰富,它的外延越小,反之亦然。索引词、回指词、虚指词、任选词的语义充盈都属于语义的自由充实(free enrichment),它们所在的语句的句子成分是完整的,没有省略的成分,但它们提供的信息度不充分,听话人有权根据语境补足信息内容。Halff, Ortony & Anderson(1976)认为词语的潜在语义是一个大家族。当一个词语在语境中出现时就实现了其中的一个语义。但Johnson-Laird(1983:238)认为应该用词语激活的指称模型来解释。例如:

(16) It attacked the swimmer.(Johnson-Laird 1983:238)

显然,我们不能说it本身就包含有许多的语义,然后将shark视为其中的一个意义。Johnson-Laird认为被激活的不是某个语义,而是关于某个特定指称物的心理模型。受试者依据所给的信息和一般性知识构建心理模型而进行推理。被激活的心理模型使他们推知攻击游泳者的可能是鲨鱼,所以鲨鱼是诱导回忆的更好的刺激信号。我们认为指称模型的构建依赖于最佳相关的语境假设。在例(16)中,虽然it的内容很宽泛,指代的范围是无穷的,但听话人通过最佳相关的语境假设(即鲨鱼会攻击游泳者)锁定了it所指的对象,缩小了它的外延。又如:

(17) 二人潜步入草堂后,但闻人语曰:"缚而杀之,何如?"操曰:"是矣!今若不先下手,必遭擒获。"遂与宫拔剑直入,不问男女,皆杀之,一连杀死八口。搜至厨下,却见缚一猪欲杀。(《三国演义》第四回)

(18) 一些旅客上车后看到座位满了要下车,司机也无二话,重开门方便。(《福建日报》1992-06-16)

(19) 其实年羹尧除了做人比较失败外,对雍正是根本没有<u>二心</u>的。(人民网 2015-08-07)

(20) 你如坚持要原来的分量,营业员或者要给<u>脸色</u>看,或会讥讽顾客"小气"。

(21) 裘无意道:"我以为你朱顺水毕竟是个<u>人物</u>,原来是个卑鄙小人!"(温瑞安《天下有雪》)

(22) I don't want her to end up with the sort of empty life I've got to look forward to. I want her to be independent. Able to stand on her own feet. I want her to be *somebody*. [*A Woman of Style*. McDowell, Colin. London:Rowan(Arrow), 1991]

(23) Running your own company at age 12 is really *something*! (*Longman Dictionary of Contemporary English*, 1995)

(24) *Nobody* goes there any more—it's too crowded. (Back 2004:482)

由于曹操在逃亡途中最怕别人谋害他,所以当他听到"缚而杀之"时,最先想到"之"的所指对象是自己和陈宫,而不会是猪。"二话"指别的话和不同的意见。听话人需要对它的语义内容进行充实才能明白讲话人的意图。通常,不答应别人的要求时就会表达反对的意见,如抱怨、发牢骚等,因此,例(18)中的"二话"的外延被收缩,主要指这些表达负面情绪的话。"二心"本指异心,臣子必须忠于主子,所以如果臣子怀有二心就意味着怀有不忠的念头,所以例(19)中的"二心"指反叛之心。虽然脸色包括喜悦的、妩媚的、不高兴的脸色等,但在例(20)中顾客提出的要求使营业员不高兴,她就会露出难看的脸色。"人物"即指"人",它在例(21)中特指与卑鄙小人相对立的品德高尚的、受人敬重的人物。例(22)是一位母亲谈她对小女儿的期待。如果把其中的 somebody 理解为"某人"就无法获得足够的信息,满足不了关联期待,听话人必须启动最佳关联假设以获得更多信息。通常母亲对自己的孩子抱有美好的盼望,期待她们将来成为出色的、优秀的人才。此外,上文中表达的自立、自强的信息诱导和加强了这一解释。于是在这样的语境假设条件下,听话人把 somebody 理解为成功人士,即 somebody successful。在例(23)中,12 岁就经营自己的公司是十分令人惊叹和了不起的事情,所以 something＝something remarkable。Nobody 本身的字面义是指"没人""谁也不",但从字面义来解释例(24)说不通,既然再也没人去那里,为何那里还会很拥挤?听话人会启动最佳相关的语境假设从另一角度重新解释语句。通常有身份、有地位、有钱、有品味、讲排场的人不愿意出现在太拥挤和嘈杂的场合,所以语境强制听话人收缩 nobody 的外延,把它解释为 nobody important。

(四) 任选词外延的收缩

(25) Mary did not see just *anyone*, but the president.

(26) An illustrated paper, which is the first to publish portraits of everybody who becomes *anybody*.

(27) We don't have *anything* to wear to the party.

(28) There's never *anything* on TV.

(29) Is there *anything* in these rumors?

(30) I was cut a little in the fight, but it wasn't *anything*.(《英汉大词典》)

(31) 艳红(程蝶衣的母亲):您老好歹得收下他。(抹鼻涕)您只要收下他,怎么着都成,您别嫌弃我们。(艳红顺势跪下)

戏班师傅:别介,都是下九流,谁嫌弃谁呀?

(电影《霸王别姬》)

Anyone 表示任何一个人,随便哪个人。Horn(2000)指出 not just any 这个构式表示反贬义的意思,暗示所指对象是非等闲的、非同小可的。但 Horn 没有解释是如何从反不加区分的意思过渡到反贬义的意思,即为何 any 能够从任选义衍生出贬义。我们认为需要根据语境假设来解释任选词的褒贬义。根据最佳相关的语境假设,平庸之辈、无名小卒是随意就可以找到的,而非凡的、杰出的人才和异能之士是难得的,不是任意挑选就可以发现的,所以在 not just any 这个构式中,通过反对随意挑选的意义就能暗示特别的、重要的、非凡的意思。例(25)表示玛丽所见到的人不是寻常百姓,而是总统。在例(26)中,通常杂志上的文章会刊登名人的照片,为他们做宣传,所以语句表示有插画的一篇文章首先刊登了成为名人的每个人的照片。诚然,somebody, something, anybody, anything 的偏指义已经成为它们的义项,任选词在特定语境中产生的偏指义已经稳固下来,成为了词语的一个义项。这反映了语用含义的规约化和固着化,语义的历时演变是与关联推理紧密相连的。任选词还可以在语境中产生临时的、非规约的意义。人们去参加舞会时一般会着正装,所以例(27)中的 anything 相当于"任何正装"(anything appropriate)。电视台除非罢工才不播出节目,而例(28)不属于此类语境,通常观众在乎的是好看的电视节目,所以例句中的 anything 相当于"值得观看的节目"(anything worth watching)。在例(29)中,对于传闻人们一般关心的是它是否具有真实性,所以其中的 anything 相当于"任何真实的成分"(anything true)。在例(30)中,在搏斗时仅破了一点皮,但不严重,所以 anything=anything serious。在例(31)中,只明白了"怎么着"的任选义,尚未完全把握讲话人的意图,还必须结合语境收缩词语的外延才能确定讲话人的真正所指。当笔者让学生用关联论解释"怎么着都成"的含义时,由于有些学生没有看过该影片,缺乏背景知识,不能启动最佳相关的语境假设,不明白言语者的深意,如有的把它解释为无论你收多少学费或提出什么条件都可以,有的把它解释为无论您如何管教他,打也好,骂也好,我们都会接受。艳红是一位窑姐,她苦苦央求戏班的师傅收留她的儿子,做他的徒弟。"你别嫌弃我们"的意思是你别嫌弃我是妓女,也不要嫌弃我的儿子。妓女拥有的不过是自己的肉体,对她提出的要求也不过是要求她献身而已,联系场景中她的姿势、眼神、腔调以及师傅的回答,这里的"怎么着"传递特定含义:提出献身的要求。这就是在师傅可能提出的各种条件选项中最佳相关的选项。艳红暗示假如师傅提出这一要求,只要他收卜她的儿子,她也会答应。讲话人利用任选词的不定指意义作为掩护隐指某一难以启齿的选项,任选词能起到委婉语的功能,比直接显明目标选项更得体。

(五) 任选词的极点义

(32) 怎么才能吸引林少安回到我身边来?我想起林少安一直以来的一个想法,他希望我能跟他同居,这是他很久前就提出来的,他说,爱就是身心合一,我们这样爱着太隐忍也太疲惫。既然他那么想,我今天就成全他,满足他。把<u>什么</u>都给了他,他还能怎样呢?(人民网 2009-03-31)

例(32)中的"把什么都给了他"看似讲话人决定把她所保留的东西全都给他,其实这里的"什么"暗指女人的贞操,这是听话人在上文语境信息的诱导下获得的含义。虽然"什么"包括讲话人所拥有的全部的东西,无论是可以赠送,还是不可以赠送给别人的东西,但它在这里只包括一个特定的选项,讲话人的意图是用任选词隐指一件具有极端值的选项,即女人们最宝贵、最珍惜、最不可能轻易送人的"珍品",而其他物品与讲话人的意图不相关。可见,在某些语境中,只有极端选项才与讲话人的意图相关。又如:

(33) "不贪钱,<u>什么人</u>都害不了你;贪了钱,<u>什么人</u>都救不了你",当有些秃顶的简汝坚坐在被告席上时,不知还能不能想起自己曾在广州市地税局第五稽查局局长任上所做的这篇万余字的"反腐倡廉形势报告"。(人民网 2015-05-26)

(34) In he came, proud like *anything*. (proud as you please) (Bolinger 1972:27)

(35) The thief ran like *anything* when he saw the police.

(36) They're always slagging me off like *anything*.

(37) It's as dark as *anything* outside.

在例(33)中,默认的常识性的假设是:无力干预案件的人常是那些普通身份和没有关系的人,一般不包含极有权势和能量的人,因为他们常被视为例外。

"什么人都救不了你"中的"什么人"通过任选义把权势和能量极大的人也纳入到无能为力的拯救者的集合中,于是拯救者的集合被扩大,它包括各种身份、地位和能量的人。但听话人领会讲话人的扩域意图只是理解了字面传递的信息,他还需要收缩所指的外延才能锚定讲话人意图中真正所指的对象。这里,"什么人"专指能量梯级中的极端成员,即极有权势和能量的人,只有这样的人才最有本事"捞人",才与讲话人的强调意图最相关,而能量梯级中的其他可能的拯救者与讲话人的强调意图都不相关。在例(34)中,anything 的内涵受前面的proud 的感染而被充实,于是 anything = anything proud,即任何高傲的事物。Like anything 和 as anything 大致类似于汉语的"VP+得像什么似的",用于形容极高的程度。Bolinger 给例(34)中 proud like *anything* 做的注解是 proud as you please,即你愿意用什么来形容其狂傲都成,整句的味道颇似:任君取尽天下物,难拟此翁满面狂。这里讲话人和听话人对选项域的放和缩的操作是一个反向的过程。一方面,讲话人放宽选择的范围,给予听话人任意选择的自由,任随他选取哪一个很高傲的事物来做类比参照物。另一方面,听话人会根据最佳相关的语境假设来识别讲话人的意图,选取具有极值的选项来做类比参照物,因为只有选取极其狂傲的人来做对比才能与讲话人的强调语气合拍,所以 anything 被定位为 the proudest thing,于是任选词的外延被缩小到仅包含极端事物的集合。在例(35)中,小偷见到警察,为了逃脱,总是拼命地奔跑,所以 anything 表示跑得特别快的东西。在这一语境假设的作用下,听话人根据讲话人的强调意图把小偷逃跑的速度调节到飞快的级别上,讲话人虽然没有明确说出对比参照点的名称,但听话人能意会讲话人所指对象的属性,如跑得像箭一样快或像一道烟似的溜走了。例(36)暗示他们老是把我贬得一钱不值,例(37)表示外面一片漆黑,它们都是强调极端程度。

可见,any 的编码义是任选义,它与特定的语境假设结合暗指梯级中的极点或集合中的极端选项。极点义是任选词的含义而不是任选词的本义。

(六) 任选词的非极点义

梯级解释说尢法说明为何任选词有时不表示极点义,而最佳关联原理就能对此做出解释。

(38) Any suggestions?

(39) 他有可能躲在其中的任何一个房间里。

在例(38)中,讲话人没有要求对方提出最有益或无益的建议的意图。要求对方只提出最有益的建议会违反礼貌原则,而要求对方只提出最无益的建议又与自己的收益相冲突。讲话人使用任选词扩大建议所涉及的范围是为了表示诚意和打消对方的顾虑,他表示不管是有用的还是无用的建议,都欢迎听者毫无保留地提出,因此 any 在此不表示极点义。例(39)表示不排除任何一个房间都是他的藏身之所的可能性,讲话人使用任选词表示房间的质量或隐秘程度与推断无关。此外,"任何"在这里不表示全称量化义是因为现实世界中的人没有分身术,不可能躲在所有的房间中。

五、结　语

本文用最佳关联原理弥补了任选词的两种梯级解释论中存在的不足。任选词的极点义不是它的本义而是含义。任选词在有的语境中表示极点义是因为在最佳相关语境假设的指引下,听话人收缩任选词指代的外延,把讲话人意图中的所指定位在梯级极点上。但任选词不是在所有的语境中都指代极点,因此梯级解释不是必然的解释,而任选解释是它在所有的语境都必须含有的解释。仕选词具有扩域功能,它表示即使把例外成员纳入选项域中命题也成立,所以任选词含有让步意味,能够加强语气和说服力,能够增加命题的信息度。任选词的量化意义也是一种含义,它也取决于语境诱导的含义推导。规定任选词本身具有存在量化义或全称量化义都只能解释部分现象。任选词具有暗指功能,它以集合中其他选项作为掩护隐指某个对象,起到委婉语的作用。

启林有声

参考文献

杉村博文:《现代汉语"疑问代词＋也/都……"结构的语义分析》,《世界汉语教学》1992 年第
　　3 期。

邵敬敏、赵秀凤:《"什么"非疑问用法研究》,《语言教学与研究》1989 年第 1 期。

袁毓林:《"都/也"在"Wh＋都/也＋VP"中的语义贡献》,《语言科学》2004 年第 5 期。

张　定:《汉语疑问词任指用法的来源——兼谈"任何"的形成》,《中国语文》2013 年第 2 期。

Back, K.(2004) Pragmatics and the Philosophy of Language. In Horn, L.R. & Gregory, W.
　　(eds.) *The Handbook of Pragmatics*. Oxford: Blackwell Publishing, 463-487.

Bolinger, D.(1972) *Degree Words*. The Hague: Mouton.

Carston, R.(2002) *Thought and Utterances: The Pragmatics of Explicit Communication*.
　　Oxford: Blackwell.

Chierchia, G.(2013) *Logic in Grammar: Polarity, Free Choice, and Intervention*. Oxford:
　　Oxford University Press.

Condoravdi, C.(2010) NPI Licensing in Temporal Clauses. *Natural Language & Linguistic
　　Theory* 28(4):877-910.

Dayal, V.(1998) Any as Inherent Modal. *Linguistics and Philosophy* 21:433-476.

Duffley, P.J. & Larrivée, P.(2010) Anyone for Non-scalarity? *English Language and Lin-
　　guist* 14:1-17.

Fauconnier, G.(1975a) Polarity and the Scale Principle. In Grossman, R.E. San, L.J. &
　　Vance, T.J.(eds.)*CLS* 11. Chicago: CLS, 188-199.

—(1975b) Pragmatic Scales and Logical Structures. *Linguistic Inquiry* 6:353-375.

—(1978) Implication Reversal in a Natural Language. In Guenther, F. & Schmidt, S.J.
　　(eds.) *Formal Semantics and Pragmatics for Natural Languages*. Dordrecht: D.Reidel
　　Publishing Company, 289-301.

Giannakidou, A.(2001) The Meaning of Free Choice. *Linguistics and Philosophy* 24(6):
　　659-735.

Halff, H.M., Ortiny, A. & Anderson, R.C.(1976) A Context-sensitive Representation of
　　Word Meanings. *Memory and Cognition* 4:378-383.

Haspelmath, M.(1997) *Indefinite Pronouns*. Oxford: Oxford University Press.

Heim, I.(1984) A Note on Negative Polarity and Downward Entailingness. In Jones, C. & Sells, P.(eds.)*NELS* 14. University of Massachusetts, Amherst: GLSA, 98-107.

Hobbs, J.R.(2004) Abduction in Natural Language Understanding. In Horn, L.R. & Gregory, W.(eds.) *The Handbook of Pragmatics*. Oxford: Blackwell Publishing, 724-741.

Horn, L.R.(2000) Pick a Theory(Not Just Any Theory): Indiscriminatives and the Free-choice Indefinite. In Horn, L.R. & Kato, Yasuhiko.(eds.) *Negation and Polarity: Syntactic and Semantic Perspectives*. New York: Oxford University Press, 147-192.

Horn, L.R. & Lee, Y.(1995) Progovac on Polarity. *Journal of Linguistics* 31:401-424.

Israel, M.(2011) *The Grammar of Polarity: Pragmatics, Sensitivity and the Logic of Scales*. Cambridge: Cambridge University Press.

Johnson-Laird, P.N.(1983) *Mental Models*. Cambridge: Cambridge University Press.

Kadmon, N. & Landman, F.(1993) Any. *Linguistics and Philosophy* 15:353-422.

Lahiri, U.(1998) Focus and Negative Polarity in Hindi. *Natural Language Semantics* 6: 57-125.

Langacker, R.W.(2002) One Any. In Korean Linguistics Today and Tomorrow. *Proceedings of the 2002 International Conference on Korean Linguistics*. Seoul: Association for Korean Linguistics, 282-300.

Lee, Chungmin.(1996) Negative Polarity Items in English and Korean. *Language Sciences* 18(1-2):505-523.

Lee, Y. & Horn, L.R.(1994) *Any as Indefinite Plus Even*. Unpublished ms., Yale University.

Peirce, C.S.(1955) Abduction and Induction. In Buchler, J.(ed.) *Philosophical Writings of Peirce*. New York: Dover Books, 150-156.

Rullmann, H.(1996) Two Types of Negative Polarity Items. In *NELS 26*, University of Massachusetts, Amherst: GLSA, 335-350.

Sperber, D. & Wilson, D.(1986/1995) *Relevance: Communication and Cognition*(2nd edition). Oxford: Blackwell.

Tovena, L. & Jayez, J. (1999) Any: From Scalarity to Arbitrariness. In Corblin, F.

Dobrovie-Sorin, C. & Marandin, J.M. (eds.) *Empirical Issues in Formal Syntax and Se-mantics*, Vol. II. The Hague: Theseus, 39-57.

Vendler, Z. (1967) *Linguistics in Philosophy*. Ithaca, NY: Cornell University Press.

Zepter, A. (2003) How to Be Universal When You Are Existential: Negative Polarity Items in the Comparative: Entailment along a Scale. *Journal of Semantics* 20:193-237.

原载《语言研究集刊》第十五辑,上海辞书出版社 2015 年版

从语法构式到修辞构式[*]

刘大为

本文并非尝试在构式语法的框架中展开一项具体的研究,而是借助从构式的某些性质获得的启示并利用构式这一概念,将修辞学的研究本体与语法学的研究本体描述为一个连续统,进而思考这两个学科可否作为一个学科统一体在研究方法上保持一定的连续性。

一、从不可推导性看语法构式与修辞构式

1. 构式:可推导的与不可推导的

构式义不能从它的组成成分推导出来,已经被认为是构式的一项最为基本、甚至是决定性的性质。^①然而这一论断很容易受到质疑,陆俭明先生在Goldberg《构式:论元结构的构式语法研究》一书的中文版序中就已经提出,构式义如果是不可推断的,"那么这种构式义是什么赋予的?"为什么从"'张三吃了个面包''李四种了棵树''王五喝了杯咖啡'这些句子所代表的构式"上我们

———————————

* 本文的部分内容曾在"汉语认知语法与对外汉语教学学术论坛"(北京语言大学,2009 年 9 月)、"中国修辞学会 2009 年国际学术研讨会"(暨南大学,2009 年 6 月)上宣读,得到与会学者的宝贵意见,特致谢忱!

① 本文所涉,主要是以 Goldberg 为代表的构式语法。

感觉不到那种不可推断的构式义？如果它们确实不具有这种构式义，"那么为什么有的构式能表示独立的语法意义，而有的却不能？"①陆先生的提问非常深刻，可以说已经涵盖了本文所要讨论的全部对象。

语法的可推导性其实是一个无须多加论证的显豁事实，语言之所以是结构的而不是整体性的，就在于结构能够带来可推导性。有了它，有限数量的语言项目才能在组合中传递无穷复杂的信息，语言的理解才无须完全依赖整体记忆的语言项目，而变成一个可分析、可推论的有条理的过程。

不过构式语法看来并非要否定语法的这一基本性质，不可推导性之于它只是为了强调构式存在的独立性——"构式本身具有意义，该意义独立于句子中的词语而存在"（Goldberg，2007:1）。为了论证这一观点，构式语法选择的几乎全都是以非典型方式使用语言而造成的例句，从它们的构成成分确实无法推出构式的整体意义，相反需要构式将意义加在构成成分上以获得语义的协调。可事实上构式语法并没有，看来也不可能否认典型句子中这种推导关系的存在。有学者便指出，Goldberg 也承认投射理论在解释动词较为典型的句法表现方面具有一定的说服力（沈园，2007:77）。例如：

(1) Chris gave Pat a ball. （克里斯给了帕特一个球。）

(2) Pat put the ball on the table. （帕特把球放到了桌子上。）

就是"从动词语义推知句法结构的典型例子"，因为这里的动词 give 和 put 是以典型的方式被使用的。

Goldberg（2007:48）甚至指出，"最典型的情况是与动词相联的参与者角色和与构式相联的论元角色之间存在一一对应的关系。在这种情况下，由于动词自身意义与构式意义相同，因此构式意义完全是多余的……"陆俭明先生认为在"张三吃了个面包"等句子上感觉不到那种不可推断的构式义，原因恐怕就在

---

① 见 Goldberg 著，吴海波译《构式：论元结构的构式语法研究》中文版序 2，北京大学出版社 2007 年版。

于从词语推导出的意义与构式的意义正相吻合,理解得以顺畅进行,构式义也就透明化了。

所以语言的事实应该是既存在不可推导的构式,也存在可推导的构式,每种语言中的简单句构式无疑都是可推导的,不可推导性不是构式的唯一性质。

2. 构式中不可推导性的种种表现

就本文的研究意图而言,我们更感兴趣的是构式的不可推导性。可以就此提出几个问题:

第一,不可推导性是构式自身所有的,还是使用过程中才发生的?

Goldberg在书中举例时使用最多的"Pat sneezed the napkin off the table(帕特将纸巾喷嚏到桌下)"之所以是不可推导的,是因为 sneeze(打喷嚏)并不具有"致使 Y 移向 Z"的能力,它出现在致使—移动构式中是一种非典型用法。设想如果将它替换为典型用法的 throw(扔)、blow(吹):

(3) Pat threw the napkin off the table. (帕特将纸巾扔到桌下。)

(4) Pat blew the napkin off the table. (帕特将纸巾吹到桌下。)

可推导性就恢复了。这说明构式本身是可推导的,只是不规范的使用使它受到阻碍。然而也有一些构式本身就具有不可推导的构式义。如:

(5) 一人两块钱/一人出两块钱(陆俭明,2009)

(6) 王冕死了父亲/他来了两个客户(沈家煊,2000)

(5)中的两例都有"每"的构式义,(6)中前一例有蒙受重大损失的构式义,后一例有有所获得的构式义。它们都不能从自身的构成成分推导出来(陆先生就特别强调了"每"的构式义与其中的"一"无关),所以是构式固有的,只要构式投入使用它们就会显现出来。

第二,使用中发生的不可推导性只是一种临时现象,还是已经引起使用者们的兴趣而获得重复发生的机会?

下例中"嚷"出现在致使—施动构式中而被赋予了"致使 Y 从事 Z"的能力。显然它的出现是一种临时现象,是偶发的、即兴的、独一无二的,"嚷"只要离开

这一构式,获得的致使力也就随之而消失:

(7) 韩玄子已经在堂屋里训斥老太婆话太多,又要去喝茶,保温瓶里却没有水了,就又嚷着正在梳头的小女去烧水。(贾平凹《腊月·正月》)

修辞学所研究的大量现象都是这种临时形式,例如作家的某个句子,人们可以反复诵读它、欣赏它、分析它、引用它,但是只要没有人在新的话语场景中再次使用它,它就永远是个临时形式。临时形式也可能因为所反映的认知经验或交互方式获得了认同,引起人们再次使用它的兴趣,它的性质就很可能在重复使用中发生变化。

设想"叫"、"喊"在最早被某个使用者运用于以下致使—施动构式时:

(8) 叫她们围着餐桌跳舞/我喊你来也就是合计合计这件事(北大语料库)

也是一种具有不可推导性的临时形式,因为它们的本义和"嚷"一样不具有"致使 Y 从事 Z"的能力。然而可以推测,正因为它们反复地被用于这一构式,结果就稳定地接受了这一构式的构式义,对一个受使—施动的参与者角色的要求已经成了它们词义的一部分,付出的代价则是"发出较大声响"的意义已经消失。而"嚷"的这种用法是临时的,所以较大声响的语义不仅保留着,还被言者加上一个"着"而予以强化。

任何临时形式都是实际存在的话语实体,不可能是一个抽象的格式,所以将临时形式也视为构式的话,一定是实体性的构式。

第三,重复发生是以整体投入的方式,还是经过了结构框架的提取而具有了能产性?

重复使用如果是原单位的整体再次投入,结果就是形成一个习语。习语属于实体构式,不具备能产性。例如:

(9) 他今晚又喝多了。(引自蒋严《〈关联:交际与认知〉译者前言》)

"又喝多了"具有"再次因喝酒(而决不是其他饮料)过量已经造成不良后果"的构式义。然而构式义的形成依赖于这个构式整体与言者主观意图的关系,不是从中推导出来的,所以构成成分若有变化就会破坏构式义,"又喝多了"只能以习语的方式重复使用。整体使用的习语也是一种构式,但属于实体构式。

临时形式虽然是偶发的、独一无二的,却同样受着语言结构规则的制约。重复使用如果是在利用规则的情形下进行的,就会有一种完全不同的方式:例(7)"嚷"的位置上如果用"吼""骂""吵"甚至"瞪""揍"等同样不具致使力的动词来替换,依然能使这些动词接受相同的构式义。这种重复使用造成了新的单位,所以具有了能产性。可替换就意味着有一个结构框架已经形成,重复使用的是框架而不是它的话语实体。对"嚷"的替换而言,形成的框架表面上似乎还是一个致使—施动构式,但是不同之处在于,它要求进入的一定是不具致使力的动词,只有这样才能保证产生的新单位还是一种非典型的用法。在临时形式中提取的框架也是一种构式,由于它完全不依赖于原先的话语实体而仅仅依靠语类之间的关系,所以是一种关系性的构式。

关系构式还能通过构式标记来增强能产性——构式义往往可以集中体现在某些后附性的语言成分上,它们便可作为构式标记来显示框架的作用。例如将"要"视为"致使—施动"构式的标记加在"嚷(着)"之后:

(10) 小孩们手舞足蹈,嚷着[要]妈妈头。/(丁杰)在门外大喊大叫,嚷着[要]丁作明"滚出来"。(北大语料库)

"嚷(着)"仍然是主要动词,"要"的作用只是将致使义附加于其上,任何动词只要是能体现致使行为是以何种方式实现的,便都能顺利进入这一构式。"要"的独立性似乎还强了一些,"出""掉""成""到""来""回来""给"等都是更具后附性的构式标记:

(11) 几个人额对额地借火点烟,亲热[出]抹脑袋和捅腰身一类动作。(韩少功《怒目金刚》)

(12) 一个夜晚,差不多就被三个女人给坐[掉]了。(海飞《我叫陈美丽》)

(13) 干不到一会儿,衣服就湿得贴到了背上,头发就汗[成]了一绺儿一绺儿的。(何玉茹《三个清洁工》)

（14）他们是从大唐看[来]了、拿来了直棂窗，并且使它们好好地活在今天。（李天扬《透过那一扇扇直棂窗》）

（15）帮忙帮[到]电线杆子上、天桥上、楼道口、公交车站、大学里的海报栏，这个人情不是一般的大啊。（徐则臣《居延》）

（16）房价也跟着过年过[上去]了，涨得已经没了章法，……（徐则臣《居延》）

（17）骆京生炒[回来]的菜，一个是熘肝尖，一个是熘肉片。（黄蓓佳《没有名字的身体》）

例中加了下划线的动词都属于非典型的用法，但是有了构式标记的作用，构式义对它们的强制性赋加就不再是个别的、偶发的现象，而是规则化为一种能产性很高的方式。理解者也不再需要根据对构式性质的分析来推断赋加的构式义究竟是什么，标记已经把它明示了出来。霍凯特认为能产性就是说话人用来创造新形式的自由度①，有了构式标记，动词非典型用法的自由度就大大提高了。在下例中可设想若没有"进去"作为构式标记，"剪"要进入"致使—移动"构式是相当困难的：

（18）游船票他可以代买，但是上船剪票时不能代剪，只能让检票员把你们一个个剪[进去]。（杨一飞谈带领会议代表参加浦江夜游实录，20090929）

而有了"进去"的标记，无论是什么动词，只要我们感觉上是该动词所指的行为致使了某受动者发生位移，该动词就可通过接受这个标记而自由地进入致使—移动构式：如果以刷卡的方式剪票，就可以说"把你们一个个刷[进去]"；如果是以撕一个小口的方式剪票，又何尝不能说"把你们一个个撕[进去]"？

高能产性是以明确的规则化为前提的，在构式标记带来的能产性背后，可以看到不规则的非典型用法已经在一定程度上被规则化了，原本临时性的修辞现象现在成了一种关系构式而具有了语法的性质。一种修辞现象之所以能概

---

① 见霍凯特著，索振羽、叶蜚声译《现代语言学教程（下）》，北京大学出版社 1987 年版，第 8 页。

括为一个辞格而获得一定的能产性，往往也是提取结构框架带来的规则化造成的，都可以作为一种关系构式来观察。

第四，习语只能以整体的方式投入再次使用，还是也可以通过框架的提取获得能产性？

通常认为既然不能从习语的构成成分推知它的构式义，那么无论在怎样的使用过程中，要维系构式义，便要保护习语原有的构成方式而不能变动它的成分。可是进一步的研究发现，构式义并不总是编码在全部的构成成分上，很多情况下它只决定于部分成分的使用，只要这些成分保留着，构式义也就能维系着。可以推断，习语也能通过保留这些与构式义直接相关的成分而舍弃其他成分，形成一个可替换的框架而获得能产性。这在流行语中表现得非常充分，例如"都是月亮惹的祸""哥吃的不是面，是寂寞"都是实体构式的习语，然而在下列语例中——

(19) 九年两入狱，都是[公路]惹的祸(中国经营报，20090829)

(20) 都是[潜规则]惹的祸——从梁教授事件看中国艺术类考试的弊病(新民晚报，20090824)

(21) [专家][改]的不是[字]，是寂寞。(广州日报，20090824)

(22) [叔][搞]得不是[怪]，是寂寞。(人民网，20090820)

(23) ["富二代"][飙]的不是[车]，是[麻木的灵魂]。(新华每日评论，20100412)

这些实体构式都通过提取一个框架而"能产"出一大批新的单位。由于这个框架是因为保留了原习语中的一部分实体而建构起来的，可称为半实体构式。日常语言中半实体构式的习语并不少见：

(24) 朱萍要是可以这么说[走]就[走]说[来]就[来]，那海鸟的怀抱岂不成了她的临时客栈？(韦泱《尔卜尔筮》)

(25) 一个这么不好的男同学，竟然说[不理西米]就[不理西米了]……(同上)

甚至一些编码着程序性构式义的习语也是如此：

（26）［分手］就［分手］，这年头谁缺了谁都没关系。（转引自《修辞学习》2009年第6期第76页）

（27）女人们说："猫子啊，一个怕老婆的毛坯子。"猫子说："［怕］就［怕］，怕老婆有么事丑的。当代大趋势。"（同上）

"［　］就［　］"作为一个半实体构式，有"让步而接受一个看来不如意的事实"却又"说出为何对之不以为然的理由"的程序性构式义，并依靠它对前后语段进行了跨话轮的组织，在这个意义上它也是话语标记的一种类型。

第五，不可推导性带来的必然是可接受度甚至合语法度的降低，还是一般的理解难度的提高？

不可推导就是从话语自身的结构得不出应有的解释，当然会带来理解难度的提高。但通常认为，只有词语间人们习惯的结构关系被改变而造成的理解难度，才与句子的可接受度有关，而结构方式的改变中只有涉及句法功能的，才引起合语法度的问题：

（28）有一次，她去修皮鞋，那位六十多岁的老师傅……立即拆去鞋跟。（北大语料库）

（29）她站起来，拍拍身上的泥土，又把灯拍亮了。（张人捷《猎遇》）

（30）万一他们执意不肯放行，他就会甩他们一条过滤嘴香烟意思意思。（迟子建《逆行精灵》）

例（28）中的"修皮鞋"实际表达的是"付出货币，致使服务人员来修理自己的皮鞋"，这重意思无法从"修皮鞋"的结构中推断出来，必须在一个商业服务的场景中才能得到解释。理解难度是提高了，但是词语之间的结构关系没有改变，所以句子的可接受度并未因之而降低。

例（29）从动词"拍"可以推导出与施动—结果构式一致的构式义（动作导致某种结果），所以"拍"的句法功能没有受到影响；但是"拍亮了灯"作为施动—结果构式的一个实例超出了日常认知经验，它的构式义（动作导致灯亮的结果）无法从"拍"推出。为了满足它"拍"的语义组合功能便被强制性改变,句子的可接受性从而降低了。可是随着人们对灯光可由声音来控制的场景渐渐习惯,"拍",以至任何一种能导致发声的动作"笑""嚷""跺"等等,它们与"亮"组合的可接受度就有可能提高到正常水平。

例(30)中动词"甩"推不出双及物构式的构式义,对"他们"的支配是构式强制性改变"甩"的句法功能的结果,整个句子的合语法度也就降低了。

归结以上五个问题的讨论,可以做出这样一个假设:语言中的基本构式都是可推导的,而在使用过程中构式会在一定动因的作用下发生不可推导的情况。开始都只是一种偶然的临时形式,表现为一种实体性的构式,当它们引起人们继续使用的兴趣时就会向两个方向发展:一个是形成习语,这是一种不具能产性的实体构式;一个是经过框架提取和规则化形成具有能产性的关系构式。习语在一定条件下也可能进行框架的提取而成为半实体构式。无论哪一种构式,只要有不可推导的意义存在,构式的理解难度就会增加,而在关系构式中理解难度还会表现为可接受度甚至合语法度的降低。但是构式如果经常性地高频使用,不可推导的构式义就有可能固化在构式上,与构式一起被储存被激活,理解难度也就随之而消失了。

3. 语法构式与修辞构式

经过构式语法对构式定义的扩展,语言中可观察到的无非就是各种各样的构式了,其中有可推导的构式,类型更多的则是我们以上讨论的形形色色不可推导的构式。

3.1 修辞构式和语法构式:一个连续统的两端

对于它们,修辞学和语法学表现出研究旨趣上的不同:语法学传统上只关注具有可推导性的构式,以及那些不可推导的构式义已经通过语法化稳定下来的构式;而修辞学所关注的语言现象,今天看来,毫无例外都在不同程度上带有不可推导的构式义——无论是传统修辞学多年来所热衷的现象,还是在当前的转向过程中修辞学者们表现出浓厚兴趣的现象,一经分析,都可以发现其中不可推导性的存在。即使是像别解、飞白、谐音、断取等与语法没有直接关系的辞格,使用者的兴趣也在于借助语境从中发现,或者给它们加上那种通常从字面推导不出来的意义。所谓的修辞意义,其实就是这种不可推导的构式义。甚至可以说,一个研究者为什么会在纷纭复杂的话语中感觉到某种现象具有修辞的性质,正是感受到了其中不可推导意义的存在。

上一小节讨论的不可推导的现象中,修辞学显然更关心那些在语言系统中没有稳定存在、只在使用过程中发生的现象。它们一开始都是些偶发的、即兴的、独一无二的临时形式,往往由于人们对语言采取了非典型、不规范包括创新性的用法而形成。它们通常被修辞学首先注意到,因为修辞学关注人类使用语言的所有动因,尤其是无法容纳于语法功能的那些动因是如何通过塑造语言的结构而得到实现的。语法学也会关注它们,但是着眼点在于这可能是一种结构变化的起点,如果没有进一步向能产性发展,语法学的学科价值就微乎其微了。

然而在能产性上,修辞学和语法学却表现出共同的追求。一种临时形式所具有的不可推导意义——其实也就是这种形式的修辞价值,如果引起人们的兴趣就会再次以至不断地使用它们。使用者们一方面期待有更多的创新形式来满足不断膨胀的表达欲望,另一方面又会尽力回避创新带来的心理资源的消耗。两种要求相平衡,结果就是通过各种机制将能产性赋予那些已经产生的临时形式。构式的能产性与不可推导的构式义的固化是一个同步的过程,语法学更关注的是高能产性以及构式义固化的完成形式,修辞学的关注则更多地放在它们的中间状态,而且是未必预示着继续发展的中间状态上。

高能产性与语法化一定会带来理解的通畅,因为不可推导的意义已经可以依靠记忆来激活,无须临场的心理操作。而修辞学所关注的,无论是临时形式,还是依靠能产性机制产生的形式,不可推导意义的理解都需要不同程度上的临场操作,加上伴随着能产性较低带来可接受度、合语法度较低的特点,理解难度是修辞语言在所难免的,在某种意义上可以说,修辞的出现就意味着通畅理解的阻断,为的是逼迫理解者停留下来更多地进行推导和体验,修辞的效果就在这样的过程中得到实现。

构式的概念既然已经无所不包,单从语法的角度去限定和研究显然是不够的,为此我们设立语法构式和修辞构式两个术语,用以区分构式的不同性质以及它们之间的联系,概括语法学和修辞学不同的研究旨趣与它们的共性:

> 语法构式指的是任何一种可从构成成分推导其构式义的构式,以及虽有不可推导的构式义,但已经完全语法化了的构式。

> 修辞构式指的则是所有带有不可推导性的构式,只要这种不可推导性还没有完全在构式中语法化。

语法构式与修辞构式的对立在于是否可推,联系点则在加于其上的不可推导的意义有没有彻底语法化。可语法化往往只是一个程度上的问题,两种构式因而并不是可以严格区分的,它们之间有着开阔的过渡地带。由此可将语法构式和修辞构式描述为一个连续统:

> 构式连续统的一端是可推导的构式(最典型的语法构式),另一端则是临时产生了不可推导性的构式(最典型的修辞构式),随着不可推导的意义渐渐凝固在构式上,构式也就渐渐呈现出语法的性质。待到这种意义完全凝固成构式的一部分,修辞构式也就转化为语法构式。

如此看来,语法的性质并非为语法构式所独有,修辞的性质也并非为修辞构式独有,在过渡地带,它们并存于同一个构式之中。语法的变化往往起源于修辞,而修辞的归宿也有可能是语法。

3.2 语法学和修辞学:一个学科统一体的两端

值得重视的是,随着认知语言学特别是构式语法对"非核心结构""新奇用法""非典型用法"的日益重视,甚至形成了不仅要表征高度概括的规律,也要解释个别特征的规律,要"描述语言中所有类型的结构"的宏图,语法研究越来越关注上述那些临时的、偶发的、个别的、能产性较低的、往往在使用中才发生的不可推导现象,以至于将习语也纳入了学科的范围,这就与修辞学发生了深度的交叉。

显而易见的是,构式语法以之为学术增长点的那些非典型现象,其实都是修辞学传统中早就关注的,然而在构式语法的研究方法中呈现出了新的意义。

将修辞研究纳入构式的视野并用不可推导性来解释,一个明显的后果就是有助于在一个简单而明晰的标准下发现更多值得修辞学研究的对象,进一步确定修辞学的研究本体。其次我们将会发现,由于语法构式与修辞构式原本就无法明确区分,只是一个连续统上的两个方向,以它们作为研究本体的语法学和修辞学就势必会表现为一个学科统一体中的两种倾向,而不是两个相距遥远、难以对话的分支学科。在过渡地带的很多问题上,例如动词在"特定构式中的新奇用法"、非典型用法等,以及将来肯定还会越来越多被发现的现象上,语法学和修辞学就会交融在一起。客观地说,语法学在理论和方法上的成果是令人瞩目的,而修辞学却正经历着痛苦的变革。将修辞构式与语法构式作为一个连续统来研究的思路,一定会推动修辞学与语言学前沿理论的对话,早日走出研究方法的瓶颈。

修辞学与语法学的结合,是许多老一辈修辞学家梦寐以求的理想,但只有在今天的学科大背景下,这种理想才真正有了变为现实的可能。

二、不可推导性是如何形成的?

1. 语法功能与修辞动因

受到语言的经济性以及使用者生理、心理资源有限性的制约,语言只能用数量有限的结构形式去应对语言在认知表达和人际交互上无限扩张、无穷变化的功能要求。

我们(刘大为,2009)曾经这样表述过:并非语言交际中的任何功能要求都有可能成为语法功能,语法功能之所以不同于一般的语言功能,是因为它得到了语法形式的表现。可是语法的结构形式只能是数量有限的,它只能将那些最为一般、最为概括、最为常用,以及在一定文化背景下人们最感兴趣的功能要求选择出来加以编码,它们就因之而成了语法功能,例如简单句构式的语法功能,就是要编码人类经验中的那些最基本情景。

　　然而在语法功能之外那些相对来说较为具体、较为特殊或较为少用,以及立足于新的认知经验和交互意图才萌生出来的功能要求,依然要在语言的结构中得到实现。与语法功能相比,它们就成了似乎在追求特定效果的修辞动因。由此看来修辞动因与语法功能一样都是人们意图通过语言实现的功能,只不过加进了更多的认知或交互的变量。因而语法功能是提取掉这些变量的修辞动因,而修辞动因则是加进了这些变量的语法功能。例如:

　　(31)a 刚才查看了一下,后院跟前院一样都进了水。

　　　　b 乔姆斯基认为,语言能力跟人的视觉能力一样可以归结为生理、物理状态。

　　　　c 还不到三十岁的她已经跟个桔子一样慢慢风干了。

(31)的三例共用了"X 跟/像 Y 一样 Z"的形式,但 a 句只是在陈述一个事实,为的是表达这一事实体现出来的"X 与 Y 在性质 Z 上等同"的认知关系。这是一种语法功能,不仅因为这种等同关系属于人类基本的认知经验,更因为它直接编码在构式上,可以从构成成分推导出来。b 句则在上述的语法功能中加进了"借同解释"的交互变量:言者认定听者了解视觉能力属于生理、物理状态,因而试图通过确认语言能力与视觉能力的等同关系,来促使听者借用视觉能力的知识去理解语言能力。加进这样一个变量,语法构式也就转化为一个比喻构式,标志是 X 与 Y 的相对位置稳定下来,不再能像语法构式那样变动。①a 句中的语法等同能够发生,前提是默认了只有同一认知域中的 X 和 Y 才具有可比性,对此 c 句在保持"借同解释"变量的同时又加进了"跨域等同"的认知变量:听

----

　　① 原型的语法等同构式中 X 与 Y 的位置可以自由对换,说明它的构式义是绝对的等同关系。但是这种构式在相当多的使用场景中,X 与 Y 有认知上的先后,人们倾向于以先认识到的 Y 为参照来说明后认识到的 X 与它的等同关系是怎样的,位置关系便有了一定的倾向性:"跟"由连词向介词的转变尤其是"像"的使用预示了与旧信息的联系,主语位置则提示了对新信息的要求。比喻构式很可能就是在此基础上形成的。

者必须将另一认知域中关于 Y 的知识投射在这一认知域中的 X 上，X 才能按照言者的意图得到解释，从而形成了一个跨域等同的比喻构式，它是比喻的典型形式。很显然，离开"借同解释"和"跨域等同"的修辞动因，构式就只能实现一般的语法功能。而这两种动因并不是语言中最一般、最常用的功能，没有直接编码在语法形式上，只能借助语法中的等同构式而得到实现。可以 a 的构式义为中心意义，将 b 和 c 的形成分析为由中心的构式义向非中心义引申的过程。

2. 修辞动因一定会造成不可推导性

一方面语言不可能为修辞动因的实现准备单独的结构形式，一方面人们也更习惯于以已有的认知图式、交互模式为基础去接受新的认知经验及交互方式，所以修辞动因都是在已有构式上得以实现的。

关键的问题就在于，修辞动因一定不可能从这些构式的构成成分中推导出来：如果说语言中那些基本的语法构式都具有可推导的性质，那么这种可推导性都是指向这些构式自身的语法功能的。虽然说修辞动因不可能任意地加在这些构式上——只有当这些修辞动因与构式的语法功能有着一定联系时，构式才有可能接受它们，但是修辞动因毕竟是加进了各种变量的语法功能，它带来的意义既然是依托这些变量而形成的，那就必定会超出原先的结构编码范围，游离在推导关系之外。

还是看例(31)。其中 a 句的构式义只是一般的等同关系，它就是构式自身语法功能的实现，所以这种构式义是可以推导的；而对 b 句来说，构式之所以能实现"借同解释"的修辞动因，是交互场景中言者与听者的关系从外部投射于构式的结果，与构式内部的成分无关，当然无法从后者推导出来；c 句的修辞动因是"跨域等同"，它违反了同域对象才有可比性的构式要求，将不同域的"不到三十岁的她"与"桔子"放在一起，从中当然推不出等同的关系来，修辞动因倒是要依靠"同域等同"的构式义强加给它才得以实现。看来只要是修辞性的语言现象，就一定会有不可推导性发生：语法疑问中的有疑而问可以从结构推导出来，因为疑问句的结构编码是依照有疑而问的语法功能进行的,而无疑而问、有疑无问则是语法功能之外主观化、人际互动、语篇化等修辞动因造成的,它们没有结构中的编码,当然无从推导,只能借助疑问句与话语场景的关系推论出来(刘大为,2009)。

不可推导性造成了理解的障碍,似乎只是一种消极的因素,其实并不然。若是要了解修辞何以会带来我们期待中的表达效果,恐怕很大程度上要向不可推导性去寻找原因。要知道在整个话语的理解过程中不可推导性的出现只是一个程序,我们毕竟会寻求种种对策来消除它。然而它在阻断理解的同时却刺激了人们的求解欲望,把相对简单的话语接受变成了一个困难的探究过程。想象被激发,思维活跃起来,理解时间的延宕使语言内外的细节被充分关注到,注意力长久集中在这一过程上而大大加强了语义体验的深度。相比语法功能依靠可推导性的轻松实现,修辞动因则因为所经历过程留给我们的将是更为深刻、更为持久的印象。更何况这些现象的偶发性、临时性、个别性,更精确地说是发生的不可预测性带给我们的新鲜感受,使得不可推导性成为修辞性语言的一种必要条件。

3. 推导性的恢复与修辞构式对一个规定性场景的依赖

语言的可理解性得到两个方面的支持,一个是整体激活的方式:依靠记忆的贮存,对被理解的单位进行整体提取、整体激活,理解话语中出现的词语、习语等就以这种方式为主,它加重了记忆的负担,但是提高了理解的现场效率;一个是结构推导的方式,依靠规则对构成成分的解释而推出语言单位的意义,对话语整体意义的理解就以这种方式为主,它减轻了记忆的负担,但在理解的现场往往就会有比较复杂的心理操作。

不可推导的构式义属于哪种情况?在语法构式中它已经过语法化的过程稳定下来,和构式一起贮存在长时记忆中,使用时只要构式被激活,它势必同时也以整体激活的方式被我们领悟到,理解依然能够通畅进行。可是对大部分的修辞构式来说,由于没有记忆的稳定支持,不可推导的意义就意味着意义推导不出来,就意味着理解的受阻。然而语言理解本质上是一种推理活动,当理解在语言内受阻,就会转而到句外的话语场景中去寻找推理的依据,而使阻断的可推导性得以恢复。既然修辞构式或多或少都有不可推导的意义,而它们又没有长时记忆中的贮存可供提取,对特定话语场景的依赖就成了修辞构式的一种重要属性。

每一个语法构式也都与一个人类经验的情景相联系,不同的是,修辞构式所依赖的场景不是普遍的、基本的,与语法构式所依赖的情景(它们通常被概括为一些生活中高频发生抽象事件类型)相比,在生活中发生的几率比较小,有些甚至是独一无二的。更重要的是,它并没有编码在构式的结构形式中,而是需要临时在现实中发现或是从记忆中提取并通过想象的组织加工才能获得,所以我们称它们为一个修辞构式的规定性场景。例如:

(32)贾德旺满怀喜悦,主动将茶水钱<u>掏了</u>,两人出门,又抢先把门拉开,……(贾平凹《饺子馆》)

(33)<u>王书记他们正在家里摸麻将</u>,谁输了就钻桌子。(贾平凹《腊月·正月》)

(34)<u>螺蛳要嗍得爽</u>,关键是要烧得入味。(姚孝评《夏天嗍螺蛳》)

(35)他吹拉弹唱的才艺,<u>他甩扑克下围棋的潇洒</u>,使人常常忘记他的年龄和职位。(北大语料库)

从这里的"掏"并不能推出构式所需的支付义:使货币发生空间的转移而使商品的所有权发生转换。要理解这一构式,不仅要从记忆中激活一个由"支付"事件图式勾画的场景,更关键的是,理解者必须意识到"掏"是其中一个动作特征最为突显的环节并在想象中生动地将其呈现出来。有了这样一个场景,不仅可从"掏"推知支付的整体意义,而且将一个鲜明的动作意象赋予了它,所以将茶水钱"掏了"要远比"付了""交了"更具修辞价值。"摸""嗍"也是如此。"甩"并非"打扑克"图式中的必有环节,却是打牌者兴奋忘我时才出现的一种情绪强烈的动作,通过它的意象来理解整个场景,势必更会带来一种"潇洒"感。可见这些修辞构式所依赖的规定性场景,并非记忆储存中事件图式的简单激活,而是要借助于想象才能进行的一种推理关系。当然这种推理关系也可能因为高频使用而固化为动词的一种意义。例如:

(36) 此刻,我坐在中华路董家渡路口的德兴馆里,喊了一客汤包。(铁舞《小南门"一只角"》)

(37) 有的人偏偏在吃饭上大摆阔气,叫了一桌子饭菜。(北大语料库)

(38) 常有客人点了一杯咖啡就坐了一整天,老板也并不在意。(北大语料库)

单就"喊""叫""点"的词汇意义,都无法与它们的宾语在语义上甚至句法上组合,但它们都是餐饮场合的购买图式中一个突显的环节。这种图式反映的是一种更为普遍的生活场景,所以这些动词得到了高频使用。

有些规定性场景强烈依赖于特定社会环境的细节特征,不能进入这些环境就只能永远停留在不可推导的状态中:

(39) 我就业啦,就业啦,太兴奋了,而且是在不明真相的情况下被就业的!(新浪科技,20090811)

(40) 石首厨师涂远高被自杀了!(天涯社区,20090630)

(41) 我们是真富裕了还是被富裕了?但是,北京人啊,你要看到,被幸福不也是幸福吗?(人民网,20090901)

在这些非常典型的修辞构式中,从那些以极特殊方式使用的动词和形容词要推出"被"构式的构式义,难度远远大于 sneeze(打喷嚏)对于致使—移动构式、"嚷(着)"对于致使—施动构式。对此我们既无法从长时记忆中激活一个事件图式来勾勒构式所需要的场景,也无法从生活经验从获得某种新鲜的认知方式来描画它,唯有找到这些构式赖以产生的社会背景并将其描述出来。有人(辛仪烨,2010)用[强制、意愿/非意愿、言辞/事实实现]来刻画场景中的事件特征,用[(遭受)冤屈、愚弄、迫行]来刻画事件对直接受动者(当事人)的影响,用[(遭受)欺骗]来刻画间接受动者(公众和媒体)受到的影响,只有在这样一个完整的场景中,一些原先并不具备强及物性的动词甚至形容词、名词被赋予强及物性而得以进入"被"构式,才是自然的、能够理解的,换言之,可推导性才在听者的理解中得到了恢复。

看来每一个修辞构式都携带着一个足以使它的不可推导性消除的规定场景,理解修辞构式就是寻找或想象这样一个场景而使推导关系得以恢复,并在这一过程中感受到种种特殊的语言体验。这一场景可以是认知性的,如上述的"掏"和"被就业";也可以是交互性的,如比喻构式中的"借因解释"。修辞构式如果有机会反复使用,不可推导的修辞意义渐渐固化在构式上进入长时记忆,它对规定场景的依赖程度就会渐渐降低。

这一特征也造成了修辞构式在研究方法上的基本取向,那就是发现一个修辞构式的规定性场景并对其进行语义描述,以使这一构式不可推导的构式义得到解释。

三、同化:构式与构成成分的整合

修辞构式是一定修辞动因加在一个基本的语法构式上形成的,而语法构式都是从重复出现的人类生活的基本情景中抽象出来的"意象图式般的结构"。这种图式结构一旦形成,按照著名心理学家皮亚杰的观点,会以同化和顺应两种方式与外界发生关系,前者指的是外界的信息必须纳入图式的结构才能被我们接受,后者指的则是当外界信息超出了图式的接纳范围时,图式就会调整自身的构成而将这些信息吸纳进来。语法构式也以这两种方式导致了修辞构式的形成:同化,表现为构式在与构成成分整合的过程中将整体的构式义加给这些成分,使它们发生适应自己的变化;顺应,表现为构式在表达满足修辞动因造成的意义时,自身发生由中心意义派生出非中心意义的变化来适应它。除此之外,构式还可能在实现某种修辞动因的状态下被高频使用,使得不可推导的修辞意义从外部加在构式上。限于篇幅,本文只讨论前二者。

1. 整合中的自上而下与自下而上

整合可以理解为构式自上而下对论元角色的要求,与充任构成成分的动词自下而上对参与者角色要求的统一。由于构式的独立性,当二者不一致时总是动词发生变化而被同化到构式中去。具体到修辞构式的研究则可以这样来认识:在一个表达过程中,构式的激活缘于真实的认知经验,它自上而下地引导、规定我们对构成成分的选择;词汇系统中有待选择的词语却负载着我们已有的认知模式,不可能随时调整自己以自下而上地适应构式的需要。当二者冲突的时候,同化就意味着保守的经验模式必须适应真实、新鲜的认知经验而发生变化。

构式不仅是句法的一种框架,还是我们编码认知经验、赋予经验以形式的框架。当语言使用者面对一种真实的认知场景而试图对之进行表达时,首先是认知场景激活了长时记忆中储存着的某一构式,关于这一场景的认识也就经由构式的整理和规范而被编码在该构式的组织形式中。由于构式是高度抽象的,它只能将最为基本的事件类型编码为自身的中心意义,例如某人引起某事、某物引起状态或处所的变化、某物对某人有某种影响等(Goldberg,2007:048)。所以借助构式的组织,我们就会形成对某一认知场景表现为某种事件类型的整体认识。构式同时又是一种句法组织的形式,接着就会自上而下地引导我们选择词语,要求词语按照它对论元角色的要求进行组合以形成句子。还是以例(7)为例:

> (7)韩玄子已经在堂屋里训斥老太婆话太多,又要去喝茶,保温瓶里却没有水了,就又嚷着正在梳头的小女去烧水。(贾平凹《腊月·正月》)

言者获得一个强烈的印象:父亲只是发出一阵激烈的叫喊声(言者显然并没有听清或者没有理会叫喊的内容是什么),就导致了女儿去烧水的行为。因而在说者真实的认知经验中"嚷"的声音(而不是"嚷"的言语内容)是有致使的力量的,将这一场景表达出来的愿望便激活了他大脑储存中"致使—施动"构式。

词语的选择是一个自下而上的过程。它除了受到构式自上而下的制约,必须满足它对论元角色的要求外,还需要在观察细节的基础上,使选择的每一个词语都能以丰富、恰当的语义信息来反映这一场景。可是词库中词语的意义一旦形成就具有高度的稳定性,不会因为场景表达的临时需要而随时发生变化,所以它代表了表达过程中保守的、模式化了的力量。当它与构式发生冲突的时候,语言使用者通常的选择总是对词语所代表的保守力量妥协,对例(7)来说,就可能用具有致使义的"催""叫"等来替换掉"嚷",或是增加一个"致使—施动"构式的标记"要"。然而这样一来,原先那种大呼小叫、颐指气使的姿态就不再呼之欲出了。获得的是表达的轻松和理解的顺畅,付出的代价却是丧失了经验的真实性和新鲜度。

言者如果坚持他的实际感受而只将"嚷"作为唯一的选择,就会出现"致使—施动"构式义与动词的语义冲突,修辞构式若要得到理解就需要化解这一冲突。在语言层面上可以用结构的压制,也即构式义强制性赋加给动词以迫使它发生我们期待的变化来解释,而在认知的层面,实际上正是言者已经在一个规定性场景中真实获得了"嚷"的行为具有致使力的经验,才会促使他自然地将"嚷"放进"致使—施动"构式;对听者来说,语义冲突所起的作用就是迫使他去设想"嚷"在一个怎样的场景中会具有致使力,一旦借助于以往的经验和想象而获得了这样一个场景,语义的冲突就转化为语义的协调和对生动感的引发。

2. 整合的类型

借鉴构式语法的分析方法,我们在整合的众多类型中主要讨论以下两种。

2.1 角色关系的变化

正如构式有对论元角色的要求,动词(及形容词)也有对参与者角色的要求。二者一致时,动词义就是句式义(构式义)的一个实例(沈家煊,2000),动词就能在可推导的情况下进入构式;如果不一致而构式义又体现了当下认知的真实必须加以选择,构式义就会迫使动词的参与者角色发生变化而与构式的论元角色相一致。

　　a. 真实经验与角色关系的变化　　以上讨论的"嚷"是角色的改换：丢失了对嚷叫声参与角色(相当于构式中的结果论元)的要求，却获得了一个"受使—施动"的参与者角色。而以下诸例都是角色的增加：

　　(42)身为父母，情不自禁地唠叨个不停。当年我们被父母唠叨，如今轮到了我们唠叨子女。(南帆《当下与恒久》)

　　(43)老板娘的女儿拖着鼻涕，脸上冻得褐红斑驳，正馋着我的臭豆腐，……(旅行家《滇藏慢行》)

　　(44)每次烦恼着刘单，海鸟就会想起自己的女儿海樱。(韦陇《尔卜尔筮》)

　　(45)"菲菲不是你女儿，你当然不紧张了。""你说我不紧张菲菲?"(江西电视台四台·大牌影院)

例中的动词、形容词原本只要求一个主体(行动者或感受者)角色，而行动、感受所指向的对象并不在词义的概括范围内，所以都不能带宾语。但现实中一定认知场景提供的经验却将它们与所指向对象紧密地联系在一起，导致词语在这些经验所激活的构式中必须增加一个对象的角色而具有了及物性。以下两例比较复杂一些：

　　(46)她开始是生闷气，当着我面摔门，出出进进把门摔得很响。我也气盛，反过来也用力摔门，声音更大。这下子她发作了，喊叫起来："徐涛，你摔谁? 不想干你就走，马上给我走!"(北大 CCL 语料库)

　　(47)(孩子生气摔杯子，母亲说)你摔谁呢? 你摔我呀? (电视剧《守望爱情》)

"摔"只能有"摔者"(相当于施事)、"所摔物"(相当于受事)两个参与者角色，而它进入的却是一个要求三个论元角色(施事、受事、对象)的构式——可以理解为一个双及物构式在隐喻的作用下由中心义向非中心义扩展而造成的变式，它的受事不是物质地转移到对象角色那里，而是一种抽象的转移——通过"杯子"的摔出将某种情绪状态指向了特定的对象角色，类似于"人们骂他卖国贼"。动词在这种构式义的作用下不仅获得了一个"接受者"(相当于对象)的角色,导致动词带上了对象宾语"谁""我",受事也在单纯的影响义上增加了转移义,如果论元全部呈现出来,就应该说"你摔我杯子呀?"认知场景中"摔"的物理事件并没有变化,但是言者一旦领悟到动作者赋加其上的某种情绪状态的指向,便只有激活这种双及物构式才能将他所感受到的经验真实地反映出来。

b. 潜意识心理与角色关系的变化 有时构成认知场景的不一定是真实的经验,而是某种潜意识心理的自然流露。每一个人都清醒地知道时间的流逝是无法控制的,可是意识深层却潜伏着一个固执的念头,认为时间是一笔财富,可以由我们来支配,所以才会有"抓紧时间""节约时间""花费时间"等说法。正因为是人的活动耗费了时间才导致时间的流逝,所以一个人从事了消耗时间过多的活动,就应该对时间的流逝和流逝的速度负责。这种耗费导致时间流逝的心理是经不起理性分析的,但又是根深蒂固的,它的无意识流露经常会激活动结构式:

(48)朝着前面冉冉下沉的落日走,一直走得暮色苍茫,走得街上亮起了第一盏灯火时才兴尽而归。(洛夫《裸泳记》)

但动结构式只体现了"走"对时间的消耗与暮色降临、街灯亮起之间的因果联系,如果要追究时间流逝的责任者,激活的就是"把"构式了:

(49)哎,老婆子,醒醒吧,再不醒你就把太阳睡下山了!(迟子健《一匹马两个人》)

(50)一册在手,勤勤勉勉的样子,将灯开到三更,仍目光炯炯,何懒之有?将太阳睡得老高,有书在手,心安而理得了。(陈村《今夜的孤独》)

(51)陈生就呼呼大睡了。他一直把天睡得由微微的亮色而变成透明的白色,这才蒙眬地醒来。……他不由嘟囔一句:"我怎么把天给睡成这种色了?"(迟子建《青草如歌德正午》)

(52)王一男在思考"这个雨季为什么如此漫长"的问题中懒散地走着,直把暮色走得越来越浓。(初雪《一切都与你无关》)

（53）马精疲力竭了，可它还是忠实地履行主人的意愿。这样，他们把太阳走到了中天，是正午了……（迟子健《一匹马两个人》）

"把"构式所具有的主观处置义，表明了使用者之所以会选择这一构式，正是认定了客体论元角色所处的状态是主体论元角色造成的，也就是说，这里的"太阳"之所以会"到了中天"，"天"之所以会"由微微的亮色而变成透明的白色"，责任不在于太阳与天色自身的变化（它们转喻了时间的流逝），而在于句中主语"他们""陈生"从事了大量耗费时间的行为"走"与"睡"。所以尽管词库中的"走"与"睡"都是不及物动词，不具有处置客体论元的能力，而被潜意识中的时间心理激活的"把"构式却将这种能力赋予了它们，使它们获得了一个受事论元，因而实际上允准了"走太阳（走得太阳下山了）""睡天（睡得天由微微的亮色变成透明的白色了）"这样的结构。"生命"也是时间的转喻，出现以下的表述是出于同样的心理：

（54）（画家）十年"走"了 121.5 米（指所画长卷的长度——引者），画了 266 个人物，把自己的生命也走到了尽头。（文汇报，20030720）

下例也是时间可控心理作用的结果，只是还需要将"走"的发生主观归因于"路"：

（55）路把一个刚刚出生的人很快走老了。也把一头牛走老了，或者走老一匹马，或者走老一匹脾性倔强的毛驴。（王新军《大地上的村庄》）

2.2 侧重关系的调整

一个动词为了完整反映它所概括的事件框架，需要有参与者角色（相当于构式的论元角色）组成的结构。然而未必其中的每一个角色都会得到同样的侧重——侧重指的是因为得到了直接句法位置的表现而得到突显。主语、直接宾语、间接宾语这三个位置因为无须借助其他手段便可以直接与动词相联系，所以是直接的句法位置，如果要借助介词或其他迂回的方式才能与动词发生关系，参与者角色就处在间接的位置上了。语言中一个动词的哪些参与者角色可以得到侧重是高度规约化的，例如汉语的"偷"和"抢"都要求有三个参与者角色，分别是［偷窃者、失窃者、失窃物］和［抢劫者、被抢者、抢劫物］，然而"偷"侧重的是"偷窃者"和"失窃物",它们得到句法表现的结果就是可以说"他偷十块钱",没有得到侧重的"失窃者"不能出现在直接的句法位置上,所以不能说"他偷我"。"抢"的侧重关系与之不同,"抢"侧重的是"抢劫者"和"被抢者",所以能说"他抢我"而并不大能说"他抢人十块钱"。(沈家煊,2000)

然而认知场景提供的真实经验中对一个事件的侧重与动词规约中的侧重却经常是不同的,这时被场景激活的构式就会自上而下地对动词的侧重关系进行调整:

(56)继签下内地小天后周笔畅后,金牌大风公司昨日宣布与中国台湾歌星"甜蜜教主"王心凌签下3年3张唱片的合约。(新民晚报,20090401)

(57)渔佬、建筑佬……他们见谁赌谁。有一次,他们居然赌到沙洋劳改农场!

扣子见谁输谁,各路赌博佬都晓得扣子倒霉了,手气差,都争着和扣子赌。(陈闯《太阳突然变黑》)

(58)他承诺了我,我应该把我的承诺回报给他。(黄蓓佳《没有名字的身体》)

例(56)中的"签(下)"出现了两种侧重关系。"与中国台湾歌星'甜蜜教主'王心凌签下三年三张唱片的合约"是规约化的表达:"签(下)"侧重的是受事角色,所以只有"合约""条款"之类才能进入直接句法位置,而对象角色"王心凌"要得到句法表现就需要借助介词"与"。然而真实经验中关注焦点的变化却可能造成构式的侧重落在对象角色上,结果就使它摆脱了介词而进入直接宾语的位置,造成"签下内地小天后周笔畅"。

例(57)中动词"赌"规约化侧重的应该是目的角色,所以常见的表达是"赌钱""赌一顿饭"。可是在"见谁赌谁"中"赌"的对象角色已经被前面的"见"突显出来而不能不被侧重,所以"谁"作为对象角色却进入了直接宾语的位置。

侧重关系的调整在汉语中有一种特殊的表现:对一些动词来说,应该得到侧重的角色因为经常出现在直接宾语的位置上,与动词的关系已经渐渐习语化,紧密程度处于短语与词之间,通常称之为离合词。下例中的"撒手""照相",都已经在结构内用直接宾语的位置侧重了一定的角色"手"(受事)和"照(片)"(结果),没有位置再去侧重其他角色。然而一定的认知经验会产生让另一种角色得到侧重的需要,这时介于短语和词之间的身份就会强制性地向词靠拢,从而获得一个直接宾语的位置以接纳新的侧重角色:

(59) 娘子:你撒手我!你是搡我,还是揪我呢?(老舍《龙须沟》)

(60) 然后就打开了她那架照相机,啪啪地拍照着我们。(莫言《你的行为使我们恐惧》)

(61) 禁止拍照世贸中心废墟(文摘报,20011004)

原先侧重的角色转为词内成分,指称性减弱甚至消失而不再突现,而处在真正宾语位置上的"我"和"世贸中心废墟"则得到了侧重。

如果将规约化的侧重称为无标记现象,那么经过构式调整的侧重则是有标记现象,它在直接句法位置上得到的突显程度要远远高于无标记的侧重。

四、顺应:构式由中心义向非中心义的引申

当修辞动因无法在构式与构成成分整合的过程中得到满足时,便会推动构式发生变化以顺应自己的需要。但是一种语言的构式总量是有限的,构式的构成也总是趋于稳定的,都不会因为不断萌生的修辞动因而发生急剧的变化,这样顺应的主要对策只能是从原先单一的原型构式义(中心义)引申出越来越多的非原型义(非中心义),构式也在这一过程中演变成多义结构。

1. 构式义依赖规定场景引起的引申

在通常的理解中,以"我炒了一个菜""他擦了两扇窗户"为实例的施动构式应有两个论元:施事论元、结果/受事论元,构式义应该概括为:

施事主体通过实施具体的动作导致期待中某事物的致成(结果)或变化(受事)。

然而在这样两个例句中——

Ⅰ 我在饭馆炒了两个菜,大家都说我手艺不错。

Ⅲ 我在饭馆炒了两个菜,价格真的还不算贵。

前者与构式义是相符的,而后者中的"我"并没有实施实际的动作,却导致了与前一个例句中相同的后果。进一步看,后者其实是下一种类型在一种规定性场景中的特例:

Ⅱ 秦始皇建造奢华的阿房宫,成为秦帝国灭亡的导火索之一。

这里将第Ⅲ类句子作为一种修辞构式来考察,论证它的构式义是在一定的修辞动因作用下从施动构式的构式义引申出来的。

1.1 语法层面的分析

施事并非初始概念,还可以在其中再加分析。张伯江(2009:40)认为施事的两项重要特征为意愿性和实施性(我们认为"意愿性"应该有两重意思:愿望和意志,前者指的是对某事件实施的有意识期待,后者指的是致使该事件得以实施的能力,也即使因性),它们可以分别承载在一个使役式的 S 和 A 也即主语和兼语的位置上,因为这类句子的意义即为"意志的传递":S 有一个愿望,希望某个事件实现,他把这个愿望传递给 A,由 A 来实施。

这一分析带给我们的启示是施事中的这两个特征在句法上是可分离的,由此便可以设想,以上的第Ⅱ类句子(如"秦始皇建造了阿房宫")其实都是一个只凸显了意愿者而"遮蔽"掉了实施者的使役式,证据是它们的主语后至少在语义上都可以补出一个"让人"而得到还原。更进一步的设想则是,第Ⅰ类句子(如"他亲自下厨炒了两个菜")又何尝不可分析为一个使役式呢? 只不过其中的意愿者和实施者是同一个对象,因而都可以补出一个"让自己"。所以这两类句子是:

Ⅰ 意愿者—[致使]—实施者(意愿者自己)—[实施]—事物致成或变化

Ⅱ 意愿者—[致使]—实施者(意愿者外的对象)—[实施]—事物致成或变化

在Ⅰ中,事件由意愿者"致使"自己来实施,也即意愿者与实施者的合二为一是人类经验中的一种常态,可以作为默认的因素不在句法中表现它们,这样意愿者与实施者就重合在一个主语位置上,使得我们无从看到其中的致使关系,构式也就从一个"致使—施动"构式变成了一个施动构式。

在Ⅱ中,如果有意要显示实施者的作用,就会通过一个致使义的动词将它表现出来,可以仅仅是显示有实施者存在的"秦始皇让人建造阿房宫",也可以是有所指的"秦始皇下令十万民夫建造阿房宫"。如果只是想凸显意愿者的愿望特别是他的意志,也即他无须动手实施也能致使事件完成的力量,实施者就可以从句法上被"遮蔽"掉而落在语义背景的阴影中,构式同样从一个"致使—施动"构式变成了一个施动构式:

(62)隋炀帝<u>建东都</u>、<u>开运河</u>、<u>筑长城</u>……把百姓压得喘不过气来。(北大语料库)

(63)安徽阜阳一个区委书记叫张治安,<u>他把政府大楼建成了美国白宫的模样</u>,因此被称为"白宫书记"。(腾讯新闻,20100209)

(64)张治安受悉尼歌剧院启发,<u>将小张庄村旁的一个土堆用人力将周边挖成水塘</u>,中间留出空地,设一歌舞厅,名曰"悉尼娱乐城"。(南方周末,20080717)

立足于这样的分析,第Ⅰ类句子的构式义便可在严格意义上概括为:

  Ⅰ 意愿者致使自己作为实施者完成了自己期待中某事物的致成或变化,施事因意愿者、实施者由同一个对象承担而表现为一个统一体。

第Ⅱ类句子的构式义则为:

  Ⅱ 意愿者致使他人作为实施者完成了自己期待中某事物的致成或变化,施事因意愿者、实施者由不同的对象承担而表现为一个加合体。

施事作为统一体时导致一个一般的施动构式;施事作为一个加合体时,若意愿者、实施者在句法上共现就导致一个"致使—实施"构式,若意愿者凸显而实施者"遮蔽"则造成一个施动构式的变体。

隐喻之所以能发生,是因为我们在两种不同的事物上发现了共同的特征,以至于可将它们视为同一范畴的事物,而将处理这一种事物的认知经验用于另一种事物。以上两种构式义的共同特征是明显的,而相比下来第I类要更为普遍、更为基本,形成时间也应早于第II类,所以是构式的原型,它的构式义是中心意义。第II类则是为了顺应更多的认知经验而从中心意义中借助于隐喻机制衍生出来的。

构式义II也已经稳定下来成为一种语法意义,但是毕竟不如中心意义那样基本,通常只有在实施所需要的具体能力明显不能为意愿者所拥有时才会使用,如"颍泉区政府斥巨资修建豪华办公楼"、"隋炀帝开挖了大运河"等,否则人们还是倾向于将它作为第I种构式义来理解。

1.2 修辞层面的分析

修辞构式的构式义一定依赖于一个规定场景,中心意义的扩展如果也依赖于一个这样的场景的话,就使我们进入修辞分析的层面。上述第III类句子——

（65）怎么办呢?要不<u>我</u>到对街饭馆<u>炒上两个菜</u>,拿饭盒装回来?（黄蓓佳《没有名字的身体》）

（66）浦东的夜排档比起浦西来,一个最显著的特点是便宜实惠,一般<u>炒一个菜三五元钱</u>,贵的不过十元钱左右。（新民晚报,19930627）

（67）自从前年<u>(我)</u>把家里那90年代初的古董房<u>装修成豪华小公寓</u>之后,我就成了<u>亲友装修房子</u>的军师,整装、局装都来找我,我也乐此不疲。（搜狐家居,20100508）

都依赖于一个商业服务的场景。第III类句子对这一场景的依赖在语义结构上就表现为:

III 意愿者/受益者—[(货币)致使]—实施者(意愿者外的服务者)—[实施]—(受益者领有的)事物的致成或变化

结构中的施事也是一个加合体,但与第II类句子相比,一个明显的不同是"致使"受到了限制,只能是付出货币而造成的"致使",构式II则不受此限制。另一个则是多了一个受益者,它在句法上有两种表现,一是介词"为"的宾语,一个是句子宾语的领有性定语:在"我花五十块钱炒了两个菜"中,"炒"的行为一定是

"为我"的发生的,炒好的也一定是"我的"菜。无论它们有没有获得句法的表现,语义理解时必定是被默认的。受益在构式义Ⅱ中不是一个必有的语义成分,"张厂长在任期内建造了一幢办公楼"中"建造"不是"为"张厂长的,"办公楼"也不为他领有,说明受益是商业服务的场景带来的。

如果将这些语义成分都在句法上表达出来,将是一个非常繁复的构式。同样出于只凸显意愿者/受益者以及他的致使力的动因,这一语义结构也被编码在一个简洁的施动构式上,未被编码的语义成分强烈依赖于一个商业服务的场景。第三类句子的构式义可概括为:

Ⅲ 意愿者作为受益者,通过货币支付致使服务行业从业者实施一定的活动为自己服务,目的是造成自己领有的某事物致成或变化以受益。

显然它是为了顺应商业服务的规定场景,从第Ⅱ种构式义中引申出来的,是一种修辞性的构式义。三类句子所由形成的三种构式也就因为构式义之间的引申关系而成为同一构式的三种变体。

如上所述构式Ⅱ通常只有在实施明显超出了意愿者的能力时才能使用,而商业服务的唯一原则就是货币支付,而不管被服务者的能力如何,所以构式Ⅲ的使用便只依赖于话语场景中有没有相应的商业服务机构:

(68)洋车时行,我们就照样糊洋车,汽车时行,我们就糊汽车,我们知道改良,可是有几家死了人来糊一辆洋车或汽车呢?(老舍《我这一辈子》)"糊汽车"应该在构式义Ⅰ还是Ⅲ中获得解释,就要看所依赖的话语场景中有没有冥衣铺之类的商业机构存在。随着家政服务业的盛行,越来越多的"他擦了两扇窗户"之类,甚至随着代写论文的服务业兴起,"我写了一篇论文"都可能在构式义Ⅲ中得到解释。

2. 构式义丢失默认条件引起的引申

基本构式的构式义都可以概括为一个或数个高度简洁的命题,似乎这种意义是非常简单的。然而在进行构式义的语义概括时,我们其实已经将许多复杂的意义成分作为默认的条件隐含掉了,如果将它们都补出来,对每一种构式义的描述都将变为一个庞杂的系统。条件之所以被默认，就因为通常的情形下它们一定伴随着构式的情景而出现，被我们下意识地遵行，以至于可以不必考虑它们。问题就在于，当这些默认的条件与一定的修辞动因不一致时，它们的重要性就会浮现出来。譬如无论什么构式，只要涉及"返身"的语义关系，就要默认这样一个姑且可用非自返来称呼的条件：

由身体的某一部分发出的动作不能作用于这一部分自身。

俄语中有返身动词如 бриться（刮脸）、умываться（洗脸），表示的是返回行为主体本身的动作，它们的意义就严格遵循着非自返条件：刮脸的动作是身体的这一部分"手"进行的，发出的动作却作用于身体的另一部分"脸"而不可能是"手"自身。非自返的条件当然也包括全身的动作也不能作用于全身。

然而人在本能上就有一种审视自身、控制自身的欲望，导致心理意识中主我和宾我的对立：自我将自己设想为主我，通过审视、控制宾我来实现对自己的审视与控制。心理-生理学上的研究也证明我们的大脑中确实存在两个自我，分别处在左脑和右脑，但通过叫做胼胝体的神经纤维束连接在一起，才协调成一个完整的自我。[1] 当它们不协调的时候，我们就免不了会"在心里狠狠骂自己一句"，会"恨不得抽自己一个耳光"。

自我分离是一种普遍的潜意识心理，往往会在不经意间流露出来，在语言表达中就表现为对上述非自返的默认条件的破坏。例如在从事与身体有关的活动时我们往往往会有这样一种强烈的感觉，是一个精神的主我在支配一个肉体的宾我：

（69）他从窑沟里笨拙地爬上来，提着铁锤一样的大拳头，只一下，便将巫云雨的肩胛骨砸断了。（莫言《丰乳肥臀》）

（70）弟弟在客厅里顶着秃瓢喝一瓶啤酒看电视，他的卧室里睡着为庆祝他"出来"的女朋友。（葛水平《荣荣》）

（71）在长长的空无一人的走廊里，陈美丽抱着湿漉漉的自己打着寒战

---

[1]　见 M.S 加扎尼加《割裂的人脑》，载《生理心理学》，科学出版社 1984 年版，第 37 页。

坐在长椅上。（海飞《我叫陈美丽》）

在通常的理解中，"提"是手的动作，"拳头"恰是手的本身，所以该句因为违反了非自返的条件而不可接受。但是在主宾我分离的心理状态中，"提"是主我指令下手的动作，"大拳头"却属于被支配的宾我的身体，主宾我的分离导致了身体的分离，"大拳头"才可能被手"提着"。而在(71)中"陈美丽"之所以能够将"自己"抱着，只能用一个精神的主我在拥抱一个肉体的宾我来解释。

这种感觉理性地分析出来似乎是很难让人接受的，但事实上却顽强地潜伏在我们的心理底层，一有机会便会显现在语言表达中，所以像"顶着个人脑袋"、"拖着疲惫的身子"、"拖着灌了铅一样的双腿"、"踩着一双大脚"之类的说法就经常会在语言表达中出现。而且一个人越是想控制自己的身体而越是难以控制时，这种主宾我的心理对立就会越强烈：

（72）我……拼命挣扎把四肢扯了出来。（CCTV1，20080518）

这是汶川地震中被埋于废墟的一位教师获救后的自述。强烈的主宾我分离感使得身体似乎也发生了分离：一方面是能够控制的主我的上肢，另一方面却是无法控制的宾我的上肢，既然主观感受中它们已经是身体的不同部分，那么前者去"扯"后者甚至"扯"到了原先无法作用的下肢，就是一种合情合理的表述了。

默认条件的丢失也会造成构式义的引申。例如"把"构式的构式义可以描述为处置，由于默认条件的存在，处置的意义中就不包括身体的这一部分对这一部分自身，或者身体的整体对整体自身的处置。一旦这些限制取消，新获得处置方式就会大量地出现在"被"构式中：

（73）龙丽一进门，就迫不及待地大叫一声：家，我回来啦——。然后一下把自己摔在那张舒服的沙发上。（晓航《当情人已成往事》）

（74）那女人向后退了一步，把自己躲进身后一条电线杆的瘦长的阴影里。（陈染《空的窗》）

（75）她把自己靠在一棵瘦弱的行道树上，又一阵热风吹来，她缓缓地坐了下去。（海飞《我叫陈美丽》）

（76）人却耻于把它（指身体——引者）暴露出来,一年四季总要把它装在一些厚薄不一的布袋（指衣服）里才觉安心,好像它是一种不配展现在光天化日之下的东西。（周涛《谁在轻视身体》）

处置发生时要默认的条件其实还有许多,例如身体各部分之间如何相互作用,就受到了生理位置上的限制：

（77）这时他才使了使劲,将头从里面拔出来,并伸过来一只黑乎乎的手,夹住我递过去的烟。我赶紧给他点火。他将烟叼在嘴上吸了几口后,又把头塞了进去。（余华《十八岁出门远行》）①

（78）于是,他把自己的脸完全拉进街角的一级高台阶上面的阴影里边去。（陈染《空的窗》）

要解释这些句子的构式义,就必须设想主宾我分离的心理进一步强化,造成了两个"我"在空间上也已分化的感觉,于是原先生理限制的默认条件不再起作用,一个外在于宾我的主我就完全有可能将宾我的"头""拔出来"又"塞了进去"。

主宾我分离的心理作为一种修辞动因要在构式中获得表达,只有无视构式义得以成立的一些默认条件才有可能。而这些默认条件的丢失,就使构式的中心意义发生了变化而引申出一种新的意义来。

五、结　语

本文利用构式所具有的不可推导性,论证了人类的语言无非由语法构式、修辞构式这样两种结构形式所组成。前者的类型有限,但是每个构式都拥有无可比拟的高能产性和实际使用中的高频度；后者虽然能产性有限,但以类型的丰富以及能够适应新动因不断产生新构式的机制,满足了语言表达的需要。语

---

① 由于余华的《十八岁出门远行》已经选入中学语文教材,如何给这里的两个"把/将"字句一个合理的解释就显得尤为紧迫了。

言如果只剩下语法构式,我们的交际不会因之而停滞,但是只能在普通的信息上进行沟通,满足语言交际最基本的功能,整个语言将显得贫乏、单调而机械。有了修辞构式,那些更为细致、多样、新鲜的信息才有可能编码在语言形式上而进入语言的交流。语法构式和修辞构式互补,语言才变得丰富多彩、生气勃勃。一种语言学的研究如果是能够描写、解释语言结构的全貌的,就应该将语法构式、修辞构式作为一个连续统都包括在自己的研究本体内,语法学与修辞学就应该作为一个学科联合体而存在。

本文写作至此还留有一个缺憾:第一节中涉及了习语构式尤其是半实体的习语构式,以下部分却没有机会进一步讨论它们。不过由此也可以想见,一旦有了修辞构式的概念,将会有多多少少原先被忽略掉的研究对象重新被我们发现。

参考文献

Adele E.Goldberg:《构式:论元结构的构式语法研究》,吴海波译,北京大学出版社 2007
　年版。

沈　　园:《句法—语义界面研究》,上海教育出版社 2007 年版。

陆俭明:《构式与意象图式》,《北京大学学报》2009 年第 46 卷第 3 期。

陆俭明:《词语句法、语义的多功能性:对"构式语法"理论的解释》,《外国语》2004 年第 2 期。

沈家煊:《句式和配价》,《中国语文》2000 年第 1 期。

沈家煊:《如何处置"处置式"?——论把字句的主观性》,《中国语文》2002 年第 5 期。

张伯江:《从施受关系到句式语义》,商务印书馆 2009 年版。

王　　珏:《从构式理论、三层语法看辞格构式的生成》,《当代修辞学》2010 年第 1 期。

辛仪烨:《流行语的扩散:从泛化到框填——评本刊 2009 年的流行语研究,兼论一个流行语
　研究框架的建构》,《当代修辞学》2010 年第 2 期。

刘大为:《修辞性疑问:动因与类型——修辞性疑问的分析框架之二》,《修辞学习》2009 年第
　1 期。

原载《当代修辞学》2010 年第 3、4 期

比喻造词与中国人的思维特点

吴礼权

一

　　汉民族人(为了称说的方便,下面我们以"中国人"泛称之)长于形象思维的民族特点,早就为人所知。20世纪30年代中期,林语堂著《吾土与吾民》(My Country and My People)一书,就从中西文化对比的角度论述过这个问题。其观点的要旨云:"中国人的心灵在许多方面都类似女性心态。事实上只有'女性化'这个词可以用来总结中国人心灵的各个方面。女性智慧与女性逻辑的那些特点就是中国人心灵的特点"、"中国人的思维方式是综合的、具体的。"①其观点的核心内涵,就是认为中国人的思维具有鲜明的女性化特点,长于形象思维,厌倦于抽象思维。对此,林语堂虽然也举了一些汉语语句与词汇的例子予以说明,但未能深入下去。其实,这个问题如果从语言学的角度特别是从汉语词汇的角度进行系统地研究,是很有价值的,而且可以确凿地证明中国人喜欢形象具体的民族思维特点。因为词汇是人类思维的结晶,也是文化的"活化石"。一个词的产生,既能反映社会生活的现实与变化,也能见出

---

　　① 林语堂《吾土吾民》(*My Country and My People*)(中文译本名《中国人》),郝志东、沈益洪译,浙江人民出版社1988年版,第62—76页。

人类思维的方式。

一般认为,就汉语词汇来说,最能集中体现中国人具有鲜明的形象思维特点的是三类词语:一是比喻类词语,二是借代类词语,三是摹声类词语。因为这三类词都具有具体的、综合的、形象的特点,正好能说明中国人喜欢并长于形象思维、厌倦抽象思维的民族心理特点。

限于篇幅,本文只拟对其中的"比喻类词语"一项进行深入细致地分析,以印证我们所要说明的观点。

所谓"比喻类词语",是指以比喻的修辞法所造的词语。它包括由两个汉字构成的双音节词,也有由三个汉字构成的三音节词(多半是"惯用语"),还有以四个汉字以及四个以上汉字构成的多音节短语(一般称为"成语")。

"比喻类词语",不同于语言运用中的"比喻"。"比喻"一般都是由一个句子构成,如"姑娘像花一样"或"姑娘像花一样美",就是"比喻"。这里,"本体"是"姑娘","喻体"是"花","喻词"是"像","喻解"是"美"。一般情况下,作为修辞的"比喻","本体"与"喻体"总会出现,"喻词"与"喻解"有时在特定情况下是可以省略的,甚至在特定的语境中,"本体"也是可以省略的。这种省略"本体"的"比喻",修辞学上有一个名称,叫做"借喻"。而"比喻类词语"是作为词汇系统中的一个成员,是作为一个固化的语言单位。因此,"比喻类词语"一般不能从结构上分析出"本体""喻体""喻词""喻解"等完备的结构成分。如"仙人掌""佛手",各是一种植物,它们都是以"喻体"直接指代"本体"的,"喻词""喻解"也没有。至于由三个汉字构成的、属于"惯用语"类型的"比喻类词语",也几乎都是直接以"喻体"代"本体"的,如"穿小鞋""背黑锅""挖墙角""插杠子"等等。由四字或四字以上的成语形式出现的"比喻类词语",大部分情况也是直接以"喻体"代"本体",如"哀鸿遍野""白璧微瑕""草木皆兵""按下葫芦浮起瓢"等等。不过,由于成语形式的"比喻类词语"在字数上比较多,因此,也有少量的成语形式的"比喻类词语"除了出现"喻体"外,还会出现"如""若"等"喻词",如"安如泰山""趋之若鹜""如鸟兽散""如火如荼"等等。也有少数成语形式的"比喻类词语"中"喻体"与"喻解"同时出现,如"冰清玉洁"。也有"本体"与"喻体"同时出现的,如"唇枪舌剑"。但是,应该指出的是,不管成语形式的"比喻类词语"在"比喻"结构形式上与修辞上的"比喻"句有多少的相似性,但它毕竟只是作为一个词汇单位,在汉语词汇系统中只是一个"词"(或相当于一个词的"短语")的角色。

汉语词汇系统中,以比喻修辞法所造的"比喻类词语"数量很多,我们一时无法穷尽,也不可能将汉语中所有的"比喻类词语"都在此文中一一列举出来。但是,为了更有说服力地论证中国人好为形象思维、厌倦抽象思维的思维特点,我们又必须拿出数据来说话。为此,我们姑且采取一个权宜之计,不妨采用抽样统计与定量分析的现代语言学方法进行研究。下面我们以中国社会科学院语言研究所编写的《现代汉语词典》(修订本)为依据[1],随机选择下面这样一些常用汉字,然后将这些汉字开头的相关词目全部列出,找出其中有多少个词目是属于"比喻类词语",统计分析其在该字头下所有词目数量中所占的比重。

我们所选择的常用汉字,"天文地理"类的,有"天""地""星""云""河""海""冰""雪";"人体"类的,有"头""脑""耳""鼻""眉""眼";"动物类"的,有"牛""马""猫""狗""鸡""鸭""鱼""龙""螺""蜂";"器物日用类"的,有"鼎""瓦""灯""蜡""针""线""笔""墨""金""玉""板""棒";"草木植物类"的,有"树""木""花""柳""刺""丛"。

为了直观、清晰,我们可以将上述各个常用汉字为起首的相关词目一一展示于表格中,但限于篇幅(因已做成的42个统计表占有近3万字的篇幅,故只能从略),我们不妨以下列分析概括后的数据表来说明问题。

---

① 中国社会科学院语言研究所编《现代汉语词典》(修订本),商务印书馆1997年版。

表 1　"比喻类词语"在所抽样的材料中的比例数据表

字头类型	总词目数量	比喻类词语数量（附例词）	音译外来词数量	比喻词语所占总数比例
"天"字头	172	99　（如：天蓝、天马行空）	1	$99 \div (172-1) = 58\%$
"地"字头	128	45　（如：地球、地脚螺丝）		35%
"星"字头	34	19　（如：星河、星罗棋布）		56%
"云"字头	38	30　（如：云豹、云消雾散）		79%
"河"字头	35	14　（如：河床、河西走廊）		40%
"海"字头	94	39　（如：海狗、海底捞针）	3	$39 \div (94-3) = 43\%$
"冰"字头	49	28　（如：冰棒、冰消瓦解）	2	$28 \div (49-2) = 60\%$
"雪"字头	33	21　（如：雪白、雪中送炭）	1	$21 \div (33-1) = 66\%$
"头"字头	54	32　（如：头雁、头重脚轻）	1	$32 \div (54-1) = 60\%$
"脑"字头	27	13　（如：脑海、脑袋瓜）		48%
"耳"字头	58	25　（如：耳房、耳边风）		43%
"鼻"字头	27	17　（如：鼻梁、鼻翅儿）		63%
"眉"字头	20	13　（如：眉峰、眉题）		65%
"眼"字头	70	35　（如：眼波、眼镜蛇）		50%
"牛"字头	32	22　（如：牛饮、牛头马面）		69%
"羊"字头	17	10　（如：羊眼、羊肠小道）		59%
"猫"字头	10	9　（如：猫眼、猫哭老鼠）		90%
"狗"字头	17	17　（如：狗熊、狗尾续貂）		100%
"鸡"字头	31	20　（如：鸡胸、鸡飞蛋打）		65%
"鸭"字头	10	8　（如：鸭黄、鸭舌帽）		80%
"鱼"字头	41	23　（如：鱼贯、鱼死网破）		56%
"龙"字头	29	25　（如：龙骨、龙腾虎跃）		86%
"螺"字头	19	14　（如：螺钉、螺丝帽）		74%
"蜂"字头	15	12　（如：蜂起、蜂窝煤）		80%
"鼎"字头	10	9　（如：鼎沸、鼎立）		90%

(续表)

字头类型	总词目数量	比喻类词语数量(附例词)	音译外来词数量	比喻词语所占总数比例
"瓦"字头	19	11 (如:瓦解、瓦釜雷鸣)	4	11÷(19−4)＝73％
"灯"字头	33	16 (如:灯花、灯笼裤)		48％
"蜡"字头	16	9 (如:蜡黄、蜡泪)		56％
"针"字头	19	12 (如:针脚、针锋相对)		63％
"线"字头	21	13 (如:线脚、线轴儿)		62％
"笔"字头	58	20 (如:笔耕、笔走龙蛇)		34％
"墨"字头	20	14 (如:墨黑、墨守成规)		70％
"金"字头	71	45 (如:金黄、金口玉言)		63％
"玉"字头	26	18 (如:玉米、玉洁冰清)		69％
"板"字头	32	19 (如:板斧、板上钉钉)		59％
"棒"字头	9	5 (如:棒冰、棒子面)		56％
"树"字头	25	15 (如:树冠、树大招风)		60％
"木"字头	50	19 (如:木马、木雕泥塑)		38％
"花"字头	142	80 (如:花边、花容月貌)		56％
"柳"字头	16	7 (如:柳腰、柳暗花明)		44％
"刺"字头	23	15 (如:刺探、刺儿头)		65％
"丛"字头	14	13 (如:丛集、丛山)		93％
合计	1664	930	12	930÷(1664−12)＝56％

从表1,我们可以清楚地看出,在上述抽样调查的42个常用汉字为字头的相关词目中,在总数为1664个词目中,有930个是属于比喻造词法创造出来的"比喻类词语"。刨开12个音译外来词,以上述42个常用汉字为字头的总词目数量实际上是1652个(因为音译外来词只以汉字为注音符号而已,并不取汉字的意,它是纯粹的外语借词,本不在汉语词汇固有系统之内。因此,在进行百分比计算时,音译外来词应该不算在统计的基数之内。如果是意译外来词,我们也是算在统计基数之内的)。这样,我们以930为分子,以1652为分母,就得出了

"比喻类词语"在以上述 42 个常用汉字为字头的全部词目中所占的平均比例是56％。如果具体到各个不同的字头下面,有些字头下的"比喻类词语"所占该字头下的全部词目数量的百分比就更高了。如"狗"字头下共有 17 个词目,全是属于"比喻类词语",所占比例是 100％。又如"猫"字头下共有 10 个词目,属于"比喻类词语"的有 9 个,占 90％。还有"鼎"字头下的词目,"比喻类词语"也占 90％。还有"龙"字头下,属于"比喻类词语"的占 86％。"鸭""蜂"二字头下,属于"比喻类词语"的,都占总数比例的 80％。只有少数几个常用汉字字头下的"比喻类词语"的数量比例低于 50％,如"地"(占 35％)、"河"(占 40％)、"海"(占 43％)、"脑"(占48％)、"耳"(占 43％)、"灯"(占 48％)、"笔"(占 34％)、"木"(占 38％)、"柳"(占44％)等少数几个字头是这种情况。但平均来看,这为数不多的常用汉字字头下的"比喻类词语"所占该字头下的全部词目数量的比例也有 40％,这也是比例很高的。因此,无论从整体上看,还是从局部看,"比喻类词语"在我们所随机抽样调查的以 42 个常用汉字字头的全部词目中的比例都是很高的。

以上述数据为根据,我们在此完全可以肯定地说:中国人确是具有长于形象思维的心理特点。如果要将上述我们所调查的这些字头下属于"借代类词语"的词目也算进去,亦即以属于"比喻类词语"与"借代类词语"的全部词目数量之和为分子,以 42 个常用汉字为字头的全部词目数量为分母,那么相除而得出的百分比就会更高(如以上面所抽样调查的"耳"字为例,以"耳"字为字头的词目中,就有"耳聪目明""耳朵软""耳软心活""耳濡目染""耳生""耳熟""耳热""耳顺""耳提面命"等等"借代类词语",它们都是以具体代抽象的,是中国人思维喜欢综合、具体,而厌倦抽象、分析的表现)。如此,则更能显现出中国人好为形象思维、厌倦抽象思维的思维特点。

二

除了上述确凿的数据统计与分析可以有力地印证中国人长于形象思维的

心理特点之观点以外,我们还可以从以下几个方面的词汇抽样调查与定量统计来进一步论证这一观点。

第一个方面,我们可以汉语表示颜色的词汇来作抽样调查与定量统计的对象。

我们都知道,表示颜色的词汇是一种民族语言中最基本的词汇成分,也是不可或缺的部分。一般说来,表示颜色的词应该是抽象的,但是在实际语言中,我们并非仅用"红""黑""蓝"等抽象的字眼来表示,而是有许多用比喻法造的词汇(这在英语、日语等语言中也是如此)。因为表示颜色的词是词汇中的最基本的成分,因此以汉语颜色词为抽样调查的对象,以此来看中国人的思维特点,也就更有说服力。

下面我们仍以中国社会科学院语言研究所编写的《现代汉语词典》(修订本,商务印书馆,1997 年 12 月)为根据,将其所收录的表示颜色的词全部列出,然后再作统计分析。

表 2 《现代汉语词典》(修订本)所见表示颜色的词之汇总表

词目	是否比喻词语	词目	是否比喻词语	词目	是否比喻词语	词目	是否比喻词语	词目	是否比喻词语
皑		皑皑		白		白皑皑		白花花	＋
白晃晃	＋	白茫茫	＋	白蒙蒙		白色		白不呲咧	
斑白	＋	斑斓		宝蓝	＋	碧		碧蓝	＋
碧绿	＋	碧油油	＋	彩		彩色		菜青	
菜色	＋	惨白		惨淡		苍		苍白	
苍苍		苍翠	＋	苍黄		草绿	＋	茶褐色	＋
茶色	＋	茶青	＋	潮红		橙红	＋	橙黄	＋
赤		赤红		葱白	＋	葱翠	＋	葱绿	＋
雌		绛		粹白	＋	翠		翠绿	＋
翠微	＋	黛绿	＋	淡青		蛋青	＋	靛青	＋

词目	是否比喻词语	词目	是否比喻词语	词目	是否比喻词语	词目	是否比喻词语	词目	是否比喻词语
豆绿	＋	豆青	＋	鹅黄	＋	妃色	＋	绯	
绯红	＋	粉红		橄榄绿	＋	绀		绀青	＋
鬲		果绿	＋	海蓝	＋	寒色	＋	皓	
黑		黑白		黑黢黢		黑油油	＋	红	
红艳艳		红青		红色		红彤彤		红不棱登	
湖绿	＋	湖色	＋	黄		黄灿灿	＋	黄澄澄	＋
黄色		灰白	＋	灰色	＋	灰溜溜		灰不溜丢	
昏黄		火红	＋	姜黄	＋	绛		绛紫	＋
酱色	＋	酱紫	＋	焦黑		焦黄	＋	洁白	
金晃晃	＋	金煌煌	＋	金黄	＋	金黄	＋	橘红	＋
橘黄	＋	咖啡色	＋	蜡白		蜡黄	＋	蓝晶晶	
蓝盈盈		黎黑		鬣		鬣黑		栗色	＋
陆离		绿		绿莹莹	＋	绿油油	＋	米黄	＋
米色	＋	蜜色	＋	墨黑	＋	墨绿	＋	嫩红	＋
嫩黄	＋	嫩绿	＋	暖色		藕灰	＋	藕色	
品红		品蓝		品绿		苹果绿	＋	旛	
葡萄灰	＋	葡萄紫	＋	漆黑	＋	铅灰	＋	青	
青葱	＋	青翠	＋	青莲色	＋	青绿		青紫	
黢		黢黑		肉红	＋	肉色	＋	乳白	＋
乳黄	＋	色彩		煞白		刷白		水红	
汤色		糖色	＋	桃红	＋	桃色	＋	天青	＋
铁灰	＋	铁青	＋	通红		土黄	＋	土色	＋
驼色	＋	瓦灰	＋	瓦蓝	＋	蔚蓝		五光十色	
乌黑	＋	乌油油	＋	鲜红	＋	蟹青	＋	新绿	＋

(续表)

词目	是否比喻词语	词目	是否比喻词语	词目	是否比喻词语	词目	是否比喻词语	词目	是否比喻词语
猩红	＋	杏红	＋	杏黄	＋	玄青		雪白	＋
血红	＋	血色	＋	缥		鸭蛋青	＋	牙色	＋
殷		殷红		胭红	＋	烟色	＋	嫣红	
颜色		洋红		银白	＋	银红		银灰	＋
鱼白	＋	鱼肚白	＋	玉色		原色		月白	＋
藏蓝		藏青		枣红	＋	湛蓝		赭	
正色		朱红	＋	紫		紫红		紫檀	
棕色	＋								

从表 2 可以看出,在我们上面所列举的出现于《现代汉语词典》(修订本)中的所有表示颜色的词语中,属于"比喻类词语"的颜色词明显占了多数。如果除去单音节的颜色词(因为比喻词一般必须有两个音节以上,单音节词事实上构不成"比喻词"),那么,"比喻类词语"在所有全部表示颜色的词语中所占的比重就更大了。为了直观地显示这个比例,下面我们不妨汇总表 3,得出如下的数据表:

表3 《现代汉语词典》(修订本)所见颜色词中"比喻类词语"所占比例数据表

单音节颜色词总数	多音节颜色词总数	全部颜色词总数	比喻类颜色词总数	比喻类颜色词占全部颜色词总数的比例	比喻类颜色词占多音节颜色词总数的比例
26	179	205	120	59％	67％

从表 3 的数据,我们可以进一步清楚地看出:中国人的思维确实是有着好为形象、具体、综合,而厌倦抽象、分析的特点。

除了颜色词的创造能够鲜明地凸显出一个民族的思维特点外,地名的命名也能从另一个侧面予以佐证。因为在人类的初始阶段,一个民族语言的产生从逻辑上说,应该是先要解决辨名、辨色的问题。其中,辨名,包括人名、物名、地名的辨别。如果一个民族的人们不能首先解决辨色、辨名问题,那么他们的生产活动、日常生活将会发生很大困难,他们的生存也有问题。而要"辨名",首先就要"命名"。因此,从"命名"这一人类最初的语言活动中,我们尤其能够见出一个民族的思维特点。

汉民族人与世界上所有民族的人一样,在汉语产生的初始阶段,必然也是非常重视"命名"的(关于这一点,包括孔子在内的先秦诸子早有许多论述)。那么,汉民族祖先如何命名?汉民族祖先在命名时体现了怎样的思维特点?我们这里不可能一言以蔽之。但是,通过现存的一些中国地名,似乎可以追寻到汉民族人在地名命名时所表现出的鲜明的思维特点。

为了说明这个问题,这里不妨作两个地名方面的抽样调查分析。其一,是以目前全世界为之瞩目的全球最大的深水港——上海洋山深水港周边岛礁的名字为抽样调查对象。其二,是以向来以"山水甲天下"而闻名于世的广西桂林市周边的山名为抽样调查对象。

下面我们先看上海洋山深水港周边岛礁的命名。

根据相关数据显示,上海洋山深水港所在的岛礁,本是浙江舟山群岛的组成部分,也是向来少有人迹活动的荒僻岛礁。因此,这些岛礁的名字多保留了浓郁的"民间"色彩,一般都是以比喻的方式来命名的,未被"雅化"或抽象化。下面我们将上海洋山港周边全部岛礁的名字列表如下,然后汇总数据,看其"比喻法命名"的岛礁数量占全部地名数量的比例。

表4　上海洋山深水港周边岛礁名称一览表

岛礁名称	是否比喻法命名	岛礁名称	是否比喻法命名	岛礁名称	是否比喻法命名
大洋山(岛)		小洋山(岛)		大乌龟岛	+
小乌龟岛	+	将军帽岛	+	颗珠山(岛)	+
西马鞍山(岛)	+	圣姑礁岛	+	大指头岛	+
羊角礁岛	+	薄刀嘴岛	+		

表5　上海洋山深水港周边岛礁以比喻法命名比例数据表

全部岛礁总数	以比喻法命名的岛礁总数	比喻法命名占总数的比例
11	9	82％

下面我们看广西桂林市周边山峰的命名情况。

我们这里依据的是成都地图出版社 1997 年 7 月第 4 版、1998 年 2 月第 16 次印刷的《中国地图册》。在这个地图册的第 49 幅中,有一个桂林市的单独地图,其所明确标出的山峰名称,下面我们以列表的形式予以展示。

表6　广西桂林市周边山峰(由北至南)名称一览表

山峰名称	是否比喻法命名	山峰名称	是否比喻法命名	山峰名称	是否比喻法命名	山峰名称	是否比喻法命名
雷劈山	＋	磨盘山	＋	马鞍山	＋	凤凰山	＋
芙蓉山	＋	观音阁(山)	＋	猫儿山	＋	鸡公山	＋
庙　山	＋	狮子山	＋	蜈蚣山	＋	牛角山(北)	＋
仙鹤峰	＋	观音峰	＋	骝马峰	＋	独秀峰	
伏波山	＋	屏风山	＋	西　峰		观音山	＋
白岩山		羊角山	＋	牯牛山	＋	天玑峰	＋
辅星山	＋	天枢峰	＋	吊箩山	＋	象鼻山	＋
黑　山		塔　山	＋	螺蛳山	＋	穿　山	
大头山	＋	斗鸡山	＋	龙头山	＋	铜鼓山	＋
馒头山	＋	牛王山	＋	风筝山	＋	牛角山(南)	＋
野狗山	＋	罗汉山	＋				

表7　广西桂林市周边山峰以比喻法命名比例数据表

全部山峰总数	以比喻法命名的山峰总数	比喻法命名占总数的比例
42	37	88％

地名,尤其是远离大陆的荒僻岛礁和远离都市的山峰的名称,由于不受人们注意,也很少受文人"雅化"或抽象化更易的影响,因此它更多地保留了汉民族人民早期"民间"本色的思维特点,可以说是汉民族人思维特点的"活化石"。从表 4 上海洋山深水港周边岛礁的名称与表 6 广西桂林市周边山峰的名称所显示出的比喻法命名比例之高的事实,我们完全可以进一步肯定地说:崇尚形象思维是汉民族人(中国人)典型的思维特点。

三

在即将结束本文之时,还有由此而生发的几点余论,不妨提出来讨论。

1. 中国人的思维有喜欢具体、综合的倾向,有喜欢形象思维的传统;但是,我们只能就此说中国人的思维方式有上述这种民族特点,而不能就此认为中国人这种喜欢形象的思维方式有什么优劣。事实上,思维方式的不同特点呈现,只是表明了不同民族文化传统的差异,不能据以认为一种思维方式优于或劣于另一种思维方式。前面我们说到林语堂曾从中西文化对比的角度提出中国人喜欢形象思维,中国人的心灵类似于女性的观点,但他并没有采用本文的抽样统计、定量分析的西方现代科学的方法,而只是采用了中国传统的整体把握的方式提出了中国人的民族思维特点。可是,结果证明:他的这种中国式的思维方式与整体把握的论证方式所提出的观点,与本文用西方学术研究方式得出的结论是一致的。由此可见,中国人喜欢形象思维、厌倦抽象思维,喜欢具体、综合,不喜欢抽象、分析,只是中国人的民族心理与文化传统综合作用的结果。一个民族是以抽象思维,还是以形象思维为主要思维方式,其间不存在优劣高下之别。比方说,对于某一个问题的认识,我们从整体把握的角度说"大多数",与西方人从分析的角度说"71%",实际上是没有什么区别的,只是其思维方式不同,因而语言表述也不同而已,对问题的本质揭示则是一致的,是殊途同归。

2. 中国人喜欢形象思维的思维特点,反映在语言上便是汉语中有大量的比喻词语存在,还有大量的借代词语(主要是以具体代抽象的借代词语,如"罢手"借代"停止","笔墨官司"借代"争论","百折不挠"借代"不屈服"等等)以及相当数量的摹声词语(如"丁当""丁东""格登""哗啦""萧萧"等等)。前面我们曾说过,汉语中的比喻类词语、借代类词语、摹声类词语是最能体现汉民族人喜欢形象思维特点的有力印证,因为词汇是思维的结晶物,也可以说是一个民族思维成果的积淀物,也是由此追寻一个民族文化包括民族思维特点的"活化石"。通过前面几个部分对一些汉语比喻类词语数量比例的抽样统计与定量分析,我们便可见出中国人的民族思维方式对汉语词汇的巨大影响。而汉语中有如此众多数量比例的比喻类词语以及借代类词语、摹声类词语的存在,实际上又反过来强化、固化了中国人喜欢形象思维的思维定势。这一点,恐怕也是中国人喜欢形象思维的民族思维特点绵延不绝、历久不衰的一个原因。

3. 汉语中大量比喻词、借代词的存在,从语言学的角度看,是合理的。因为比喻法造词与借代法造词是词汇发展的一条基本途径,也是人类认知客观世界的一种方式。现代认知语言学认为,"导致语言变化的触媒是隐喻。一代人的隐喻是后一代人的常规表达"[1]。又认为"语言深深扎根于认知结构中。隐喻就是一种重要的认知模式,是新的语言意义产生的根源"[2]。不仅如此,"如果一种语言没有隐喻,其结果只有两个:要么它的表达力非常有限,只能用来表达非常直观的、具体的事物和现象,这只存在于低级社会;要么它的词汇和表达式多得惊人,因为一个词或表达式只代表一种事物或现象。试想这样的语言是无法存在的,因为人类的大脑是无法掌握它的。人的大脑不是无限容量的数据库,而是具有创造力的,其创造力就在于它能借助于已知的事物和已有语言形式认知

---

① 胡壮麟《认知隐喻学》,北京大学出版社 2004 年版,第 5 页。
② 赵艳芳《认知语言学概论》,上海外语教育出版社 2005 年版,第 99 页。

和命名新的事物，这种能力不仅是靠学习得来的，而是认知能力发展的结果。只有这样，人类才有可能对知识、信息、语言进行有效的储存、记忆和表达，才有可能认识世界"①。也就是说，比喻造词既是人类的一种认知方法，也是语言得以发挥以少衍多，以简驭繁，充分发挥语言效能的工具。

原载《复旦学报（社会科学版）》2008年第2期

---

① 赵艳芳《认知语言学概论》，上海外语教育出版社2005年版，第96页。

语体风格研究

新闻语体的风格特点

邓明以

"新闻"这一术语含有广狭两种概念,广义是指报社、通讯社、广播电台等新闻机构常用的一种文体,有消息、特写、调查报告等多种形式;狭义则单指消息和报道一类特定的形式。本文专以狭义的新闻为论述对象,这是因为新闻(消息和报道)是报纸每天都要运用的武器,在报纸上占有大量的篇幅。一天的报纸可以没有特写、访问等其他体裁,却不能没有新闻。新闻是报纸的主体和组成核心。

新闻的任务是要向读者广泛地开展各种宣传,迅速及时地向读者报道、传递国内外的政治、经济、军事以及科学文化生活等领域的各种各样的最新信息。报纸所肩负的宣传报道和组织鼓动的双重职能,无疑主要是由新闻这一形式来体现的。由此可见新闻是具有政论性质的宣传鼓动体一类的文字。

中宣部于1981年8月召开的十八个大城市报纸工作座谈会纪要对新闻下的定义是:"新闻反映新发生的、重要的、有意义的、能引起广泛兴趣的事实,具有迅速、明了、简短的特点,是一种最有效的宣传形式。"这一定义极其概括地阐明了新闻的一些基本特征,这就是:迅速、明晰、简短和真实。新闻文体的这些基本特征决定了新闻语言风格上的种种特点,这是由于新闻文体在交际运用过程中,要求在用词、造句、组织结构以及修辞方式等语言表现形式上具有一系列特点的缘故。也正因为有了这一系列语言(或说言语)的功能特点,才得以形成新闻这一语体。

以下分项论述新闻语体的主要特点。

一、词语运用的特点

词语运用的特点又可分为选词和用词两部分。

（一）词语的选择

甲、选用普通、常用的词语

新闻是一种以实事为基础，用事实来进行宣传的文体。记者为了让事实本身说话，在写作时常常选用一些最常用和普通的词语来讲述某件事情，因为事实本身往往已能说明问题，就不需要再去咬文嚼字了。此外，从扩大新闻的宣传作用来看，似乎也应做到这一点。报纸拥有最众多的读者，新闻又是最广泛运用的一种形式，务必把新闻写得通俗易懂，才能成为组织群众和宣传群众的武器，因而，新闻的词语要用得越普通越好。

报刊上的新闻大都采用普通常用的词语，例见 1985 年 2 月 28 日《解放日报》刊出的几则新闻：

上海出版印刷公司日前成立"上海广告月历部"。

中国华东修辞学会主办的《修辞学习》杂志昨天在上海举行创刊三周年改革座谈会，华东地区的六十余位专门工作者出席了会议。

乙、选用朴素、平实和意义明确的词语

新闻是以平实地记述事物的条理为目的，以平白清晰地表出为主要宗旨的，为了做到忠实于所反映的事物的原型，写作时应尽量选用那些朴素、平实和意义明确的词语，反对运用意义含混、模糊不清或意义繁杂的词语。在词语运用上还应力避矫揉做作、哗众取宠，以及避免作不适当的夸张和渲染。常见的新闻语言大都是这类朴实无华，含义明确的词语，因为新闻的力量正是来自这类语言。以下是刊登在 1985 年 5 月 14 日《文汇报》上题为"河南粮食开始出口"的一则消息：

河南粮食经营打破几十年的"封闭式",开始向开放式转变。省有关部门从去年下半年开展了粮食出口业务,到今年第一季度,共出口粮食八万多吨,创外汇八百多万美元。

党的十一届三中全会极大地调动了农民的积极性,粮食产量连年增长。在努力搞好粮食就地转化的同时,他们努力开拓国际市场,自去年七月组织粮食出口。

这则消息选用的全是平实、朴素的词语,读者在这里见不到任何雕琢和修饰,也见不到任何华丽的辞藻,但却在字里行间充分显示出党的十一届三中全会以来的政策的影响。

丙、不断吸取新的词语

新闻写作除了主要选用普通和常用的词汇外,还应不断吸收新的词语,这是因为新闻的任务是要迅速而又及时地传递国内外的最新科技信息,它对新事物最为敏感。在新闻报道中经常会出现一些新的术语、新的词汇,尤其是正当国家处在一个重大变革时期,新的词语更是层出不穷。例如,我国自十一届三中全会以来实现了对外开放和对内搞活的改革方针后,在报纸上便出现了一系列新的词语:微观搞活、宏观控制;宏观指导和管理;经济杠杆;第三产业;智力开发、智力投资;技术储备联营;外引内联;联产计酬、责任田等等。又如反映国内外科技最新成就的有:"'中国模拟人'开始试产"(《新民晚报》1985 年 11 月 12 日)中的"中国模拟人";"地下沼气池群建成"(《解放日报》1985 年 11 月 10 日)中的"地下沼气池群";"本市与外地医院建立联合体——培训医务人员,提高医疗技术"(《解放日报》1985 年 10 月 11 日)中的"联合体"以及"美国航天飞机'挑战者号'""'星球大战'计划""试管婴儿""人造骨""飞碟""树脂大理石"等等。新闻如不及时吸取这些最新术语也就失去了"新"的意义,从而丧失了新闻的生命。

(二)词语运用需准确

新闻所反映的内容必须真实可信,可信的标准便是真实和准确。宣传鼓动性文字只有做到真实和准确才能为广大读者所接受,才能产生无穷的力量。失实的报道会使报纸的信誉受到严重的损害,从而得到适得其反的宣传效果,可见准确的原则对新闻来说是何等重要的了。

准确和真实的新闻自然首先反映在内容上,其次便是用语要求准确。词语运用只有十分精确才能恰如其分地反映实际情况。例如逃跑就是逃跑,撤退就是撤退,决不能把德国法西斯军队在强大的苏联人民武装部队的追击下,溃不成军、抱头鼠窜的场面说成是敌人在撤退。

准确运用词语,尤应引起注意的是对动词的准确选用。在新闻稿件中最常涉及,出现频率最高的是表明消息来源的归属动词——说。然而,单一个"说"字就有二百余种表达方式。在汉语中常用的说的同义词就有:宣布、宣称、宣告、声言、声称、声明、讲、告诉、陈述、认为、指出、发出、提出、驳斥、喊、叫喊、断定、断言、预言、承认、作证、建议、解释、强调、补充、要求、请求、恳求、争辩、泄露、透露等等。在选用时要求注意准确和贴切。一般说来,"宣布、宣称、声明、声称、声言"等适用于那些正式的言论;"宣告"的确切定义是第一次公布某件事情;"驳斥"含有对错误言论或意见的反驳;"断言"有断定、果断的意思;"预言"是有预见性的言论;"要求、请求、恳求"都有希望做到的意思;"泄露、透露"是表明原来隐藏的东西现在公开了等等。

毛泽东同志在他的新闻稿中非常精确地运用了许多"说"的同义词,例如他在写于1942年《历史教训》一文中,先后分别用了"称、宣布、说、认为、发出、声明、宣称、证明"等许多归属动词。列举如下:

1.《真理报》社论称:"斯大林格勒的抗战,粉碎了希特勒的巨大计划。"

2.十月八日,德军发言人宣布:"不再使用炮兵与工兵强袭斯大林格勒。"

3.所有这些,就是说:红军由城内正面与北部侧面两方面的夹击,迫使希特勒绝望于该城的进攻,而不得不在事实上一天一天把自己转入防御地位。

4.希特勒今天还没有发出停止进攻的一般声明。

5. 列宁格勒、莫斯科是被认为应该避开的，他就集中力量向着南线一隅。

6. 八月二十三日海通社宣称，"八月二十一日晨十时，德山岳部队在高达五千六百三十公尺的伊尔布鲁斯山升起德国战旗"，表示法西斯吸血鬼们的狂喜。

7. 整个苏德战争已经证明：只要人们不对法西斯讲慈悲，就是说，多一点勇气，法西斯就会失败的，这就是历史的教训。

诚然，语言的准确运用是各种语体的共同要求，然而新闻是要以事实的真实性来取信于人民，以便从中受到教育和鼓舞，进而达到重新组织和调整自己活动的目的，因此，它要比任何其他语体更讲究词语的准确性。

二、句子运用的特点

句子的运用又分句型和句类两方面：从句型方面来看，要多用短句和简单句；从句类方面来看，要多用陈述句和判断句。

（一）多用短句和简单句句型

新闻稿件，无论从通讯的便利、经济的效益以及传播的迅速来看，都应力求文字的简短。简短是新闻文体的又一个重要特征。短新闻的好处不但便于写作和传递，而且还有利于阅读，使读者能在片刻之间看完，并且有一个印象。为此在新闻界特别要提倡写一二百字的短新闻，甚至号召写几十个字的简明新闻和一二句话的简讯。

新闻的简短是指篇幅而言，但反映在句式的要求上就应多采用短句和简单句。

行文简单是新闻写作的第一和最基本的规定之一，所以记者要集中力量写好单位的句子。《纽约时报》对其记者有一条规定：一句一个意思。较为复杂的句子会给读者带来麻烦。合众国际社提供了一个关于句子用词平均长度的表格，认为最易读的句子在 8 个词以上，11 个词的句子为易读，14 个词的句子为较易读，标准句子为 17 个词，21 个词属于较难读的句子，29 个词的句子属于很难读了。国内有人将汉语超过七个实词的句子列为长句子。

语言作为交际工具首先要求精密，但是只求精密而不简练也是不行的。在精密的同时又要求它简练，是语言发展的一个总的趋势。报纸语言尤其是新闻语言的句子结构就有简化的趋势，具体表现在简单句增多。例如在 1983 年 5 月 3 日《新华社新闻稿》上刊登的"十三所高等院校为新疆办民族班"的消息中，除个别句子外大都选用了简单句和短句：

新华社乌鲁木齐五月一日电（记者瓦哈甫·阿札买提）全国已有十三所高等院校愿为新疆举办民族班。这些民族班办齐后，新疆每年送到内地深造的学生将增加一倍。

承担为新疆培养人才的这些高等院校，大部分是全国重点院校。其中有：大连工学院、上海交通大学、北京师范大学、南京大学、西安交通大学、西北政法大学等。这些院校大部分从今年起陆续办新疆民族班，开设理、工、农、师范、法律、纺织、新闻、外语等专业。

新疆民族班的招生是经教育部批准，列入国家计划的。

少用修饰附加语是构成短句和简单句，造成文字简短的一个重要因素。

（二）多用陈述句和判断句句类

消息和新闻报道不但要求明白清晰，而且几乎总是直截了当地告诉读者一件新发生的事情，因此最常运用的是叙述句或直陈句等句类。有的稿件甚至通篇运用直陈句。一般说来，较少运用疑问句、祈使句、除标题和引语外，一般不用感叹句。例见：

第六届全国人民代表大会常务委员会第十三次会议，今天下午在人民大会堂开始举行。

彭真委员长主持会议并讲了话。（1985 年 11 月 9 日《解放日报》）

这则报道用的全都是叙述句。

判断句的使用在新闻中的频率也是很高的,例见:

在结束了对哥伦比亚、巴西和阿根廷的访问之后,赵紫阳总理今天上午抵达加拉加斯,开始对委内瑞拉进行为期四天的访问。这是赵总理南美四国之行的最后一站。(1985 年 11 月 11 日《解放日报》)

用"是"或"是……的"一类的判断句,经常出现在新闻的导语中,表明新闻的来源(包括时间、地点、人物)。

(三) 多用主动句和肯定句

与叙述句、判断句相联系的是多用主动句和肯定句,这也是新闻报道句子运用的一个特点。全部运用主动句和肯定句的消息和报道,在报上随处可见。

新闻极少用否定句和被动句,尤其不应去玩弄否定之否定的把戏。要直截了当地写上"经常地",不要去写"不是不经常地",因为这类格式会导致新闻语言不简洁的弊病。

三、结构布局的特点

新闻语体的结构布局别异于其他各种语体的有:标题的设置、电头、导语的运用,以及采用倒金字塔的形式和大量运用直接引语等特点。以下分别叙述:

(一) 标题的设置

除了一二句话的简讯外,一般来说新闻都要设有标题。一条生动、形象、准确、寓意深刻又不落陈套的标题,既能使新闻大为增色,同时又是决定读者是否愿意读或把这条新闻继续读完的关键。因而,大凡记者都要在标题的设计上狠下功夫,努力调动修辞上的各种手段,把每一则标题都设计得既突出又醒目,既有内容又富有新鲜感,在新闻标题中经常运用的修辞方式有以下几种:

(1) 对偶辞式

敞开求贤大门　涌来各路人才(1985 年 3 月 30 日《解放日报》)

（2）比喻辞式

　　"水上天鹅游弋到上海"（1984 年 10 月 25 日《新民晚报》）

　　（用水上天鹅比喻意大利的游泳队）

（3）映衬对比辞式

　　昔日"人在金山，心在外滩"　今天"安心金山，献身石化"（1985 年 10 月 31 日《解放日报》）

（4）设问辞式

　　上海怎样成为我国最大信息中心？（1985 年 10 月 31 日《解放日报》）

（5）呼告辞式

　　"您好，《俄罗斯森林》"（1984 年 2 月 5 日《新民晚报》）

（6）复辞辞式

　　中山环路为何至今环不起来（1985 年 3 月 24 日《解放日报》）

（7）排比辞式

　　生产协调前进　重点建设加快　城乡市场繁荣

　　我国整个国民经济正在健康发展（1985 年 10 月 23 日《解放日报》）

（8）回环辞式

　　祖国在战士心中　战士在青年心中

　　解放军英模昨在上海师大、空政校座谈（1985 年 10 月 29 日《解放日报》）

（9）仿拟辞式

　　英雄不怕远征难

　　访国家南极考察委员会办公室（1984 年 11 月 23 日《文汇报》）

　　标题是新闻的窗口，新闻有了生动形象的标题才能吸引广大读者，才能出色地完成宣传鼓动的政治使命。

（二）电头运用

　　新闻一般都要在文字的开头冠以电头，表明消息的来源和时间。国内消息常见的电头有："新华社消息""新华社电""本报讯""本报消息"等。有的电头还标明时间和地点,如"据新华社北京某月某日电"。有的还加上记者的姓名,如"据新华社北京某月某日电(记者某某某)"。如果消息来自国外,一般都要加上发出国的国名,如"据新华社墨西哥某月某日电(记者某某某)"等。

电头的运用能使消息富有真实感和强烈的时间概念,这也是其他语体所没有的一种形式。

(三)导语运用

导语即古人所谓"立片言以居要,乃一篇之警策"。它是一则消息的开头,是新闻中的重要部分。导语要求用简短的语句介绍这则消息的主要内容,揭示它的主题思想,以便引导读者进一步阅读下去。美国新闻学家霍德华说:"一条优秀的导语应该是提供消息,简短,明晰,准确,简单,直截了当,生动,客观和富于色彩。"可见导语的作用是很大的。

导语也是新闻语体独有的一种形式。

(四)运用倒金字塔的结构模式

新闻稿要求快写、快编和快传,为了达到这个要求,一般采用"头重脚轻"的倒金字塔的特殊的结构模式,这种模式的特点是以最重要的事实为开头,不重要的事实作结尾。这样安排的好处是记者和编者能毫不费力地删改稿件,在迅速删去后半部分后不致影响重要的事实。另外还能便于读者的阅读,使读者可以随时停下来,无须从头读到尾才得要领。

(五)运用直接引语

记者还常常采用引语的方式以表明消息的来源。引语也即修辞上的引用辞式,直接或间接运用引语已成新闻语体的一个重要特点。

运用引语除了能使报道增添许多闪光的东西外,还能使报道具有现场意义,使读者能够想象出谈话者,从而获得逼真感。一九八五年三月二十四日,全国政协六届三次会议开幕前夕,全国政协主席邓颖超于是日上午特地到巴金下榻的饭店看望了这位中国文坛名将。记者邹爱国报道这则消息时,几乎全部引用了人物的对话:

"欢迎你,看到你我真高兴!"邓颖超见到白发满头的巴金时,紧走几步上前热情地和巴金握手。巴金非常高兴地说:"你来看我,我很感谢。"邓颖超望着巴金说:"我看你很健康,就是瘦了点。不,有钱难买老年瘦啊!"巴金说,他自一九八二年摔断腿后,已经有三年半没来北京了。邓颖超关切地问:"你的腿现在怎样了?"巴金说:"现在好了。"邓颖超告诉他:"人老了,手腿不灵了,要特别小心。自你生病后,我很惦念你,还托曹禺同志去看你。"……

读了这段报道,读者仿佛身临其境,亲自见到两位八旬老人,并肩坐在一张长沙发上促膝叙谈的动人情景。记者如果不是采用大量引用的对话方式,而是换另一种方式来报道,显然不会使读者有如此亲切、生动的感受。

新闻语体除以上这些结构模式外,还有自己特定的表达程式,对于这套程式,语言学界和新闻学界褒贬不一,限于篇幅不打算赘述了。

原载中国华东修辞学会编《语体论》,安徽教育出版社 1987 年版

语体研究方法论探讨三题

霍四通

一、语体和品种

　　品种是英语词 Variety 对应的汉译，或称变体，对它的不同理解和处理可导致语体学研究的范围、对象、目的和方法上的根本差异。尤其西方如英语的语体学研究中，对品种的处理是个不可回避的问题。体现在汉语学者的论著中有两个倾向，一个是以侯维瑞为代表的《英语语体》将地域变体、时间变体同我们平常所说的功能性语体并列研究；一个是以程雨民为代表的《英语语体学》将方言和功能性语体一并排除出去，只研究语言的正式程度上的阶列性分布。这两种不同做法的共同之处都是基于对语言品种和功能语体差别的漠视。虽然在汉语语体学界从功能的角度研究语体已成为共识，但对这一问题的再探讨将有助于汉语语体学研究方法论的确立，进一步把握中西语体学研究的异同及其根源。中西功能语体的类型、结构和语言特征上的极端相似性使我们深信二者之间的比较研究必将有助于人类的语体能力及其上位概念语言能力的揭示。

　　《英语语体学》中的品种是个异质概念，将许多不同的语言现象划一到了同一层次上。标准语和方言作为语言品种的地位是无疑义的，但社会方言作为一个内容较为模糊的概念，其品种的地位却值得重新加以检讨。作为一个语言品种其首要的条件是有其语音、词汇和句法的系统性，而一般所谓的社会方言如社团方言、阶层方言都没有这种系统性,至多只有一些范围很窄的可视作共同语的共时变异的零星特征,如阶级习惯语、行业语、隐语和拉波夫等人提出的一些语音特征。程雨民先生的社会方言应该包括作为语言适用特定交际情境而产生分化的功能语体,也许正是由于这点才导致他将社会方言作为品种。但是功能语体和语言品种(语言和方言,这里主要指方言)不是一个平面上的语言现象。首先从发生的角度讲方言是全民语言的地方变体,一般而言是生而习得的;而语体则是适用不同交际目的、内容、范围的需要在特定语境中运用全民语言而形成的功能变体,人们的语体能力是随着经验的增长、知识范围的拓展而逐渐增强的。品种都是有着语音、词汇、句法系统的符号体系;而语体则是非独立的,它首先是个抽象的集合概念,而所有的语体集的交集即为共核语言成分,每一种语体都在各自的范围不断地发展和充实这个核心,而语言核心也为各个语体的发展提供着切实的语言特征储备资源。最后,在语言交际中,语言品种只能被选择或转换,在语流中不能被杂糅,而语体作为一个完形概念它并没有清晰的边界,在特定的题旨情境中,其语文体式和语言特征有交叉渗透现象。

有人认为在同乡聚会的场合使用方言较为得体,从而认为方言也具有部分的语体功能,这种看法是片面的。从具体的交际过程看,语言品种的选择常跟一些超语言的情境因素如交际双方的地位、地区有关,有时交际者正是利用这些因素在交际过程中利用品种的选择或转换获得认同感以保持信道畅通。从社会语言学的角度看,这往往是 diglossia(有人译为双语)现象,它是一个不同于仅指个人的一种语言上的才能的 bilingualism 的概念,而是社会对不同的语言或变体进行功能上配置的标志,如高标准变体主要用于正式信件、政治演讲、新闻出版等场合,而低标准变体只用于家庭和朋友间的谈话、民间文学等非正式场合。这种现象产生的本质原因就是两个语言品种的功能语体发展的质和量上的悬殊,高标准变体正是因为其完善的功能语体系统(往往有深刻的政治、经济、文化背景)而确立起权威地位。这种现象也造成了许多低标准变体如方言长期只应用于单一的交际场合而无法实现其功能语体的分化。

可以肯定地说，每个语言品种都有日常交谈语体，虽然不一定都有其他类型的功能语体。事实上每种方言（语言）都有多语体化的趋势，并且往往由此而改变其劣势方言的地位，如意大利的多斯岗方言正是因为其文艺语体的出现和完善而成为了共同语。在解放前汉语方言也一度有语体分化的趋势，如方言区说唱文学脚本的流传，大量方言小说如苏白《海上花列传》《九尾龟》创作的兴起以及西方传教士的《圣经》各个方言译本的出现，但由于中国社会的长期稳定以及采用同一套书写体系，方言的离心化以及多语体化进程缓慢，因为许多功能语体如公文、政治法律语体往往是伴随着一种语言的权威地位的确立而出现的。有的人并没有看到语言发展的多语体化趋势，像《北京大学学报》上的一篇文章所云，[①]"在语言大融合之后，人类使用的语言将不是一种，而是两种，源于不同民族、经过明确区分、功能完全不同的两种语言"，并认为经过优选、成型与完善的英语最可能成为"科学语言"，而"生动、乐感、传神、简约、形象、丰富、悠久的汉语"将被独具慧眼的未来人钟爱，最终独领风骚，成为风行全球的"艺术语言"。我们看不到有这种趋势。相反我们认为任何一种语言如果只将其局限于某一特定功能只会导致其优势语言地位的丧失，产生这种非此即彼式结果的主要原因即是对语体和品种的概念及其关系的错误认识。

语体是品种的次分类，是语言品种（标准语）的功能性变体。将语体和品种相混且一并从语体研究中排除出去，只研究单向度（正式↔非正式）的分布，其原因也许是出于语体间巨大的词汇差异，非专业人士不能阅读，语体间不能随意转换，从而认为它们是不同的语言。其实可懂度的标准在语言品种间的鉴别也是不能贯彻到底的；而转换的标准也是相对而言的，而且所谓的从正式（严肃）到非正式（随意的、粗俗的）的语体选择也并不是"随意甚至是无意识的"。许多功能语体尤其是科技语体的文本的不可解读，主要原因在于概念体系和命题推衍的专业性。而且由不同的情境所决定的功能语体的分化并不仅表现于

① 李春《人类语言的大趋势》，《北京大学学报》1995 年第 5 期。

词汇因素,它是由语音、词汇、句法和篇章等多项语言特征综合形成的一个集合概念,而且这些语言特征同情境因素也并非是绝对的一一对应关系。尤其是其中的篇章因素在过去的研究中多被忽视,其实它在许多语体中占主导性特征,在语体的交叉中其重要性表现尤为突出。汉语的语体学发展有深厚的文体理论背景,极为讲究语文的体式,这是汉语语体研究的一大传统。另一传统就是由于言文不一而造成的汉语口语和书面语的长期对立,体现在很多学者的语体分类体系中即为口语语体和书面语体的对立。这种分类有其合理内核但也有其片面性,因而李熙宗先生在《修辞新论》中指出作为完整的日常交谈语体和其相对的应是专门语体,日常交谈语体的主要表现形式是口语而专门语体则为书面形式。①但是根据程雨民先生的看法则必然导致了作为一个完整的功能语体的日常交谈语体的割裂:虽然日常交谈有不同的话题涉及不同的专业领域,但没有必要将其割裂为对应于各自专业领域的"语言品种"的"非正式语体";它们间的差别仅仅在于话题的不同。

就汉语而言,对语体作阶列性划分是有困难的。《颜氏家训·音辞》说:"易服而与之谈,南方士庶,数言可辨;隔垣而听其语,北方朝野,终日难分。"前半部讲的是 digiossia 现象,后半部则强调了北方方言正式体和非正式体差别的微小。长期的言文对立造成了口语体和其他专门语体在正式程度上的两极对立,即汉语功能语体的分类即能体现出其正式程度的差别。汉字也对汉语体的发展影响至深。英语采用音本位的书写体系,可以开放地吸收法文词、拉丁词、希腊词构成词汇成分的较高等级,而且各地可同时造出音形迥异的同义词构成语体阶列的基础。而汉字以表意为主,可以沟通古今南北,深刻地影响着词汇的创造。汉语的词汇并非像许多人所津津乐道的那样具有丰富的语体色彩差异。不同的词项往往有共同的语素而淡化了语体色彩差异;相比较而言,汉语的词项往往有更大的语体适用范围,如"干杯"一词可适用于从极为正式到极不正式

---

① 见宗廷虎等编《修辞新论》,上海教育出版社 1988 年版,第 4 页。

的各种场合,而英语则要视不同的场合选择不同的词或短语。正如侯维瑞先生所指出,汉语的正式体和非正式体的差别本来就不如英语那样严格明显,而且近几十年正式文体和非正式的日常口语都有向共同核心靠拢的趋势,使这种差别更趋缩小。①可见对功能语体的重视在汉语语体研究中有其必然性,这也启示了我们相比之下功能语体是个更普遍的概念。实际上 Martin Joos 等人的阶列分析法对于英语而言也只是举例性的,非系统的,对语体成分的定性有极大的随意性;而 Halliday、Crystal、Davy 等人都不遗余力地对功能语体作出了可贵的探索,构成了英语语体研究的主流。

目前,在汉语语体学界一个争论焦点就是关于语体分类的问题。在讨论中有人甚至对语体分类进行了根本的否定,其实语体学研究的前提和目的就是找出这个"类"以指导语言实践。我们认为分类的前提是立类,即加强材料性工作,进行基础研究。功能语体的立类标准并不是单一的如职业(profession)、领域(field)或疆域(province),而是多项语言特征和情境因素的综合统一。目前的语体家族由于每个学者的研究兴趣和视点的不同而成员庞杂,在语体学尚未进入成熟期的过程中,出现这种现象也是很健康的。在决定截取宣传、广告、电视广告和电视洗衣粉广告中某一层面据以立类之前在头脑中多打几个问号②,如它所概括的语言现象是过于宽泛还是狭窄,是什么样的形式特征使得它适应于特定的题旨情境而区别于其他类语体,以及它和其他语体间边缘的模糊程度等,对于功能语体立类和分类的科学性是极有必要的。

二、语 体 和 原 型

认知语言学的原型范畴滥觞于维特根斯坦的"家族相似"概念。对于一个

---

① 程雨民《英语语体学》,上海教育出版社 1989 年版,第 82 页。

② Crystal, D. & Davy, D. *Investigating English Style*, Longman, 1973, p.71.

原型范畴而言其边界往往是模糊的,但总有一个或几个其身份无可怀疑的成员(或概括表象,Schematic representation)即原型(prototype),而其他成员的身份则往往依靠与原型的相似程度来判定。如跨语言的资料表明床、圆桌、沙发、碗橱、抽屉、电视机、电扇、电话、烟灰缸等作为"家具"范畴成员的可能是递减的。①原型自身的属性也是个原型范畴,如鸟的属性"会飞",而"飞"则包括飞机的飞,子弹的飞和鸡的飞等。最后,原型范畴以两种方式即转喻(metonymy)和隐喻(metaphor)对自身进行延伸(Category extension)。转喻强调接近性,如"茅台"的以产地代替产品;而隐喻则将一个语义领域的范畴借用于另一个语义领域,如空间的原型范畴"高"到"高官厚禄、高科技、高质量"等中的"高"。

人们常说讲话要得体,这个"体"就是语体概念的最通俗诠释,说明在人的头脑中常有朦胧的语体意识。但语体学者在语体的研究和分类中又遇到了无数的纠缠不清的交叉渗透,这也启示了我们语体同语言学的其他大多数范畴一样也是一种原型范畴。这种原型是客观存在着的。如新闻语体有消息、通讯、特写、短讯、新闻评论等多种形式,但消息往往居于核心成员的地位,其身份不容怀疑;而科技语体则有科技论文、科技研究报告、科技成果报告、实(试)验报告、科技协议与合同、技术签订证书、产品目录和说明书、发明申报书、科技文摘和科技新闻等,但科技论文也往往是核心成员,其他成员的身份则逐渐淡化。文艺语体则有几个原型成员,如小说和诗歌等,各以自身为起点对范畴进行不同方向的延伸。虽然大量的非原型成员模糊了各范畴的边界,但正是由于这些原型的存在方使这些范畴得以彼此区分,层层相叠,构成语体范畴的宏观体系,规范和制约着人们的日常言语行为。就书面语言而言,我们的语体研究有深厚的文体理论背景,因而李熙宗先生提出了"文体集合"的概念:即无数在格式类型上相同的具体语言作品共同隶属于一定的文体;而某些交际功能相同的文体集合成整体形成"文体集合",而"文体集合"所具有的语言特点

---

① Taylor, J.R., *Linguistic Categorization*, second edition, Oxford: Clarendon Press, 1989.

的综合体系即语体。①这种集合的概念的提出较之于过去分类中的"一刀切"的做法正是基于对语体作为原型范畴概念的科学认识。

将语体视为原型范畴是从功能的角度考察语体的必然结果。语体的研究不外乎有两个端点，一端是超语言的情境因素（extra-language factors），包括交际的场合、方式、内容和交际者等，而另一端则是语言特征（language features），包括语音、词汇、语义、句法、篇章等多个层面的概念。功能的标准即是以语言特征为本位来考察在超语言情境因素的制约下语言特征体系的形成和分化。这也决定了语体学作为语言学分支学科的性质。超语言情境因素和语言特征之间并非强制性的一一对应，但这里特别强调语言特征本位是因为我们认识到语言特征的分化往往凝结着人们对情境因素分化认识的成果，以语言特征为本位最大程度地强调了语体学研究的实用性。李熙宗先生的"文体集合"概念其实也是在强调语言特征这一端，因为文体格式的不同都显示着一定情境因素的变化。特有的语言特征体系是范畴中原型存在的物质基础，而原型的存在又使整个语体范畴体系在日新月异的社会生活中具有极强的稳定性，从而使语言的学习和使用成为可能；但这种稳定性又是动态而非僵化的，它可以随着情境因素和表达需要的变化而对语言特征体系作相应的局部调整，将语体范畴进行延伸（交叉渗透）而无须更新整个范畴体系。以语言特征为本位，使我们的解释体系更经济、更易于操作。

而以超语言情境因素为本位则必将使语体学研究步入误区。在书面语体的研究中这种立场因为有文体分类的存在而常被掩盖，但在对口语语体的研究中则无所隐遁。目前对口语体的分类标准大致有：（一）交际场合。如袁毓林将谈话体分为家庭、车间、商场、课堂、法庭、外交和流动谈话体七种。②这种分类只注重情境中的场合因素，而忽视了这些分支语体在语言特征上的内部统一性，

---

① 《文体与语体分类的关系》，见程祥徽编《语言风格论集》，南京大学出版社 1994 年版，第 160、166 页。

② 《论语体的性质和分类标准》，中国修辞学会第二届年会论文。

而且这种场合的类型化也是主观的,有限的。(二)交际目的。如夏中华将交谈分为调查询问式、说服劝导式、商议讨论式和闲暇聊天式。①交谈的交际目的是复杂而非单一的,也是很难类型化的,更是很难据此归纳出特定的语言特征系列,如他所谓的调查询问式的基本形式"问答式"都可以大量出现在后三种类型中,如说服劝导式可以提一系列问题以阐发事理,商议讨论可用"问答式"提出问题、表明态度,而闲暇聊天也可通过大量的问答形式来交流、获取信息。(三)交谈方式。又如夏中华分为电话交谈和面谈两类。②近年来国内外对电话中的交谈研究较为深入,但电话只是改变了交谈的信息传递方式,总的说来并没能改变因交际者、交际内容和目的等因素所引起的语言的功能分化。所谓电话语体的一些特征只是交谈格式中并不特殊的一种。(四)交际者的思维状态。如戴婉莹按思维的自觉式、半自觉式和直觉式将口头语体分为思索型、随意型和偶发型三类。③人的大脑是个黑箱,很难对它的运作规律作出精确描写,只能从控制的角度出发将制约语体分化的超语言情境因素及其所引起分化的语言特征这两端相结合全方位地研究语体。实际上这种分类也是先入地依靠功能语体来归纳各语体的语言特点。而且按思维类型分类并不能解释语体中的一些现象,如经过较好的独白锻炼的人对于一般话题往往是脱口而言而非经三思而言。

总之,以超语言情境因素一端为本位,必然会导致对语体范畴的语言特征的混同直至最终混同各语体范畴。刘大为先生的语体是言语行为类型的观点就是这个立场的一种极端形式。④他要打破现有的所谓"静态"的语体研究传统,从言语行为的角度重构出一个语体体系。如果确能如此,那么全盘抛弃现有的传统也是值得的,但实际上他也仍只是借助于文体分类,让现行的语体的"工作分类"去适应、诠释自己的概念,如肯定了小说语体的存在,同时却又得出小说

①② 夏中华《口语修辞学》,远距离教育出版社 1993 年版。
③ 戴婉莹《思维活动制约语体类型》,《修辞学习》1987 年第 2 期。
④ 刘大为《语体是言语行为的类型》,《修辞学习》1994 年第 3 期。

语体没有什么变异的语言特征的结论。他提出了所谓的语体的"主体结构"的三个层次:第一是交际需要(行为意图,行为者的相互关系、行为的传递媒介和环境等),第二是由交际需要所选择的语言使用方式即行为方式,第三是由特定语言使用方式所造成的话语或文本中的语言形式上的变异特征。其中第一、二层次应该属于情境因素一端,第三层次应该是语言特征的一端。这也说明这两端是任何研究者都无法回避的。我们强调要多层次、多角度地深入开展语体学研究,但研究的基本方向和前提应以语言特征为本位却是不能不始终加以坚持的。

将语体视为言语行为类型的一个直接后果就是将导致对各个原型的语体范畴的混淆。如果《植物志》都能被看成诗歌,那么科技语体和文艺语体还有什么差别呢?但问题并非这么简单。像所有的原型范畴一样,语体范畴也以转喻和隐喻这两种方式对自身进行延伸。转喻式即李熙宗先生在《试论语体的交叉和渗透》①中所讨论过的交叉渗透的两种表现方式,一个是语体要素以个别交流方式进行的渗透,另一个是以语言体式融合的方式(包孕、融合)所进行的交叉。但有时情境因素中交际目的、内容的复杂化使得交际者不能采取某一特定语体而必须采取该语体的隐喻式延伸形式,即通过一定的方式将一个原型语体范畴隐喻成另一个语体范畴。我们仍以口语体为例。如董达武所译的《口头言语的美学特性》一文主张将口语体分为一般的日常会话语体和事务语体②,这种分类已被证明是比较合理的。但有这么一个例子,一家面包店一直想让一家大饭店成为自己的一个客户,但推销员总是以失败而告终,后来面包商得知饭店经理酷爱航海,于是他经过精心准备后约见了经理,两人只字未提面包,谈了整整一上午航海。分手后该饭店即开始订购面包店的面包。两个人的闲谈最终被解读成了事务的谈判。所以讲女人像花,但女人和花却是两回事;我们不能因为语体的隐喻式延伸而将不同的功能语体混为一谈。但正如隐喻和转喻在很多

---

① 《修辞学研究》第三辑,语文出版社1987年版。
② B. B. 尼古拉叶娃《口头言语的美学特征》,《修辞学习》1987年第5期。

情况下也是很难截然划界的一样,如"高价、高官"中的"高"也有转喻向度上的量化积累过程,语体范畴的转喻式和隐喻式延伸也有交叉重合之处。如刘大为所举的《植物志》一例将科技语体隐喻延伸为文艺语体中的悼诗,但为了不致误解也采用了转喻式延伸中的语体要素的渗透等方式,如加上标题并分行等。

将语体看作原型范畴后,语体研究领域又出现了许多极有意义的课题,如核心成员(原型,如消息、论文等)地位取得的心理现实性即其语言特征体系的构成;核心成员通过转喻或隐喻方式对范畴延伸的方向、序列及所受的限制;以及诸语体范畴之间的层级等。只要我们高擎功能主义的大纛,这些问题的探讨必将不断地深入和细致下去。

三、语体和功能

随着语言学的深入发展,学者们正面临着一种尴尬的两难境地:如果采用形式的方法,象乔姆斯基的生成语法,那么就无法对话语的意义作出充分的说明;如果采取功能的方法,他们很可能忘记使语言研究成为一门科学,因为语用学显然无法形式化。[①]但退一步说,如果让语言进入机器,让语感形式化还只是一种理想的话,那么我们宁可只关注在社会中使用着的活生生的语言,即人的话语,而非机器的语言。语体学就是这样的学科。它研究的是人们讲话写作要得体的"体"以及如何得体的问题,而这正是形式学派一直都在回避的问题。这么看来,我们是否在做我们没有能力做的事情呢?因此,我们需要对语体学研究的根本方法即功能的方法作一初步考察,从而正确认识语体学的学科位置和研究前景。

五、六十年代前苏联的风格和风格学的讨论直接影响了我国语体学的发展,正是这次讨论使中外学者对功能原则的认识趋于一致,即"按照不同的交际

---

① 戴浩一、薛凤生《功能主义和汉语语法》,北京语言学院出版社 1994 年版,第 303 页。

场合所发挥的不同的交际功能来划分风格或风格手段"①,而语体是"因适应不同的交际领域、目的、任务需要而历史地形成的各种语言功能风格类型"②。但在具体贯彻这一原则时学者们又有不同的理解,在操作中还出现一些分歧,导致了语体学在研究对象和方法上出现了混乱。产生这种现象的主要原因就在于语体学的研究范围包括了两个端点,一端是语言特征,另一端是超语言的情境因素。如果这两者仅仅是简单的一一对应关系,那么我们无论从哪一端着手,都能找出它所对应的另一方,从而把握了整体,贯彻了功能原则。但是在实际的语言使用中这两者远非简单的一一对应关系。首先两者都以集合体(语言特征系列、情境)的面貌出现,这使语体类型的归纳成为可能,但也决定了如果使用单一标准必然会顾此失彼。其次是这两类集合都是动态构成的,语言特征、超语言情境因素以及两者之间的不同组合时刻都在发生。一个语言特征往往能出现在几种情境中,如科技语有时也分布在文学语言中;而在同一情境中人们也有选择不同语言特征系列体的较大自由,如为了抒情可以写诗,也可以写散文,谈判时可以开诚布公,也可以转弯抹角;而且新的文种又在不断涌现。这让所有的研究者都有眼花缭乱之感。这种复杂的非一一对应关系使得我们很难左右开弓,兼顾全局;或者可以任意取一集合将其有序化,并通过投射关系而将另一集合有序化。

这样摆在我们面前实际上就有了两种立场:一种是以超语言因素为本位,而另一种是我们一直在倡导的以语言特征为本位。王维成提出应以超语言因素为本位。他认为:超语言因素构成一个场控制着人们对语言表达手段的选择和组合,制约着具有系统的言语风格的话语产生,一句话,决定着语体的形成(如地球磁场对指南针)。这个场可称为语体场。语体分类应以语体场为首要标准,而以受它影响和制约的言语风格为辅助性的检验标准。③这种方法甚至抛

---

① 高名凯《语言论》,商务印书馆 1995 年版,第 468 页。
② 孙莲芬、李熙宗《公关语言艺术》,知识出版社 1989 年版,第 38 页。
③ 王维成《超语言因素和语体分类》,《修辞学习》1987 年第 1 期。

弃了形成言语风格的物质基础的语言特征而借助于"风格感",使得分类必然出现极大的随意性并和语言特征体系脱节。用磁场和指南针来类比情境和语言特征实际上仍是将两者的关系看作简单的一一对应,这样就无从解释大量的语体交叉和渗透现象。这里我们想起了那种挂有多个磁化小球的工艺品,小球之间动态的磁场使得它们一刻不停地在或斥、或吸地运动。这种场才符合超语言因素的实际:世界上没有两个完全相同的交际情境,即每个交际情境所由构成的情境因素的组合是不相同的。

这是不是意味着超语言情境因素因为其琐碎和多变而完全被排斥在语体研究范围之外呢?我们的回答当然是否定的。超语言因素是语体形成和演化的驱动力,但我们主张以语言特征为本位,是因为语言特征有特殊性,以它为本位最终能更为科学地考察超语言情境因素。每个语言特征都是形式和意义的结合体,二者存在着功能上的关联,即每个形式都凝聚着一定的或宽或窄的情境意义。如儿化词多出现于较随便的谈话,很多词语、格式都有较专门的使用范围等。通过对语音、词汇、语义、句法、语用、篇章等各个层面的语言特征的分析和比较,最终可以找出和语言使用密切相关的情境因素并将其类型化,即通过语言特征的研究可以最终实现它和情境因素的结合,从而使语体类型的归纳建立在科学的可验证的基础之上。而如果从超语言因素入手,则许多情境因素上的差别不一定都能在语言特征上得到反映,如交际对象的官位有七品,而语言则没有因这七品相应作出变异;在多数语言中,对男性和女性说话也是没什么区别的。再如交际场合同样都有从极不正式到极为正式的差别,英语在遣词造句上能体现出些许差别,在汉语则是不明显的,因此交际场合的正式程度这一情境因素就汉语交际和语体研究而言是可以不予考虑的。通过语言特征的研究找出情景因素和情景类型,并不是"语言决定论"(即"萨丕尔—沃尔夫假说")的翻版,因为我们认为只要各语言社会的交际领域基本相似,那么他们的语体类型的总体形态也应是基本相同的。但也很明显每种语言视角中特定的语言特征系列所对应的情境因素的组合也并不是完全相同的,这是以语言特征为本位贯彻功能原则得出的必然结论。如同样是日常交谈语体中的打招呼"A:你吃了吗？B:还没呢。"在汉语可以是一个话轮已关闭邻近配对，而在英语则往往表示另一配对(邀请)的开始。每个发达的民族语言基本上都形成了自己的完善的语体系统，每个熟练掌握者在交际中都能在识别一定的情境因素后对所要使用的语体及其交叉渗透作出定位，而这是以对民族语言的语言特征所负载的情境意义有全面体认为基础的。

多语体化是语言发展的大势，这是由社会交际领域的日趋分化而决定的。以语言特征为本位可以更为科学简明地阐释语体的源流演变。功能语体的最初存在形式是对白形式的谈话体，我们按照会话的结构和主题连接形式等特征可以把它分成闲谈体和事务体两类：前者会话结构松散，有不可预测性，主题和话题多重合，有统辖语篇的功能；而后者结构是可预测的，主题多为直指性，一般起引进话题、转换话轮的作用。随着人类长时记忆的发展、语言能力的提高和文字的出现等多项情境因素的改变，从谈话体中分化出了以书面形式为主的独白体。但由于语言特征系统的限制，这种独白体往往极为简短，语篇层次构造简单，按照现实现象的顺序着笔，且多以记言为主，保留着谈话体的诸多特征，如西周康王时期的《大盂鼎铭文》。而后独白体逐渐发达，逐渐能就不同的情境因素而对语言和体式相应作出变异，到战国前夕，光应用文就已发展到典、谟、贡、歌、誓、诰、训、命、征、范、箴、令等四十余种。①就公文语体而言，这些文体格式甚至常常被加以强制性的规定，我国就先后多次对公文的文种作出规定，从五十年代的七类十二种(1951,1957)一直演变到现在的十二类十三种(1993)。②这些义种都有自己特定的适用情境，而这又是以不同的语言特征体系表现出来的。它们以集合的形式构成一个共同的上位语体③，而这个语体的核心成员则为某个有使用频率最高、语言特征系列最具概括性等特点的文种，其他文种可

---

① 李凯源：《中国应用文发展史》，中国商业出版社1990年版，第31页。
② 新注：2012年发布的《党政机关公文处理工作条例》规定的公文种类为15种。
③ 李熙宗：《文体与语体分类的关系》，1993年澳门"语言风格学与翻译写作国际研讨会"论文。

视为该文种的延伸形式,甚至包括语言特征系列迥异的隐喻式延伸文种。通过这样的方法来考察整个现代汉语语体系统,我们会发现整个系统比想象中的要简单得多。如现代公文语体中的命令、议案、决定、指示、请示、公函都和平时常用的书信极为接近,而简报、通报、报告又多与新闻语体中的消息、通讯极为相似。而以超语言情境因素为本位,必然会无视这些鲜活的语言运用现象,构造出与语言特征体系脱节的叠床架屋的语体分类系统。现行的公文分类仍然过严,许多人和单位都常因为忽视了这些文种的不同适用范围而出现错误,如混用公告、布告、通告等,这虽然只能博懂行者一笑,但也不会导致什么误解,因为它们的语言特征系列之间确实是比较接近的。①

以语言特征为本位最起码可以给民族语言进行一次全方位、多层面的检验,从而能加深我们对母语的了解和理性认识,更好地指导我们的语言实践。这样,我们的功能原则实际上是形式和功能相结合的方法,它使语体学能开放性地吸收其他语言学科的研究成果,使语体研究最终建立在科学的基础之上。多年来,一些学者身体力行这个原则,并已取得了令人瞩目的成就,深化了对"人的语言"的认识,也为其他学科的进一步发展提出了一个较高的要求。但同时我们也应认识到语体学也很难超越语言学研究的现有水平,早期情境因素本位论者动辄给语体作一宏观分类的做法是不可取的。正确贯彻功能原则要求我们还是应当脚踏实地,加强微观研究,这样语体学才能在现代语言学中取得应有地位。

相信经过学者们的不懈努力,语体学必将不断走向繁荣。

原载《修辞学习》1996 年第 6 期,1997 年第 1、3 期

---

① 新注:1993 年《国家行政机关公文处理办法》的公文有 12 类 13 种,1996 年《中国共产党机关公文处理条例》的公文有 14 种。

关于语体的定义问题

李熙宗

汉语语体学研究已经历了半个多世纪的历程①,在理论研究和语体类型特征的描写研究方面都取得了较大的进展。近几年来,汉语语体学在其自身向广度和深度两个方向进行拓展的同时,其既有的成果也正日益广泛地予其他相关学科以影响。而"语体"作为语言风格学和语体学②的一个基本概念,也已被广泛地运用到了多种学科领域之中:自 20 世纪八九十年代起,"语体"已逐渐突破语言学的界域而进入到了文学、文学批评(文艺学)、文体学等学科并成为其重要概念;在这些学科领域中,"语体"因与文学新形式的探索、与文体创造的研究密切相关而成为一个常被运用的概念。③然而,值得注意的是,同语体的这种自身研究日益深入、影响日渐扩大的情形不相协调的是,至今学术界对有关语体的性质、定义等问题的看法还相当不一致,给语体所下的定义也可谓是形形色色,反映出在对语体的内涵和外延的确定上的明显分歧;而另一方面,至今还未

① 一般认为,在我国,语言学范畴的语体研究是从 20 世纪的 50 年代才正式开始的,如此算来已是经历了半个多世纪的历程。

② 在语言学界,现在一般把"语言风格"看成是"语体"的上位概念,因此"语体学"也成了"语言风格学"的分支学科之一;但汉语语言风格研究的早期也有用语言风格和语言风格学来指称语体和语体学的。

③ 20 世纪八九十年代在文学批评、文体学中常用到"语体"概念,并且有关于"语体"的种种论述。参见童庆炳《文体与文体的创造》;程祥徽、林佐瀚主编《语体与文体》;王运熙、黄霖主编"中国古代文学理论体系"之一汪涌豪《范畴论》等等有关著作以及其他相关论文。

有过论著专门就语体定义问题作系统、深入探讨的。这种在语体性质、定义看法上的分歧状况不仅对语体本身的研究已经并正在更为深刻地产生着负面的影响,而且也在一定程度上成了某些相关学科在对语体概念理解和运用上产生随意性的基础,同样也给这些学科的研究造成消极影响。为此,本文拟就语体的性质、定义问题作一系统、深入探讨,以期在此问题上能达到共识,对语体学研究,同时也对其他相关学科的理论建设有所裨益。

一、对既有语体定义的归类和评价

在半个多世纪的汉语语体学研究中所形成的具体语体定义真可谓林林总总。为便于说明,我们运用了自然语言逻辑分析方法对之作了分析和归纳分类。因为,当运用上述方法进行分析时便不难发现,这种种不同的语体定义,实际只是由于对语体概念内涵的理解分歧而在定义时用相异的定义项加以表现所形成的直接结果;定义项的不同是这些语体定义最明显的差异之所在。从分类的角度看,这些相异的"定义项"正为对形形色色的语体定义进行区分、归类提供了依据和方便。下面大致依据定义项的相同相近对既有的各种不同语体定义进行简单的分类评介。

(一)"语言特点体系(综合)"说

有的学者认为,语体是运用全民语言选择语言材料所形成的语言特点体系(系列)或语言特点综合。由此在定义时,以语言特点的体系(或综合)作为定义项的主要组成部分,从而形成"语言特点体系(综合)说"的语体定义。如:

> 说话人、作者根据这些因素(指表达内容、交际目的、听众读者的特点、交际场合等——引者),结合实际,选择运用民族语言材料(词句),自然就产生一些特点。这种特点综合而形成的类型就是"语体"。(张弓《现代汉语修辞学》,天津人民出版社 1963 年版)

　　语体是由于交际方式和活动领域的不同而形成的言语特点的综合。

　　（唐松波《文体、语体、风格、修辞的相互关系》,《修辞和修辞教学》,上海教育出版社 1985 年版）

以上诸定义[1]虽然具体的表述略有不同,但其定义项的主要组成是一致的[2],故大体可以"语体是由于交际方式和活动领域的不同而形成的言语特点综合"这一定义为代表。在这类定义中,"由于交际方式和活动领域的不同而形成的言语特点的综合"是定义项。它由两部分组成:"言语特点的综合"是被定义项"语体"的"邻近的属",它指明并确定"语体"这一被定义项（概念）所反映的对象属哪一类;而"由于交际方式和活动领域的不同而形成"是语体的"种差",亦即"语体"这种"语言特点体系（综合）"跟其他各种"语言特点体系（综合）"区别之所在。这类定义通过"邻近的属"和"种差"的双重限定,对语体的本质作了揭示,把语体同其他事物作了界别。强调从语言物质性来揭示语体的本质,这是这类定义不同于其他语体定义的主要特点。

　　（二）"语言风格类型"说

　　有的学者认为,所谓语体就是受交际功能制约而在语言运用上所形成的"语言风格类型",以此作为定义项的主要组成部分给语体定义,形成为"语言风格类型"说。如:

　　　　由于交际的目的、内容、范围不同,在运用民族语言时也会产生一些特点,这种特点的综合而形成的风格类型,一般叫做"语体",语体不是文章体裁,也不能把语体看作特殊的独立的语言。（林裕文《词汇、语法、修辞》,新知识出版社 1957 年版）

---

　　① 除上列定义外,唐松波(1961)《谈现代汉语的语体》、吴士文(1982)《修辞讲话》、宋振华等(1984)《现代汉语修辞学》、黎运汉(1989)《现代汉语语体修辞学》、谭永祥(1992)《汉语修辞美学》、倪宝元(1994)主编《大学修辞》以及李文明(1994)的论文《语体是言语的风格类型》也下了类似的定义。

　　② 这类语体定义中的各具体定义,它们的作为"语体"邻近属的"语言特点体系（或综合）"这一部分都是一样的;而作为定义项另一组成部分的"种差",虽然在各具体定义中列举出的具体功能性因素有所多少,但作为"种差"的这一性质在各定义中都是一致的。为论述上的方便,故仅选择一种定义作为代表。

所谓"语体风格"实际上就是由于使用语言的交际范围不同，目的不同，内容不同等原因在历史上所形成的某些主要的语言风格。这些语言风格在历史发展中逐渐演变成为几种不同的类型，这种语言风格的类型，一般叫做"语体"。（周迟明《汉语修辞学的体系问题》，《山东大学学报》1959 年 4 期）

上述定义中①，"由于交际目的、内容、范围不同在运用语言时所形成的语言风格类型"是定义项。这类语体定义是由"由于交际目的、内容、范围不同在运用语言时所形成"这一被定义项"语体"的"种差"和"语言风格类型"这一被定义项"语体"的"邻近的属"相加而组成定义项来定义语体的。强调由交际功能不同所形成的"语言风格类型"来揭示语体的本质属性是这类语体定义的特点。

（三）"功能变体"说

着重从由交际功能分化而形成的全民（民族）语言变异状态的角度说明语体本质，以此作为定义项的主要组成部分给语体定义，即形成为"功能变体"说的语体定义。如：

语体也就是全民语言在不同交际领域和交际范围内进行功能分化的言语变体，也叫做言语的功能变体。（王德春、陈晨《现代修辞学》，江西教育出版社 1989 年版）

狭义的风格，只是指共时态语言的交际功能变体，即一种语言内部的不同功能变体。这是共体性风格，又称作"语体"。（郑远汉《言语风格学》，湖北教育出版社 1998 年版）

上述定义②可以"语体也就是全民语言在不同交际领域和交际范围内进行功能分化的言语变体"为代表。其中"全民语言在不同交际领域和交际范围内进行功能分化的言语变体"是定义项，它同样是由"种差"和"邻近的属"相加而组成：其中"言语（语言）功能变体"是被定义项"语体""邻近的属"，而"全民语言在不

---

① 宋振华、王今铮(1956)《语言学概论》、王希杰(1983)《汉语修辞学》也下过类似的定义。
② 袁晖主编(1987)《现代汉语》等也下过同样的语体定义。

同交际领域和交际范围内进行功能分化的"则是"语体"的"种差",也就是"语体"这种"语言(或言语)变体"与其他"语言变体"(如地域变体、个人变体等)的差别之依据和所在,指明"语体"作为语言(或言语)变体(变异)是由交际领域、范围等功能性因素制约而形成的。这类定义从受交际功能制约产生偏离(相对于标准语)所形成的功能变体来给语体定义;着重揭示语体是因交际功能不同(分化)而形成的全民语言的(言语)变体(或变异)这一本质属性。

(四)"词语类别"说

有的学者把由语体色彩相异而形成的不同词语类别作为定义项给语体定义,形成为"词语类别"说的语体定义。如:

> 什么是语体呢?所谓语体就是指在运用上受各种范围所限制的词语类别。我们根据文章的性质和内容,根据接受的对象,选择适合于我们所需要的词语,这样就形成了各种不同的语体。(乐秀拔:《语体的修辞色彩》,《语文知识》1959 年 10 期)

这类定义中,"指在运用上受各种范围所限制的词语类别"是定义项。其中"词语类别"是"语体"的"邻近属",而"在运用上受各种范围所限制的"是"种差"。作为早期的语体定义,指出语体是受"范围"(在解释性文字中又提出了交际内容、对象等功能性因素)限制,在语言运用上形成的某种具有特殊性的语言材料的类别(虽然定义中仅指词语类别是不妥的),这些看法有值得肯定的地方。

(五)"语文体式"说

认为语体就是运用语言时组织言语所形成的模式性、整体性的一定的言语结构形式、格局或类型,把它作为定义项的主要组成部分给语体定义,这便是语文体式说。①这类定义,在汉语语体研究中有较大的影响。如:

---

① 在这类定义中,"语文体式"有时被称为"言语体式",如王德春、陈晨《现代修辞学》(江西教育出版社 1989 年版)、黎运汉《汉语风格探索》(商务印书馆 1990 年版);有时被称为"语言体裁",如程祥徽《语言风格初探》(三联书店香港分店 1985 年版);有时被称为"语言体式",如童庆炳《文体与文体的创造》(云南人民出版社 1994 年版),名称不同,含义是相同相似的。

（语体）指适应不同的社会活动领域的交际需要所形成的具有一定功能风格特点的语文体式。（《辞海·语词分册》,1987 年第二版,第 65 页）

根据交际场合的需要组织起来的言语类型,叫做语言体裁,①亦称语体或文体。（程祥徽《语言风格初探》,三联书店书香港分店 1985 年 3 月版）

语体又称"文体",但不是指"文章体裁"……而是指适应不同交际目的、交际内容、交际对象、交际场合和交际方式需要运用全民语言所形成的言语体式。（黎云汉《汉语风格探索》,商务印书馆 1990 年版）

上列诸定义②,大体可以"(语体)指适应不同的社会活动领域的交际需要所形成的具有一定功能风格特点的语文体式"这一定义为代表。在这类定义中,"适应不同的社会活动领域的交际需要所形成的具有一定功能风格特点的语文体式"是定义项。它由两部分组成:"(具有一定功能风格特点的)语文体式"是被定义项"语体"的"邻近的属";而"适应不同的社会活动领域的交际需要所形成的"是"语体"的"种差",亦即"语体"这种具有一定功能风格特点的"语文体式"跟其他各种"语文体式"区别之所在。"语文体式"说定义的实质,是在于从作为语言文字运用上所具的体制、格局、范式性来说明语体的本质属性。就这类语体定义而言,准确地把握"语文体式"的涵义是对它准确理解和评析的关键所在,对这一问题我们将在第三部分作详细的探讨。

(六)"言语行为类型"说

有的学者认为,语体是一种在语言使用过程(也就是言语行为过程)中发生的现象,以动态观察方式来看待语体,"语体是言语行为的类型"。③强调语体的行为的性质,认为语体的本质属性就在于是一种言语行为的类型,这是这类定义区别于其他语体定义的主要之点,也是这一语体定义的独到之处。

---

① 在汉语中"体式"即为"体裁""体裁格式",见《现代汉语词典》《汉语大词典》等"体式"条释义。因此把"语言体裁"类也列入"语文体式"这一类定义中。

② 《辞海》1978 年版作为"文体"条的第二义项也下过相类似的定义。

③ 刘大为《语体是言语行为的类》,《修辞学习》1994 年第 3 期。

除上列定义外,也还有一些实际上是把两类不同定义的两个或两个以上的定义项(或称定义概念)并列在一起分别从不同的侧面对语体所下的定义。如胡裕树(1991)《语体学丛书·总序》说:"作为语体学研究对象的语体,是以语言交际功能为标准而建立的语言风格类型;是适应不同交际领域、目的、内容、对象需要而形成的运用全民语言的表达特点系列。"其中分别以"语言风格类型"和"表达特点体系"作被定义项"语体"的"邻近属"以构成定义项给语体定义。王德春(2001)《现代修辞学·语体学》:"语体,又称言语的体式,它是在语境类型作用下的言语功能变体,在特定语境类型中表现出来的使用语言材料特点的体系。"其中分别以"言语功能变体"和"使用语言材料特点的体系"为"邻近的属"构成定义项给语体定义的。由于这类定义实际上只是把前述定义中的某两类定义的有关定义项结合起来给语体所下的定义,故仍可以列入上述的几类语体定义中。

二、汉语语体定义分歧的形成缘由

语体定义的分歧是对语体概念内涵不同看法在定义上的直接反映。而造成对汉语语体概念内涵看法分歧的原因则较为复杂,概而言之,这是由汉语"语体"概念形成的特殊历史过程以及诸多相关因素共同影响、制约的结果。

"语体"概念的后起是导致汉语语体概念理解上分歧的历史根由。

在汉语中,"语体"是一个出现得较晚的词,且在其出现的最初是个语言文字体制上的概念,同作为语言功能风格的语体并没有什么关系。我国古代并无"语体"一词,也没有"语体"的概念。①从现有的资料看,汉语中"语体"一词最初的出现时间约为"五四"前后。蔡元培《在国语传习所的演说》讲"文章的开始,

---

① 现在的一些文学批评著作在论述中国古代的文学批评"范畴"时,认为"文体"包含了体裁、语体、风格三个不同层次的意义,但实际上这是以今人的观念来解释、分析古代的文体概念的结要,因为,事实上古人即使已有朦胧的语体意识,也并没有明确提出"语体"这一概念和术语。

必是语体,后来为要便于记诵,变成整齐的句读,抑扬的音韵,这就是文言了"①。蔡氏的演说作于 1920 年 6 月,这是目前所能见到的"语体"一词的最早运用,但显然,上引这段话中的"语体"是同"文言"相对的"白语"的一个别名("语体"或"语体文"),是个有关语言文字体制上的概念,而并非语言功能风格的语体概念。②

汉语中最早从风格学的角度提出"语体"概念的是陈望道《修辞学发凡》(以下简称《发凡》)。该书 1932 年 8 月初版本第十一篇"语文的体类"开头说:

> 语文的体类,我们本来可以简称为"文体"或"语体"。但"语体",现在已经用做白话的别名,而"文体",又被一班辨体者辨得琐琐碎碎,没有意思。为避免混同起见,我们不如直接称它为语文的体类,或简称为辞体或辞类。

《发凡》初版本的"语文的体类"③一篇是现代修辞学关于语言风格和语体问题的最早的论著。④诚然《发凡》最终并没有采用"语体""文体"来指称语言风格,而是使用了"语文的体类""辞体""辞类"的名称。但通过"语文的体类"整篇论述(包括上述的这段论述)可知:一是《发凡》已对语言风格问题作了探讨,而主要是对风格作了相当全面的分类,所涉及的风格类型多达八种;而由"目的"上分类所形成的风格类型,就大致相当于现在所说的"语体"或"语体风格",可以说对"语体"已给予了一定的关注。二是认为"语体""文体"与"语文体类"(或"语文体

---

① 北京《晨报》1920 年 6 月 25—26 日。

② 值得一提的是,20 世纪 90 年代出版的《汉语大词典》,其中的"语体"条,释义为:"即白话。与文言相对。"(第 11 卷,第 226 页)只列单一义项。这也可以从一个方面说明:在相当长的时间里,汉语中的"语体"是在作为"白话"(或"白话文")的别名这一属于语言文字体制的单一涵义上被运用的。

③ 该篇在《发凡》1932 年初版中称为"语文的体类";1945 年"渝初版"则改称为"辞白的体类",并说:"辞白的体类,我们本来可以简称为'文体'或'语体'。"1954 年新一版又改为"语文的体式",并说:"语文的体式,我们本来可以简称为'文体'或'语体'。……为避免混同起见,我们不如直称它为语文的体式。"至 1959 年新一版又改称为"文体或辞体",并说:"文体或辞体就是语文的体式。"由上所引可以知道在《发凡》中"语文体类""语文体式"所指是相同的;同时也把"语文体式"和"语体""文体"都看成为是相同的关系;而这里的所谓"语体"或"语文体式"的概念实际上是建立在"文体"基础上的。

④ 陈望道《修辞学发凡》(1932)初版"后记"指出:《发凡》中"语文的体类"等 7 篇是我才来上海教书时写的",考陈望道先生初到上海教书即在复旦任教,时间为 1920 年 9 月,可见《发凡》的论及语言风格问题应在 20 世纪的 20 年代初,在现代修辞学论著中是最早涉及语言风格问题的。

式")之间是一种简称和全称的关系,这样,"语体"、"文体"或"语文体式"所指都是同一个东西。《发凡》的观点与以后"语文体式"类的语体定义的形成有着直接的渊源关系。但必须指出的是,在二三四十年代包括《发凡》在内的修辞学著作,还说不上对语体进行了具体的研究,所以,直至 1957 年林裕文的《词汇·语法·修辞》还说:"汉语语体的研究,到现在为止可以说是'空白',一般谈修辞的书都没有讨论到这个问题。陈望道先生的《修辞学发凡》中提到的'辞趣',包括了词的'语体色彩'在内,有的修辞著作也提出'文体色彩',但这都仅仅谈到词的语体色彩,并不是讨论、研究语体本身。"①现在语言学界一般认为我国现代意义上的"语体"学研究始于 20 世纪的 50 年代中期,这是从学科的独立性和研究的科学性、系统性出发所作的论断,是符合实际的。因为,一方面正是从这一时期起语体学这门本世纪初建立的有关语言运用的语言学分支学科才较为系统地被介绍到我国②,学科的基本理论、概念和术语才被渐次引入;另一方面,在我国的"1956—1962 年的全国语言科学规划"中指出:"这项研究对语言实践有着重大的指导意义,必须逐步展开。"③我国的语体研究从这时才真正起步。而"语体"也正是在这时是作为 style 的借用和意译而被赋予了语体学学科所特有的、确定的科学涵义,从而成了汉语语言风格学、语体学的一个新的基本概念和术语的。在汉语语言风格学中建立"语体"这一概念和术语的根本用意,是在于用以专门指称语言"功能风格",以之与"个人风格""文体风格"等等概念相区别,使"各司其职",确保概念涵义的单一性,提高语体学研究的科学性。由上可知,

---

① 林裕文《词汇·语法·修辞》,新知识出版社 1957 年版,第 92 页。

② 语言学界一般认为瑞士语言学家巴依(Charles Bally 1866—1947)《法语语体学》(*Traite de stylistique francaise*,1909)的问世,是语体学建立的标志。这方面的有关论述见之于高名凯《语言风格学的内容和任务》(《语言学论丛》第四辑,上海教育出版社 1960 年版)、程雨民《英语语体学》(上海外语教育出版社 1989 年版)、胡裕树《语体学丛书总序》(云南人民出版社 1991 年版)、秦秀白编著的《文体学概论》(湖南教育出版社 1986 年版)等。中国古代文体论很发达,其中很多论述可资现代语体学研究的借鉴,但就其学科范畴而言则是属于文体学、文艺学的,作为语言学范畴的风格、语体研究是在五六十年代语言风格、语体学理论被介绍到我国才开始的。至于 30 年代陈望道先生在《发凡》中提出了"语体"概念,并以"目的"为标准进行风格分类,这是否受巴依理论的影响因无确切的材料依据,尚无法确证。

③ 转引自李熙宗《建国以来语体研究述评》(上),《语文导报》1986 年第 10 期。

汉语中作为语言风格学和语体学基本概念和术语的"语体"是出现得相当晚的。值得注意的是,语言风格学、语体学科学"语体"概念的这种后起状况恰恰是导致对语体概念理解分歧的历史根由,因为正是这种后起状况,才使"语体"概念在其形成和人们对它的理解过程中受到了各种传统或先起的相关、相邻学科理论、概念等因素的干扰,严重地影响着对其内涵的正确理解,并进而导致了语体定义上的分歧情况。事实上其他各种影响语体概念理解的因素都与此密切相关,关于这一点以往的语体研究历史早已作了证明。

(一)不同民族语言词语语义的不等值所形成的概念混淆及由此而造成的相关传统学科邻近"强势"概念的"占位",是形成语体概念内涵看法分歧的重要原因。

一如前述,汉语语言风格学、语体学,是在吸收国外语言风格学理论的基础上成立的一门新的语言运用学科①,在作为其学科建设重要内容之一的基本概念系统的建立过程中,不少概念和术语是通过借用和翻译国外语言风格学、语体学的相应概念及其术语而形成的。由于民族文化背景的不同,客观上会造成不同民族语言词语所蕴含的文化内涵上的差异,这种词语文化内涵的差异是多方面的,而词语语义的不等值是其中的表现之一。这里我们把不等值限定为是指的在不同民族语言之间作为反映同一事物、现象的概念的词语由于文化差异而形成的彼此间在词语语义上的不对等现象。以"风格""文体""语体"同 style 的关系为例,正好典型地反映了汉英语言词语间的这种不对等、不等值现象。style 在英语等西方语言中是语言风格学、文体学等学科的一个基本概念和术语,具有风格、文体、语体等涵义,在"主要的欧洲语言中,语体、文体、文风、风格

---

① 我国古代文体论很为发达,现在有的学者研究认为,其中多少已包含了一些朦胧的语体意识,如唐松波说:"《文心雕龙》的作者事实上意识到语体的存在,它排列文体总是把语体性质相同的放在一起。"(《语体·修辞·风格》,吉林教育出版社 1988 年版)但这毕竟还只是朦胧的意识。事实是我国古代并没有提出明确的语体概念,更没有提出过语体学的构想,所从事的研究就其学科范畴而言是属于文体学、文艺学的。现代意义上的汉语言风格学、语体学是在吸收国外语言风格学、语体学的理论的基础上才建立起来的。

都离不开 style 一个词"①。因此当它被吸收进汉语风格学时,汉语中便以"风格""文体""语体"等共同作为其对等概念和术语,换句话说即在汉语言风格学、语体学的学科范围内,"风格""文体""语体"都成了由吸收、翻译 style 而形成的 style 的对应概念和术语。而大家知道,在我国,"风格""文体"原是文学批评、文体论这些学科的基本概念和术语,"语体"则是为指称"语言功能风格"而新建的一个语言风格学的概念,很明显,它们是分属不同学科的独立概念和术语,原本单独具有与 style 构成等值关系的资格,而现在由于 style 的"多义一词",经其"缩合",使得三者可打通运用,似乎成了内涵相同,不分彼此的概念和术语。可见,正是英汉词语语义的不等值、不对等性造成了汉语中"风格""文体""语体"三个概念和术语的混同状况。而更值得指出的是:又正是以这种混同为基础进而造成了"风格""文体"作为"强势"概念对"语体"概念的占位状况。②这是因为,文学批评、文体论在我国历史悠久,相当发达,"风格""文体"作为其基本概念和术语,也早已"深入人心",因此当它们又被用作为语言风格学、语体学的概念和术语时,其原来所属学科概念涵义的影响还是深刻地存在着,常会以其固有的影响力去左右人的思维使之按照原学科所赋予的概念涵义来理解新起概念,形成一种对新起概念的"挤占""替代"状况;而"语体"又恰恰是一个语言风格学的新起概念,人们对它的熟悉程度显然远低于"风格""文体",相对于"语体","风格""文体"是处于强势地位的"强势"概念。正是基于这种实际情况,所以在以往的汉语语言风格、语体的研究中"风格""文体"对"语体"的挤压乃至替代等情况也就一直存在着。正如有的学者所指出的"在研究的途程中,往往起点是'语体',然而不知不觉将研究的对象转移到'文体'上去了。"③在前面所列的"语体"

---

① 程雨民《英语言体学》,上海外语教育出版社 1989 年版。

② 所谓的"强势"概念是指那些有着长远、深厚的学科背景,在思维过程中有着优先显现地位并可能对其他相邻学科概念形成占位、替代情况的概念;而对相邻弱势概念形成占位、替代的状况就是所谓的"占位"。

③ 程祥徽《语体与文体·序一》,澳门语言学会、澳门写作学会编"语体与文体学术研讨会"论文集《语体与文体》,2000 年。

定义中,"语文体式"说语体定义的形成,可以说正是这种替代的一个直接结果。因为,认为"文体""语体""语文体式"是同一事物,彼此等同,正是这类语体定义的认识论基础。

(二)邻近学科相关概念、理论的交叉、诱导,是形成语体概念看法分歧的又一重要原因。当语体学在20世纪初建立而成为一门独立的有关语言运用的语言学分支学科时,其本身在理论体系上并非就很完备的。以语体学奠基之作的巴依的《法语语体学》而言,该书主要是从同义性角度对语言的词语变体及其与社会语境之间的关系问题进行了探讨,还并非是对语体问题的全面、系统的论述和研究。正因为如此,所以在以后的学科发展过程中不断地通过创造和吸收新的理论来充实、完善自己乃是一种必须。随着整个语言科学的发展,新的语言学分支学科相继产生,特别是在20世纪六七十年代随着社会语言学、语用学等学科的产生,其中的一些理论和概念如语言变异、变体、语域、言语行为等理论与语体学的关系十分密切,有的甚至形成交叉、重合的关系,对语体学的理论建设亦包括对语体概念系统的建设所产生的影响是十分深刻的。这种影响表现在正负两方面:在语体学从这些学科中吸收理论营养丰富自己形成积极影响的同时,亦在一定的程度上出现了概念上彼此混同的情况,给对语体概念的理解造成了一定的障碍。这两方面的影响通常表现为两种方式:一是某些与语体关系密切的新起理论,往往会"诱发"人们对语体问题,其中亦包括语体概念,作变换角度的更深层次的思考,从而形成一些新的看法。如社会语言学的语言变异理论,当被用于语体研究时,则对语体作为语言的一种功能变体的本质属性的深刻揭示起了很大的作用;而语域理论的运用,不止有助于从与特定社会环境的对应关系上来更好地认识语体的本质,而且对更准确地揭示语体内部体系及其类型也提供了有益的借鉴;语用学的言语行为理论,则有利于促使人们更好地从语言交际的动态过程中来认识和揭示语体的本质属性,等等。这种影响可以说是一种积极的影响,因为正是由于这些新理论的"诱发"才促使从更多的视角来探究语体的本质属性,于是形成了对语体性质的更为全面、深入的思考,使认识不断深化,更利于准确把握、揭示语体的本质属性;而这种认识上的深入和变化也表现为是对语体概念看法上的"分歧"。二是其中的一些理论、概念由于与语体的关系太过密切,彼此形成交叉、重合,也就易被人为地混淆,从而成为语体概念涵义理解上的障碍,如"语体"与"语域";"语体"与"文体"的交叉和混同等就是明显的例子。①这可说是一种消极的影响,同样也表现为是语体概念看法上的一种"分歧"。有趣的是,上述的无论哪种影响,在语体的定义过程中实际上都通过不同的"定义项"而得到了切实的反映,并由这些不同的定义项而形成为各种不同的语体定义。因此,可以说吸收和运用相关新语言学学科理论以对语体本质属性作多角度思考、理解是形成语体概念理解分歧的又一重要原因。

总之,语体定义的分歧,主要是对语体性质思考多角度化、认识不断深化而在语体定义上的直接反映,虽然其中也有着概念混淆的影响。正由于此,所以,对这些不同的语体定义作出正确评介,于我们从更多的侧面加深对语体本质属性的认识和揭示是很有帮助的;辩证地对待语体定义的分歧状况,将对最终给语体下一个科学的定义提供有益的借鉴。

三、语体的再定义

关于定义,列宁曾指出:"过于简短的定义虽然很方便,因为它概括过了主要的内容,但是要从定义中特别引申出应该规定的那个现象的极重要的特点,那毕竟是不够的。因此,一方面不要忘记,所有的定义都只有有条件的、相对的意义,永远也不能包括充分发展的现象的各方面的联系……"②这段论

---

① 关于"语体"同"语域";"语体"同"文体"的关系问题,因情况较为复杂,须另撰文论述,在此无法深入展开。

② 列宁《帝国主义是资本主义的最高阶段》的有关论述,《列宁选集》第2卷,人民出版社1965年版,第809页。

述至少能给我们以下启示：其一，下一个全面揭示事物本质属性的定义并非易事，因此实际上常常可以只是从某个特定侧面给概念下定义（因此定义才只有有条件的、相对的意义）。其二，一个科学的定义，应该概括事物、现象的主要内容，能从中特别引申出有关那个现象亦即对象的应该规定的极重要的特点。

基于以上的认识，我们再来探讨对已有语体定义的评价和语体的重新定义问题，也许就较为容易地形成相近的看法。

就对既有的语体定义而言，则就较易理解这些定义其实都只是从某一特定角度切入探究语体本质属性，并以此为基础从某一侧面为语体概念下定义的结果；所以，其中的任何一类，实际上都只是对语体的某一种属性的揭示。

"语言特点体系（综合）"说定义，认为语体是运用全民语言时由交际目的、场合不同对（词语、句式、语音手段、辞式等）语言材料、表达手段选择组合而形成的特点体系或综合，这类定义着重从物质性角度揭示语体的本质属性。对语体的物质性这一本质属性的揭示和充分重视在语体学研究上有着重要的意义：首先，这是科学地提示了语体的最重要的本质属性。第二，从物质性出发使语言风格研究向科学性迈出了关键的一步，因为正是凭借了这种物质基础，语言风格才摆脱玄奥状态而成了切实而可以把握的东西，使研究起到了质的变化。语体作为一种语言风格（"功能风格类型"），也同样离不开语言物质材料基础，而必须以语言特点体系为其物质体现，语体风格（基调）只是这种特点体系同时共生的附丽物；从研究的角度看，对语体风格的把握同样也必须凭借这种物质性。

除上所述外，这类定义还从语言物质材料的"体系性"上对语体的又一特点作了准确的揭示，这也是应该加以肯定的，因为，语体是成系统的语言运用的特点，单一的语言材料、单个的特点不足以构成语体。对照这点，也就不难看出"词语类别说"语体定义所存在的问题：第一，这类定义把语体看成是由单一语言要素(词语)所构成的,显然,并没有把握语体的系列性(体系性)这一特性;第二,混淆了依据(词语的)语体色彩对词语所作的分类与语体的界限;最后,这类定义还把语体仅仅限于文章(即书语)体而忽视了口语语体,显然,"词语类别"说的定义并没有科学地揭示语体概念的内涵和外延。

总之,"语言特点综合"说语体定义强调地说明、揭示语体的物质性、体系性等本质属性和特点,是应该肯定的。

"语言风格类型"说的定义认为语体是种语言风格类型,强调从风格及其类型上来揭示语体的本质属性,是这类定义的独特之处。揭示语体的语言风格属性,无论于客观事实,还是对语言实践,都是应该加以肯定的。首先,说语体风格是(在交际功能因素制导下所形成的)语言运用特点体系所呈现出来的特有言语风格基调,这是反映了一种客观事实。语体固然是(由用词、造句、修辞手法运用等)语言运用特点形成的物质体系,但事实上在其成为体系的同时,以这种体系为物质基础和体现都会呈现出一种为该语体所特有的语言风格基调;语体的风格基调是与语言特点体系同时共生的,这是毋容置疑的事实。第二,从语言运用的角度着眼,则揭示语体的语言风格类型的性质,有着重要的实践意义。由于语体风格是一种"共体性"的风格,它实际上是某一时代同一语言社团的人在同类语境中的共同言语特点,也是为着某种特定目的而进行交际活动的人们在使用语言时所表现出来的一种"共性"和必须加以遵循的语言风格规范。因此,这种风格观念的确立,能帮助人们在语言运用上具备大局整体观,这种整体观的确立,可使语言运用始终保持自觉、清晰的风格的整体意识,从风格层面以全面地把握语言的种种特点,做到选择、组合始终与语体、与语境保持最佳的适应状态,极大地提高交际效果。从风格的层面揭示语体的又一本质属性,"语言风格类型"说语体定义的可取之处也是显而易见的。

但"语言特点体系(综合)说"和"语言风格类型说"的语体定义,在分别强调语体的物质性、风格(类型)属性的同时,却对有关物质基础与所依附的风格特点这两者的关系问题显得缺少一种辩证的看法,这应该说是它们共有的不足之处。而这种不足会带来一定的负面效应:一是不利于对语体本质属性的全面认识和揭示;二是易于导致语体理论对语言实践指导意义的削弱。因此,把这两方面的内容加以结合而都作为定义项以充当语体定义的构成成分是较为可取的,也就是说,作为语体定义既要揭示语体的物质性的一面,又要说明语体是在形成物质体系的语言运用特点系列时所形成并附丽着的特定的风格基调,把这两方面的内容都作为语体定义的定义项,这样对全面认识、揭示语体的本质属性会更有帮助。

"功能变体说"的语体定义则着重从交际功能分化而形成的功能变异(体)这一角度来揭示语体的本质属性。现代语言学日益明确语言不是纯一的系统,而总是随着地点、时间和环境的不同而发生变化;标准语的特点之一即在于逐步形成并完善自己的功能语体系统,不同的语体即是全民标准语在长期的使用过程中因适应不同交际领域、范围的交际需要发生交际功能分化而形成的功能变异(体)。同时,这类定义是在联系各种与语言运用相关的语境因素的制约作用的条件下,主要从标准与变异的关系着眼来给语体定义揭示语体的本质属性的,因此,对更好地把握语体的全民(标准)性与变异性的辩证关系,揭示语体是全民语言的功能变体而非超越于全民语言之外的"独立"语言这一本质,对更为深刻地认识语境类型在语体形成上的作用都具有积极的意义。

"语文体式"说语体定义源于《发凡》所提出的"语文体式"概念。而《发凡》在创建和使用"语文体式"概念上有两点是值得注意的:一、从创建到最后确定为"语文体式"是经历了一个逐渐变化的过程:1932年初版中称为"语文的体类";1945年"渝初版"改称为"辞白的体类";到1954年新一版时才正式称为"语文的体式",并说:"语文的体式,我们本来可以简称为'文体'或'语体'。……为避免混同起见,我们不如直称它为语文体式。"二、《发凡》创立了"语文体式"概念,但并没有就其内涵等作过系统的阐述;①而在有关"语文体式"与"语体"的关系问题上,则又于实际分类过程和理论论述之间表现出一定的矛盾性。②由上两点可看出,"语文体式"实际上是个内涵和外延并不十分确定的概念。由于对"语文体式"的涵义及其同"语体"关系的确切把握直接关系到对"语文体式"这类语体定义理解和评价,因此有必要对"语文体式"概念作一番"探本寻源"的工作。

"语文体式"概念的建立在汉语风格学研究上有其重要的意义:这是第一次有意识地从语言本位出发把语言文字因素纳入到风格学的研究之中,把它作为表现形式的组成部分和风格的构成要素,这一做法使"风格""体式"("体制")的研究得以建立在语言物质的基础之上,从而使之真正具备了科学性。"语文体式"(最初在《发凡》中作"语文的体式")是个由限制性成分"语文"与中心成分"体式"结合而成的偏正式结构:其中,"语文"是指的语言文字;而作为中心语的"体式"乃是由"体"和"式"结合而成,其情况就较为复杂。体,本意是指人的身体,当用作文论概念时,实际已有了比喻的意义。古代文论中的"体",有时仅指作品的"体制""样式",有时又具有"风格"意义;而当"体"与"式"结合形成为一个固定的概念和术语后经由词义的变化涵义也就变得复杂起来,归结起来大致有三:①指文章或文学作品的体裁格式或体制格式;②指古代官吏的任免和礼

---

① 在《发凡》中除了有过"语文的体式就是语文的类型""文体或辞体就是语文体式"或"'语文体式'本来可以简称为'语体''文体'"的说明外,并没有就"语文体式"及其与"语体"的关系问题作过论述。

② 《发凡》中的"语文体式"是个涵义相当复杂的概念,一如有的学者所说,这是个"实际上把文体、语体、风格(时代风格、语体风格、作家风格)甚至连文风都包括在内的概念"(谭永祥《汉语修辞美》,1992)。《发凡》1954年新版就"语文体式"作了如下说明和分类:"语文的体式就是语文的类型。语文的体式很多,也有很多的分类。"实际上把"语文体式"分为八种类型,其中第(四)类"目的任务"(1954版)上的分类即为"语体"。也就是说,只有由"目的任务"等功能性因素制导所形成的"语文体式"才是所说的"语体","语体"只是"语文体式诸多类型中的一种,是"语文体式"的下位概念,两者是一种种属关系;但从对"语文体式"的有关论述看,情况则有所不同:1954年新一版说:"语文的体式,我们本来可以简称为'文体'或'语体'。但'语体',现在已经用作口头语的别名,而'文体',又被一般'辨体'者辨得琐琐碎碎,头绪纷繁。为避免混同起见,我们不如直称它为语文的体式。"至1959年新一版则说:"文体或辞体就是语文的体式。"又认为"语体""文体"是"语文体式"的简称,实际上又看成是一种等同的关系。由上可见,在《发凡》中对"语体""文体"和"语文体式"的关系事实上存在着两种不同的看法。

仪上的体制、法度；③在现代又指文字的字体样式①。值得注意的是，在这几种涵义中，涉及语言运用而与语言风格、语体密切相关的仅是"①"中的"体裁格式""体制格式"这类涵义。这不仅因为在汉语中"体式"是"体裁"的书面说法，而"体裁"除了有"文学作品的表现形式（样式）"这一意义之外，也用以指文章的风格②，更主要的是因为作为一种表现形式的文章或文学体裁，它的构成，语言要素（语言材料）是必不可少的构成成分。由上可见，在文学批评、文体学这些学科中，"体式"主要就是指的作品的"体裁""体制""样式"。这是关于作品体制形式上的概念，是指的属于作品呈现层面的"结构方式"或"格局""样式"；是由某种同一类型作品具有的诸形式方面要素，受相关因素制约经特殊结合而形成的结构形式规范；是作品的主要依据形式区分的类别。由此也就不难理解："语文体式"则是一个立足于语言本位而形成的揭示言语成品（包括文学作品、一般言语成品，书面上可称为"文本"）语言结构形式特征的概念，是指语言表达上组织语言文字而形成的"结构方式"或"格局""样式"。它是具体运用语言构建言语组织时，受语言运用相关因素制约对语言材料进行选择并以一定形式组合而

---

① "体式"概念的出现，至少不迟于南北朝。目前所能见到的最早运用"体式"一词的是南朝梁陶弘景的《与武帝启》。以后运用的频率相当的高。历时地看其实际的运用范围及所具涵义，有两点值得注意：一是其使用的范围并不仅仅局限于文论之中，在不同领域有不同的涵义，从总体上看在古代使用的领域要多些；二是跟这种使用领域、范围的变化相适应，其涵义也渐趋单纯。为了说明这一情况，我们拟引用一些收有"体式"这一条目的代表性辞书的有关释义来加以说明。这些辞书是《汉语大词典》《现代汉语词典》和胡裕树主编的《新编古今汉语大词典》。《汉语大词典》是古今兼收的，"体式"条所列义项有三个：①体裁格式。南朝梁陶弘景《与武帝启》之三："惟叔夜、威辇二篇，是经书体式。"宋吴曾《能改斋漫录事始一》："礼部奏拟立到岁试辞学兼茂试格：'制依见行体式，章表依见行体式'"。鲁迅《汉文学史纲要》第六篇："虽临危舒愤，词义浅露，而其体式，也皆楚歌也。"②体制法度。《北齐书·许惇传》："齐朝体式，本州大中正以京官为之。"《陈书·孔奂传》："奂博物强识，甄明故实，问无不知，仪注体式，笺表书翰，皆出于奂。"③字体样式。如拼音字母有手写体和印刷体两种体式。《现代汉语词典》"体式"条则列了两个义项：①文字的样式：拼音字母有手写和印刷体两种。②〈书〉体裁。《新编古今汉语大词典》"体式"条的释义为："体制；格式。"由上可知，"体式"一词的涵义较为复杂：或指文章的体裁格式；或指官吏任免和礼仪上的法度体制；或指文字体制。不过一个明显的事实是，"指官吏任免和礼仪上的'法度体制'"的这一涵义在现代已不再运用。而无论古今，在"体式"的涵义中，与"语文体式"，与"语体"相关的涵义只是"体裁格式""体制；格式"这些涵义；因为这些体式的形成，语言要素是必不可少的重要构成因素之一。

② 见《现代汉语词典》《汉语大词典》《辞海》"体式""体裁"的有关解释。

形成的具有整体性和个性特征的言语结构形式类型；这种言语结构形式类型，是一种由语言作品内在形式外化而成的相对稳定的模式性形态或格局；是一种为大家约定俗成并加以遵循的隐匿性体式规范。这就是"语文体式"的性质和涵义。"语文体式"作为一种语言结构形式，其范围大致与一种具体的文体形式的范围相当。而语体是"人们在不同的社会活动领域内进行交际时，由于不同的言语环境所形成的一系列使用全民语言材料特点的综合及其所具现的特有格调气氛"。语体的本质，其实只是受交际功能制约历史地形成的在一定时代相对稳定的几种功能风格类型及作为其物质体现的语言运用特点体系，它并不是一种作为具体的言语作品结构的模式性形态或格局的"体式"。所以从这一意义上说，"语文体式"并不就是"语体"。也正因为此，以"语言体式"作为定义项来定义语体，认为语体是运用语言时组织言语所形成的具有模式性的一定的言语结构形式、格局，实际上并没有准确地揭示语体的本质属性。

"言语行为类型"说的语体定义，认为语体是在语言运用的动态过程（言语行为）中形成的言语行为的类型，突出语体的言语行为性质，强调言语行为与语体形成的关系。这对语体研究而言是具有方法论意义的；立足于这样的认识，于更好地把握语体的性质，提高语体研究上的解释力和语体理论的实践意义都是有价值的。但这类定义也存在着不足之处：其一，严格地说它还并非真正意义上的语体定义[①]，倘要成为真正的语体定义则需通过增大内涵缩小外延以与其他的"言语行为类型"相区别。其二，提出这类定义"蕴含"着一个前提，即在实际上是把语言特点的描写研究和语体的动态研究看作是对立的关系。这是在两者关系问题上缺少辩证观念的一种反映。因为事实上语体的言语行为性质，应该是由形成语体的言语行为和由这种言语行为所造成的作为语体物质构成的语言特点体系两者共同来具现的，语体的语言特点体系是言语行为的结

---

① 在刘大为（1994）提出"语体是言语行为的类型"之后，学术界曾就语体是否是"言语行为的类型"展开过讨论，黄念慈在肯定"语体是言语行为类型"的同时又指出："说语体是言语行为的类型，是指出语体的行为性质，并非给语体下定义，倘若要作为定义，尚需在外延上作进一步限制。"

果,而语体的语言特点体系则把言语行为以物质形式加以定型和形式化,这种语言特点体系本身是言语行为特点的体现;对语体的特点体系所进行的描写研究则是对这种定型和形式化的一种反映和"确定",它也是把动态运用中形成的言语特点体系作为研究对象进行研究所得的结果,这种经由描写研究所揭示的语体的语言特点体系是满足特定交际功能、适应特定语境的一种语言运用的特点体系,而不是通常意义上的语言结构体系的特点体系。其三,由于言语行为是一种在特定语境条件下的使用语言进行的双向或单向的语言交际的动态过程,如果不最终地落实到语言特点体系这一语言行为的"结果"也即物质性上,那么,这种"语体类型"也很难于让人把握的,而整个的语体研究似乎也会因缺少必须的物质性而变得难于进行。总之,从这一语体定义出发难免会造成语体理论阐释和实际的语体分类以及描写研究上的某些具体困难。在这一问题上,我们认为既强调动态的言语行为过程,又不使失落物质性是比较妥善的做法。高名凯先生在论述"社会言语方言"(实际就是说的"语体")时指出:"它是人们在具体运用语言的交际场合及交际目的的言语行为中所形成的结果,它是人们在具体运用语言的交际场合及交际目的的言语行为中所产生的特殊的表达手段的系统。"①这一论述既强调了语言的运用及言语行为在语体形成种的重要性,也对语体作为语言的特点体系的物质性进行了肯定,把两者的辅成关系较好地揭示了出来。因为事实上,语体的特点体系是言语行为的结果,而言语的行为则是需要通过特点体系来作为物质体现才能让人把握其"类"的。因此,就语体的定义而言,在强调言语行为的重要性的同时把作为语言行为的结果的特点体系作为定义项的组成部分较妥。

从上面的分析不难了解,既有的任何一类语体定义实际上都只是从一个特定的角度对语体某一属性的揭示。因此,就这些语体定义中的任何一类来说,

---

① 见高名凯《语言论》(1965年版)第411页的论述。其中虽然讲的是"言语方言",但这是从与语言的"地域变体"亦即地域方言相对的角度提出的一个术语,实际就是讲的"语体"亦即语言的社会功能变体。

都未能反映语体概念的全部内容,满足特别引申出应该规定的语体现象的诸极重要的特点这样的要求;但它们又都有着值得肯定的一面,因为它们都从某一侧面为对语体的再定义提供了借鉴和基础。

作为一个科学的语体定义,我们认为应遵循这样的标准,即能概括语体概念的主要内容,并满足从中特别引申出应该规定的语体现象的其他极重要特点这一要求;而合乎这样标准的语体定义须包括以下主要内容和基本特征:

(1)语体是适应不同交际领域、目的、内容的需要在运用全民语言的言语行为中形成的语言特点体系(综合);它是在语言运用过程中由受不同交际功能性因素制约对词语、句式、语音手段、辞格等语言材料、表达手段经长期选择运用形成功能分化而历史地形成的结果。这种语言特点体系是语体物质性的体现,本身即是语体的物质结构体系和语体形成的物质基础。只有具备了这种由功能性因素制约而形成的具有个性特征的特点体系,语体才可"独立"而成为语体类型。语体的这种语言特点体系是"语体风格"的物质基础,任何一种语体风格都必须以成体系(或说成系列、系统)的语言特点作为物质体现和依托。

(2)语体是民族标准语经由历史演变而形成的几种相对稳定的语言功能风格类型。语体同其他风格类型(如个人风格等)的不同之处主要在于:1)它是受不同的交际功能性因素(目的、领域、范围、内容等)制导运用民族语言而历史地形成的在各个不同历史时期都具有相对稳定性的几种风格类型,由于它是"以语言交际功能为依据而建立的风格类型",所以称作"语言功能风格"。2)作为一种风格类型的语体是种"共体性"的风格,它实际上是某一时代同一语言社团的人在同类语境中的共同言语特点,也是为着某种特定目的而进行交际活动的人们在使用语言时所表现出来的一种"共性"和必须加以遵循的语言风格规范。准确地揭示、把握语体的风格属性及其基调既有着语体描写、分类上的意义,更有着语言实践上的重要价值,因为只有有了这种风格基调的把握,才可以从风格的层面、从整体性上指导语言运用,亦即在整体性的制约下通过对语言材料、表达手段的选择运用以营造与特定语境相应的格调气氛,使表达准确、合适、得体,从而有效地提高交际效果。

（3）语体是全民语言的言语功能变体,它在本质上只是受功能性因素制导而形成的全民语言的言语变异特点的体系,这个特点体系只是与一定领域、目的、对象表现出相对稳定适应关系的同义成分在选择运用上频率差异性的"固化"物,而并不是超越于全民语言之外的独立的语言,因为,事实上任何语体都并没有自己独立的语音、词汇、语法系统。

（4）语体作为社会交际领域功能分化的产物,实际是由包括交际领域、目的、任务、对象等因素所构成的语境类型的制导（即功能性因素制导）对语言材料、表达手段进行不同的选择、组合所形成的结果。所以,这些功能性制导因素在语体的形成过程中起着决定性的作用:首先,语体的形成是这些功能性因素制导的直接结果,因此它们对语体本质属性有着一种规定性;通过这些因素可更为准确地从社会功能分化的角度来理解、把握语体作为全民语言变体这一本质。第二,这些功能性制导因素也是语体与别的语言风格类型的"分水岭",在语体定义中这些功能性因素是以"种差"来充当定义项的组成部分的,其作用就在于使语体这种"语言风格类型"（或"语言特点体系""语言功能变体""语文体式"）同别的"语言风格类型"（或"语言特点体系""语言功能变体""语文体式"）,如"个人风格"等有一种明确的区别标准和依据。

包含了上述这些内容的语体定义才能揭示语体概念所反映的语体这一事物的本质属性和应该规定的语体现象的诸极重要的特点。

综上,可以说,语体是在长期的语言运用过程中历史地形成的与由场合、目的、对象等因素所组成的功能分化的语境类型形成适应关系的全民语言的功能变异类型,具体表现为受语境类型制约选择语音、词语、句式、辞式等语言材料、手段所构成的语言运用特点体系及其所显现的风格基调。这一定义,揭示了语体作为语言特点体系的物质性、体系性及由此特点体系所具现的风格属性;也指明了这种语言特点体系的形成是由于目的、场合等功能性因素对语言运用进行制约的结果,是一种功能性的语言变异状态（即功能变体）。显然,举凡受交际功能制约而形成的这类体系性特点或变体,亦即功能语体都能包容在其中。同时,在这一定义中,通过"适应由特定场合、目的、任务、对象等因素组成的语境类型而历时地形成的"这一"种差"而同别的"语言风格"(如个人风格等)区别开来(限定为是一种功能风格);再加上"邻近的属""语言运用特点系列及其所显现的风格基调"而与其他事物,与个别特点等区别开来,具有明显的排他性。

原载《复旦学报(社会科学版)》2005 年第 3 期

论"对偶"体式在汉语写作中的认知意义

祝克懿

  "对偶"体式的研究，当下学术界多视之为修辞学论域的课题，仅关注其在交际中所产生的修辞功能和审美效应。综观汉语写作发展的历史，以语言本体思维功能和交际功能的标准为视角，我们发现，对偶不是一种仅仅用修辞方式就能概括其内涵外延的语言现象，它实质上是一种贯穿古今、渗透到高雅文化与民俗文化之中的认知现象。这是由于人们对汉语特别是古汉语的体认和感知主要是通过总结古谚民谣、诗词歌赋、小说戏曲等体式的结构表征来完成的，而这些文体形式数千年来对骈俪句式与和谐音律的唯美追求已经作为一种语言文化传统，并通过对偶这种富于表现力的经典形式相沿相袭。而对偶体式语句整炼、韵协律调、词语精雅、辞式宏丽、风格华赡，兼具了汉语写作主要的语体特征。可以说，在一定意义上对偶已经以一种完美、精湛的结构模式规定了人们对汉语写作的认知，主导着人们审美的倾向性。更重要的是，它所集中反映的耦合性思维①在汉语写作特别是古汉语写作中起着一种主导性、强制性的作用，体现出一种方法论的意义。

  从理论上说，写作，包括汉语写作是以句式的整散交错为常态，"整""散"两

---

  ① "耦合"是物理学的术语，它指两个或两个以上的体系或两种运动形式之间通过各种相互作用而彼此影响以至联合起来的现象。由于"耦合"术语的内涵正好恰切地概括了对偶结构方式的整体性、互动性等诸种表现特征，故借用为语言学的术语。

种对立思维和谐地统一于一个结构体中。而且在一定时期中由散趋整,由整变散,也是写作句式嬗变的必然轨迹。因为都用散句写作,表达会缺少整炼大气、精切优美的气韵;而都用整句写作,表达会平板单调、缺乏抑扬顿挫之生气。整散交错,才表现了句式运用的规律性和音韵的和谐美。可我们考察汉语写作史后发现,汉语写作,特别是古汉语写作,无论从理论到实践,从质的角度看,"整"思维都占了绝对优势,而且贯穿了整个汉语写作的历史。"整"思维无疑反映了汉民族语言最具独特性的思维。

鉴于汉民族传统思维中最主要的方式是一种有机惝怳的整体思维和对立统一思维,我们试作这样一个假设:汉族人用以结句谋篇的基本思维区别于其他民族,是以"整"为主、以"散"为辅的耦合性思维。论证这个假设的基本思路是:在汉语写作中,"整"思维以对偶、排比、顶真、回环等整句为基本的结构元素和表达手段,"散"思维是以结构不一、句式多样的散句为基本的结构元素和表达手段。

在这个假设的基础上我们试做一个推论:尽管有"散"才有"整","散""整"是对立统一、互为存在前提的,但在古汉语写作中,其实是以整句写作为轴心,散句写作具有从属、辅助、补充的属性。换言之,即耦合性思维是汉语写作,特别是古汉语写作运用的主导思维。由于耦合性思维是从宫廷到民间长期写作实践达成的共识,因此还显现出一种强制性的特征。而耦合性思维运用的结果,是写作中大量出现的整句。写作史上文体体式的发生、嬗变,语体特征的延续、更迭,诸多论据都支持了这个推论。如诗词歌赋中占主导地位的对偶、排比,唐宋取士、公牍文使用的骈体文,明清科举考试的八股文,遍及民间的对联等,都以整句作为主要的或唯一的载体;唐代韩愈、柳宗元发起的"古文运动"对骈体文的革新,一方面倡导散体文,一方面还在因袭骈体,都充分说明了这个问题。尽管耦合性思维可能是所有民族共有的思维,但汉民族较之其他民族更善用、喜用整句,形成了一个独具特色的语言表达系统,也是一个不争的事实。下面,我们即以最具整句结构特征,最充分体现耦合性思维特征的对偶为例来展开讨论。

一、"对偶"体式形成的思想基础及其结构表征

对偶思维实质上是一种耦合性思维。在汉语写作中对偶思维的形成与中国传统思维方式中整体思维方式、辩证思维方式有密切的联系,而且直接得益于文化传统中有机循环的整体思维与和谐对称思维。

1. 有机循环的整体思维

有机循环、对立统一的整体思维可详解为阴阳对举、两两相对的整体思维。这种思维源自"太极、阴阳、五行生化万物"的传统思维模式。"太极"代表整体或全体的最高范畴,是天地万物的根源。太极分为"阴阳"二气,用以表示在时空中相对立而又相关联的事物的整体,其中包括阴阳对峙、阴阳变化、阴阳统一这三种原理。由阴阳二气又产生"五行":金、木、水、火、土。五行之精凝合而生人类,阴阳化合而生万物。①古代著述中对此阴阳对举模式有着详尽的阐释。如《易传》上解释说:"一阴一阳之谓道。"天地乾坤与阴阳并举,交感合德而生万物。并列举了数种事物作为阴阳的象征内容:天(乾)、男、父、君、上、南、雷、火、山、果、刚健等为"阳"的象征内容;地(坤)、女、子、臣、下、北、风、水、泽、花、柔顺等为"阴"的象征内容。《左传》昭公三十二年上也有"物生有两""体有左右,各有妃耦"的说明。清人叶燮阐释得更为具体:"对待之文,自太极出两仪后,无事无物不然:日月、寒暑、昼夜,以及人事之万有——生死、贵贱、贫富、高卑、上下、长短、远近、新旧、大小、香臭、深浅、暖意,种种两端,不可枚举。"刘勰《文心雕龙·丽辞》篇论述了骈词俪语中阴阳对立观念与天地自然、社会人事的关系:

> 造化赋形,支体必双,神理为用,事不孤立。夫心生文辞,运载百虑;高下相须,自然成对。②

---

① 张海鹏、臧宏《中国传统文化论纲》,安徽教育出版社 1996 年版,第 77 页。
② 王运熙、周锋《文心雕龙译注》,上海古籍出版社 1998 年版,第 315 页。

这种阴阳对举、两两相对的思维方式在儒家经典中被强化、宣扬并在民间广为流传后,逐渐形成稳固的思维方式,进而形成理论思维的特殊模式,甚至也成为一切思想、学术文化的根源和基础。当然也直接影响和支配了人们的语言思维模式,决定了在以"整""散"交配句式系统中以"整"句为中心的耦合思维;决定了以骈词俪语、对偶句式等成双成对结构为语言表现形式的耦合思维。从最古老的口耳相传的民谣谚语,到《诗经》《楚辞》以来的诗词歌赋;从先秦的诸子散文,到皇帝百姓熟知善用的对联,无一不应用到耦合性思维。因此,整句成为各类文体中的主要结构载体。以整句的形式进入言语交际的对偶也自然成为耦合性思维表现阴阳对举观念的主要载体。

对偶句式成双成对,词语联类而及,义类匹配属对,音韵平仄相应,无一特征不强调应和着耦合性思维。

对偶句式两两并行,结构模式相同,字数长短相等,形成一种均势对称。

> 大漠孤烟直,长河落日圆。(王维《使至塞上》)

> 白日依山尽,黄河入海流。

> 欲穷千里目,更上一层楼。(王之涣《登鹳雀楼》)

对偶句中的词语对举,要求词语词性同一,句法关系相对,语义上具备类同关系或对立关系。即要严格按照名词对名词,动词对动词,形容词对形容词的规律选用词语,对应的词语还须有同一逻辑语义领域的类同关系或从属关系。文人写作如此,学童启蒙用的教材《声律启蒙》《笠翁对韵》也循此规律,选择运用"云对雨,雪对风,晚照对晴空。来鸿对去燕,宿鸟对鸣虫"等词性同一、语义对立的词语对举。日本高僧遍照金刚的《文镜秘府论》六卷中大部分篇幅讲述诗歌的声律、词藻、典故、对偶等形式技巧问题,在"对属论"中从理论上阐释了对偶体式须语义相对应,并列举了匹配义类的数种类型:

> 凡为文章,皆须属对,诚以事不孤立,必有配匹而成。至若上与下,尊与卑,有与无,同与异,去与来,虚与实,出与入,是与非,贤与愚,悲与乐,明与暗,浊与清,存与亡,进与退,如此等状,名为反对者也。除此之外,并须

以类对之:一二三四,数之类也;东西南北,方之类也;青赤玄黄,色之类也;耳目手足,形之类也;道德仁义,行之类也;唐虞夏商,世之类也;公卿,位之类也;及于偶语重言,双声叠韵,事类甚众,不可备叙。

不惟词语选用耦合并举,音韵调配运用的相对相配规律,也为阴阳相对的典型范例。声调创建之初,唐李延寿《南史·陆厥传》倡诗文要"宫商相变,低昂舛节,若前有浮声,则后须切响。一简之内,音韵尽殊;两句之中,轻重悉异",说的就是平仄要相应。齐梁以后,将平上去入四声分为平仄两类,使音韵平仄相错,抑扬有致,二元对立。

本来,常理之中,诗词歌赋、骈文八股,对偶句是最常选用的结构载体。殊不知,官方的政论文、公牍文、应用文写作也离不了骈词俪语。如古代文体中的诏、令、表、疏;碑、铭、诔、祭文;书信中有的尽用偶对句,有的整散交错,有散有俪。明徐师曾《文体明辨序说》中就有对几种公文体式语体特征的评述:

　　表:至论其体,则汉晋多用散文,唐多用四六。

　　笺:其词有散文,有俪语,分为古俗二体而列之。

　　奏疏:论政事者曰题,陈私情者曰奏,皆谓之本,以及让官谢恩之类,并用散文,间为俪语,亦同奏格。

　　檄:而其词有散文,有俪语。俪语始于唐人,盖唐人之文皆然,不专为檄也。①

作者用"四六""俪语"偶句术语概括了几种公文文体或专用,或兼用韵语偶句的特征及语言运用崇偶求对的倾向性。而与上述文体相比,当下公文文体语体特点的最大差异就是语文体式几乎都是散文。

2. 和谐用中的对称思维

和谐用中的对称思维源自孔子在《论语》中提出的"中庸"思想。"中庸"思想是孔子对之前"中和"观念的继承和发展。在《礼记·中庸》中"中和"思想被

---

① 徐师曾《文体明辨序说》,罗根泽校点,人民文学出版社 1982 年版,第 122、123、124 页。

解释为:"喜怒哀乐之未发谓之中,发而皆中谓之和。"孔子把"中庸"当作最高的伦理道德,解读为"执两用中"。"执两"是指把握两端,"两端"指人与己、物与质等矛盾对立面。"中"指对立面的统一、联结、和谐、平衡等。"用中"即"尚中""随时处于中"。"用中"为常道,为"中庸"的核心和全部含义。①

"中庸"思想经儒家的提倡,后又与佛教思想相互渗透交融,逐渐形成了中华民族重中道的传统文化,最独特的崇尚均衡、和谐的民族文化心态。表现在社会关系人事中,则要求人们行为处事要以封建礼教为准绳,不偏不倚,时时处在合适的状态中;表现在对自然人类的体认中,则师法自然,用文辞描绘天地对立,日月交替,寒来暑往,春至秋去;表现在结构建筑上,是以中心为准形成前后左右四平八稳、严整对称;表现在对人本身的认识,则用文辞摹写人体左右平衡,男女体性差异;表现在文学创作方面,则要求作品凸显温柔敦厚、典重和谐的理想;若构拟书法艺术,无论构形结体、还是章法布局,都以平正为宗,追求辩证性的对称统一。唐朝孙过庭曾就书法的审美总结道:②

　　　初学分布,但求平正;既知平正,务追险绝;既知险绝,复归平正。

这种"中庸"的思维模式表现在语言形式上,则要求语言形式突出协调对称、平和有致的特征,比如句式连单成复、骈偶并举,对仗工稳;四声二元对立,韵律和美等。

无疑,正是对偶语文体式的格式化、系统化大大促进了律诗、俳赋、骈体文、八股、对联等种种骈偶文体的产生,促进了以骈偶句式为中心,间有散句的种种文体的形成,并使得耦合性思维特征在汉语写作中代代相传、相沿相袭。

二、"对偶"写作的语体学意义

对偶所表现的耦合性思维从横向看是一种整体思维,从纵向看则表现为一

---

① 杨洪、王刚译注《中庸·附录一》,甘肃民族出版社 1999 年版。
② 转引自王作新《语言民俗》,湖北教育出版社 2001 年版,第 198 页。

种辩证思维。它提供了一种认知框架,通过创造新的组合意义和类聚意义提供了观察解释汉族人语言世界的有效途径。它提示了事物的平行对立关系,并在平行对立中实现辩证统一,以此来求得整体系统的动态平衡。

如果把对偶结构看成一个符号系统,对偶的出句与对句就是以组合关系和聚合关系聚集起来的符号群。它的构成充分体现了汉语表达联想思维和对立思维的普遍法则,也体现了汉语深层的语义结构规律。

从出句句子内部构成看,对偶结构句子构成元素相互作用、互动共生,按照语法规则和语文体式要求,构成了一个句法结构体。这个结构体作为一个模式、一个原型,依据对称性,要求对句运用再现性思维再造一个与出句结构关系和结构层次同构的结构体。然后运用对立性思维或相关性思维来选取类聚语义场中的词语和平仄音韵,以期对应出对偶句的词语和语义类型,构拟抑扬有致的和谐音韵。而且这种结构的再现不是简单的复制,而是不断地创造出新的体式和新的语义。

语法的平行对称结构是最能表现强调信息、丰赡语义的结构。对偶句正是依据出句语意上的关联性衍生出平行对称结构的对句。如:

明月松间照,   ⊙ | — — | ,
清泉石上流。   — — | | —。
竹喧归浣女,   — — — | | ,
莲动下渔舟。   ⊙ | | — —。

王维《山居秋暝》

对偶的两个句子对仗工稳,具有以下语体特征:

1. 句子平列,句法结构相同。

2. 字数相等。

3. 没有重复的字和词。

4. 词性相对:名词对名词,动词对动词,形容词对形容词。

5. 词类依类属对:同一句法位置上对应的词语属于同一逻辑语义类型。

6. 因为是排偶,对句的句尾押平声韵。

7. 符合平仄格律。对偶内部平仄相对,排偶之间,平仄相黏。

8. 对偶以整句形式,排偶以超级整句形式进入"诗"这个交际环境。

这些特征反映了耦合性思维的种种功能,构拟了对偶句式语体特征的体系。

从结构成分角度看,对偶的基本结构成分为词或短语,所言的结构平行对称不外乎主谓宾定状补句法成分的两相对应。

退　无　井白之　资,

主语　谓语　定语　宾语

进　乏　交朋之　助。

主语　谓语　定语　宾语

李商隐《为李贻孙上李相公启》

其句法成分组合遵循了句法结构规律,反映了各类结构关系:如:

联合结构:齐侯之子,卫侯之妻;东宫之妹,邢侯之姨。(诗经《卫风·硕人》)

主谓结构:山随平野尽,江入大荒流。(李白《渡荆门送别》)

动宾结构:窥地门之绝景,望天际之孤云。(鲍照《登大雷岸与妹书》)

同位结构:三星日月光,四诗风雅颂。(辽使与苏轼作的对)

讲究声律,通常在文句之末押韵,如江淹《别赋》都押中东辙。为了表达发端、转折、承接等逻辑语义,句子也使用一些虚词。如:

是以别方不定,别理千名。有别必怨,有怨必盈。使人意夺神骇,心折骨惊。虽渊云之墨妙,严乐之笔精。金闺之诸彦,兰台之群英。赋有凌云之称,辨有雕龙之声;谁能摹暂离之状,写永诀之情者乎?

带点字是韵字,带下横线的词是虚词。

有的组合反映了汉族人特有的意合思维规律,词与词之间只有并列、连贯等逻辑语义关系。句子内部的成分不是依靠句法结构关系组合起来的,而只是一组意象的组接。句与句之间以结构上的相似性关联组构为对偶整体。

> 炭黑火红灰如雪,谷黄米白饭似霜。(弘治皇帝与杨升作的对)

出句和对句之间如果互作句子成分,那么,对偶句是个单句,出句往往是个话题主语。

> 天下英雄气,千秋尚凛然。(刘禹锡《蜀先主庙》)

"天下英雄气"是一个指称对象,它通过相关性与述题"千秋尚凛然"构成一个命题。

有相当多的出句和对句构成了复句,两个分句之间不尽然都为并列关系,还有选择、转折、因果、假设等各种关系类型。

> 并列关系:故不积跬步,无以致千里;不积小流,无以成江河。(荀子《劝学篇》)

> 选择关系:宁为百夫长,胜作一书生。(杨炯《从军行》)

> 条件关系:圣人不死,大盗不止。(庄子《胠箧》)

从对偶写作的历史看,这些特征体系并非一开始就非常完备,也是不断发展、逐步成熟规范。而且不同的文体表现也不一样。

远古时期,反映当时简单、短促劳动节奏的原始型歌谣是二言形式。句子从两句发展到四句和四句以上,多是两两相对。可以说是初始状态的对偶句。如:

> 乘马,班如,泣血,涟如。(《周易·屯·上六》)

> 断竹,续竹,飞土,逐肉。(《吴越春秋·弹歌》)

西周初期至春秋中叶,《诗经》中的作品从二言诗体发展为四言诗体。其四言体节奏一般是两字一顿,每句两顿。

> 如切如磋,如琢如磨。(《卫风·洪澳》)

> 我心匪石,不可转也;我心匪席,不可卷也。(《邶风·柏舟》)

这时的对偶句虽已比较成型,但除了句末押韵,多注意意义上的对仗,而声律上的对仗还不是很普遍。

公元前 3 世纪,“楚辞”这种杂言诗体打破了四言体诗《诗经》延续 600 多年的一统天下,语文体式以四言、五言或六言、七言相间往复为常,杂以四言至八言的长短句,建构了区别于《诗经》四字等言体的新诗体——“骚体”。楚辞以屈原、宋玉的作品为代表,上承风雅之体,下开辞赋先河。此时,对偶的类型已较为完备,运用技巧也已相当精熟。在文学史上的至高地位可依据孙梅《四六丛话·叙骚》的评论:“屈子之词,其殆诗之流,赋之祖,古文之极致,俪体之先声乎?”①值得注意的是,楚辞在偶句末押同声韵,并在句中句尾运用了大量的语助词“兮”:

雷填填兮雨冥冥,风飒飒兮木萧萧。(屈原《山鬼》)

骐骥伏匿而不见兮,凤凰高飞而不下。(宋玉《九辩》)

古代文论、修辞论中,言及骈俪句式,总会上溯到《诗》、《骚》等作品。《诗》、《骚》也确实是对骈词偶句形成影响极大的作品。但实际上作为一种结构方式、修辞手段,骈词偶句早于《离骚》,甚至《诗经》出现在现存最早的文集《尚书》里,如:

呜呼!七世之庙,可以观德;万夫之长,可以观政。(《商书·咸有一德》)

归马于华山之阳,放牛于桃林之野。(《周书·武成》)

此后的《诗》《易》中也多有偶对。《易》中的《文言》《系辞》两篇的偶对最为刘勰赞许。在《文心雕龙·丽辞》篇中有:“《易》之《文》《系》圣人之妙思也,序《乾》四德,则句句相衔;龙虎类感,则字字相俪;乾坤易简,则宛转相承;日月往来,则隔行悬合。虽字句或殊,而偶意一也。”②

尽管在《论语》《孟子》《老子》《庄子》《荀子》《韩非子》等诸子散文中,在《左传》《国语》《战国策》史书中,在春秋、战国一些优人和大臣的说辞中,排比偶对的运用也有相当高的使用率,但这类句式的运用,终归还是属于组句方式,是修

---

① 于景祥《中国骈文通史》,吉林人民出版社 2002 年版,第 153 页。

② 王运熙、周锋《文心雕龙译注》,上海古籍出版社 1998 年版,第 315 页。

辞方式的小范围、低层次的运用,尚未具备构拟语言特点体系、独立为一种文章体式的功能。而真正大量用偶使骈,排比成一种文体,当属在秦汉时萌芽,汉代时发达的汉赋文体。

根据徐师曾《文体明辨序说》中的分类,汉赋大致可分为:古赋、俳赋、文赋、律赋四类。

古赋吸收了《诗经》《楚辞》中的语文体式,以四言句式为汉赋铺陈文辞、咏物言志的主要手段。

古赋又分骚赋、大赋和小赋三类。亦诗亦文的骚体赋是"骚体"与古赋之间的过渡形式。既有四言句式,又有六、七言句式。一般奇句加衬字,偶句押韵。

大赋是古赋的主体,也是整散句式和谐组合的典型。有两种类型。赋文一般为"首、中、尾"三部分,问答式的大赋首、尾运用散文体,主体运用韵文;非问答式的大赋"首"用散文体,主体和结尾均是韵文。韵文以四六言为主,辅以三、五、七言等杂言,有很大比例是字句工丽整炼的对仗句。

从大赋发展出来的小赋通篇都是韵文。句式主体为四言体,有的也兼具四、六言。

魏晋以后,在古赋的基础上发展出来一种新赋体——俳赋,亦称骈赋。俳赋是在当时越来越盛的骈俪文学思潮中发展出来的新文体,所以切合着那个时代的语体特征:篇幅简短,抒情成分丰富,体类讲究韵律协调、对仗工整,更加接近诗这种文体。此外,俳赋的辞藻更讲求新巧华丽,偏向于展示阴柔之美,特别是六朝时沈约等人的"四声八病说"出现以后,六朝士族的审美趣味变成了"优雅大度、从容不迫的柔弱靡丽"①。运用与研究对偶也已经成为一种风习,仅僧人遍照金刚在《文镜秘府论》中总结唐以前所用的对偶类型就达 29 种之多。遍照金刚还提出极为偏激的观点:"在于文章,皆须对属(对偶、对仗),其不对者,

---

① 于景祥《中国骈文通史》,吉林人民出版社 2002 年版,第 334 页。

止得一处二处有之。若以不对为常,则非复文章。"元代祝尧在《古赋辨体》中介绍过这种单纯追求形式技巧之美的倾向:"盖西汉之赋,其辞工于楚《骚》,东汉之赋,其又工于西汉,以至三国六朝之赋,一代工于一代。"刘勰《文心雕龙·明诗》也描述过这种盛景:"俪采百字之偶,争价一句之奇;情必极貌以写物,辞必穷力以追新。"①

俳赋平仄韵律自然更为严格,句式更多采用了工整的四、六对句。曹植的《洛神赋》语句文采斐然、荟萃了对仗的音韵美,是俳赋中的第一篇工丽作品。

> 其形也,翩若惊鸿,婉若游龙;荣曜秋菊,华茂春松。仿佛兮若轻云之蔽月,飘飘兮若流风回雪。

稍后的律赋是唐宋时为了适应科举考试的文体要求在六朝俳赋的基础上发展出来的又一新赋体。在体制上,也是以讲求排偶、句式对仗工整为特色,但篇幅有所限制,加进了韵数多寡、平仄次第等韵律方面的限制。

唐宋时期,作为对"古文运动"的呼应,散文化倾向的文赋逐渐形成。文赋的句式虽还是以四、六句式为主,但加进了大量长句;行文中不见了气势恢宏的排偶,只有偶一用之的对偶句;且用韵较自由,克服了喜用僻字和堆砌词藻的毛病。

文赋的产生,从文学角度看,是由于唐宋古文运动反对骈俪倾向所致,从语体系统自身发展的情况看,又是语文体式久散必整,久整必散,有整有散自然规律的反映。

综而观之,赋亦诗亦文,非诗非文,是介于两者之间的一种新兴文体。作为一种中国文学发展史上重要的、独立的文体,它又时时因诗歌和散文对它的不同影响,显现出或整、或散、或整散交错的语言倾向性。它既有诗适于吟诵的音韵,又有赋宜于铺陈的气势。且在不同的发展阶段中逐渐显现出或偏向于诗,或偏向于文的形体特征。当骈偶化的整句成分比例大时,它接近诗歌类型;当

---

① 王运熙、周锋《文心雕龙译注》,上海古籍出版社1998年版,第43页。

语句呈散文化趋势;语句清新自由,以杂言相陈为主时,它又接近于散文。考察两千余年的赋体嬗变历史,莫不如此。吴洁敏的总结极为精到独特:赋体的发展史"其实是对赋体格律要求宽严不同而不断演变的历史。"①

晋以后,"天才秀逸,辞藻宏丽"的陆机极尽对仗工巧之能事,追求排偶之雄浑气势,上继两汉之风雅,下开六代之声色。他专攻对仗,无论政论、史论、文论,都善于铺叙、喜用骈俪。在《猛虎行》中他连用了八句对仗句:

> 饥食猛虎窟,寒栖野雀林。日归功未健,时往岁载阴。崇云临岸驶,鸣条随风吟。静言幽谷底,长啸高山岑。

其文论著作《文赋》通篇都是对偶句,是典型的骈俪文体。

继陆机之后的文人谢灵运、颜延之、谢朓、庾信、徐陵等逞才使能,把对仗运用推向了极致,使骈偶之风愈演愈烈。骈偶运用之工之盛,骈偶理论影响之大,已经完全不限于一种修辞技巧,一个修辞领域,具有了文体制式、写作体制的意义。褚斌杰的研究也注意到这个问题,他先引了清代钱木庵《唐音审体》中的评论:"晋,排偶之始也;齐、梁,排偶之盛也;陈、隋,排偶之极也。"接着总结到:"从晋到隋这一时期骈俪、排偶技巧的发展和盛行,已为盛唐'律诗'的产生,准备了一个重要的条件。"②考察唐以后的律诗,情况确实如此,不管是五言诗还是七言诗,不管是四句的绝句还是八句的律句,都要求按格律使用偶句。如:律诗八句通常分为首联、颔联、颈联、尾联。通常要求颔联、颈联对仗,有的诗有三联对仗的,有的甚至全诗首尾四联全部是对仗。

其实不仅于律诗,诸多文体体式:词、曲、公牍文、连珠文、应制举考试的八股文,遍及书斋民间的对联,对偶写作都具有着语体学的意义。

宋词和元曲,尽管都以长短句作为体制特征,但与诗有着语言体制上的渊源关系。词被称为"歌词""曲词",而词、曲有另称"诗余",都是一种佐证。

---

① 吴洁敏、朱宏达《汉语节律学》,语文出版社 2001 年版,第 223 页。
② 褚斌杰《中国古代文体论》,北京大学出版社 1990 年版,第 179 页。

小说、散文、论说文、杂记文、笔记文，其文体体式也不乏对偶写作产生的影响力。俗文学亦然，据卞孝萱研究：骈文"从唐开始，它逐渐渗透到传奇、变文之中，《游仙窟》即文为骈俪，宋、元、明、清的一些戏曲、小说中常用排句偶语，《燕山外史》是通篇排偶"①。显然，对偶体式的写作已经具备体制意义和方法论意义。

三、对偶写作的文体学意义

对偶或作为　种结构成分，或独立为　种文章体式，直接影响着文体的演变生成。

以上述对对偶语体特征的分析为基础，可把汉族人写作的独特思维概括为"整""散"两种思维。褚斌杰总结为："在中国文章中，除韵、散之分外，又有骈、散的区分，这是中国文学史上所独有的现象。"②"韵、散"之分实际上也是"整、散"之分，因为押韵的一组句子就是藉韵辙要素组合为一体的整句。考察汉语写作历史可知，文体演变是遵循着或以整为主导、或整散交错的方式演进的。

先以古代文论中称为"骈体文"的文体为例。骈体文是与散体文相对的文体命名。它不是与诗词歌赋、小说戏曲同一角度划分出来的文体，而是完全体现了汉族人整散写作思维的独特角度的分类。

骈体文产生于魏晋时代，在六朝达到鼎盛。由于在句式上以四字句和六字句为主，故又称为"四六文"。骈体文之所以在文学史上独树一帜，是因为它与汉赋、唐诗、宋词、元曲、明清小说一样代表着一代文学的最高成就。尽管它还只能看作是汉赋的一种下位类型，但它在写作上通篇采用四、六字的排偶或对仗形式，文字骈四俪六的技巧确实登峰造极，成了后世文章之士必须掌握和运

① 卞孝萱《中国骈文通史·序》，吉林人民出版社 2002 年版，第 3 页。
② 褚斌杰《中国古代文体论》，北京大学出版社 1990 年版，第 174 页。

用的技巧和类型,所以不管是哪一门学科的研究,只要涉及写作的历史,骈体文就必定会进入研究者的视野,成为研究中的一个重点课题。

从文体生成的角度看,从古到今的歌谣民谚,由于其最初的创作流传多是以口耳作为载体。为了便于记诵,语句形式多循自然协调的天籁之音,采用联类而及、短小精悍的对偶排比句。后世的记载流传,或摹仿之作,再创作,也都照此规律。久而久之,就形成了独具民俗传统的简洁精炼的韵文文体。

诗词歌赋的下位文体中有相当多的体式或主体是由排偶构成的。如前述的俳赋(骈赋)、公牍文、律诗、八股文等。八股文这种畸形文体值得单独一提。八股文这种应试文体于明宪宗成化年间正式形成。"股"即排比、对偶之意。八股文一般包括九个部分。其中,一、破题;二、承题;三、起讲;四、入题;九、大结这五个部分要求用散体文字,而五、起股;六、中股;七、后股;八、束股四个部分则要求用对偶排比。四个部分共八条对偶长句,故称八股文。以明代马世奇的八股文《至诚之道》为例作统计分析。全文 513 字(不计标点符号),散体文字 93 字,排偶文字 420 字。散体文字部分比例很小,对偶部分是主体部分,语文体式基本上是骈体文。

还值得专门提及的骈文体还有对联体。对联体实质上是对偶加上民族风格形成的独特文体。对联最初产生于五代十国时期,据说始于后蜀君主孟昶亲笔题写的春联:"新年纳余庆,佳节号长春"。对联是诗词的变体。诗骚汉赋、唐宋格律千余年的写作实践,其两两相对、声音和谐、平仄错立的对仗句更是为对联的形成打下了基础。对联与中国传统文化相偕而行,又溶进了中国的民俗体系。它作为春联书写在家家户户门两边的桃符上;它作为楹联书写在亭台楼榭;它出现在店铺酒肆作为专门标志和广告;它作为交际用于拜师交友、祝寿婚庆。可以说它从宫殿庙堂到世俗民间,流传广泛、雅俗共赏,深入到了社会生活的方方面面。

在语言形式上,与对偶相比,对联较少使事用典,且可以重字;生活气息浓郁,更显通俗易懂、清新自然、生动风趣的风格特征。如:

1）攀枝问路，路在何方，路在你脚下，

报雪寻春，春在哪里，春在我心中。

2）新事业从头做起，

旧现象一手推平。（趣喻理发）

对联更多地运用了汉语文字的独特性来摹形绘景、抒情写意。如：

3）墨，

泉。

（拆成：黑土，白水）

4）潮长长长长长长长长长消，

云朝朝朝朝朝朝朝朝朝散。

（利用汉字的多音多义性巧妙表意，句中多次出现相同的字）

对联独特之处还在于它的结构体系。对偶在其他文体体式中，或作为一种结构成分，或通过连缀成段的方式组合为一种新的文体。像对联这样以对偶形式就独立为一种文体的，确实具有唯一性、独特性、民族性。

对联有横联，横联是对联的重要组成部分，对上下联的语义可起到概括、提示、补充的作用，如一秀才写一对联贴在村口：

5）二三四五，

六七八九。

横联：南北

朝廷钦差巡视到此，即解读出对联的深层语义："上联缺一（衣），下联少十（食），横批也缺'东西'，此村定然贫困。"于是发放救灾粮款，广施善行。

对联从对偶发展而来，对偶的句子的字数以 3—7 字句为常，对联结构 4—11 字的常见。对联字数可往两头扩展，最少的句子可以是由一个字或两个字、三个字构成：

6）生，

死。（无名氏）

7）月圆，

　　风扁。（明戴大宾与其先生作的对）

8）孙行者，

　　祖冲之。（陈寅恪与考生作的对）

长句子也可多达几十上百字。如云南昆明大观楼的古今第一长联就是由各90字的两个长句构成。

云南昆明大观楼古今第一长联

孙　髯

五百里滇池，奔来眼底，披襟岸帻，喜茫茫空阔无边！看东骧神骏，西翥灵仪、北走蜿蜒、南翔缟素，高人韵士，何妨选胜登临，趁蟹屿螺洲，梳裹就风鬟雾鬓；更蘋天苇地，点缀些翠羽丹霞。莫孤负四围香稻、万顷晴沙、九夏芙蓉、三春杨柳。

数千年往事，注到心头，把酒凌虚，叹滚滚英雄谁在！想汉习楼船，唐标铁柱，宋挥玉斧，元跨革囊，伟烈丰功，费尽移山心力。尽珠帘画栋，卷不及暮雨朝云，便断碣残碑，都付与苍烟落照。只赢得几杵疏钟、半江渔火、两行秋雁、一枕秋霜。

对联上联绘景，下联咏史，篇幅体大精深，看上去就像一篇赋。其出句、对句中又各自包含着对偶甚至排偶句。这种长联其实是以其他对偶及辞格所不具备的超常容量兼具了多种语义内容、修辞方式，获取了超常的修辞效应。

总之，对联从形式上看，音节整齐匀称、节律感强；从内容上看，凝炼集中、雅俗共赏。适应了汉民族喜欢事物成双成对的审美心理，因此作为一种独特的文体在中华大地上传播遐迩、长期留存、愈久弥新。

四、对偶写作的认知意义

对偶是汉语语法系统和语体系统中的重要构成元素。对偶的构建和运用关涉到语言系统中的词法、句法、音韵、修辞、文体、语体、风格等诸多要素,当然也更需要文学、美学、哲学、心理学、文化学、社会学等多门学科知识的共同参与。

对偶是传统文化在语言中的一种积淀,是人们把对世界的认识摹写出来又渗透到高雅文化与民俗文化之中的一种语言表达式。对偶所代表、所反映的耦合性理论整合了人们认知过程中的结构系统和概念系统,进而成为研究汉族人认识世界的一种感知方式、思维方式和表达方式,亦是映射汉族人的文化传统、心理因素和审美情趣的重要方式。

对偶是汉族人的一种重要的认知模式。对偶的出句实质上是一个原型范畴,是人们对世界进行范畴化认知的参照点;对句则是在以原型为中心的基础上贯彻认知心理中的相似原则、接近原则、顺接原则形成的家族成员,并以结构的对称性获取了原型效应,实现了汉民族关于整体大于部分之和的完形心理,突显了对事物整体认知的重要性。

对偶体式词语千锤百炼,音韵严谨端丽,阅之有珠联璧合之感,听之有戛金夏玉之声。其整炼有序的句式,排比而来的夸张语气,形成了一种富丽堂皇的语势。其通体才高而辞赡,垂范后世的修辞方式,塑就了或典雅、或淳美、或清丽、或整赡的语言风格,成为汉语美质美文的标志,并且以精致的品质和示范性,奠定了它在文学与语言学中的至高地位。可以说,对偶正是作为一种认知方法,滋养着、浸润着汉语的文坛、艺坛,为汉语写作的表达和理解提供了方法论的意义,为汉语写作风格的整齐华赡、弘博丽雅提供了一种语言学的保证。

传统语言学对对偶体式的研究,主要是从规范和描写出发的,把对偶当作一种表达技巧、一种结构形式来讨论。从古到今,以重人文传统的思想为依托,对偶的运用及研究都得到了良好的循环发展,这些角度研究对偶内部的语义特点,外部的语用功能,强化了在诗词歌赋中对偶作为结构元素或独立元素的运用方式及作用的目的性。

相对而言,古代文论中的对偶理论研究还是比较充分、范围也是较大的;而现代,无论是文学领域还是语言学领域,对偶理论的研究都相对窄化、弱化了,并且倾向于定型在语言学的修辞范畴里。其实，对偶的形成和结构体制；对偶写作所反映的汉民族喜用、善用的耦合性思维；对偶所映射的汉族人的审美心理；对偶在汉语写作史上的语体学意义和文体学意义；文体嬗变与社会需求的关系问题等都是语言学中极有理论价值和方法论意义的研究课题。

简言之，对偶思维是一种耦合性思维，也是汉语写作的重要思维。汉语写作的历史已经充分表明，对偶体式不仅仅是传统意义上的修辞方式，它已经具有一种汉语写作方法论的意义。

隐喻的研究，已经从一种修辞手段的研究转化为认识世界和语言发生变化的重大课题和焦点课题。对偶的研究如果被学界所重视，它也是既有着认知汉语写作与交际的重大理论价值意义，又是语言学、文学、文化学、认知心理学等学科中极有理论价值的研究课题。

主要参考文献：

曹明纲：《赋学概论》，上海古籍出版社 1998 年版。

褚斌杰：《中国古代文体概论》，北京大学出版社 1999 年版。

王运熙、周锋：《文心雕龙译注》，上海古籍出版社 1998 年版。

王作新：《语言民俗》，湖北教育出版社 2001 年版。

吴洁敏、朱宏达：《汉语节律学》，语文出版社 2001 年版。

徐师曾：《文体明辨细说》，罗根泽校点，人民文学出版社 1982 年版。

杨洪、王刚译注：《中庸》，甘肃民族出版社 1999 年版。

于景祥：《中国骈文通史》，吉林人民出版社 2002 年版。

赵艳芳：《认知语言学概论》，上海外语教育出版社 2001 年版。

张海鹏、臧宏：《中国传统文化论纲》，安徽教育出版社 1996 年版。

郑颐寿、郑韶风、魏形峰：《对偶趣话》，福建人民出版社 2003 年版。

朱承平：《对偶辞格》，岳麓书社 2003 年版。

原载《复旦学报（社会科学版）》2006 年第 3 期

修辞学史研究

修辞要讲究适应题旨情境

范　晓

一

　　修辞要讲究"适应题旨情境"，这是陈望道先生在《修辞学发凡》（以下简称《发凡》）一书中提出的一条基本的修辞原理。陈望道先生在《发凡》中用较多的篇幅阐述了这条基本原理。并且反复强调这条原理的重要性，指出"修辞以适应题旨情境为第一义"①，把这个原理提到应有的高度。这是陈望道先生运用马克思主义观点，总结了前人的研究成果而创造性地提出的科学的修辞理论，是对修辞学的重大贡献。

　　什么叫做"题旨情境"？《发凡》所谓"题旨"，指的是"立言的意旨"，也就是写说的内容；《发凡》所谓"情境"，指的是写说的目的，写说的对象，写说的时间、写说的地点等方面，也就是写说时所处的种种环境、条件。什么叫做"适应"？《发凡》也称之为"应合题旨""应合环境"，指的是：说话作文必须依据写说的内容、目的、对象、时间、地点等因素来恰当地运用修辞方法或手段。这就是说，任何修辞方式都不能随便乱用，没有一个"放之四海而皆准"的修辞方式，没有一个绝对的好或绝对的坏的修辞方式。各种修辞方式的运用，一定要切合写说的

---

　　① 《修辞学发凡》，上海文艺出版社1962年版，第13页，下同。

题旨情境。所以《发凡》说:"每个具体的切实的修辞现象,都是适应具体的题旨和情境的……语辞是有根的,是活的,是有个性的,是不能随便抄袭,用做别题别境的套语的。"①毛泽东同志在《反对党八股》一文中提到说话和写文章时要做到"有的放矢""到什么山上唱什么歌""看菜吃饭,量体裁衣"等②,这些形象的说法,实际上也是要求适应题旨情境的意思。吕叔湘先生在谈到修辞时曾说:修辞"好比穿衣服,人体有高矮肥瘦,衣服要称身;季节有春夏秋冬,衣服要当令;男女老少,衣服的材料花色不尽相同。总之是各有所宜。修辞就是讲究这个'各有所宜'"③。这个"各有所宜",也是要求适应题旨情境的意思。

《发凡》提出"修辞以适应题旨情境为第一义",这是非常正确的,这个原理是完全符合马克思主义的辩证唯物主义的观点的。马列主义告诉我们:马克思主义的最本质的东西,马克思主义的活的灵魂,就在于具体地分析具体的情况。④ 把马克思主义的这个观点运用于修辞,就应当强调写说时的矛盾的特殊性。我们知道,人们说话或写文章,都是有具体的题旨和情境的。题旨和情境不一样,修辞也就不能完全一样,所以不可能有千篇一律的修辞方式。"比喻""借代""夸张"之类的修辞方式无疑是重要的,但也不是在任何情况下都可使用的。有人认为,修辞只是文学作品的事,说什么"寻常的作文,用不着修辞,要有点文学意味的作品,才要讲修辞"⑤。这样一来,就只把那些"辞格"当作修辞了。这样的理解显然是片面的。实际上,无论是说话或作文,也无论是"寻常的作文"还是"文学作品",都要讲究修辞,因此都有个适应题旨情境的问题。一般地说,情境是拘束的、理智的,或题旨是抽象的、概念的,便可用消极修辞的手法,而情境是自由的、情趣的,或题旨是具体的、体验的,则可用积极修辞的手法。例如毛泽东同志为新华社写的《一九四九年新年献词》中的

---

① 陈望道《修辞学发凡》,第 14 页。
② 毛泽东《反对党八股》。
③ 吕叔湘《漫谈语法研究》,《中国语文》1978 年第 1 期。
④ 参见《列宁全集》第二十五卷《共产主义》。
⑤ 胡怀探《修辞方法》。

　　　将革命进行到底。

和毛泽东同志 1949 年作的律诗《人民解放军占领南京》中的

　　　宜将剩勇追穷寇，

　　　不可沽名学霸王。

便可作一比较。两例主要意思基本相同。新年献词中的语辞的修辞是"直写胸臆"，单求概念明白地表出，采用了消极手法；而律诗中的语辞的修辞则是"托物起兴，触景生情"，采用了积极手法。这两例在不同的情境下采用了不同的修辞手法，都是很好的。可见，不论哪类文章，都有个修辞问题；而且要使修辞好，不在于使用何种修辞方式或手法，关键是具体情况具体对待，也就是在写说时必须做到适应题旨情境。

　　适应题旨情境，应当看作为修辞的一条规律，而且是一条基本的规律。一般修辞书都把比喻、借代之类的具体修辞方式当作修辞规律，而不把适应题旨情境也当作规律，这恐怕是不妥当的。事实上，任何具体的修辞方式，都要受到适应题旨情境这条规律的支配，任何具体的修辞规律或规则如果违反了适应题旨情境这条规律，都将是毫无价值的。所以适应题旨情境乃是统帅、支配其他一切修辞规律的规律，是修辞的基本规律、总规律。一本修辞书讲不讲适应题旨情境，强调不强调这个基本原理，是关系到把读者引向何方的大问题，也就是引向不正确的形式至上主义或内容至上主义的修辞方向，还是引向内容与形式相统一的正确方向的问题，从这个意义上说，适应题旨情境可以说是修辞的灵魂。

　　在《发凡》的影响下，不少修辞著作较为重视适应题旨情境这条原理。但是也应看到有一些修辞著作忽视这个基本原理。有的修辞著作只讲"辞格"，根本不谈修辞应适合题旨情境；有的修辞书虽然也说到一点类似的意思，但只轻轻地一笔带过。我曾经听到陈望道先生说过一句话："只讲辞格，不讲适应题旨情境的人，根本不懂得修辞。"我觉得，对于那些在修辞研究中忽视这一基本原理的人来说，这种批评是相当尖锐的，但也确是打中要害的。所以，趁今天纪念

启林有声

《发凡》出版五十周年的机会,提起并强调一下这条基本原理,这不仅有理论意义,而且也许还是有一定的现实意义的。

二

修辞是讲言语的表达效果的。修辞好,言语的表达效果就好,反之,修辞不好,言语的表达效果也不好。所以修辞有好坏美丑之别。怎样的修辞是好的,美的? 怎样的修辞是坏的、丑的? 怎样的修辞不大好? 怎样的修辞非常好? 这就要有一个衡量好坏美丑的标准。

《发凡》认为,适应题旨情境"是修辞的标准、依据"①。这是完全正确的。事实上,离开了题旨和情境,是很难评判修辞的好坏美丑的。适应题旨情境的修辞,便是美的、好的修辞,不适应题旨情境的修辞,便是坏的、丑的修辞。比如婉转、折绕,是常用的修辞格式,但也不是任何情况下都可使用的,如在公文、法令、布告之类文件里,滥用婉转、折绕等修辞格式,不但不会增美文辞,反而会阻塞语意,也就不能达到好的表达效果。相反,在外交辞令中,有时不宜于说得太露,便要用婉转、折绕等修辞手法。周恩来总理在欢迎美国总统尼克松的宴会上的祝酒词里有一段话:

> 美国人民是伟大的人民。中国人民是伟大的人民。我们两国人民一向是友好的。由于大家知道的原因,两国人民之间的来往中断了二十多年。

这"大家知道的原因",说得很含蓄,就是用了婉转的修辞格式,既表达了我们的原则立场,又不损害宴会上的友好气氛。这样的修辞就非常好。又比如,在一般的文章里,重复会变成啰嗦,中学语文老师改学生作文,常常把重复语去掉。但重复并非在任何情况下都不好。相反,在感情强烈或者要特别说明某种意见

---

① 陈望道《修辞学发凡》,第10页。

/ 358 /

时,重复(反复),却是一种很好的修辞格式,如陈毅同志在进驻上海时,起草了一个"入城守则",交给党中央审批。毛泽东主席看了非常满意,批示说"很好很好很好很好",一连四个"很好",充分地表达了他对"入城守则"的满意的心情。

修辞学固然要研究各种修辞手法、修辞格式,但各种修辞手法、修辞格式本身是很难评论其高下的。有些人看到别人言语中某种修辞格式很好,便着意摹仿,那就成了"陈言""套话";这种患"屑屑模仿病"的人就是不懂得修辞的真谛。也有些人总以为有些字眼一定是美的,摘出抄起,备着做文章时候用,说话作文时便滥用辞藻;这种患"美辞堆砌病"的人同样也是不懂得修辞的真谛。所以,修辞没有永久灵验的处方笺,全在实地写说时,对应题旨情境,利用语言文字一切可能性,使用适切的修辞方式。凡是适应题旨情境的修辞都能起到较佳的表达效果,因此也就是好的、美的;反之,不适应题旨和情境的修辞便是坏的、丑的。但是,讨论修辞好坏的标准,有人常与讨论话语(说出的话或写出的文章,也就是"言语作品")的好坏标准混淆起来。如有人强调"质",即从话语的思想内容方面评论修辞的优劣,所谓"政治标准放在第一位"。也有人强调"文",即从话语的语文形式方面评论修辞的好坏。还有的认为从"文质兼备",即内容和形式统一的标准来评判修辞的优劣。我们认为,用来评判话语的美丑、好坏,单纯的思想内容标准,或单纯的语言文字标准无疑都是片面的;文质兼备的标准,即内容和形式相统一的标准是正确的。但这不是评判修辞好坏的标准。

修辞是讲语言文字"对应题旨对应情境的应用"①。任何话语中都存在着修辞,但话语本身还不是修辞。因此,评论修辞好坏的标准,就应当就修辞论修辞,而一般是不管话语本身的政治倾向或思想内容的。事实也正是这样,有些政治倾向和思想内容好的,却不会运用语言文字去表达,因而修辞不好,表达效果不好;相反,也有些文章政治倾向和思想内容并不好,然而运用语言文字的修

---

① 陈望道《怎样研究文法修辞》,《学术月刊》1958 年第 6 期。

辞手段高明,因而应当承认修辞是不坏的。这种矛盾,正是反映了思想内容是不能作为评论修辞好坏的标准的。

同样,语言文字的形式本身,也无所谓美丑和优劣,究竟是消极修辞的形式美还是积极修辞的形式美？究竟是主动句美还是被动句美？究竟是用整齐的对偶、排比之类的格式美还是用不整齐的错综的格式美？诸如此类,语言文字的一切可能性,只是"修辞的资料、凭借"①,是不能抽象地比较其美丑、优劣的。只有在具体的言语里,根据题旨和情境适应或切合的程度,才能看出运用某个语文形式的美或丑。《发凡》说得好："语言文字的美丑是由题旨情境决定的,并非语言文字的本身有什么美丑在。语言文字的美丑全在用得切当不切当:用得切当的便是美,用得不切当的便是丑。"②从前文人中有所谓"墨卷派"和"清真派"。清真派认为语文形式质朴便是美的、好的修辞;墨卷派认为语文形式华丽才是美的、好的修辞,现在也还有类似的看法。其实,从修辞应该适应题旨情境的立场来看,这种争论是不得要领的。语言文字的形式华丽或质朴本身也无所谓美丑或好坏,全看是否适应题旨情境。不同体式的文章,对语言文字的形式有不同的要求:有些文章体式,如科学体、公文体之类,一般要求语言文字朴素些,少用甚至不用词藻和积极修辞的格式;有些文章体式,如诗歌、抒情散文之类,则要求华丽些,常要使用积极修辞的格式。这点其实很早就有人认识了,如曹丕曾说："夫文,本同而末异。盖奏议宜雅,书论宜理,铭诔尚实,诗赋欲丽。"③这话是正确的。所以,如果一定要争论言语的修辞华丽好还是质朴好,或积极修辞好还是消极修辞好,是争论不出结果来的。只能说:题旨情境要求语言质朴的,修辞便不应华丽,华丽了就不美,不好;题旨情境要求华丽的,修辞便不应质朴,质朴了就不美不好;无论作文或说话,又无论华丽或质朴,都要言随意遣,语随境变,要之以适应题旨情境为本。

---

① 陈望道《修辞学发凡》,第 10 页。
② 同上,第 21 页。
③ 曹丕《典论·论文》。

三

研究修辞,又不免谈到"修辞技巧"。但一谈修辞技巧,一般人又常常与修辞格式联系起来,以为懂得一些修辞格式,就是懂得了修辞技巧;又以为研究一些修辞格式,便是研究修辞技巧。因此,在那"左"的思想影响很大的时期,把讲究技巧斥之为形式主义,人们不敢谈修辞技巧,也是很自然的了。其实,修辞技巧也不只是语言文字的形式上的事。《发凡》对修辞技巧有深刻的见解。《发凡》指出:"修辞技巧的来源有两个:第一个是题旨和情境的洞达,这要靠生活的充实和丰富;第二是语言文字可能性的通晓,这要靠平时对于现下已有的修辞方式有充分的了解。技巧是临时的,贵在随机应变,应用什么方式应付当前的题旨和情境,大抵没有定规可以遵守,也不受什么条规的约束。只有平日在这两方面做了充分的准备工夫,这才可望临时能够应付裕如。"①这里所谓"贵在随机应变",也就是贵在适应题旨情境的意思。所以适应题旨情境,也可以看作为修辞的技巧。

那么怎样才能掌握这个修辞技巧呢?根据《发凡》的意思,我们认为要真正掌握修辞技巧,要使修辞技巧达到成熟的地步,一定要做到三点:

第一,题旨和情境的洞达。这就是在说话和作文时,对题旨和情境一定要有正确的认识和充分的了解。没有这一条,谈不上修辞技巧。而要做到题旨和情境的洞达,不是很容易的。《发凡》认为,一方面要积累生活上的经验和学问,要有"与时并进"的见解和趣味;这方面是"写说者必不可少的经常修养"②,是要长期磨练才能获得的。另一方面又要随时细心观察"正在变动的活事实的事"③,并随时检阅报章杂志和书籍,"从字里行间去探求事情的实际"④;用现在的话来

---

① 陈望道《修辞学发凡》,第14页。
②③④ 同上,第45页。

/ 361 /

说,就是写说前总得进行一番调查研究;这方面需要临时进行精心的努力。这两方面如果都做得比较充分,就有助于题旨和情境的洞达。例如鲁迅先生在描写人物皮肤的粗糙时,虽都用了比喻的修辞方式来进行描绘,但却又不是千篇一律的,他依据不同的题旨情境,用了不同的譬喻喻体来比喻不同的人物形象的皮肤:对于中年的闰土的手,说是"又粗又笨而且开裂,像是松树皮"(《故乡》);对于地主老爷郭老娃的布满皱纹的脸,说是"已经皱得如风干的番橙"(《长明灯》),对于多年治水的禹爷,则说是"满脚都是栗子一般的老茧"(《理水》);对于孩子们受冻的小手,说是"冻得通红,像紫牙姜一般"(《雪》)。这样的修辞是完全适应人物的不同年龄、不同身份、不同境遇等等具体情况的,也就是适应了题旨情境的。鲁迅之所以能这样,是与他充实的生活、丰富的知识以及敏锐的观察分不开的。又如曲波在《林海雪原》中有一段话:

> 第四天清晨风消雪停,东方的一轮淡淡的灰色太阳,疲乏地挂在天空,好像它也被这狂风暴雪打击得精疲力尽,夺去了它无限的热量。它对着大地也是冷冷淡淡的没有神气,无精打采。整个山林被酷寒的威严吓得寂静无声。只有天空剩下的雪粉碎末,像霜渣一般下落,它遮盖着太阳的光芒。

这段文字对北国的风雪后的清晨景色描写得淋漓尽致。这里用了一些修辞方式,如比喻、拟人等,也完全适应题旨情境的。但若没有对东北林海雪原的亲身经验,作者是写不出这样的话语,也用不上这样的修辞方式的。有些人由于生活经验不丰富,或者知识浅薄,或者缺乏调查研究,因此表达时对题旨情境心中无数,修辞上也就必然出现破绽。例如有这样的句子:"心血浇得枯花红。"(《人民日报》1981 年 3 月 18 日标题)这句话,语法上没有问题,毛病就出在修辞上违反题旨情境:"枯花红"这个比喻语有问题。生活中只有枯木逢春,枯枝发芽,因为枝木枯掉,树根可能仍活着的;但枯花是不可能再会变红。"枯花红"的说法反映了作者缺乏这方面的知识,这就是违反了题旨情境,这样的修辞不可能是好的修辞。总之,"写说不纯全是椅桌间的修炼,在修辞之前少不了要有经验、学问、观察、检阅等种种内容上的准备的。写说以后的成败……大体总是看这种种准备是否充分为转移"①。

第二,语言文字可能性的通晓。这就是要对语言文字的一切可能性,包括现下已有的修辞方式有充分的了解。要做到这一条,《发凡》认为必须加强语文修养,在平时要对修辞的方式有精密的观察和系统的研究。思想是要通过语言文字来表达的,所以修辞应当利用"语言文字的习惯及体裁形式的遗产",也就是要利用"语言文字的一切可能性"②。没有这一条,要掌握修辞技巧也是一句空话。大凡修辞好的人,一般都谙熟或通晓某种语言的语音、词汇、语法、文字以及各种可能的修辞方式。曹雪芹、鲁迅、毛泽东等修辞非常之好,在表达某种思想的时候,他们可以找到最确切的字眼,得心应手地用上最适应题旨情境的修辞方式;这一方面固然是他们对写说时的题旨情境十分洞达,而另一方面也借助于他们语言文字的功力,他们可以说是语言大师。例如鲁迅《药》里边有一段话:

> 黑的人便抢过灯笼,一把扯下纸罩,裹了馒头,塞与老栓,一把抓过洋
> 钱,捏一捏,转身去了。

这段话里有七个谓语动词,都是"黑的人"(借代刽子手康大叔)的动作,其中"抢""扯""裹""塞""抓""捏"六个动词都是手的动作,却没有一个词是重复的。这些不同的动词十分准确而形象地表现了利欲熏心的刽子手在特定环境中的一举一动及其性格特征。这个例子也可说明鲁迅有着深厚坚实的语文修养。

相反,如果一个人语文修养比较差,尽管他对题旨情境十分了解,也难以使他的修辞好。有的人写说中语句不通、语无伦次,那根本谈不上修辞了。也有的人语句虽通,但语言文字上也有问题,例如:

(1)红旗大队的支部书记杜得功,带着大队的民兵,嗷嗷直叫地围了上来。(《牛田洋》)

---

① 陈望道《修辞学发凡》,第46页。
② 同上,第10页。

(2) 子女们应当主动关心老人的生老病死的问题。

（转引自《文汇报通讯》）

例(1)"嗷嗷"这词语有问题。《现代汉语词典》："嗷嗷,象声词,哀号声。"而例(1)却把此词用来形容民兵们的喊叫声,简直是乱弹琴。这反映了作者对"嗷嗷"一词的意义缺乏了解,因而出了这样的差错。例(2)"生老病死",一语用在这里不准确,因为短语"生老病死"的"生"是指出生,用在这句句子里,便是子女们要关心老人的出生、年老、生病、逝世。"子女"是老人所生,怎么能关心父母亲的出生呢? 这里的错误是在于作者对短语"生老病死"一语的意义不甚了了,所以会闹出这样的笑话。也还有些人词汇贫乏,修辞方法掌握得很少,因此写说时该用积极修辞的地方常常只是用消极修辞表达,干巴巴的,这样的修辞当然也是不好的。总之,要使修辞好,一定要下苦功学习语言文字,学习各种修辞格式,努力提高自己的语文修养。

第三,"随机应变"的追求。这就是在写说时要尽一切力量使语言文字的形式适应一定的题旨情境,以恰当地表达某种思想,达到最理想的表达效果。没有洞达题旨情境,修辞不可能好;没有相当的语文修养,修辞也不可能好;不努力追求使语文形式适应题旨情境,不去千方百计地针对情意来调整语辞,那么,修辞同样不可能好。一些语言大师的修辞之所以好,就在于能做到使语文形式适应题旨情境。例如曹雪芹的《红楼梦》中的"菊花诗",每首诗所用语句各有特点,都是适应题旨情境的。所谓咏物抒情,每首诗的语言文字都恰如其分地表现了人物的性格和气质。例如薛宝钗的"忆菊",用"怅望""断肠""抱闷思""谁怜我为黄花瘦"等语句,表示了她那十足的寡妇腔调;贾宝玉的"访菊",用"莫淹留""绝尘埃""休负今朝挂杖头"等语句,暗示他的绝尘离世之情;林黛玉的"咏菊""问菊""梦菊",用"满纸自怜题素怨""片言谁解诉秋心""孤标傲世偕谁隐""醒时幽怨同谁诉"等语句,表现了她"孤标傲世"的性格和一片哀怨之情。曹雪芹实际上是用菊花来比喻各个人物的性格和境遇的,虽都是用菊花作比,却又都不一样,这表明了曹雪芹不但洞达题旨情境,不但有高度的语文修养,而且还有使语文形式最贴切地适应题旨的本领。这就是他修辞技巧高明。一般地说，如果一个人写说时已洞达所要写说的题旨和情境，而且语言文字方面有高度的修养，写说时就有可能做到应手应口的地步。或者能进一步，独出心裁，别开生面，使修辞达到完美的境界。但常常也可能在一时之间有不能适应的情形，所以也就有语辞的修改或修饰的工作。贾岛的"推敲"，王安石的"春风又绿江南岸"，便是文人作"随机应变"努力的著名实例，古人所谓"吟成五个字，用破一生心""吟安一个字，捻脱数根须"，都说明了为力求使语言文字形式适应题旨情境而下苦功的情形。朱自清在《欧游杂记》自序中说："记述时可费了一些心思在文字上，觉得'是'字句，'有'字句，'在'字句安排最难。显示景物间的关系，短不了这样的句法；可是老用一套，谁耐烦！再说这三种句子都显示静态，也够沉闷。于是想方法省略那三个讨厌的字，例如'楼上正中一间大会议厅'，可以说'楼上正中是——'，'楼上有——''——在楼上正中'，但我用第一句，盼望给读者整个的印象，或者说更具体的印象。……若能将静的变为动的，那当然更乐意，例如'他的左胳膊底下钻出一个孩子。'"①这段话道出了他在写作中是怎样力求使语言文字适应文学作品这种体裁以及读者对象的。这是文学家追求"随机应变"的经验之谈，是值得我们学习的。我们要学习他那种使语言文字适应题旨情境的思想和方法，并不是说在任何情况下都得要用"楼上正中一间大会议厅"的句式。在别种题旨情境中，也许这个格式反而不好，而要用"楼上正中是一间大会议厅"或"楼上有一间大会议厅""一间大会议厅在楼上正中"，每个句子都"各有所宜"，选择某个同义的语文形式，都得视题旨情境而定。

可见，一个人在写说时，应当力求在"适应"上下功夫。要使自己有丰富的生活底子和较高的语文修养；要认真对待而不应马马虎虎，更不应信口开河。一定要多思考，多推敲，把自己所要说的或所要写的思想理清楚，把写说时的情境观察明白，把可能的表达方式也揣摩揣摩，做到"胸有成竹"。只有"了然于

---

① 朱自清《欧游杂记》。

心"，然后才能"了然于口""了然于手"。尤其是作文，有时间也更有可能多思考、多观察。即使写出来了，也还要反复修改，使文章的语言文字适应题旨情境，使形式和内容达到最完满的统一。这样的修辞就可能是较好的修辞。

总之，修辞的技巧是有的，技巧是临时的，贵在"随机应变"，因此没有死守的章程。但技巧也不是虚无飘渺的，只要平时注意积累生活经验和学问，以及加强语文修养，临时注意调查研究，洞达写说的题旨情境；而在写说的过程中多作思考，对语辞力加调整，力求适用，使语文形式最完美地适应题旨情境；那么，一个人的修辞技巧方面的才能便会得到充分的发挥。

原载《〈修辞学发凡〉与中国修辞学》，复旦大学出版社 1983 年版

学习《修辞学发凡》，
为促进修辞学的繁荣贡献力量[*]

胡裕树

　　《修辞学发凡》(以下简称《发凡》)的最大功绩是什么？我们认为它的最大功绩是建立了我国修辞学史上第一个比较科学的体系。这个修辞学体系比较全面系统，而且正如刘大白先生在《发凡》序言中所评价的，它既兼顾文言文修辞，又兼顾白话文修辞，一反当时排斥白话文，认为白话文不能修辞的偏见，有它的历史意义。现在我们重新来评价这个体系，仍然认为它既有比较完备的修辞理论，又有概括力较强的修辞规律，有它的重要价值。它的修辞理论中，既有修辞学对象、任务、功用的探讨，又有关于题旨情境的论说等。修辞规律中，既有以辞格为主的积极修辞，又有消极修辞的探讨等。尤其是对于辞格的分析，比较详尽深入。此外，还讲了语体风格，并且勾划了近代修辞学发展的轮廓。这个体系已经经过半个世纪的考验，迄今仍然有着它的生命力。

　　五十年来，《发凡》的影响是深远的。张弓教授赞扬《发凡》对修辞方式的处理"见解精确，系统清楚"[①]。新加坡郑子瑜教授称《发凡》为"千古不朽的巨著"，称望道先生为"中国有史以来最伟大的修辞学家"。[②]

---

　　* 本文是 1982 年 6 月 8 日在中国修辞学会和复旦大学联合召开的纪念《修辞学发凡》出版五十周年学术座谈会上的讲话。根据录音整理。

　　① 张弓《现代汉语修辞学》，天津人民出版社 1963 年版，第 80 页。
　　② 郑子瑜《中国修辞学的变迁》，日本早稻田大学语学教育研究所 1965 年版。

但是,《发凡》的成绩只能说明我国修辞学过去的成就。我们不能躺在半个世纪前问世的《发凡》上自得其乐。迄今为止,我国修辞学界影响深远的著作还寥若晨星。改变修辞学的面貌,把修辞学推向前进的重任,已历史地落在后来者身上。为促进修辞学的繁荣贡献力量,不但是时代的要求,也是广大语文工作者的共同心愿。因此,学习《发凡》、纪念《发凡》的最好行动,就是促进修辞学更快地前进。

修辞学怎样才能更快地前进呢? 深入学习《发凡》以后,我们可以得到以下几点启示。

第一,创新,立志于创新,才能迅速改变修辞学的面貌。

当年,望道先生正是不满足于因袭前人成说,决心闯出一条新路,才给修辞学界带来焕然一新的景象的。今天,修辞学界要打破长期沉寂、停滞不前的局面,也必须有一批敢于冲破陈规的闯将。鲁迅曾经指出:作品"以独创为贵"①,"依傍和模仿,决不能产生真艺术。"②毛泽东同志也说过:"文学艺术中对于古人和外国人的毫无批判的照搬和模仿,乃是最没有出息的最害人的文学教条主义和艺术教条主义。"③这虽是对文艺说的,学术研究也是如此。如果满足于踩着前人的脚印走,以机械模仿《发凡》等著作为能事,不敢越雷池一步,这是"最没有出息"的表现,科学也就不可能发展。

当然,创新并不是一概否定前人成果,似乎在新的大厦建造以前,面前只能是一片废墟。不,完全不是这样。恰恰相反,创新,必须要在马克思列宁主义观点指导下,首先对古今中外遗产进行批判地继承。牛顿说得好:"如果我所见到的比笛卡儿要远一点,那是因为我是站在巨人肩膀上的缘故。"我国古代有着丰富的修辞学遗产,大多散见于经解、文论、诗话、词话、随笔、杂记等浩如烟海的古籍中,这也就是《发凡》所讲的"关涉修辞的诸论著"。我国现代修辞学著作,

---

① 《华盖集续编·不是信》。
② 《且介亭杂文末编·记苏联版画展览会》。
③ 《在延安文艺座谈会上的讲话》。

包括《发凡》在内，大概也有一二百本，它们虽然取得的成就不一，但也应该一分为二地对它们进行分析研究，好的经验应该吸取，不要一概让它们坐冷板凳。不接受这笔遗产，不站在前人的肩膀上，对我们来说，是很大的损失。西方的修辞学，从古希腊、罗马就开始建立，源远流长，我国基本上还没有翻译过来。从翻译到吸收，还有一大段漫长的路要走。这方面可学的东西也很多。总之，创新，一定要建立在对前人遗产批判继承的基础上，剔除其糟粕，吸取其精华。正如望道先生所说："不是从别人的出发点起步，而是从别人的到达点起步。这样才会越跑越远。"①

创新，是望道先生生前一再嘱咐的。他很希望后人迅速超过自己，所以鼓励大家要"立大志"，找难度大的问题上。他强调"开辟新路的关键是有无决心攻坚"②，是有没有革命的胆略。与此同时，他又告诫我们，在认真向古今中外学习的基础上，要踏踏实实做学问，从一点一滴做起，切戒空谈。努力按照这个要求去做，我们的修辞学一定会以较快的速度跻身于世界先进修辞学之林而毫无愧色。

第二，吸收邻近学科的多方面研究成果，才能使修辞学机体丰满，稳步前进。

修辞学是研究语言的调整和运用的。它虽然隶属于语言学，但实际上是一门边缘学科。它与哲学、逻辑学、文艺批评、美学、文章学（辞章学）、心理学和语言学中的话音学、语法学、词汇学、文字训诂学等，都有着十分密切的联系。如果孤立地就修辞学研究修辞学，知识有限，局面一定很难打开，望道先生当时在研究修辞学的同时，就对上述各门学科都进行过研究。他写过《因明学》《美学概论》《作文法讲义》等专著，翻译和撰写过不少哲学、文艺学、美学的论文。他对这些学科有着很深的造诣。因此他研究修辞的功力十分深厚，基础扎实牢靠，写起文章来就游刃自如。1975 年台湾出版的黄庆萱的《修辞学》，之所以能

---

① 《怎样研究文法、修辞》，《学术月刊》1958 年第 6 期。
② 1963 年 4 月 3 日在复旦大学语言研究室的讲话，未刊。

在某些方面取得了一定的突破，也是因为较广泛地吸取了其他多种学科的理论的缘故。这都是历史的经验。

随着现代科学的发展，学科的分工越来越细，但各门学科的相互渗透也越来越密，加强与各门学科的横向联系，就显得更为重要了。这样，对修辞学工作者知识的要求也越来越高。研究修辞，仅仅具备修辞知识是远远不够的，还要了解多门学科，虚心学习。更有甚者，随着现代语言学向精密化、模式化发展，工程语言学、社会语言学、模糊语言学等学科不但建立了起来，还有不少突破。修辞学如何与这些学科紧密结合，吸取它们的研究成果，显得非常迫切。修辞学要现代化、精密化，还要依靠机器翻译等现代化手段的帮助。

总之，把邻近学科的研究成果广泛地吸收到修辞学中来，修辞学的理论和规律才能发展到一个新的高度。

第三，向修辞学的广度和深度进军。

王希杰同志在《修辞研究中的几个问题》①一文中提出了向修辞学的广度和深度进军，这个口号很好。

类似的意见，前人也提过一些。例如一九二九年何爵三在《努力学报》创刊号上发表了《中国修辞学上的几个根本问题》，就提出修辞学要向纵横两方面发展，"从横的方面看，可以按着时代，研究汉魏的修辞、六朝的修辞、唐朝的修辞、宋代的修辞，甚至于专研究某几个大作家的修辞；或从纵的方面研究诗的修辞、词的修辞、散文的修辞等等"。同时，他还建议中国修辞学界的同人写作"《中国修辞学史》"和"批评的《中国修辞学》"。他对纵横内容的理解上，与现在虽有些不同，但可作为参考。

我们认为，向广度深度进军，是修辞学生命力旺盛的表现。

先说广度。近年来关于修辞学的范围有不少争论。例如篇章修辞、语体风格等等，修辞学该不该研究？一种意见说，都要研究；另一种意见说，都不要研

---

① 《南京大学学报》1981 年第 3 期。

究。还有认为修辞学该研究篇章而不该研究语体风格，或者认为只研究语体风格而不研究篇章的。众说纷纭，莫衷一是。我们认为，从理论上争鸣一下当然也可以，但重要的是通过踏踏实实地刻苦钻研，拿出成果来。有了成果就有说服力。开始时不妨把范围划得宽一些，把篇章和语体风格都划进来。划进来之后，通过研究，如果确有成效，解决得很合理，自然会取得大家的同意。如果解决得不好，当然也会被否定。一开始把范围就划得很窄，把手脚都束缚住，于研究不一定有利。

多少年以来，修辞研究局限于书面语，对口语修辞则很少顾及。望道先生早就提出要注意这一方面，但至今成果不多。同时，二三十年以来，对文言修辞的研究比较忽视。这些都应该给予一定的注意。

向广度进军，还可以向分工更为细密的边缘学科进军。与语言学科其他分支结合，可以研究语音修辞、语法修辞、词汇修辞。在充分吸收相邻学科的成果后，还可以研究文艺修辞学、心理修辞学、美学修辞学、工程语言修辞学、社会语言修辞学、模糊语言修辞学，等等。从不同语体风格的角度，又可以研究诗歌修辞、散文修辞、戏剧修辞、相声修辞，等等。还可以研究不同朝代的不同风格。

再说深度。修辞学的每一个门类，研究都可以深入一步。例如修辞学理论，长期以来都是研究中的薄弱一环。关于对象、任务、性质、范围、原则、方法与题旨情境的关系等，都应该深入探索。

关于消极修辞的研究，也一直不很深入。其实，消极修辞的用途非常广泛。各种文体不但离不开它，而且都要以它为基础。这方面的研究也要加强。

修辞格的研究，多年以来，成果虽然较为显著，但仍有许多可以继续深入之处。例如辞格的定义、范围和功用、分类的标准、辞格之间的区别和联系，怎样运用，古今中外辞格比较，新的修辞格的总结，等等，都大有文章可做。

另外，关于语言美的问题，包括怎样做到语言的纯洁、规范，避免语言污染；关于作家作品语言研究；关于比较修辞学研究；关于修辞学史的研究；关于西方和日本修辞学的翻译和研究，等等，探讨的领域开阔得很。总之，修辞学研究大有可为,不但薄弱环节很多,等待我们去突破,即使已经取得了一定成绩的门类,要继续研究,也是英雄大有用武之地的。

同志们,望道先生生前一再向我们指出,要遵照毛泽东同志指示,要搞五湖四海,团结绝大多数同志,共同前进,这一点非常重要。团结一致,互相支持,互相帮助,是学会的生命,也是修辞学能进一步繁荣的可靠保证。

中国修辞学会成立才一年多,成果已经累累。如果我们团结起来,按照这个速度再奋战三年五载,我国修辞学的面貌一定会有一个根本的改变。同志们,让我们为促进修辞学的迅速繁荣,贡献出自己的聪明才智吧!

原载《修辞学习》1982 年第 4 期

40 年来的修辞学研究

胡裕树　李熙宗

本文准备从 6 个方面对 40 年来的修辞学研究作一简要回顾。

一、情 况 概 述

40 年来的修辞学研究,大致可分成前后两个阶段:50 年代初至 60 年代中为第一阶段;"文革"之后,实际是 70 年代末至今,是第二阶段。

第一阶段以注意实用和广泛普及修辞知识为基本特点。这是由当时特定的社会需要所决定的。这一阶段的开始,正是建国之初,新旧交替,百废待举。在语言文字运用上也存在着"许多不能容忍的混乱状况"。① 为了消除这种状况,建立"正确运用语言的严肃文风"②,1951 年 6 月 6 日《人民日报》发表了《正确地使用祖国的语言,为语言的纯洁和健康而斗争!》的社论,同时开始连载吕叔湘、朱德熙的《语法修辞讲话》(以下简称《讲话》)。③《讲话》中对于语法修辞知识的讲述也以"匡谬正俗"、能"解决实际问题"为目的。由于《讲话》的影响较大,注重实用成了当时修辞学的一种重要倾向。之后,毛泽东同志和中央的一些有关文件,又大多着眼于实用的角度多次强调了学习语法、修辞、逻辑的重

---

① ② ③　见 1951 年 6 月 6 日《人民日报》社论《正确地使用祖国的语言,为语言的纯洁和健康而斗争!》。

要性。①上述这些都在重视运用的同时为修辞的普及、发展创造了有利的环境。这一阶段发表的文章有数百篇，出版的著作有 20 余部。其中大多是为普及修辞知识所写的通俗性读物；写得通俗易懂、深入浅出富有特色的不在少数，至今仍保持着生命力。

广泛的普及工作也有力地推动了修辞学本身研究工作的开展。一些在我国现代修辞学上具有影响的专著也在这一阶段问世，如张瓌一的《修辞概要》、张弓的《现代汉语修辞学》均能以体系上的独创性而确立自己在修辞学史上的位置。

这一阶段单篇论著则以作家作品语言特点和修辞方式的研究为侧重点；作家作品语言研究又以经典作家如毛泽东、鲁迅的语言运用为重心，表现出确立语言运用典范的明确意向。此外，在语体、古典文学作品语言方面也作过一些研究；修辞理论方面曾就对象、方法、新体系建立等进行过讨论；国外修辞学的评介工作以苏联的为主。

从总体上看，这一阶段学术研究上开拓面还不广，深度也不够。陈望道在 1965 年 9 月的一次讲话中说，这一阶段"修辞学在注重实用和普及方面有很大成绩，但深入的研究还显得不足，应当加强"②。这作为第一阶段研究状况的评价是恰如其分的。

第二阶段，一般认为是我国修辞学的繁荣期，这一阶段以研究上的有组织、规模大、开拓面广、开掘度较深为基本特点。

经过"文革"10 年的停滞，在粉碎"四人帮"之后，修辞学工作者又结集起队伍，成立了全国和地区性的学会，用灵活多样的方式，以前所未有的规模开始了向修辞学广度、深度的进军。从 1980 年底起至 1983 年，中国修辞学会和中南、

---

① 1955 年 10 月毛泽东同志在七届六中全会所作《农业合作化的一场辩论和当前的阶级斗争》的报告中，不久又在《〈中国农村的社会主义高潮〉的按语》中，1958 年在《工作方法 60 条》中，都就语法、修辞和文风问题作了论述。

② 《陈望道修辞论集》，安徽教育出版社 1985 年版，第 310 页。

东北、华东、华北、西南、西北各学会相继成立,稍后又成立了一些省市的学会(研究会)。这些学会成立后,召开年会,出版专著和论文集,在组织、推动修辞教学、科研方面大多发挥了积极作用。此外,学会还组织了各种专题学术讨论会。1982 年,由中国修辞学会、复旦大学联合举办了"纪念陈望道《修辞学发凡》出版 50 周年学术讨论会",出版了《〈修辞学发凡〉与中国修辞学》一书,对我国现代修辞学建立以来的成败得失作了较为全面的回顾、总结。1984 年 5 月,中国修辞学会在西安召开了"高等学校修辞教学研讨会",交流修辞教学经验,对推动高校修辞教学起了一定作用。1985 年 6 月华东修辞学会、复旦大学语言文学研究所联合举办了我国首次"语体学学术讨论会",出版《语体论》一书。1987年由复旦大学、华东修辞学会、上海语文学会联合举行了"语法修辞方法论讨论会"。除此而外,《修辞学习》杂志等,还专门组织了一些专题讨论。在中国修辞学会某些同志倡议下,《营口师专学报》每期辟设修辞学专栏,主要发表理论探讨方面的文章。

这一阶段,修辞学论著大量问世,据不完全统计,自 70 年代末至今,刊发于全国各类书(论文集)刊的单篇论文几达 3000 篇,出版的著作已突破百部大关。这一数目超过了包括建国后第一阶段在内的解放前后数十年内出版的修辞著作总和。就研究内容而言,涉及修辞理论、词语、句式、语段、篇章修辞、修辞手法、风格语体、修辞学史、文学语言、古汉语修辞等各种领域。其中出现了一批富有特色的著作,如郭绍虞的《汉语语法修辞新探》、郑远汉的《现代汉语修辞知识》、王希杰的《汉语修辞学》、郑颐寿的《比较修辞》、倪宝元的《修辞》、郑子瑜的《中国修辞学史稿》、刘焕辉的《言语交际学》、吴士文的《修辞讲话》《修辞格论析》、宗廷虎、邓明以、李熙宗、李金苓合著的《修辞新论》等。两部修辞学专科辞典——张涤华、林裕文主编的《汉语语法修辞词典》、王德春主编的《修辞学词典》相继出版。既填补了空白,又为人们提供了有效的工具。

这一阶段对国外修辞学的介绍,也扩大了范围,转向对欧美、苏联的全面介绍;方式也较灵活多样:既做到历史和现状兼顾,又注意综述和各别介绍结合。

　　经过长期努力,我国修辞学研究的总体面貌也发生了较为明显的变化。第一,修辞观念有了改变:1)逐步摆脱"成美之学""美化语言""词句艺术加工""语言艺术化"等美辞观的束缚,辞格中心的观念也被冲破,修辞学的研究已扩展到现实社会口语和书面交际的各个领域。2)对修辞学的语言学性质和边缘性、多科性的特质有了更明确的认识;既把它与相关科学如文艺学、文章学、语法学、逻辑学、心理学、美学等严格区分开来,确立其独立地位,同时又广泛汲取各学科"营养",不断丰富自己,使研究更臻科学、完善。第二,研究领域日益拓展。以语言形式而论,已打破书面语修辞的圈子,而开始了口语修辞的探索,并取得了一些成果;以语言单位而论,一方面突破了遣词、造句的范围,开始了句群、段落、篇章修辞的研究,使修辞研究更切合语言运用的实际,另一方面又使研究深入到了语素的组合与调整这一领域,上下两头都有拓展;以语言的使用领域而言,突破了文艺语体(文学作品语言)的研究范围,一些实用性领域的语言运用,如公文、科技、政论等语体的研究,也有了令人瞩目的进展。此外,有关边缘性修辞学的建立问题,也正日益引起修辞学家的兴趣。第三,研究方法逐步改进。唯物辩证法在修辞学研究中的指导地位的被确立,这是具有根本性的变化。此外,具有重要意义的变化还在于:1)主观随意性较大、语言观念淡薄的文学鉴赏式的修辞学研究方法正逐步被扬弃,而代之以对修辞现象、事实作全面把握、科学分析,建立在语言物质材料基础上的科学研究方法。2)日益重视对修辞现象作动态分析。以往的修辞学研究比较偏重于对语言表达的既成修辞成果作解析、评判,现在人们愈益倾向于把修辞当作一个运用语言进行交际的动态过程来加以考察、研究,着力于在同语境的联系中探求达意传情的规律,以求更有效地指导语言实践。3)系统观念得到加强,系统科学方法论正在实际的研究中越来越大地发挥作用;这在辞格研究、语体研究中已有明显反映。

　　修辞学整体面貌的上述变化,既是以往研究的结果,同时又必将成为今后更加健康地发展的起点。

二、理论研究的日益深入

在长时期中,修辞理论研究一直是个薄弱环节。近十余年来,修辞理论研究被看成是推进修辞学本身科学化、现代化的重要环节而受到重视。①一些悬而未决的问题被提出来进行讨论;一些以往似已成定论的看法,有的也被作为问题提出来进行再探讨。总之,在理论探讨上表现出对以往整个修辞学研究深刻反思、力图确立新观念、寻求新方法、创立新体系、开拓新境域的明显努力。

(一)关于对象、范围问题的探讨。比较集中地进行过讨论的主要有以下几个方面:

(1)消极修辞是否修辞学的对象。消极修辞、积极修辞是陈望道在《发凡》中提出的两大类基本修辞手法,陈先生并认为两者包括了一切修辞现象,都是修辞学的研究对象。②但同时长期以来有一种看法认为,修辞是"成美之学",是"美辞学",修辞是"美化语言""词句的艺术加工""语言艺术化",这类观念影响所及便认定积极修辞才是修辞学的研究对象,而辞格研究则是中心;这可以说是从对修辞学本身性质的认识出发而否认消极修辞之为修辞学对象的。近几年来,又有学者从学科研究对象交错重合的角度提出问题,认为消极修辞不应作为修辞学研究对象的。③此外,也有学者认为消极修辞和积极修辞两大分野间存在"无法克服的矛盾",消极修辞的说法本身也不妥当,从而提出应取消消极修辞、积极修辞的划分。这样,消极修辞之为对象的问题也就不复存在。④

相反的意见则认为:第一,两分野乃是客观存在,并且,消极修辞是一种在

---

① 见王希杰《修辞研究中的几个问题》的有关论述,《南京大学学报》1981 年第 3 期。

② 见陈望道《谈谈修辞学的研究》《关于修辞学对象等问题答问》中的有关论述,《陈望道修辞论集》,第 243、279 页。

③④ 见季世昌、费枝美《现代汉语修辞学研究中的几个问题》(《徐州师院学报》1981 年第 1 期);谭永祥《修辞的两大分野献疑》(《修辞学论文集》第 4 集);邸巨《试论"消极修辞"和"积极修辞"的关系》(《沈阳师院学报》1982 年第 3 期)的论述。

日常交际中用得最多的基本修辞手法,比之积极修辞更重要、急需。同时,消极修辞所要求的明白、通顺乃是整个修辞的基础,作为系统研究语言运用规律的修辞学,如果不研究消极修辞,必将使研究本身和对语言实践的指导产生极大的片面性。第二,修辞学是对语言作综合研究的,必然要涉及语言的各种要素。但"它研究词汇、语法、语音,是从表达态度、表达方法、表达效果的角度来研究"的①,有自己特有的角度和内容。第三,至于辞格中心的观念,已越来越为实践证明有很大的片面性。如果修辞学研究对象、范围以此为限,则不免"以偏概全",并会导致研究方向和方法上的局限性和种种弊病。诚如吕叔湘所说:"那种认为修辞主要是讲辞格的想法恐怕是不妥的。"②

目前,看法仍很分歧。

(2)"平行同义结构"是否修辞学的主要研究对象。五六十年代,高名凯、张弓等提出了"同义结构"("同义形式""同义手段")的研究问题。到 80 年代初,在修辞学对象问题的讨论中,围绕同义结构是否修辞学的主要研究对象展开了一场讨论。讨论中有的同志认为:以往的修辞学研究并"没有找到这门科学所具有的特殊的矛盾性","没有深入这门科学的矛盾的特殊性之中",包括以"修辞现象"为研究对象的看法在内,在对象问题上都是"不明确"的;体现修辞学特殊矛盾性的"修辞学的研究对象是平行同义结构和非平行同义结构"③。这一命题实际上把"同义结构"看成是修辞学的主要甚至是唯一对象。由于问题是从剖析修辞学对象特殊的矛盾性入手提出的,因此,如何理解特殊的矛盾性也就成了实际的症结之所在。持不同意见的同志认为,提出以同义结构为研究对象,"并没有也不可能说明修辞学研究对象是由哪一种矛盾构成的,这种矛盾的特殊性是什么"④。而说修辞学的对象是修辞现象,原则上并没有错,问题是要

①　张弓《现代汉语修辞学》,天津人民出版社 1963 年版。
②　吕叔湘《漫谈语法研究》,《中国语文》1979 年第 1 期。
③　林兴仁《汉语修辞学研究对象初探》,《南京大学学报》1980 年第 2 期。
④　陈光磊《修辞学研究什么》,《修辞学研究》第 1 辑。

弄清楚:"修辞现象是由什么样的特殊矛盾构成的。""修辞现象关涉四个方面:题旨情境,思想内容,语文形式,表达效果。思想内容和语文表达这一对矛盾就是修辞学研究对象'特殊矛盾'之所在。"①之后,认为同义结构是主要研究对象的同志有人进而对修辞学研究对象的"特殊矛盾性"作了如下表述:"修辞学研究对象的'特殊的矛盾性'有两个含义:一是各种类型的同义结构以及语言表达手段跟所要表达的内容、题旨、情境之间的矛盾;另一是各种类型的同义结构以及语言表达手段自身的矛盾。"②针对这一提法,持不同意见的同志又进一步指出:修辞学的各部门、各分支,又都具有各自的"矛盾特殊性"。如果说同义结构(或辞格或语音修辞)等都各成为修辞学的一个部分,那么它们所代表的语言手段与所要表达的内容、题旨、情境之间的矛盾就构成为相对于整个修辞学的研究对象的一种"特殊的矛盾性"。这些部分自然都应该是修辞学所要研究的,但却未必能把其中某种"特殊的矛盾性"(例如"同义结构")强调为整个修辞学对象的特殊矛盾性。同时,修辞学对象"特殊矛盾性""两个含义",即两对矛盾,实际上不能对之"等量齐观",因为它们并不处于同一层次上,后一矛盾只是前面那对矛盾(思想内容同语文形式矛盾)当中的一个矛盾方面,即语文形式方面的内部矛盾。不加区别,统称为同义结构自身的矛盾,这就把同义结构绝对化、普遍化。把"同义结构"看成是修辞学研究主要对象,正是这种绝对化的结果。而事实上同义结构并不能概括所有的修辞现象。③郑文贞、林文金、宗廷虎等还从不同角度提出了问题,认为以同义结构为主要对象的说法不妥。

这场讨论,加深了对修辞学对象问题的认识,尽管至今并未形成统一的看法。另外也有的同志认为:"'同义结构'的提出,注意到修辞现象背后的语义问题,这就使'对象'问题的讨论深化了。"④

---

① ③ 陈光磊《修辞学研究什么》,《修辞学研究》第 1 辑。
② 林兴仁《关于同义结构的几个问题》,《修辞学研究》第 1 辑。
④ 王建华《新时期修辞学研究述评》,《广西师院学报》1988 年第 2 期。

（3）篇章结构是否修辞学研究对象、范围。在这一问题上目前有两种截然相反的意见。认为篇章结构不应该属于修辞学研究对象、范围的同志，主要是从修辞学应坚持语言本位，研究上不能超越句子这一观念出发来思考问题的。张弓、季世昌、费枝美、戴磊等都持此看法。其中可以张弓在《现代汉语修辞学》中的论述为代表。①

另一种意见认为修辞学应该研究篇章结构。这是因为：一、词、句的修辞离不开篇章段落的制约、规定作用。二、在切合题旨情境过程中，篇章结构本身也存在着大量修辞现象须研究。张寿康说："篇章有修辞的内容。"②有的同志认为，修辞如果置篇章修辞于不顾，则很不全面，因为词句修辞之上，还有诸如"衔接"等消极修辞的重要方面要讨论。叶圣陶认为：语言的运用，"离不了思维的条理，而思维的条理常常在成段成篇的时候看出来。所以修辞书要给读者更多的帮助，应该在下句和上一句、后一段和前一段的关系上有所讨论"③。

目前从总的倾向看，认为修辞应研究篇章的看法已成为主要倾向。但问题在于怎样跟文章学等区别和确定自己特定的研究角度。

（4）风格、语体是否修辞学研究对象、范围。长期来把风格、语体归入修辞学对象、范围的看法一直占主导地位。近些年来，随着风格语体研究的逐步开展，一些学者认为应该单独建立语体学、风格学来研究语体、风格。因为语体"不应该只是包括修辞"，"还应当有更广泛的内容。"风格更"是由作者的生活经验、立场观点和艺术修养所决定，而通过处理题材，驾驭体裁，描绘形象和运用语言等多方面因素所表现出来的"，"修辞只是其中一部分。"④很难仅仅从修辞角度而能把语体风格这两个问题讲得清楚的。也有的同志从不应把修辞的范围划得过宽；修辞学的定义概括不了风格语体内容的角度提出问题，主张应把语体风格内容划出修辞学范围的。⑤

① 张弓《现代汉语修辞学》，天津人民出版社 1963 年版。
② 张寿康《篇章修辞方式刍议》，《修辞学论文集》第 2 集。
③ 叶圣陶《从〈语法修辞讲话〉谈起》，《人民日报》1955 年 1 月 15 日第 3 版。
④ 季世昌、费枝美《现代汉语修辞学中的几个问题》，《徐州师院学报》1981 年第 1 期。
⑤ 谭永祥《语体和风格不是修辞学的对象》，《修辞学研究》第 4 辑。

与此相反的意见则认为：一、风格学研究语言表达手段主要是以不同修辞特点为对象的，必须建筑在修辞学对象基础上，不能脱离对修辞现象的研究；二、修辞学的研究对象、范围与风格、语体研究的对象、范围相同；三、从风格、语体学的边缘性看也跟修辞学一样；四、从任务看，修辞学的任务是总结修辞现象的规律，其中也包括要总结修辞现象综合运用——语体、风格方面的种种规律；研究语体、风格是修辞学固有而不是外加的任务；最后，还应考虑到长期的习惯。由以上各点看，修辞学还是把风格、语体归入自己的研究范围，作为对象为妥。目前看来，这一种看法似有着更大的影响。

上述种种问题，形成的原因并不相同，有的发生在"交错地带"，有的与修辞观有关，总之，要很快取得相同的看法并不容易。我们认为，理论上可以继续争鸣，但更重要的还是应通过踏实刻苦的钻研，拿出实际成果来。开始不妨把范围划得宽些，通过研究，如果确有成效，解决得合理，自然会取得大家同意；否则，也必定最终会被否定。

（二）关于修辞学定义、性质的讨论。自我国现代修辞学建立以来，几十年间给修辞、修辞学所下的定义不下几十种。近些年来，随同对以往修辞学研究的反思，一些学者对以往众多的定义进行了再认识，目的在于找到一个更能反映修辞、修辞学本质，更能概括地说明其内涵、外延的定义。在这一讨论中，一个较有代表性的意见认为，以往的修辞、修辞学定义存在着两种不能令人满意的情况：一是把修辞等同于"修辞活动"，这类定义最多，影响也大。这种定义存在的一个问题就在于把"修辞"和"对语言的加工"之间画上等号，容易模糊修辞学的对象任务。二是着眼于从"美化语言"角度下定义，这类定义"必然大大缩小了修辞和修辞学的范围"①。这两种情况的存在都不利于修辞学研究对象、任务、范围的确定。这一讨论对确定范围、开拓视野是有积极意义的。

---

① 王希杰《修辞的定义及其他》，《南京大学学报》1979 年第 2 期。

在性质问题的讨论中,除主要就修辞学的语言科学性质、边缘性作较多探讨外,还对修辞学有没有阶级性的问题展开过讨论。这一讨论有助于加深对修辞学性质的理解。

(三) 修辞与题旨情境关系问题的探讨。30 年代陈望道在《发凡》中提出了"修辞以适应题旨情境为第一义","修辞必须适合题旨情境"的著名观点,并认为"题旨和情境是修辞的标准、依据"。这是对修辞基本原则的精辟论述。建国后,学者们对题旨情境与修辞的关系问题作了进一步探讨。首先,在修辞与题旨上。一是对题旨构成因素的探讨,指明这是"一篇文章或一席说话的主题思想和中心思想,或写说目的"①。使有关题旨的说法更显通俗、全面。二是既强调作为内容一方的题旨对语言形式的决定作用,又承认形式对内容的反作用,指出恰当的修辞形式可以深化思想内容的表达。这样,对修辞和题旨的关系有了更为明确更为辩证的解释。第二,对情境与修辞关系问题的再探讨,大致可归结为两个方面:1)在《发凡》论述基础上,对情境(语境)的各种构成因素分别进行较为深入的讨论,并在此基础上进行归纳、分类。1.根据性质,把情境因素分成非语言的和语言的两类(也有的称之为外环境和内环境等),非语言的主要指自然环境和社会环境;语言的主要指上下文。2.也有以包括因素的多少,分为狭义语境和广义语境两类的。2)对语境的作用作更全面深入探讨。一般认为,对修辞来说语境的作用有以下四个方面:1.语境不仅是语言材料、修辞手段选择运用的依据和标准,而且由它所提供的条件有助于创造性地运用语言,增强语言运用的个性色彩。2.借助语境可确定词语的准确含义和特定的感情色彩。3.特定语境是判别修辞优劣得失的依据。4.语境有增添、衬托意义的作用。②

---

① 见宗廷虎等《修辞新论》(上海教育出版社 1988 年版);倪祥和《修辞的活的灵魂》(《修辞学论文集》第 3 集)等有关论述。

② 见姚殿芳、潘兆明《修辞与语言环境》(《语文研究》1984 年第 1 期);张绍滔《试论语境的解释功能》(《厦门大学学报》1988 年第 1 期);王德春《使用语言的环境》《语境学是修辞学的基础》《修辞和语境》(均载《修辞学探索》,北京出版社 1983 年版);谭永祥《语境,奇妙的"调色板"》(《修辞学习》1984 年第 2 期)等的论述。

（四）**探讨修辞学的体系问题。**从两个方面同时进行：一是对原有体系的再探讨、再评价；二是探索新体系的建立问题。前者实际集中在对《发凡》体系的成败得失的评价上。后者则是探索的重心所在，这一工作由理论上探讨和新体系的实际建立两方面同步进行。60 年代初，陈望道曾就从实际出发，根据语言事实，用全面观点进行研究以建立体系的问题作了论述。林裕文、周迟明等对在不同修辞学体系建立中对修辞内容所采用的不同划分标准作了分析、评价。近年来，有些学者如王希杰等更就体系的性质问题作了较为深入的论述。[①]此外，在理论探讨方面值得一提的是，五六十年代，有的同志捃出以毛主席提出的"三性"——准确性、鲜明性和生动性为纲建立新的体系。[②]这一观点遭到了一些学者的反对，认为这是混淆了文风和修辞的界限。这必然会无原则地扩大修辞学的对象和任务，加重修辞学的负担。这一讨论对修辞学怎样科学地规定自己的对象、任务以建立科学的体系有一定的意义。

在理论探讨的同时，许多学者着手进行新体系的建立工作。建国后出现了不少在体系上具有创造性的修辞学著作。张瓌一的《修辞概要》、张弓的《现代汉语修辞学》、郑远汉的《现代汉语修辞知识》、倪宝元的《修辞》、王希杰的《汉语修辞学》、吴士文的《修辞讲话》、宗廷虎等的《修辞新论》等都在探索新体系方面有自己一定特色。

（五）**关于研究方法和方法论的讨论。**建国以来这方面的探讨，总的说来还不是"充分的、深入的"，只是近年来这方面的研究才有所加强。试图从寻求新方法入手以求加快修辞学科学化进程的努力已成为一种明显的倾向。

对修辞学方法论和研究方法的探讨，归纳起来大致有以下内容：

一是确定修辞学方法论的内容和任务。陈光磊认为：怎样来分析修辞现象，怎样认识修辞特征，怎样研究修辞规律，又怎样运用修辞规律于语言交际实

---

① 见王希杰《修辞学和辩证法》(《〈修辞学发凡〉与中国修辞学》第 121 页)的论述。

② 见《合肥师院学报》1960 年第 4 期、《吉林师大学报》1960 年第 4 期、《中山大学学报》1961 年第 1 期中唐漱石、潘允中等的论述。

践？这就是修辞学方法论所应当回答的问题。认识、研究和运用修辞规律需要有一定的方法；并且要从学理上作出阐释为什么和怎样来运用这些方法，修辞学方法论所提供的就正是这样的内容，就正是认识、研究和运用修辞规律的根本方法。①

二是对以往修辞学著作的方法论和方法作分析研究。这集中表现在对《发凡》成功地运用唯物辩证法于修辞研究的经验作了探讨。这一研究为当前和今后研究上方法的创新、变革找到了很好的借鉴。

三是对常用一般方法于修辞学研究作再探讨。这类方法，并非修辞学特有的研究方法。但它们之中不少却为以往修辞学研究所常用。40 年来一些修辞学著作对其中不少方法的运用于修辞研究问题作了较为深入的再探讨。其中主要有分析和综合的方法、归纳、比较、统计的方法等，此外还有观察和记述方法，演绎方法、抽象和具体的方法、逻辑和历史的方法、实验法等。值得一提的是有的论著在方法问题的讨论中力图贯穿辩证法思想，表现出一定新意。

近几年来特别值得注意的是比较方法的运用，如倪宝元《修辞》、《词语的锤炼》、朱泳燚《叶圣陶的语言修改艺术》、郑颐寿《比较修辞》都是比较方法成功运用所结出的硕果。而在运用中这一方法本身也更臻完善。

四是对新起一般方法和其他科学专门方法的引进吸收。比较而言，较多地作过探讨的是系统科学方法和语用学理论、方法在修辞学中的运用。在系统方法的运用方面，吴士文、倪祥和等认为：系统方法从修辞学角度说有 5 种，即：结构方法、功能方法、信息方法、反馈方法和历时方法。这 5 种方法综合起来是一个很强的系统。在建设修辞学系统工程中，应把它们看成一个整体，交互使用。在使用中要贯彻"整体性""层次性""流动性""目的性"这些系统方法原则。对语用学方法的吸收运用，目前主要表现在对语用学的语用规则运用于修辞分析的可能性和作用作了探讨。由于语用学本身也正在不断完善中，所以这种"吸

---

① 见陈光磊《加强对修辞学方法论的研究》(《修辞学习》1987 年第 4 期)的论述。

收"也只是初步的。

（六）**关于语法修辞结合问题的讨论。**探索语法修辞结合问题，最初或基本的动因是在于加强语法修辞的实用效果。建国后，首先尝试这种结合的是吕、朱合著的《讲话》。但当时大多为实用而让语法修辞"混合成编"，而少作有关语法修辞结合的理论上的探讨。70 年代末，郭绍虞的《汉语语法修辞新探》出版，才着重从理论角度对此问题作了探讨；而且所强调的结合的性质也与以前的不同——已把它看成是一种"必然"的结合。之后，吴士文、冯凭主编的《修辞语法学》的出版，则又进一步显示出建立语法修辞结合的新学科的动向。近来，在《修辞学习》等杂志上开展了修辞语法结合的专题讨论，使讨论又有所深入。

目前，对语法修辞结合问题，在理论探讨上大致存在两种对立的意见：一是主张结合的。在这大前提下又由于对结合程度、性质认识的不尽一致，实际地分成两类看法：(1)是纯粹从实用性的角度而主张结合的。(2)是"必然"性的结合。另一种是反对结合的。从目前实际情况看，所谓反对结合，主要是针对必然性结合这一说法的。由于必然性的说法的实质关系到语法和修辞这两门学科自身的体系乃至存在问题，所以受到明确反对。

语法修辞结合问题的讨论，目前还在进行之中，但似乎在下面的看法上已逐渐接近起来：语法修辞关系确实密切，联系实际可以作些结合的探讨。但它们毕竟是两门有各自对象、方法、任务的学科，各有自己特殊的矛盾性、特殊规律性。解决实际问题的特定任务，不应该替代理论上的系统研究和知识的系统传授的总任务。

上述讨论的种种问题，大多并无明确的结论。但这种讨论对加速修辞科学的进程是有好处的。

三、语体风格研究的初步繁荣

语言学范畴的汉语语体研究，是从新中国成立之后的 50 年代中期开始的。

但早期的研究,规模较小,主要着眼于对语体的一些基本知识的一般介绍,广度和深度都不够;明显地表现出受苏联修辞、风格理论的影响。"文革"后,特别是十一届三中全会之后,语体研究逐步发展起来,研究的规模逐步扩大,人数逐渐增多,方式更趋多样;拓宽了研究领域,开掘了研究深度。

就语体研究的内容而言,大致可归结为两个基本方面:一是开展对语体基本理论问题的研讨;二是对各类语体基本语言特点的研究描写。

理论探讨,比较集中讨论的问题有以下一些:

(一)从多种角度探讨语体的性质、概念及用名问题:有的从语境制约和语言特点综合(体系)的角度;有的从语言的言语变体的角度;有的从跟文体、风格比照的角度来探讨语体的性质、概念。讨论的重点则是从"语体""文体""语言风格"("言语风格")这些概念的区别、联系入手探讨语体的性质。对"语言风格"("言语风格")"语体"两概念,有的学者把它们看成是相同概念。但多数认为是不能等同的。语体风格仅是"语言风格"诸多类型中的"主要语言风格"类型。对这两个概念的内涵和外延要分别加以限定:"语言风格"作为最上层的风格概念,是个人、语体、时代、表现等各类语言风格的种概念;而"语体"专指语言风格中的功能风格类型,是前者的一个属概念。目前,看法并不一致,但一些修辞著作和教材实际已采用了这种处理方法。至于"文体"和"语体"两者,由于关系密切,同时文体又历史久长,影响较深,把"文体"指称"语体"的状况较普遍。但它们毕竟是不应混同的两个概念。学者们分别从学科范畴的不同、两个概念的外延不一、文体已不能反映语体分类状况以及用名和习惯性等多种角度入手对它们的联系、区别作了较深入的探讨。大多倾向于对"文体""语体"作区别运用。目前,对于"语体"本身性质、概念的看法,则认为这是由交际方式和活动领域不同而形成的语言特点体系(或综合);是民族语言的言语功能变体,而不是独立的语言。作为一种风格类型这是依据交际功能的不同而确立的,语体具体表现为词语、句式、语音手段、辞式等语言材料、表现方法等特点的体系。

（二）对语体的形成问题的探讨，大致从两个方面展开：一是从历史发展社会交际领域分化和语境的制约的角度探讨语体形成的外部因素。①研究的另一方面，则是对语言内部因素（纯语言因素）在语体形成中作用的探讨。目前，作为对语体形成的比较接近的看法是认为：人类社会交际多方面的需要为语体的形成和存在提供了社会基础；语言材料在功能上的分化是语体形成和存在的物质基础。由语言外部因素与语言自身因素的相互结合才形成为语体。这是一个历史地逐步形成的过程；并且在形成之后，仍随着社会发展而发展变化着。

（三）有关语体学对象、任务的讨论。对语体学对象任务的看法，受修辞学和语体学两者宏观关系上基本看法的深刻制约。目前，由于认为"语体学是修辞学的从属科学"的观念仍占主导地位，因此有关语体学对象、任务的论述大多包含在探讨语体学与修辞学关系的有关修辞学对象、任务的论述之中。对语体研究对象、任务、范围的看法也受此制约。一些学者比较强调两者联系、包含的关系。②另有一些学者比较注重于对语体研究特有对象和任务的探索。认为语体学需要研究语体的本质、分类原则；对各个层次的语体类型（范畴）进行全面、准确的研究描写，通过描写研究建立现代汉语独特的语体风格体系，并在此基础上确定语体风格规范，指导语言实践。有的同志提出了多层次、多角度地开展语体研究的主张，使有关语体研究任务的看法更为具体系统。

（四）对语体分类问题的探讨。这一研究通常是理论探讨和实际分类同步进行的。在理论方面，有的学者就分类的意义、实质、要求等问题作了论述。但讨论的焦点还是集中在标准（依据）问题上。

作为标准问题，一些学者曾就语言形式标准、风格（有的称"态度"）标准等进行探讨，认为不能作为语体分类的依据。为我国修辞学者采用的标准，主要

---

① 参见张会森《现代修辞学与语体》（《语文学习》1986 年第 1 期）；赵德珠《关于语体研究中的两个问题》（《辽宁师大学报》1985 年第 6 期）的论述。

② 胡裕树、宗廷虎《修辞学与语体学》，见《语体论》，安徽教育出版社 1987 年版。

是文体和功能标准。但从总的趋势看,由于文体标准已日益表现出不能反映语体分类的实际,所以引起了不少批评。学者们更倾向于以社会交际功能作为语体分类的标准。但对这一标准的实际理解也存在差异。目前一般认为语体分类的功能标准就是依据两方面的因素,即超语言因素(或语言外部因素)以及与之相应的语言因素,即语言运用本身体系性特点来划分语体类型。但对这两种因素在语体形成和类型区分上的作用的看法不尽相同:有的比较侧重在外部因素的决定作用;有的则在承认外部因素作用的同时,比较地强调语言特点体系在分类中的作用。至于对构成语言外部因素的各具体因素(场合、内容、任务、目的)在语体形成和类型区分中所起的作用,看法也不同。标准问题看法上的差异直接影响着实际的分类。作为具体分类尝试,除以文体为标准的某些分类外,分歧也主要集中在以功能为标准的分类上。归纳起来,基本上可分成二分、三分、四分、五分和多分几种。其中二分、五分在目前影响似更大些。但至今还没有一个能为大家一致公认的分类方法。关于分类问题,也有一些学者指出:一个确切的语体分类系统,实际应出现在对客观存在的语体作全面调查研究之后,而这是一个逐步揭示的过程;目前的分类实质是一种工作分类。我们的要求是尽量使之接近于客观实际;一个与客观存在的语体系统接近的工作分类系统对语体特点的揭示来说十分重要。

(五)探讨语体交叉渗透问题。语体的交叉渗透是同语体区分形成对立统一关系的语体现象。因此只有在对语体作分类研究的同时研究语体的交叉渗透问题,才能全面了解现代汉语语体系统的全貌。目前这种探讨主要包括以下几方面内容:第一,对什么是交叉渗透及其形成原因的探讨。第二,是对交叉渗透的方式及其特性的讨论。认为交叉渗透是以语体要素个别交流和语言手段的组合方式进行的;语体交叉渗透具有"限制"和"共趋"两种特性,保证了交叉渗透的正常进行。第三,是对交叉渗透与语体的发展及分类的关系问题作探讨。认为由于语体间的交叉渗透促使产生了一些新的语文体式、新的表达手段,实际促成了语体的变化发展。

此外,还对语体研究的方法论问题、语体论的实用问题及语体教学问题等作过探讨。

作为语体研究的另一基本方面,是对语体类型(范畴)基本语言特点的研究描写。在早期,仅是对语体基本类型语言特点的粗略描写。"文革"之后,尤其是近几年来,不仅注意于对上层基本语体类型语言特点的描写,同时开始注意对基本语体的下位层次分语体语言特点的描写研究。值得注意的是,有些单篇论文,专门就某一基本语体类型的特点进行描写,"比较深入,具有新水平"。一些修辞专著中有关语体研究描写的内容大为增强,对许多语体类型的语言特点所作的描写具有新水平。这一时期,口头语体的研究也渐受重视。

开展对下层分语体语言特点的研究描写,是近几年语体描写研究的一个特点。它标志着语体描写工作系统性的加强和向纵深的发展。其中对公文语体和文艺语体的分支语体的研究比较活跃。一些学者对某些分语体的研究上取得一定成果。新闻语言、广播语言的研究也取得一定成绩。科技语体的下位分语体的研究则侧重于通俗科技体的研究。

在注意多层次描写的同时,还开始注意多角度的考察,这形成为近几年来语言描写研究的又一特点。

最后,作为语体研究的一个有机组成部分,即是对国外语体论的评介工作。早期以翻译介绍苏联的为主;近几年对欧美的一些代表性著作及新起理论的介绍、评论工作也已逐步展开。

语体研究虽取得了一定成绩,但总的看来速度还是非常缓慢的,至今离建立起现代汉语的语体体系和有效地指导人们的语言运用还有很大距离。

四、修辞手法研究的新进展

修辞手法是传统修辞学研究的基本内容之一。它包括消极修辞手法和积极修辞手法两类。40 年来,在这两类手法的研究方面,都有了可喜的进展。

（一）积极修辞手法的研究

以辞格研究所取得的进展最为明显。40年里，不仅论述辞格的单篇论文在修辞学论文中占了极大比重，而且辞格专著及辞格内容占有重要分量的著作有较大数量。袁晖的《比喻》、郑远汉的《辞格辨异》、濮侃的《辞格比较》、谭永祥的《修辞新格》、林文金的《辞格》、吴士文的《修辞格论析》是近几年新出现的一批辞格研究专著。它们把辞格研究推向了一个新的水平。张弓《现代汉语修辞学》、王希杰《汉语修辞学》、倪宝元《修辞》、程希岚《修辞学新编》在辞格研究上也都有自己的特色和新见。研究是多角度、多侧面进行的。

第一方面是具体辞格的多角度研究。

（1）对新辞格的归纳、整理。所谓新辞格一般是指《发凡》所总结辞格之外产生的辞格。五六十年代，倪宝元、吴士文、严修、邢福义等分别在一些语文杂志，张弓在《现代汉语修辞学》中，提出了"增动""较物""撇语"等近10种新格。近几年来，新提出的"辞格"多达五六十种。其中意见比较一致被认为是辞格的就有十几种。新格研究中较受人注意的是谭永祥的《修辞新格》。该书对"有的是现代汉语里才出现的，有的是古已有之，而为现代汉语所继承"的"十五种修辞新格"作了较深入的探讨。虽然其中有的能否"独立成格"尚可再讨论，但大多言之成理，"立"之有据。

在新格归纳、整理中，有的学者提出了新格增建所应遵循的一些原则，其中包括：一、运用上的高频率；二、具备特定功能、结构和特定方法；三、符合特定类聚系统。[①]这些原则的确立对防止辞格的无限膨胀，保证新辞格增建的可靠性、准确性是有一定意义的。

（2）对辞格作比较研究。这是辞格研究的一种新角度。这一工作最早在《发凡》中露出端倪。建国初张志公等也曾对某些辞格的异同作过比较。但作为一种较为系统的比较、辨异，则是近几年的事。一些学者就比较研究的目的、

---

① 吴士文《修辞格论析》，上海教育出版社1986年版。

任务、方法作了探讨。他们认为：搞清辞格的性质、作用、产生原因、发展变化条件，各辞格的特征以及它们之间的联系和区别，从而掌握运用规律，是辞格比较的目的任务。①在辞格的比较研究中，郑远汉的《辞格辨异》、濮侃的《辞格比较》是两部对此作了较为系统探索的著作。内容包括了辞格与非辞格的区别，辞格之间的异同分合，以及不同辞格定义、分类的比较评论等，角度较多，对人们更好地把握辞格问题有一定帮助。这一方面的工作还有待深入。

（3）也有学者专门立足于某一辞格，就该辞格的内部分类、作用、运用以及与语言要素、其他辞格的关系作全面的研究，如袁晖《比喻》一书就是如此。作为对某类辞格的内部的深入研究，其中如钱锺书的关于"喻之多边""喻之二柄"的研究，角度很新。

第二方面是进行理论探讨。长期以来，辞格研究虽然受到重视，也取得了相当可观的成绩，但同时人们又深切地感到这一研究中尚有一些理论问题亟待解决。其中最为突出的，一是对辞格性质的认识和定义；二是建立一个科学的辞格系统。这两个问题直接关系到辞格研究的科学化程度，进而影响整个修辞研究的科学性。建国以来辞格理论探讨大致上就是围绕着这两个问题展开的。

（1）关于辞格性质、定义的讨论。这个问题应该是辞格理论研究的重心之一。但实际上，在现代修辞学建立的一开始，我们就缺少一个科学的能解决问题的辞格定义。以《发凡》这样一部在辞格研究（这只是这部大著丰富内容的一部分）上集大成的著作看，虽然对辞格的性质等作了些颇为精当的说明，却未直截了当地给辞格下定义。唐钺《修辞格》以"变格语法"下的定义亦有偏颇。此后出版的涉及辞格的近百部著作，绝大部分对辞格定义避而不谈，而谈的又多"采用同义术语或名词浅释的变通亦法来处理"。②以至有的学者在 80 年代初还说："到目前为止，还没有一个令人满意的（辞格）定义。这反映了我们对修辞格

---

① 见郑远汉《辞格辨析》（湖北人民出版社 1982 年版）；濮侃《辞格比较》（安徽教育出版社 1983 年版）的论述。

② 张德明《试论"修辞两大分野"的理论基础》，《〈修辞学发凡〉与中国修辞学》，第 269 页。

本质的认识是肤浅的。"①这一状况给修辞格研究带来很大影响。目前关于辞格的如何确立,辞格与非辞格如何区分,辞格与辞格如何分合,等等,都与之不无关系。正是从这一现状的认识出发,建国后,特别是近几年来对辞格性质和定义问题探讨受到了重视。从不同角度探索,试图归纳出一个科学辞格定义的努力未曾间断过。归结起来,探索的角度大致有三:一是从功能的角度。如"深厚魅力"说、"生动有力"说、"富有表现力""有特殊(特定)表达效果"说之类均属此。二是特定结构的角度。如"一定模式"、"一定结构格式"等说法均属此。三是从特定方法的角度。如法式是"具体的、体验的、感情的"等说法即属此说。以上是辞格定义中设置定义项的主要角度和方面,由此而形成了一些在表述上略有差别的定义,使辞格定义向日益科学化的方向发展。最近几年,吴士文在一些文章和著作中又指出:仅凭上述三个定义项构成辞格定义仍有其局限,据以确立的辞格仍难免角度不一,并不处于同一平面,发生交叉。因此须以"特定类聚说""作为一个定义项补入定义之中"。②所谓"特定类聚说就是把归纳出来的'类'加以审查,看它与久经考验的且被人们公认的老资格的'辞格'在范围上是不是交叉,在角度上是不是一致,如其'不交叉''一致',就认定它是同类,是'辞格',把它们聚合在一起,这样,也就符合辞格系统的内部机制"。③据此,他认为可给辞格下这样的定义:"辞格是在言语活动中长期形成的具有特定功能、特定结构、特定方法、符合特定类聚系统的模式。"并认为把符合"特定类聚说"作为辞格的一个定义项有助于解决"辞格之间的交叉不纯问题"。但也有学者认为,这一定义的一些定义项不能作为定义项纳入,如"结构""方法"等。如果把这些作为定义项,则许多辞格将失去其辞格的资格;并认为可以功能(效果)作为定义项。④要概括出一个科学的定义还有待于进一步研讨。

(2) 关于分类问题的讨论。一般包括两方面的内容:一是对整体辞格的分类;一是对个体辞格的内部作分类探讨。第一方面,整体辞格的分类。这是以

---

① 王希杰《修辞研究中的几个问题》,《南京大学学报》1981 年第 3 期。

②③ 吴士文《修辞格论析》,上海教育出版社 1986 年版。

④ 王佐《试论辞格的二次二分》,《修辞学研究》第 4 辑。

全体辞格为对象,把它们按一定标准分成一定的类;这是分类的主要内容。这一工作大体包括了:一、对以往旧有分类系统的评价,主要集中在对《发凡》的"大体依据构造,间或依据作用"的分类标准的再评价、再认识上。一般认为这种未采用同一标准的做法有其局限性。二是寻求新的分类标准和作实际的分类尝试。建国后所提出的分类标准多达近 10 种。这些标准都有合理可取处,但也都存在一些不足,所以至今仍无一个统一的标准。但尽管如此,对这一问题的认识已大为加深。

辞格的内部分类,即是以个体辞格为对象对其内部分类。目前,如对比喻、夸张、双关等辞格已作过这类尝试。

(3)辞格系统性问题的探讨。长期以来,辞格研究上分散、各自为政已成了一种严重倾向;辞格,被看成了是些彼此各不相关、毫无联系的杂乱的个体;研究上可以并不把它们纳入严密而有序的系统之中作考察。因为不讲联系,不讲协调适应,不讲制约,所以辞格研究上随意立"格",任意分、合的情况相当严重。改变这种状况早已成了大家关切的问题。首先,是在观念上,应把现在所要确定和已经确定的辞格看成是现行辞格系统中的一个有机组成部分。它们应当而且必须处在严密而有序的规律关系之中。其次,应在具体研究中有所保证,即在立格、分合时必须遵循以下原则:1.做到"范围上的全异性"。2.标准的同一性。3.命名上的一贯性。4.层次上的平面性。①当然,讨论也只是初步的,有些理论上的问题还需深入研究,才能作出更令人满意的解释。

(4)辞格结构的研究。结构研究对把握辞格功能增强运用能力很有帮助。包括两方面的研究内容:一是对个体辞格作内部结构研究。这一工作肇始于《发凡》。建国后,张弓就比喻、借代、对照、衬托等的结构问题进行了研究。目前,这一工作以两种形式进行:1.以两分方式来分析辞格结构;2.利用代码和公式的结构分析法分析辞格结构。个体辞格的结构分析,有助于确切、具体地把

---

① 吴士文《修辞格论析》,上海教育出版社 1986 年版。

握组织规律,便于举一反三,较快地掌握运用能力。辞格结构分析如用之于相近辞格的辨析,可增强其科学性。如"生活的激流"和"冠军的宝座",从语法上看,结构相同,但从修辞结构入手则不难区分:前者可转换成"喻式结构",而后者不能,从而可认定前者是比喻,后者是借代;结论明确无疑。二是对同类辞格的结构研究。吴士文近年来在一些文章和专著中,提出了同类辞格的 4 种结构方式:1)描述体描述对象体和近值隐体。2)换借体换借同值隐体,依存示意体。3)引导体引导随从体。4)形变体形变原形体。①辞格两方面的结构研究,是使辞格研究朝形式化、科学化方向发展的一种努力。但这是一个难度相当大的工作。也有同志对此提出了不同看法,认为:辞格结构的普遍形式化,可能是一种"太理想化的说法"。因为:"1.辞格形式不具备周遍性;2.辞格形式化未必就表现为结构,把它看成形式上的某种特征,或许更有概括力。"②

此外,还对辞格形成问题进行了讨论。其中主要对辞格形成的客观基础、心理基础、美学基础及语言文字基础等作了探讨。

(二)消极修辞手法的研究

消极修辞是陈望道在《发凡》中提出的同积极修辞手法相对的一种基本手法。《发凡》对它的内容、作用和标准(意义明确、伦次通顺、词句平匀、安排稳密)等作了极其概括的论述,但未能对它的具体方式(方法)作系统的归纳、总结,就像对积极修辞中辞格的系统探讨那样。近年来,有些学者概括《发凡》所述标准,开始了对消极修辞具体方式的探讨,并取得了一些进展。吴士文在其《修辞讲话》中,对"一般修辞"(即"消极修辞")的方式作了探索,总结出了 4 类26 种具体方式。之后,他又在新著《修辞格论析》中从系统方法出发,出于"与辞格对举""这个需要",把上述的消极修辞的方式称为"辞规",同时又提出了"辞风"的概念,所谓"辞规"就"是《修辞学发凡》中一部分消极修辞的又一名称"。③

---

①② 吴士文《修辞格论析》,上海教育出版社 1986 年版。

③ 王佐《试论辞格的二次二分》,《修辞学研究》第 4 辑。

实质就是除"辞风"之外的那部分消极修辞方式。所谓"辞风"就是指消极修辞中除"辞规"外,"纯属辞的外形上的修辞问题",如"音节对称""字形清楚""标点正确"等。[1]"辞规""辞风"跟积极修辞的"辞格""辞趣"构成了一一对举关系。

"辞规""辞风"的研究,使消极修辞研究显得更为具体、实在,并且以这两类消极修辞手法组成的矛盾一方,同"辞格""辞趣"组成的积极修辞手法一方相对,从而形成了一个关于修辞手法的完整系统。探讨是有新意的。目前也还有一些同志在从事这方面的探索。如陆文耀的《试拟一种辞规——提问》一文,对作为消极修辞的辞规的"提问"这一方式作了有意义的探讨。

但是,有关消极修辞手法的研究,同时也还有着不少带有根本性的理论问题需要同步地加以解决,因为消极修辞的具体方法的研究,是以承认消极手法为修辞学的对象、范围为前提的,而目前在这一问题上的看法分歧较大。如果在理论上妥善地解决了这些问题,相信会有力地推动消极修辞手法的研究进程。

五、修辞学史研究的拓荒

我国现代修辞学的建立虽是 20 世纪二三十年代的事,但修辞研究的历史却十分久长。如果从《周易》《尚书》等古籍中有关修辞的论说算起,那么至今已有数千年的历史。这是一个蕴藏十分丰富的修辞学宝库,等待着人们去开发。但长期以来,修辞学史的研究却并未引起人们的重视。直到解放前夕,我们所能看到的论著仅有 20 年代初胡光炜的《中国修辞学史》一文和陈望道《发凡》"结语"中的简短论述;而前者仅是对我国春秋战国时期修辞学的简述。到了解放后的 60 年代,才有了新加坡华人学者郑子瑜的《中国修辞学的变迁》一书问世。

修辞学史研究的真正受到重视,是"文革"之后近十来年的事。这段时间有较多学者在这领域进行着辛勤的耕耘。虽然这一研究时间还不长,具有拓荒的

---

① 吴士文《修辞格论析》,上海教育出版社 1986 年版。

性质,但却已取得了一些令人欣喜的成绩。

（一）**出版修辞学史专著**。1984 年郑子瑜的《中国修辞学史稿》出版。这是第一部较为系统、详备地论述中国修辞学史的著作。该书对从先秦至解放之后的 70 年代末这一长时间里中国修辞学史上各种具有代表性的修辞思想、理论,有影响的修辞学家和著作及各种积极修辞手法作了一番较为系统的评论、总结。①全书还对中国修辞学史上一些特有的语文现象,诸如文与质、辞与意的论争,修辞与文体、修辞与作家个性关系等也都作了讨论。该书洋洋 40 万言,内容充实、规模宏大,自成体系,它的问世不仅填充了我国现代修辞学建立以来数十年研究上的一处空白,而且也将为这方面的进一步深入研究铺奠基础。

此外修辞学史内容占有较大分量的修辞学著作还有《修辞新论》。该书第五章"汉语修辞学史概说"对从先秦到"文革"后 80 年代初的修辞学史作了简要而较系统的介绍、评论。全章共分 3 节:"古代修辞理论""20 世纪末叶的汉语修辞研究""建国以来的汉语修辞学研究",以各时期的不同特点分段,在分期上不同于郑著《史稿》;对 20 世纪上半叶和建国后修辞学的研究,分别时期,开宗明义点明特点,对了解、把握某时期特征有所帮助。

另外,据《修辞学习》杂志介绍,还有易蒲、李金苓合著的《汉语修辞学史纲》即将出版。②该书"采用了以特定的项目为纲目的新路子",与郑著《史稿》相比又自有特色。

（二）**对古代修辞学理论、修辞学家的系统介绍**。自 80 年代初开始,在《修辞学习》杂志上专门辟设了"古代修辞学理论评介""修辞学家评传""修辞学著作评介"等与修辞学史研究相关的栏目。上述工作,对普及修辞学史的知识起了较大作用,同时也促进了修辞学史的研究工作。

郑奠、谭全基合编《古汉语修辞学资料汇编》,对修辞和修辞学史的研究提

---

① 参见郑子瑜:《〈汉语修辞学史纲〉序》,《修辞学习》1989 年第 2 期。
② 编者注:《汉语修辞学史纲》出版于 1989 年,吉林教育出版社。

供了一定方便。

六、篇章修辞及其他

修辞研究除上述几方面外,篇章修辞方面所取得的进展也较明显。特别是近十余年来,修辞研究逐渐突破了以句子为上限的观念,对段落、篇章的修辞问题给予了较多的注意(尽管理论上尚存在分歧)。这一从 50 年代起由张志公等开始研究的领域,现在已有不少人在辛勤耕耘,近年来已发表论文数十篇,出版的专著也有数部:郑文贞的《段落的组织》、徐炳昌的《篇章修辞》、吴启主的《实用汉语篇章学》等。这些论著有的对篇章的常用修辞方式作了讨论,如张寿康的《篇章修辞方式刍议》,讨论了常用于篇章的 11 种修辞方式,在吴启主的书中更多达 14 种。有的着重于对篇章修辞与文章作法在研究角度上的异同作了理论探讨。而主要的内容则是论述了篇章构成的基本规律,段落的组成,篇章的组织等基本问题。这一研究对加强修辞学的实用性有很重要的意义。但目前较突出的问题是有些论述与文章作法等的有关篇章的论述相类似。这是亟待解决的问题。

40 年来,尤其是近十余年里,修辞研究实际呈现出齐头并进,各处开"花"的局面。在修辞学的其他领域,如词语修辞、句式修辞、作家作品修辞、实用修辞等研究方面,所取得的成绩同样很可观,出现了一批颇有特色的著作,正是这一状况才形成了修辞研究的繁荣景象。其经验、成绩同样有待于我们去总结。

我们的修辞研究虽然取得了很大成绩,但同样还存在不少问题,无论是理论上、实际的研究上都是如此。特别是近来有些学者提出:在繁荣局面之后,如何保持后劲,如何进一步加强科学性,如何向更深入的方向发展? 这确实是值得深思的。

原载《语文建设》1990 年第 1 期

《修辞学发凡》的历史功绩

李嘉耀

《修辞学发凡》(以下简称《发凡》)问世至今已足足半个世纪了。

《发凡》在中国修辞学史上是一部划时代的著作,从此中国修辞学走上了科学发展的道路。时间虽然已经过去了半个世纪,但是在这部著作中体现出来的鲜明的马克思主义的观点和方法,确立起来的修辞学研究的对象,总结出来的修辞现象的规律以及对于修辞学功用的阐发,至今仍然放射出璀璨的光芒。这是《发凡》留给我们的宝贵遗产,也是《发凡》在中国修辞学史上不可磨灭的历史功绩。关于《发凡》中体现出来的马克思主义的观点和方法,胡裕树、宗廷虎两同志已有专文作了详细的论述,下面我只就其余的三个方面谈一点自己的体会。

一、确立了修辞学研究的对象

"修辞"这个词在我国古代很早就出现了,《周易·乾·文言》中就有"修辞立其诚,所以居业也"的话,在先秦诸子的著作里亦有一些涉及修辞的片言只语,在汉魏以后的许多文论、诗话、史论、随笔、杂记、经解中更大量地讨论到修辞的问题,元代的王构更以"修辞"为名写了一本《修辞鉴衡》的书,但是,所有这些都还不能算是独立的修辞学的研究。到五四运动以后,修辞学才逐渐成为一门独立的学科,并出现了一些修辞学的专著,其中最有影响的就是 1923 年出版的唐钺的《修辞格》。但是,这个时期所写的一些修辞书,对修辞学研究的对象仍然不甚明了,像《修辞格》也只论辞格,不及其余,把修辞学的研究只囿于一个狭小的范围之内。真正从理论和实践上明确修辞学研究对象的当推 1932 年出版的《修辞学发凡》了。

《发凡》在理论上对修辞学研究的对象作了详细的论述,指出修辞学研究的对象是"修辞现象"。

什么是"修辞现象"?《发凡》为了说明这个问题,首先分析了语辞形成的三个阶段,即收集材料、剪裁配置和写说发表。然后指出:"材料配置定妥之后,配置定妥和语辞定着之间往往还有一个对于语辞力加调整、力求适用的过程","这个过程便是我们所谓修辞的过程;这个过程上所有的现象,便是我们所谓修辞的现象"①。修辞现象是一种相当复杂的现象,对于这种复杂的现象,《发凡》精辟地概括为如下两点:

1. 修辞所可利用的是语言文字的习惯及体裁形式的遗产,就是语言文字的一切可能性;

2. 修辞所须适合的是题旨和情境。②

这两点揭示了修辞现象的内容和形式,第一点是修辞现象的形式,第二点是修辞现象的内容。任何一种修辞现象都是内容和形式的辩证统一。

把这种内容和形式辩证地统一起来的修辞现象作为修辞学研究的对象在修辞学史上具有划时代的意义,因为:

首先,它告诉我们修辞现象是一种运用语言文字的现象,凡是与语言文字的运用无关的各种现象都不应该称为修辞现象。这样就使修辞学成为语言学的一个分支,而与其他学科划清了界限。比如,夸张这种手法在文学艺术中经常使用,如在喜剧作品中用它来塑造人物,在漫画里用它来创造形象,这种夸张的手法只是一种艺术手法,因为它不是语言文字运用上的现象,只有语言运用

① 陈望道《修辞学发凡》,上海教育出版社 1979 年版,第 7 页。
② 同上,第 8 页。

上的夸张才是一种修辞现象而被修辞学所研究。从语言的角度去研究修辞,这是《发凡》一大特点。刘大白在《序言》中指出:关于修辞学的根本观念,完全以语言为本位,而过去的各种关于修辞学的书,完全没有这样说法的,这正是此书的特点。[①] 刘大白指出这一特点是相当正确的,也是十分重要的。

通读《发凡》全书,我们就可以更清楚地看到作者是怎样从理论和实践上"以语言为本位"来研究修辞的。在理论上,《发凡》明确地指出修辞所可利用的是语言文字的一切可能性,认为语言文字是"修辞工具"[②],因此特地用一个篇的内容来介绍语言文字的基本知识,这在过去和现在的修辞书上都不曾有过这样的写法,但在当时也足见作者用心之良苦。它无非告诉我们:语言文字对修辞学的研究是何等重要! 在实践上,《发凡》把修辞现象分为消极修辞和积极修辞两类。对于消极修辞,《发凡》把它分为两部分:"一个部分是偏重内容一方面,应该讨论如何才得把自己的意思明确地表出来,这个部分所注重的是意思之明通的表出法。另外一个部分是偏重形式一方面,我们将要讨论如何才得把自己的思想平稳地传达给别人;这个部分所着眼的是语言文字之平稳的使用法。"[③]偏重形式这一面所研究的是语言文字方面的问题自不待说,偏重内容一面是否就着重研究文章的内容了呢? 其实不是。它主要研究的是怎样运用语言把意思明白通顺地表达出来,如用意义分明的词,使词与词的关系分明、分清宾主以及语言的顺序、衔接、照应等等。对于积极修辞,《发凡》用了大量的篇幅来研究辞格,所谓辞格一方面是"对于题旨、情境、遗产等等为综合的运用"[④],一方面是"对于语言文字的一切感性的因素的利用"[⑤]。并且认为:对于辞格的研究,"我们应当注意一些更重要的现象,就是各个辞格的组织和功能"[⑥]。这就可以看出,《发凡》是从语言的角度去研究辞格的,辞格乃是语言运用中所造成的各

---

① 陈望道《修辞学发凡》,第 290—291 页。

② 同上,第 21 页。

③ 同上,第 54 页。

④⑤ 同上,第 70 页。

⑥ 同上,第 270 页。

种具有修辞作用的格式。

其次，它告诉我们修辞现象是同一定的题旨情境相适应的语言文字现象，凡是同题旨情境不相适应的语言文字现象都不是修辞现象。比如"白发三千丈"在李白的《秋浦歌》里是一种极好的修辞手法，但如果用在说明文里，就成了笑话，而不成其为一种修辞现象了。修辞学所要研究的是《秋浦歌》里的"白发三千丈"，而不是说明文里的"白发三千丈"。当然，有时为了说明一种修辞现象常常需要用一些病例或不成功的例子来反衬或对照，而这种反衬或对照正是为了说明正确的或成功的范例怎样同一定的题旨和情境相适应的。比如人们经常提到的王安石的"春风又绿江南岸"这句诗，修辞学所要研究的是这个"绿"字为什么用得好。而要研究这个"绿"字就得拿"到、入、过、满"这些被落选了的词来比较，如果说修辞学也要研究这些落选了的词的话，那正是为了研究这个"绿"字为什么被入选。因此，归根到底修辞学所要研究的是一切为适应一定的题旨和情境而产生的语言文字现象。

修辞现象由于其适应的题旨情境的不同，《发凡》把它区分为消极修辞和积极修辞两大类，这两大类的修辞现象在修辞学上都应予以足够的重视。《发凡》批评了过去把积极修辞看作修辞现象全领域的片面看法，指出"华巧不是修辞现象的全领域"①，"修辞以适应题旨情境为第一义，不应仅仅是语辞的修饰，更不应是离开情意的修饰。即使偶然形成华巧，也当是这样适应的结果"②。这种见解现在已被大多数人所公认，但在当时确实是非同凡响的。

第三，它告诉我们，修辞学应该把修辞现象的内容和形式两方面结合起来进行研究。《发凡》明确指出："修辞不能离开内容来讲形式，也不能离开形式来讲内容。离开了内容片面地讲如何运用语言文字，那是形式主义；忽视了形式片面地讲文章和说话的内容，那也是不恰当的。"③《发凡》致力于研究为适应一

---

① 陈望道《修辞学发凡》，第3页。
② 同上，第11页。
③ 同上，第39页。

定的题旨和情境而产生的各种语言文字现象,就把内容和形式结合起来了。《发凡》没有离开语言文字的形式去研究文章的主题、构思之类的问题,同时在研究各种修辞方式的时候也没有忘记它必须适合一定的题旨和情境。这样的研究,我们认为是正确的,也是科学的。

但是,历来就有人批评《发凡》在研究修辞现象时有形式主义的倾向,最近也有人在评述《发凡》时指出它在谈修辞现象时"忽视思想内容"[①],这样的批评是不够公正的。所谓"思想内容"是指什么? 如果是指文章和说话的主题、观点之类的内容,那么确实不是修辞学研究的对象。如果是指修辞现象的内容,即修辞同题旨情境的关系,那么正如我们上面所指出的《发凡》是十分重视的。当然,重视修辞必须适应一定的题旨情境并不表现在对每个例证都要作内容的分析。恰恰相反,在明了每个具体的切实的修辞现象都是适应具体的题旨和情境的同时,必须把它的语言形式作独立的分析研究,这样的研究不能说是忽视思想内容,更谈不上形式主义。从实践方面看,如果在谈每个修辞方式时都要分析它的思想内容,也是不切实际的。为了说明一种修辞方式,一般都需要举出一些例句,对于这些例句如果都去作思想内容的分析,这不成了作品分析和语言鉴赏了吗? 到目前为止,我们还没有看到一本修辞书是这样写法的。其实,正如《发凡》所指出的:"实例除了助成归纳之外,本身还可显示修辞如何必须适合题旨情境的实际,故在条理归纳清楚之后还当将它保存,并且记明篇章出处,以便翻阅原文,细玩它的意味。"[②]所以,即便对每个例句不作思想内容的分析,例句本身也就体现了修辞现象的内容了。

二、揭示了修辞现象的规律

《发凡》指出:"修辞学的任务是告诉我们修辞现象的条理,修辞观念的系

---

① 见唐启运《汉语修辞学的过去和现在》,载中国修辞学会编《修辞学论文集》。
② 陈望道《修辞学发凡》,第 16 页。

统,它担负实地观察、分析、综合、类别、记述,说明(一)各体语言文字中修辞的诸现象、(二)关涉修辞的诸论著的责任。"①简单地说,修辞学的任务就是探求修辞现象的规律。科学的任务就是研究规律,你能把客观规律揭示得越全面、越正确,你的成就就越大。在我看来,《发凡》之所以五十年来一直被人们所重视,就在于它比较全面、比较正确地揭示了修辞现象的规律。

自觉地把研究修辞现象的规律作为修辞学的根本任务,并把纷繁复杂的修辞现象整理出条理,构成一个完整的修辞学体系,这是《发凡》比它以前的一些修辞著作高明的地方。《发凡》曾提到两本当时比较有影响的修辞学苦作:一本是唐钺的《修辞格》,一本是郑奠的《中国修辞学研究法》。在这两本书中,《发凡》比较推崇《修辞格》,因为它"找例很勤,说述也颇得当,又是科学的修辞论的先声,对于当时的影响很大"②。也就是说,《修辞格》注意了修辞现象规律的研究,因此才成为"科学的修辞论的先声"。而《中国修辞学研究法》"只是古说集录,连演绎也还说不到"③,所以它的作用只在于"可使我们省些翻检抄录旧书的烦劳"④,根本谈不上科学的修辞学。《发凡》根本不同于只集录古说的《中国修辞学研究法》之类的修辞书,而且也大大超过了比较重视修辞现象规律研究的《修辞格》一类的修辞书,从而成为中国修辞学史上具有划时代意义的修辞学巨著。

《发凡》对于修辞现象规律的研究,大致可以分为两个方面:一方面是研究修辞现象的形式的,主要研究"汉语文中的种种修辞方法、方式"⑤;另一方面是研究修辞现象的内容的,主要是研究"运用这些方法、方式的原理、原则"⑥。这两方面的研究成果构成了《发凡》的修辞学体系的主要部分。

《发凡》首先把各种修辞方法、方式从它们的功能着眼,区分为消极修辞和积极修辞两类。消极修辞的功能是明白,积极修辞的功能是有力、动人。《发

---

① 陈望道《修辞学发凡》,第15页。
② 同上,第280页。
③ 同上,第282页。
④ 同上,第281页。
⑤⑥ 同上,第284页。

凡》把这两类修辞现象称为"修辞的两分野"。修辞的两分野是修辞现象的最基本的分类,也可以说是修辞现象的最基本的规律。

历来对这一条基本规律有过种种批评:或者认为一切修辞现象都是积极的,"消极"的提法不妥;或者认为这两分野根本就难以区分。关于名称的问题,并不是问题的实质。我们知道,"消极修辞"和"积极修辞"是修辞学中的两个术语,它们具有特定的内涵,同今天日常生活中使用的"消极""积极"这两个词的含义是不同的。"消极修辞"并不是说这类修辞是消极的、无用的;相反,这是一种最基本的修辞方法,说话作文每时每刻都要用到它。如果我们不是望文生义的话,问题也就不存在了。当然,我们如果能找到比这更确切的名称,也不妨将它更易,作者也曾经表示过这样的看法。问题的实质是,这两分野是不是客观的存在? 我们赞同《发凡》的看法:"这两分野的区别,乃是一种切要的区分,并不是什么无关紧要的观念的游戏。"《发凡》从内容和形式两方面详细地分析了这两大分野的区别,并以这两分野为纲,把修辞现象的规律全部统率起来,构成了《发凡》体系中的精髓部分。有人以为在写作实践中消极修辞和积极修辞往往是"两者并用密不可分"[①],从而否定其有区分之可能。关于"两者并用"这一点,《发凡》早已指明:"常常一面要说得使人明白,一面又想说得使人感动,把两面修辞的工作同时履行。"[②]但是"两者并用"并不等于不可分析,这两分野正是全面考察了各种修辞现象之后分析概括出来的,它是一条客观存在的规律,揭示这条规律,有助于我们对修辞现象的全面的认识。

然后,《发凡》着重研究了两大分野中各种具体的修辞方法、方式,尤其是对辞格作了全面深入的研究,这种研究无论是在广度上和深度上都超过了前人。

从广度上说,《发凡》列出了三十八种辞格,可以说是相当全面了。半个世纪来,修辞学对辞格的研究基本上没有超出《发凡》的范围,可见它经得起时间

---

① 林兴仁《汉语修辞学研究对象初探》,《南京大学学报》1980 年第 2 期。
② 陈望道《修辞学发凡》,第 51—52 页。

的考验,证明它的科学性是比较高的。过去有人批评《发凡》对辞格的研究过分繁琐,认为有些辞格实用价值不大,因此是多余的。我们认为,这种批评是不够全面的。这里有必要把修辞研究和修辞教学区分开来。从研究的角度看,应该力求全面,凡是客观存在的各种修辞现象的规律都应该加以总结;从教学的角度看,则要照顾到对象和目的,中学和大学的修辞教学的内容应当不同,以写作为目的和以研究为目的的修辞教学当然也要有所区别。《发凡》是一本修辞学的专著,当然不完全适用于各种不同对象不同目的的修辞教学,所以作者在《后记》中说,"如果教授,可由教者做主,酌量节删"①。

从深度方面看,《发凡》对修辞格的研究也比过去的各种著作更为深入,分类也更为科学。比如譬喻这种修辞手法,历来都很重视对它的研究,在我国古代研究譬喻较有成就的当推宋代的陈骙,他在《文则》一书中提出了譬喻的十种类型:直喻、隐喻、类喻、诘喻、对喻、博喻、简喻、详喻、引喻、虚喻。他对譬喻的观察确实比前人更为细致,但他对譬喻的分类却存在严重的缺点,就是没有一个统一的、合乎逻辑的科学的标准,正如《发凡》所指出的"往往见到一点细节不同,便把一样东西看成几样东西"②,看起来,好像分得很细,实际上却杂乱无章。例如把用"犹""若""如""似"的譬喻归为直喻,而把"天子如堂,群臣如陛,众庶如地"归为类喻,前者是根据比喻词的特点分的类,后者是根据喻体的意义类别分的类,采用了不同的分类标准。如果采用前一标准,这两类譬喻其实没有差别,如果采用后一标准,譬喻中又何止类喻一类! 其他如"诘喻"是采用了诘问句的形式,对喻是采用了对比句的形式,博喻是一连用几个比喻,简喻是文字简略的譬喻,详喻是文字较为繁复的譬喻,引喻是引用前人的话来作比,虚喻是"既不指物,又不指事"的譬喻。这种分类法的不科学是显而易见的,它不能揭示譬喻内部各种类型的本质特点,起到以简驭繁的作用。相比之下,《发凡》对

---

① 陈望道《修辞学发凡》,第 293 页。
② 同上,第 249 页。

譬喻的研究大大地超过了《文则》,发生了质的变化。《发凡》把譬喻分为明喻、隐喻、借喻三类,是抓住了它的本质特点的,因而是一种科学的分类法,它能以简驭繁,把无限的具体譬喻概括无遗,从而加深了人们对这一修辞现象的认识。《发凡》对譬喻以及其他各种修辞现象的研究所取得的科学的结论,是由于作者注重事实,又有科学方法,并致力于规律的探讨分不开的。

《发凡》在对修辞现象的形式进行研究的同时,也研究了修辞现象的内容,揭示了运用各种修辞方法、方式的原理、原则。在这方面,《发凡》首先揭示了一条运用修辞方法、方式的总原则:修辞必须适合题旨和情境。然后又阐明了一些具体的修辞方式的运用原则。比如譬喻,指出在运用时须注意两点:"第一,譬喻和被譬喻的两个事物必须有一点极其相类似;第二,譬喻和被譬喻的两个事物又必须在其整体上极其不相同。"①又如借代,也指出它运用的原则:"如用特征或标记代主体时,必须该特征或标记真正足以代表该主体";"用资料或工具代主体时,也须那资料或工具是该主体的主要的资料或工具。"②在谈夸张时,亦指明"主观方面须出于情意之自然的流露"和"客观方面须不致误为事实"这两点运用的原则,等等。对修辞手法运用规律的研究是修辞学的一个不可缺少的部分,它对指导修辞实践具有重要的作用。

三、阐明了修辞学的功用

《发凡》认为修辞学"最大的功用是在使人对于语言文字有灵活正确的了解","其次便是可以顺便做系统的练习","其次才是写说"。③后来作者在《修辞学中的几个问题》一文中更明确地指出修辞学的功用是:"第一可以正确理解人家的说话","第二可以正确评论","第三可以正确运用语言文字"。④并认为第三

---

① 陈望道《修辞学发凡》,第75页。
② 同上,第92页。
③ 同上,第17—18页。
④ 《陈望道语文论集》,上海教育出版社1980年版,第617—619页。

点"比上两点难得多,能正确理解、正确评价,不见得能正确运用"。

《发凡》对于修辞学功用的论述是比较实事求是的,也是比较全面的。

正确、全面地认识修辞学的功用,对于修辞学的研究和运用都有现实意义。

首先,我们应该知道修辞学是有用的,它不但对作文说话有用,而且对于阅读、评论、鉴赏更有用处。所以,从事写作的人应该学点修辞,不写文章的人如果要看书看报也应该学点修辞。现在提倡文明礼貌,要讲语言美,这也和修辞有关,从这个意义上说,人人都应该学点修辞。所以,修辞知识应该普及,修辞学的研究应该加强。在语言教学中重视语法而轻视修辞的现象应该改变,在语言学的研究中把修辞学排除在外的作法也应予以纠正。

其次,我们应该全面理解修辞学的功用,不应该用指导写作这一方面的功用去规范修辞学的研究。现在人们一谈到修辞学只想到它对写作有帮助,因此,研究修辞学似乎也应该以指导写作为唯一的目的。这一思想在六十年代初曾形成一股潮流,那时有人曾提出用"准确性、鲜明性、生动性"来建立修辞学的新体系,并且也出现了一些以"三性"为纲写成的修辞书,其中最有影响的就是北京大学中文系汉语教研室编的《现代汉语》中册修辞部分(此书的基本内容后来被改写成《写作知识》)。我们认为这种观点以及在这种观点指导下所进行的修辞学研究,实践已经证明是不可取的。最近也有人对此提出了批评①,我们觉得是正确的。

诚然,修辞学对写作是有帮助的,但修辞学的研究却不能以此作为唯一的出发点。随着社会的发展,修辞学研究的范围已比过去广泛得多,它的功用也在日益扩大。就编写语文词典来说,在确定词的义项时,经常碰到词义与修辞意义之间的纠缠,使人觉得为难,因为不少词的词义本来就是从修辞用法转化而来的。如果我们能对修辞与词汇的发展作深入的研究,就有助于更科学地确立词的比喻义、借代义、引申义等。就作家、作品词典的编写来说,就更需要对

---

① 见李晋荃《"准确性、鲜明性、生动性"是修辞的要求吗?》,《江苏师院学报》1982年第1期。

某个作家、某部作品的各种修辞现象作出全面的、深入的研究。另外,修辞学对工程语言学的研究也将日益显示出它的作用。所有这些,是在三十年代成书的《发凡》所没有估计到的,或者是不可能认识到的,但是,五十年后的今天,我们却必须更加开阔视野,充分认识修辞学的各方面的功用,从而把修辞学的研究推向一个新的阶段。

第三,我们应该知道学习修辞学能够帮助我们提高运用语言的技巧,但它在这方面的功用是有限的。"因为实地写说,是必须对应题旨情境的,决不能像读和听那样不必自己讲求对应的,容易奏效,也决不能像练习那样不必十分讲究对应的,容易下手。"①修辞学所能告诉我们的只是修辞现象的一般规律,掌握这些规律固然重要,而更重要的却在于能动地运用这些规律。比如用譬喻,用得好可以产生积极效果,用得不好却适得其反。好与不好之间虽然也有一些原则可以总结,但实际的情况却是"戏法人人会变,各有巧妙不同"。这种"巧妙"来源于一个人的生活、经验、知识等各个方面,而这些方面却不是修辞学所能告诉我们的。如果我们能明了这一点,就可以端正学习修辞学的态度,使修辞学在提高人们的语言修养中真正发挥它应该发挥的作用。

如上所述,《发凡》在中国修辞学史上确实有它不可磨灭的功绩。但是,《发凡》是否一点缺点也没有呢?当然不是的。比如《发凡》认为格局或组织,即篇章结构的问题也是一种修辞现象,但因为"格局无定"而"无意研究"②。现在看来,它不但应该研究,而且在修辞学中应该占有比较重要的地位。《发凡》以语言为本位研究修辞现象是很正确的,但在有些地方却偏离了以语言为本位的思想,如"示现""警策"这类辞格,主要不是语言运用方面的现象,而是属于艺术构思和思想内容方面的现象,因此有人认为它们不能算是一种修辞上的辞格,这种看法是有道理的。再有文体风格的研究还很不充分,尤其是从语言的角度去

① 陈望道《修辞学发凡》,第18页。
② 同上,第383页。

揭示各类文体的特点没有予以足够的重视,因此使人看了似觉玄妙而难以捉摸,如说"刚健是刚强、雄伟的文体;柔婉是柔和、优美的文体"。从今天看来,《发凡》的缺点和不足还可以指出一些,但不管怎样,《发凡》仍是在修辞学史上迄今为止最有价值的修辞学巨著。对于这样一部巨著,作者也并不认为"美备到了极点",而只"作诸多后来居上者的参考",并且认为"要超越它所述说,并没有什么不可能,只要能够提出新例证,指出新条理,能够开拓新境界"①。这是《发凡》作者所寄予我们的希望,我们也应该用新的研究成果去开拓修辞学的新境界,超越《发凡》的述说。这就是我们对《发凡》最好的纪念。

原载《〈修辞学发凡〉与中国修辞学》,复旦大学出版社 1983 年版

---

① 陈望道《修辞学发凡》,第 242—243 页。

中国古代修辞学传统之理解方略

申小龙

中国古代修辞学传统在为文辞修饰者阐释一套着眼于修辞的社会文化功能、直斥修辞的根本宗旨的情境原则的同时，又以其语境通观的特有优势，为文辞修饰的接受者阐释了一套着眼于修辞的广泛的人文联系，置身于修辞的题旨情境，以大观小地领会修辞的阅读方略。修辞的阅读，在西方修辞学传统看来，阅读主体和阅读客体处于相对的地位，主体对客体进行读解，双方处于互相分立和对立的关系中。修辞学家用精密分析的外科手术刀，力图层层剖解阅读客体，使其生理构造一览无余地展现在读者面前。这种对阅读客体的生理解剖，能够精确地再现修辞现象的构造。然而也正因为它是解剖学层面的操作，从它的第一刀开始，它就割断了修辞现象的生命之源——修辞与主体、对象、特定时空的有机联系，于是只见其形式而不见其精神，只知其构造而不识其社会、文化的功能。在中国古代修辞学传统看来，修辞的阅读是主体深入客体，客体融于主体，双方暂忘彼我，身临其境，设身处地的一个理解过程。主体不是在读解、剖析客体，而是在情景交融、物我相渗、主客统一中感受、理解客体。修辞学家用类似中医的整体审度的眼光，从修辞现象的语境通观入手，由特定情境理解其样态，由特定功能阐释其构造，重在表现（而不是再现）主体对修辞现象的所感与所识，领悟其精神实质。这样一种阅读方略认定修辞的生命之源在于特定的情境和特定的作者，修辞的根本目的也在于对特定时空中的人产生影响，修辞本身只是这一大语文环境中的一个环节。割断修辞与语境的血肉联系,也就无法认识修辞的本质和规律。那些舍本求末的"修辞术"因其游离于情境之外,因而是没有意义的,它只能使阅读茫然于修辞的精神主旨,走上歧途,最终滔滔不绝而不知所云。

中国古代修辞学传统的阅读方略可以从以下几个方面来考察。

第一,由言内以观言外。

中国古代修辞学以"修辞立其诚"为修辞的第一要义。修辞者以诚出其辞,阅读者则由辞会其诚。因此修辞的理解不在"推寻文义",在领会心志;不在言内,而在言外。朱熹对修辞的认识在这一点上很有代表性。他说:"所谓修辞立诚以居业者,欲吾之谨夫所发以致其实,而尤先于言语之易放而难收也。其曰修辞,岂作文之谓哉? 今或者以修辞名左右之斋,吾固未知其所谓。然设若尽如《文言》之本指,则犹恐此事当在忠信进德之后,而未可以遽及。"(《答巩仲至》)朱熹认为,修辞的本质不仅仅是"作文",而是修身。如果斤斤于"文"的计较,那是写不出好文章,也悟不出好文章来的。朱熹又指出:"诗者,志之所之,在心为志,发言为诗,然则诗者,岂复有工拙哉? 亦视其志之所向者高下如何耳。"所以观诗就要观其心志。心志高则诗必好。"古之君子,德足以求其志,必出于高明纯一之地,其于诗固不学而能之。"(《答杨宋卿》)朱熹本人读诗,就要于诗歌形式之中读出心志来,"察之性情隐微之间,审之言行枢机之始",以此判断诗歌修辞之好坏。例如:

朱熹读汉代拟《骚》之作,认为其"词气平缓,意不深切",缺乏真情实感,"如无所疾痛,而强为呻吟"(《楚辞辩证》)。这是由乏心志而识其修辞之劣。

朱熹读古诗,以"平淡自摄",自然浑成而有蕴藉为优,以人为的格律安排为劣,因此认为"古诗须看西晋以前,如乐府诸作皆佳。杜陵夔州以前诗佳,夔州以后自出规模,不可学。苏、黄只是今人诗,苏才豪,然一衮说尽,无余意,黄费安排"(《清邃阁论诗》)。所谓"余意"即言外之心志。至于齐、梁间人诗,以朱熹的标准,则是"读之使人四肢懒慢,不收拾"(《清邃阁论诗》)。

朱熹读李白诗,从豪放中看出"雍容和缓","如首篇'大雅久不作',多少和缓"。朱熹读陶渊明诗,从平淡中看出"豪放",只是"豪放来得不觉耳","语健而意闲"。"其露出本相者,是《咏荆轲》一篇,平淡底人,如何说得这样言语出来。"(《清邃阁论诗》)朱熹认为"渊明所以为高,正在其超然自得,不费安排处"(《答谢成之》)。朱熹读欧阳修文,从"优游"中看出"刚健"来,指出:"欧阳公作字如其为文,外若优游,中实刚健。"(《跋欧阳文忠公帖》)

朱熹评前人之修辞极重言外之"意思""道理"。他认为诗文本身不是修辞的目的,诗文修辞是要引导读者借助修辞去理解诗文寄托的意思。诗文有所寄托才有灵魂,读者对诗文之寄托作丰富的联想和深入的求索,无疑大大伸展了诗文的内涵。诗文寄托的言外之意是诗文生命的源泉,诗文的阅读和理解在"晓得文义"之外,更须"识得意思好处"。朱熹由此提出了诗文修辞二重理解的观点。据《诗人玉屑》的记载:

> 陈文蔚说诗,先生曰:谓公不晓文义则不得,只是不见那好处。如昔人赋梅云:"疏影横斜水清浅,暗香浮动月黄昏。"这十四字谁人不晓得!然而前辈直凭地称叹,说他形容得好。是如何?这个便是难说,须要自得他言外之意,须是看他物事有精神方好。若看得有精神,自是活动有意思,跳掷叫唤,自然不知手之舞之,足之蹈之。这个有两重:晓得文义是一重,识得意思好处是一重。

朱熹在这里指出,同样一首诗作,若看不出它的"言外之意",若看不出他"物事有精神",那么它只是文义上"谁人不晓得"的寻常之作。这样的阅读理解,就字而论修辞,实在是没有读懂。真正读懂一首诗,要超越字面文义,看出它的精神,识得它的意思好处。从其精神看其字句的活动,这活动也就有意思了起来。举手投足,都因有其蕴涵而自然自在;"跳掷叫唤,自然不知手之舞之,足之蹈之"。这样的二重理解,为读者打开了一个全新的修辞视界。真是以文观文则意兴索然,以道观文则神气毕现。这是中国古代修辞学传统中极有深度与境界的修辞解读方略。朱熹在其诗文评价中即实践了这一方略。他评苏东坡,说:"东坡晚年诗固好,只文字也多是信笔胡说,全不看道理。"他评欧阳修,说:"欧公诗自好,所以他喜梅圣俞诗,盖枯淡中有意思。欧公最喜一人送别诗两句云:'晓日都门道,微凉草树秋'又喜王(常)建诗'曲径通幽处,禅房花木深'。欧公自言平生要道此语不得。今人都不识这意思。只要嵌事使难字便好。"他评韦应物,说:"杜子美'暗飞萤自照'语,只是巧;韦苏州云:'寒雨暗深更,流萤度高阁',此景可想,但则是自在说了。"但与陶铸诗的"语健而意闲"相比,"韦则自在,其诗则有作不着处,便倒塌了底。"(《清邃阁论诗》)

从朱熹对修辞的解读中,我们可以想到孟子"不以文害辞","以意逆之"的思想。朱熹发展了这一解读原则,不仅不以一字而害一句之义,而且不以一句而害设辞之志,惟以己意逆取诗人之志。朱熹谈他自己对《诗经·大雅·云汉》的理解时说:"若但以辞而已,则如《云汉》所言,是周之民真无遗种矣。惟以意逆之,则知诗人之志在于忧旱,而非真无遗民也。"但如何"以己意逆取诗人之志"呢? 朱熹又提了心要"虚静"的观点。他说:

> 今人所以事事作得不好者,缘不识之故。只如个诗,举世之人尽命去奔做,只是无一个人做得成诗。他是不识,好底将做不好底,不好底将做好底,这个只是心里闹不虚静之故。不虚不静,故不明;不明,故不识。若虚静而明,便识好物事。虽百工技艺,做得精者,也是他心虚理明,所以做得来精。心里闹如何见得。(《清邃阁论诗》)

朱熹所谓"虚静",有两层涵意。一即"修辞立其诚"。诚是一种道德修养的状态。进入这种状态,才能识得"好底",做得"好底",亦即修辞"当在忠信进德之后,而未可以遽及"。另一层意思是"洗浊"。朱熹指出,诗文修辞"须先识得古今体制,雅俗乡背,仍更洗涤得尽肠胃间夙生荤血脂膏,"然后"漱方艺之芒润,以求真澹。""如其未然,窃恐秽浊为主,芳润入不得也。近世诗人,正缘不曾透得此关,而规规于近局,故其所就,皆不满人意,无足深论。"(《答巩仲至》)朱熹所谓要加以洗涤的"荤血脂膏",即流俗诗风之"细碎卑冗,无余味"。在这一点上,他甚至对古文家都颇有微词。在《沧州精舍谕学者》一文中他这样说:

志苏自言其初学为文时，取《论语》《孟子》、韩子及其他圣人之文，而兀然端坐，终日以读之七八年。方其始也，入其中而惶然以博，观于其外而骇然以惊。及其久也，读之益精，而其胸中豁然以明。……予谓志苏但为欲学古人说话声响，极为细事，乃肯用功能此，故其所就，立非常人所及。如韩退之、柳子厚辈亦如此，其答李翊、韦中立书，可见其用力处矣。然皆只是要作好文章，令人称赏而已。究竟何预己事，却用了许多岁月，费了许多精神，甚可惜也。

在朱熹看来，学古文之"术"是"极为细事"。因为那只是古文精神的一种自然表露。体会精神才是识得、做得修辞的关键与根本所在。无论是"识"还是"作"，都是主体意识的一种参与。而那些"声响"技术问题，都是无关宏旨的，"究竟何预己事"？

朱熹关于诗文修辞二重理解的观点渊源有自。在他之前，宋代的杨时也提出诗文修辞的理解在体会其情而不在推寻文义的观点。杨时在回答"诗如何看？"时说："诗极难卒说。大抵须要人体会，不在推寻文义。在心为志，发言为诗，情动于中而形于言，言者情之所发也。今观是诗之言，则必先观是诗之情如何。不知其情，则虽精穷文义，谓之不知诗可也。"（《龟山先生语录》）然而如何来体会诗情呢？杨时认为要靠"想象"："且如《关雎》之诗，诗人以兴后妃之德，盖如此也。须当想象雎鸠为何物，知雎鸠为挚而有别别禽；则又想象'关关'为何声，知'关关'之声为和而通，则又想象'在河之洲'是何所在？知'河之洲'为幽闲远人之地；则知如是之禽，其鸣声如是，而又居幽闲远人之地，则后妃之德可以意晓矣——是之谓'体会'。"（《龟山先生语录》）然而，对诗情更重要的体会还在于"志乎圣人"。上述情境的想象可以体会诗人之"兴"，但诗歌根本的教化作用要靠"志乎圣人"才可以体会到。只有这样才是了解了诗歌的真谛。诗文修辞理解和写作中的"志乎圣人"在杨时看来就好像"射之于正鹄"，"虽巧力所及，有中否远近之不齐，然未有不志乎正鹄，而可以言射者也。士之去圣人，或相倍蓰，或相什伯，所造因不同，然未有不志乎圣人，而可以言学者也。"所谓"志乎圣人",即学习和理解古代圣贤诗文中是如何传达心志的。然而这种学习和理解要下很大的功夫,"要当精思之,力行之,超然默会于言意之表,则庶乎有得矣。若夫过其藩篱,望其门墙,足未逾国,而辄妄意其室中之藏,则幸其中也,难哉!"即使像唐代的韩愈那样"尝谓世无仲尼,不当在弟子之列,则亦不可谓无其志也",但是"及观其所学,则不过乎欲雕章镂句,取名誉而止耳。"(《与陈传道序》)这实际上是把明理明道作为修辞理解方略的根本所在。杨明的"志乎圣人"和朱熹的"虚静而明"是一脉相通的。要言之,还是中国修辞学传统那句古训:"修辞立其诚"。

第二,由言外而观言内。

言外即具体文辞所处的语言环境。由通观语境以求对修辞有更深切的了解,这是中国传统修辞学颇具特色的阅读方略。这种语境通观主要表现在以下几方面:

其一,要在特定的历史背景中理解文辞。杜甫曾有诗咏茱萸,曰:"明年此会知谁健,醉把茱萸子细看。"(《九日蓝田崔氏庄》)王维咏茱萸则有"遥知兄弟登高处,遍插茱萸少一人。"(《九月九日忆山东兄弟》)此外还有其他咏茱萸的诗句,如"学他年少插茱萸"等。在这些咏茱萸的诗句中,一些修辞学家认为"当以杜为优"(陈善《扪虱新话》上集卷一)。这显然是因为他们从杜甫的特定历史背景中深刻理解了杜诗的涵义。当时正值乾元元年安史之乱未平。杜甫从左拾遗被贬为华州司功,叹惜自己不能在朝廷有所作为,既忧国忧民,又感慨于人生短促,"老去悲秋"。

清代的章学诚在他的《文史通义》中提出"不知古人之世,不可妄论古人文辞也,知其世矣,不知古人之身处,亦不可遽论其文也"的见解。他举例说,陈寿的《三国志》是以魏为正统"纪魏而传吴蜀"。习凿齿的《汉晋春秋》则以蜀汉为正统。同样,司马光的《通鉴》和朱熹的《通鉴纲目》也有以魏为正统和以蜀汉为正统的区别。许多人批评陈寿和司马光,认为"陈氏误于先,而司马再误于其后",不如习凿齿和朱熹之"识力偏居于优也",章学诚认为这是"不知起古人于九原"。陈寿和司马光所处时代与习凿齿和朱熹不同。"陈氏生于西晋,司马生于北宋,苟黜曹魏之禅让,将置君父于何地? 而习与朱子,则因江东南渡之人也,惟恐中原之争天统也。"如果让"诸贤易地",即把陈寿、司马光相习凿齿,朱熹的所必时代换一下,那么他们同样会做出时代所要求的反应。"诸贤易地则皆然,未必识逊今之学究也。"(《文史通义·文德》)从时代背景对文辞作者的制约可以看出作品是时代的折光,时代的产物。只有把作品放在特定的历史背景中才能领会作品的全部涵义。

其二,要在特定场合中理解文辞,如果说历史背景是大环境,那么具体交谈中的"言之所为"就是一个小环境。说话有特定的前提,这一前提是由具体的交际环境、角色关系和话题规定的。脱离了这一前提,孤立地理解交谈中的话语,就会产生误解,甚至不知所云。《礼记·檀弓》中有这样一段记载:

子问于曾子曰:"问丧于夫子乎?"曰:"闻之矣,丧欲速贫,死欲速朽。"有子曰:"是非君子之言也。"曾子曰:"参也闻诸夫子也。"有子又曰:"是非君子之言也。"曾子曰:"参也与子游闻之。"有子曰:"然。然则夫子有为言之也。"曾子以斯言告于子游。子游曰:"甚哉! 有子之言似夫子也。昔者夫子居于宋,见恒司马自为石椁,三年而不成。"夫子曰:"若是其靡也,死不如速朽之愈也",死之欲速朽,为桓司马言之也。南官敬叔反,必载宝而朝。夫子曰:"若是其货也,丧不如速贫之愈也"。丧之欲速贫,为敬叔言之也。"

"死之欲速朽"是孔子针对桓司马"自为石椁,三年而不成"所发的议论;"丧之欲速贫",是孔子针对南官敬叔"反,必载宝而朝"所发的议论,都是"有为之言"。曾子离开了具体的语境前提,认为这是孔子对"丧"(丢失官位)和"死"的看法,这就产生了误解。章学诚在《文史通义·说林》中以此为例指出:"'丧欲速贫,死欲速朽',有子以为非君子之言。然则有为之言,不同正义,圣人有所不能免也,今之泥文辞者,不察立言之所谓而遽断其是非,是欲贵人才过孔子也。"

其三,要联系特定的人物理解文辞。上述一例有子断定孔子不会持"死欲速朽","丧欲速贫"的观点,除了因为子游所说的孔子这两句话皆有所为而发之外,还由于有子对孔子这个人有真切的了解。当曾子把子游所说的话告诉有子时,有子曰:"然。吾固曰非夫子之言也。"曾子曰:"子何以知之?"有子曰:"夫子制于中都,四寸之棺,五寸之椁。以斯知不欲速朽也。昔者夫子失鲁司寇。将之荆,盖先之以子夏,又申之以冉有,以斯知不欲速贫也。"(《礼记·檀弓》)有子从孔子担任中都(鲁邑)宰时制其棺椁一事判定孔子死不欲速朽,从孔子失去鲁国司寇官职打算去楚国之前,先派子夏,继之又派冉有先行,又判定孔子丧不欲速贫。有子正是从对特定人物秉性的深刻了解中准确把握他言辞的含义的。

朱熹在他的《清邃阁论诗》中也主张要从特定人物秉性入手把握其作品文义。例如陶渊明的诗看上去平淡,但朱熹指出,陶渊明是隐者,"隐者多是带性负气之人为之,陶欲有为而不能者也,又好名"。因而陶渊明的诗"都是有力,但语健而意闲";"自豪放,但豪放来得不觉耳。"他的《咏荆轲》就是"露出本相"的一篇诗作。对于韦应物的诗,朱熹认为"韦为人高洁,鲜食寡欲,所至之处,扫地焚香,闭阁而坐"。由韦应物的这一秉性观其诗,朱熹认为"其诗无一字做作,直是自在,其气象近道,意常爱之"。

由作者的秉性观其作品的秉性,这是中国古代修辞哲学的一个特点。中国传统哲学认为,"天地成于元气"(《鹖冠子·泰录》)。"道生一,一生二,二生三,三生万物。万物负阴而抱阳,冲气以为和。"(《老子·四十二章》)气是天地万物的本原。人也不例外。"人之生,气之聚也。聚则为生,散则为死。……通天下一气耳。"(《庄子·知北游》)"屈伸往来者气也,天地间无非气。人之气与天地之气相接无间断,人自不见。"(《朱子语类·卷三》)由于气化万物,所以宇宙中的一切靠在气化流行,交互渗透、感应之中。"凡有生,即不隔于天地之气化。阴阳五行之运而不已,天地之气化也。人物之生生本乎是。"(戴震《孟子字义疏证》)在中国修辞学史上,孟子首先把对语言的洞察同学者的"养气"联系起来,提出"我知言,我善养吾浩然之气"(《孟子·公孙丑上》)。这说明个人的语言实践是其道德修养的衍伸物。"气"之高下与"辞"之高下密切关联。"知言"是一种修辞理解。由于"言"与"气"相通,所以察气成为知言的重要前提。魏文帝曹丕进一步指出:"文以气为主,气之清浊有体,不可力强而致,譬诸音乐,曲度虽均,节奏同检,至于引气不齐,巧拙有素,虽在父兄,不能移子弟。"(《典论·论文》)"文以气为主",指的是大章的"文气"。而随后"气之清浊有体,不可力强而致"之气,指的是作者的气质秉赋,所以是"虽在父兄,不能移子弟"的。人的气质是天地之气在人身上的表现,而文气则是这种表现的进一步衍伸。朱熹在此基础上又指出,人性中既有"天命之性",又有"气质之性"。"天命之性",是"当然之理,无有不善者"。然而"天命之性"要依托于人的"气质"才能得到表现。构成气质的气有清浊、精粗、昏明的差别,"故气质之禀不能无浅深厚薄之别。"所以说,"人之性皆善。然而有生下来善的,有生下来恶的,此是气禀不同"。由此产生贤愚之类的不同。气禀有缺陷的人,只要加强自我修养,"善反之,则天地之性存焉"(《朱子语类》卷四)。据于此,朱熹认为诗文"文气"之邪与正是作者气质之浅深厚薄的衍伸。在朱熹之后,清代桐城的方庖又把朱熹气质论中的带有哲学性的"天命之性"稀释为人之"资材",将"气质之性"稀释为"所学之浅深",将气质的"浅深厚薄"或者说构成气质之气的清浊精粗简化为气之"充"与"欠"。他指出:"(文)依于理以达乎其词者,则存乎气。气也者,各称其资材,而视所学之浅深以为充欠者也。……欲气之昌,必以义理洒濯其心,而沉潜反复于周、秦、盛汉、唐、宋大家之古文。"(《进四书文选表》)从以上所述来看,中国古代修辞学传统以人的气质贯通文气,观照文气,形成修辞鉴赏与理解上"气"的通观,这是人类对语言的认识与理解中极有深度的一种范式。

修辞的语境通观本质上是一种"气"的通观,而"气"的通观中最重要的是人的通观。历代修辞论家都把对人的研究作为对修辞研究的重要一环,认为"诗与人为一"(龚自珍《书汤海秋诗集后》);"其文如其为人"(苏轼《答张文潜书》);"自古至今,文之不同,类乎人者";"昔称文章与政相通,举其概而言耳。要而求之,实与其人类。"(方孝孺《张彦辉义集序》)从作文这一角度说,则是无"我"之文不可取。刘熙载《艺概》云:"周秦诸子之文,虽纯驳不同,皆有个自家在内。后世为文者,于彼于此,左顾右盼,以求当众人之意,宜亦诸子所深耻与!"方东树《昭味詹言》云:"文字成,不见作者面目,则其文可有可无。诗亦然。"张问陶《论文》则言:"诗中无我不如删,万卷堆床亦等闲。"中国古代修辞学传统就是这样力图通过对主体气质的探究来阐释文辞的义蕴与风格,通过对主体个性的探究来揭示修辞的个性。这种研究范式与西方修辞学传统相异其趣。

其四,要联系特定的情景理解文辞。中国古代修辞论家在理解诗文的涵意时总是将景看作情之属,将情看作景之属,作情景通观的理解。这同中国的诗文作者"观物取象"的思维方式有内在的联系。中国古人为文很少作纯粹的抽象思辨,而是将自己对世界的认识加工成可观可感的意象,在情与景的交融中展开思想,正如陈骙所言:"《易》之有象,以尽其意;《诗》之有比,以达其情。文之作也,可无喻乎?"(《文则·卷上为》)章学诚亦云:"象之所包广矣,非徒《易》而已。……《易》象虽包《六艺》,与《诗》之比兴,尤为表里。"(《文史通义·易教》)今人钱锺书也指出:"是'象'也者,大似维果所谓以想象体示概念。盖与诗歌之托物寓旨,理有相通。"(《管锥篇》第一册)这样一种修辞思维,使清景通观成为理解诗文的一条必由之路。运思于其间的修辞论家总是能于情中观景,于景中观情。

王夫之在他的《姜斋诗话》中指出:"情景名为二,而实不可离。神于诗者妙合无垠,巧者则有情中景,景中情。景中情者,如'长安一片月',自然是孤栖忆远之情。'影静千官里',自然是喜达行在之情。情中景尤难曲写,如'诗成珠玉在挥毫',写出才人翰墨淋漓、自心欣赏之景。凡州类,知者遇之;非然,亦鹘突看过,作等闲语耳。"情与景不可分离。高手能将二者妙合无垠,巧手亦能做到有情有景。王夫之认为,如果将二者分开,则"情不足兴,而景非其景"。这就把情与景的交融提到本体论的层面来看待了。由此他认为:"不能作景语,又何能作情语邪?古人绝唱多景语,如'高台多悲风''胡蝶飞南园''池塘生春草''亭皋木叶下''芙蓉露下落',皆是也,而情寓其中矣。以写景之心理言情,则身心中独喻之微,轻安拈出。谢太傅于《毛诗》取'访谟定命,远猷辰告',以此八句如一串珠,将大臣经营国事之心曲,写出次第,故与'昔我往矣,杨柳依依,今我来思,雨雪霏霏'同一达情之妙。"

由于"情以景生","景以情合",所以情有哀乐,景也有哀乐。好的修辞,不但能情景相"合",而且能情景相"和",即"以乐景写哀,以哀景写乐,一倍增其哀乐"。例如《诗经·小雅·采薇》写战士出征时与家人惜别:"昔我往矣,杨柳依依",这是用乐景反衬心忧;写战士归家的喜悦:"今我来思,雨雪霏霏",这是用哀景反衬心乐。与之相比,杜甫的"影静千官里,心苏七校前"(《喜达行在所》),李拯的"唯有终南山色在,晴明依旧满长安"(《退朝望终南山》),都以乐景写乐情,就逊色许多,"情之深浅宏隘见矣"。

不仅哀景可以衬乐,乐景可以衬忧,而且不同风格的景与情可以"相为融浃","唯意所适"。例如杜甫的《登岳阳楼》:"吴楚东南坼,乾坤日夜浮","乍读之若雄豪,然而适与"亲朋无一字,老病有孤舟"相为融浃。这也是一种相反相成,使诗歌的内涵有很大的张力。又如"倬彼云汉"(大的天河)一景,在《诗经·大雅·棫朴》中用来衬托周文王培养人才的功德:"倬彼云汉,为章于天。周王寿考,遐不作人。"("不"为语助词)在《诗经·大雅·云汉》中用来衬托旱象:"倬彼云汉,昭回于天。王曰于乎,何辜今之人。天降丧乱,饥馑荐臻。""旱既大甚。"可见同一景可以衬映不同的情。情景相生,但并非机械对应,要在以饱满的意与情来驾驭景,使平常之景熠熠生辉,映照万种情。如王夫之所言:"天情物理可哀而可乐,用之无劣,流而不滞。"就像"倬彼云汉","颂作人者增其辉光,忧旱甚者益其炎赫,无适而无不适也。"

第三,由言者而观所言。

中国古代修辞学传统总是将文辞修饰的风格看作修辞者个性的风格,在言者与所言之间建立起风格通观。就像中国古代的书法理论注重书法"如其学,如其才,如其志,总之曰:如其人而已"(刘熙载《艺概》),中国古代的绘画理论注重"伸毫构景，无非拈出自家面目"（沈颢《画尘》），中国古代的修辞理论也注重"各师成心，其异如面"（刘勰《文心雕龙》）。这由言者而观所言在最早的修辞理论"修辞立其诚"中就已形成母题。《周易》云："君子进德修业。忠信，所以进德也，修辞立其诚，所以居业也。"（《周易·乾·文言》）这一理论的关键在于诚实于内而辞形于外。如孔颖达所言："外则修理文教，内则立其诚，内外相成，则有功业可居，故云居业也。"（《十三经传疏》）宋代的于应麟也说："修辞立其诚，修其内则为诚，修其外则为巧言。"（《困学纪闻》卷一）言者与所言，从修辞的发生来说，是一体的。所以《周易》中又有这样的论述："将叛者其辞惭，中心疑者其辞枝，吉人之辞寡，躁人之辞多，诬善之人其辞游，失其守者其辞屈。"（《周易·系辞下》）内修不同则外显不同，辞是最敏锐的观照物。

刘勰在《文心雕龙》中专设"体性"一章论述了言者与所言的内在联系。他认为，从"情动"，到"言形"，是一个由"隐"至"显"，"因内而符外"的过程。然而人之才气学养有"庸俊""刚柔""雅郑"的不同，形诸笔端，也就使"笔区云谲，文苑波诡"，变化万端。一个言者，其所言或"庸"或"俊"，风格或"刚"或"柔"，都超越不了他的气质才能；其所撰或"浅"或"深"，体式或"雅"或"郑"，都无悖于他的学识和习染。"心"即个性决定了他们的所言，于是所言也就千姿百态，"各异如面"。例如：

> 贾生（贾谊）俊发，故文洁而体精；长卿（司马相如）傲诞，故理侈而辞溢；子云（扬雄）沉寂，故志隐而味深；子政（刘向）简易，故趣昭而事博；孟坚（班固）雅懿，故裁密而思靡；平子（张衡）淹通，故虑周而藻密；仲宣（王粲）躁锐，故颖出而才果；公幹（刘桢）气褊，故言壮而情骇；嗣宗（阮籍）傲傥，故响逸而调远；叔夜（嵇康）俊侠，故兴高而采烈；安仁轻敏，故锋发而韵流；士衡（陆机）矜重，故情繁而辞隐。

凡此种种，皆可"触类以推，表里必符，岂非自然之恒资，才气之大略哉！"刘勰由此断言："功能学成，才力居中，肇自血气；气以实志，志以定言，吐纳英华，莫非情性。"经他这一系统的阐发，修辞的言者通观显示出极强的解释力。

唐代的司空图论修辞的言者通观则换了一个角度,从立言者的修炼论特定风格的形成。例如"雄浑"的风格来之于诗人的雄浑的气魄。这种气魄需要"真体内充","大用外腓(变)";"返虚入浑,积健为雄";"超以象外,得其环中"。又如"纤秾"的风格来之于诗人鲜丽的气质。这种气质需要诗人"乘之愈往,识之愈真。如将不尽,与古为新"。即在"采采流水,蓬蓬远春,""碧桃满树,风日水滨","柳阴路曲,流莺比邻"的境界中不断发展,愈益认识到真的纤秾境界,写出的纤秾便终古常新。再如"劲健"的风格来之于诗人气贯长虹的气质。这种气质要求诗人"饮真茹强,蓄素守中"般的修养锤炼。

宋代的朱熹又指出,言者的气质及其所言,又有一定的时代性:"某少时,犹颇及见前辈而闻其余论。观其立心处己,则以刚介质直为贤;当官立事,则以强毅果断为贵。至其为文,则又务为明白磊落,指切事情,面无含胡猗卷。睢盱侧媚之态,使读之者不过一再,即晓然知其为论某事,出某策,而彼此无疑也。近年以来,风俗一变。上自朝廷搢绅,下及闾巷韦布,相与传习一种议论,制行立言,专以酝藉袭藏、圆熟软美为尚。使与之居者,穷年而莫测其中之所怀;听其言者,终日而不知其意之所向。回视四五十年之前风声气俗,盖不啻寒暑昼夜之相反,是孰使之然哉?"(《跋余岩起集》)既然气质需要一定的后天修炼,那么时代的风尚一定会在各人的气质中打上烙印。由此看来,气质问题不仅仅是言者个人的问题,而且与言者所处的时代风尚相贯通。所谓"建安风骨""盛唐气象",都曾影响一代人。

明代的方孝孺继刘勰、曹丕之后对言者个性与其所言的风格之间的联系又作了深入的探讨。曹丕对这一问题的探讨仅仅是一般意义上的。他认为"诗目者尚奢,惬心者贵当,言穷者无隘,论达者唯旷"(《文赋》)。刘勰也有一般意义上的论说,如"夫篇章杂沓,质文交加,知多偏好,人莫圆该,慷慨者逆声而击节,酝藉者见密而高蹈,浮慧者观绮而跃心,爱奇者闻诡而惊听"(《文心雕龙·知者》)。但他在论"体性"时已将这个问题结合作家的修辞实践具体化了。方孝孺对这个问题在具体言者风格的认识上与刘勰不同,且论述得更为深入。

他说：

> 庄周为人有壶视天地、囊括万物之态，故其文宏博而放肆，飘飘然若云
> 游龙骞不可守。荀卿恭敬好礼，故其文敦厚而严正，如大儒老师，衣冠伟
> 然，揖让进退，具有法度。韩非、李斯峭刻酷虐，故其文缴绕深节，排搏纠
> 缠，比辞联类，如法吏议狱，务尽其意，使人无所措手。司马迁豪迈不羁，宽
> 大易直，故其文萃乎如恒华，浩乎如江河，曲尽周密如家人父子语，不尚藻
> 饰而终不可学。司马相如有侠客美丈夫之容，故其文绮曼娇都，如清歌绕
> 梁，中节可听。贾谊少年意气慷慨，思建事功而不得遂，故其文深笃有谋，
> 悲壮矫讦。扬雄龊龊自信，木纳少风节，故其文拘束恖愿，摹拟窥窃，塞涩
> 不畅，用心虽劳，而去道实远。(《张彦辉文集序》)

对于魏晋以后的作家，方孝孺认为：陶渊明气质冲旷天然，为诗发自肺腑，
不为雕刻，故其道意而达，状物而核；韩愈俊杰善辩说，故其文开阳阖阴，奇绝变
化，震动如雷霆，淡泊如韶濩，卓然自成一家，欧阳修厚重渊法，故其文委曲平
和，不为斩绝诡怪之状，而穆穆有余韵；苏轼魁梧宏博，气高力雄，故其文常惊绝
一世，不为婉昵细语。……总之，"自古至今，文之不同，类乎人者"。而方孝孺
由人识文，不仅考究人之性格，而且兼及人之相貌、擅长、经历……这种人的通
观为文的识断提供了信实而富于启迪的基础。

值得注意的是，中国古代修辞学传统由言者而观所言，提出了许多精譬的
理论与见解，都并不把这一问题绝对化。不少修辞论家认为，言者与所言在性
格气质上确有因应关系，但言者与所言的关系又是复杂的，不能一概而论。

金代的元好问承认诗歌真淳之风格来之于诗人的真淳性情。他盛赞木庵
英上人诗，如："轻河如练月如舟，花满人间乞巧楼。野志家风依旧拙，蒲团又度
一年秋。"他认为"皎然所谓情性之孙，不知有文字者，盖有望焉"(《木庵诗集
序》)。但他又不同意扬雄"故言，心声也；书，心画也"的看法。扬雄认为："言不
能达其心，书不能达其言，难矣哉！惟圣人得言之解，得书之体，白日以照之，江
河以涤之，灏灏乎其莫之御也。"(《法言·问神》)"得言之解"的关键在于达言者

之心。只有了解了言者,对所言才能融会贯通。所以,"声画形,君子小人见矣。声画者,君子小人之所以动情乎?"(《法言·问神》)元好问却认为,按照扬雄的逻辑,如果从所言(而不是像扬雄那样从言者)的角度来看,那么言不一定是"心声"书不一定是"心画"。元好问说:"心画心声总失真,文章宁复见为人。高情千古《闲居赋》,争信安仁拜路尘。"(《论诗三十首》)晋朝的潘岳,谄事贾谧,候他出来,望见他的车尘就拜,如此秉性,观他诗作《闲居赋》却表示"高情千古",足见其言不由衷,心口不一。

清代的袁枚十分强调修辞中要"著我"。他说:"不学古人,法无一可;竟似古人,何处著我? 字字古有,言言古无。吐故吸新,其庶几乎。孟学孔子,孔学周公。三人文章,颇不相同。"(《续诗品》)他批评有些人诗中无我,"学杜而竟如杜,学韩而竟如韩。人何不观真杜、真韩之诗,而肯观伪韩、伪杜之诗乎?"若真以"描诗"为胜,而不以"作诗"为胜,那么,"孔子学周公,不如王莽之似也;孟子学孔子,不如王通之似也"。他也批评一些人"好谈格调而不解风趣",认为"有性情便有格律,格律不在性情外。"他又赞赏"唐义山、香山、牧之、昌黎、同学杜者,今其诗集,都是别树一旗"。可见,袁牧是强调人与文、言者与所言一体的。然而他又指出有时二者又很矛盾。例如:"上官仪诗多浮艳,以忠获罪。傅玄善言儿女之情,而刚正嫉恶,台阁生风。扬子云自拟《周易》,乃附新莽。"又如:"学温、李者,唐有韩偓,宋有刘筠、杨亿,皆忠清鲠壳人也。一代名臣,如寇莱公、文潞公、赵清献公,皆西昆诗体,专学温、李者也,得谓之下流乎?"(《随园诗话》)清人况周颐也指出:"晏同叔赋性刚峻,而词语特婉丽。蒋竹山词极秾丽,其人则抱节终身……同固不可概人也。"(《蕙风词话》)文与人相通相类是一种普遍现象,而文与人不相通不相类也是存在着的。人是复杂的,人与言的关系也是复杂的。中国传统能辞学擅长于具体情况具体分析,因而能够避免种种绝对、机械的观点,辩证地,甚至不惜置身于悖论中去思考修辞的真谛。

不仅如此,更有一些修辞论家指出,言者与所言的关系不仅仅是有人相符有人不符,而且还有不少人是既有相符又有不符,在自身的风格中表现出某种矛盾性。例如袁枚就指出:"杜少陵诗,光焰万丈,然而'香雾云鬟湿,清辉玉臂寒';'分飞蛱蝶原相逐,并蒂芙蓉本是双'。韩退之诗,横空盘硬语,然'银烛未消窗送曙,金钗半醉坐添春',又何尝不是女郎诗耶?"(《随园诗话》卷五)然而一般说来,这种个人的风格变化都有其内在依据。一种依据是个人诗风的日趋成熟,如:"杜诗叙年谱,得以考其辞力,少而锐,壮而肆,老而严,非妙于文章,不足以致此。"(吴可《藏海诗话》)另一种依据是个人诗风在主导风格下兼及多样化,如:"杜诗正而能变,变而能化,化而不失本调,不失本调而兼得众调,故绝不可及。"(胡应麟《诗薮》)

    以上所论"由言内以观言外","由言外而观言内","由言者而以所言",是中国古代修辞学传统在修辞理解上的方略。这一方略与中国传统哲学的"天人合一","气化流行"的宇宙观紧密相连。它所显示的语言理解中语境通观的整体思维样式,对于历经"分析时代"的现代修辞学具有深刻的启迪,并奠定了当代修辞学范式重建的基础。中国古人云:"昔古朱襄氏之治天下也,多风雨而阳气蓄积,万物散解,果实石成,放士达作五弦瑟以来阴气,以定群生。""昔陶唐氏之始,阴多滞状而湛积,水道雍寒,不行其原,民气郁阏而滞著,筋骨瑟缩不达,故作为舞以宣导之。"(《吕氏春秋·古乐》)未来的汉语修辞学将从这原始之音,原始之舞,以及作为心之声而且穆穆皇皇的原始修辞中汲取整体协调的精神力量,迸发其社会、文化功能的新的生命力!

                        原载《东方文化》第二集,东南大学出版社 1992 年版

编　后　记

　　纪念复旦中文学科创立百年,修辞学科回溯学科源流与百年演变史,获得考察历史与当下对话、中西语言文化理念碰撞轨迹的契机,并因此梳理了几代学人为传承修辞文化、共建学术风范所做的竭诚努力。

　　31篇文章汇聚,复旦修辞历史荟萃,文集也因此提炼出"启林有声:复旦百年修辞"这一主题。

　　"启林有声"真切表述了复旦几代学人走过的披荆斩棘、艰巨而辉煌的学科创业道路,记叙了复旦修辞学传承与创新发展的百年历程。

　　"启林有声"取自成语"筚路蓝缕,以启山林"。"启林"谓陈望道、郭绍虞、吴文琪、赵景深、张世禄、郑业建诸前辈学者开疆辟壤、历尽艰辛,烁传统修辞学思想之美玉,假国外修辞理论之精石,开启了现代意义上修辞科学之学林,为现代修辞学的宏伟大业奠定了理论根基。

　　"有声"则谓由胡裕树先生领衔的复旦语言学科前辈时贤传承学术薪火、青蓝相继、砥砺奋进,在修辞学理论建构、语体学和语言风格学体系的创立、修辞学史的书写、文学语言研究诸多领域成就斐然。复旦修辞学科因此在中国语言学科之林中屹然而起,在人文学科的多元交响曲中畅然有声,形成复旦特色,并担当了领跑中国修辞学学科建设的历史重任。

　　与"启林有声"相辅相成的"复旦百年修辞"确为一个真实的命题。

　　1905年,复旦公学成立,至今已走过112年的辉煌历程;1917年,复旦公学定名为复旦大学,中文学科同时创立;值得注目的是,校史记载:复旦修辞学的教学与研究在百年校史的首页也曾书写浓墨重彩的一笔;复旦学人所进行的修辞研究活动更是跨越了从 19 世纪末至 21 世纪初叶的三个世纪。

众所周知,1898 年出版的《马氏文通》是马建忠汇通汉语传统和拉丁语语法撰写的第一部语法著作,开启了中国现代语言学的新纪元。而据记载,这部著作的撰写有其兄——复旦大学创始人、马相伯校长的参与。马相伯校长 1935 年 11 月 15 日答记者问"关于马眉叔先生"一文(朱维铮《马相伯集》1996)证明其参与了《马氏文通》内容的修改和体系建构的具体工作。由于这部著作结合修辞讲语法,形成了对中国现代修辞学创立发展独特的影响力。有诸多研究为证:

陈望道先生在《修辞学发凡》中将从古至今的修辞学术思想发展分为三个时期:一、"修辞学术萌芽时期"(先秦至 19 世纪末);二、"修辞文法混淆时期"(1898 年《马氏文通》出版至 1919 年);三、"中外修辞学说竞争时期"(1919—1932)。望老指出第二个时期即为修辞文法不分并产生弊端的时期:"从《马氏文通》出版以后","从故纸堆里去搬出以前那些修辞古说附和或混充文法,成了一个拿修辞论的材料混充文法的时期。"

吕叔湘先生在《重印〈马氏文通〉序》(《语文研究》1983 年第 1 期)中也评论道:"作者不愿意把自己局限在严格意义的语法范围之内,常常要涉及修辞。""语法和修辞是邻近的学科。把语法和修辞分开,有利于科学的发展;把语法和修辞打通,有利于作文的教学。后者是中国的古老传统,也是晚近许多学者所倡导。在这件事情上,《文通》可算是有承先启后之功。"除此,我们还搜索到有十余篇论文均以《马氏文通》的修辞思想、修辞理论与方法、语法与修辞的结合等为题,专门讨论了《马氏文通》对中国现代修辞学发展的影响。可以说,马相伯校长参与《马氏文通》的写作,主观上是在推动西方语法理论的中国化,客观上是对中国修辞接受西方现代语言学的理念起到了引航导路的作用,确立了现代修辞学暨复旦修辞学的历史起点。

复旦修辞学百年之历的第二理据是复旦大学创立之初,修辞教学活动即已渗透其间。

高万云教授在《马相伯对中国修辞学的贡献》(《当代修辞学》2010 年第 3 期)中称马相伯为"修辞学教育家","开创了复旦大学乃至中国修辞学教育与研究的新纪元",并设专题讨论马相伯 1903—1905 创办复旦大学之初,在修辞学教育、论辩修辞、翻译修辞方面的贡献;特别介绍了马相伯继承亚里士多德和西塞罗修辞学与逻辑学相结合的西方研究传统,在复旦大学教学活动中大力推行论辩修辞,1905 年制定教学体制时还把"演说规则"写进了由他制定的《复旦公学章程》。宗廷虎、陈光磊教授也明确表述:"复旦大学有着优良的修辞学术传统。复旦创始人马相伯所开设的课程中就有修辞学。后来李登辉校长也执教修辞学课程。"(《复旦学报》1999 年第 4 期)

马相伯校长着力贯彻了他修辞学教育的现代理念,奠定了复旦大学修辞学教学和学科发展的最初基础。惜之,马相伯校长关于修辞学的见述散见于其哲学著作、文学批评、学术演讲中,没有形成体系呈现于世。

从源头上可追溯到的最早文字应为望老 1921 年 3 月 28 日发表于《民国日报》副刊《觉悟》上的《文章底美质》。文章使用白话的例句,开白话修辞的先河,掀开了中国现代修辞学史册重要的一页。其后,望老为现代修辞学学科体系的创立、复旦修辞学的奠基呕心沥血、勤勉躬行。谨以邓明以教授《陈望道传》(复旦大学出版社 1995 年版)中史实的考证为例:

1920 年 9 月,陈望道应聘至复旦大学中文系任教,即开设文法、修辞课程。

1924 年 7 月在《时事新报》副刊《文学》发表《修辞学在中国之使命》等,明确修辞学的性质与任务,划清修辞学与文法学的界限。

1931 年 2 月,因国民党迫害离开复旦大学,蛰居在上海寓所从事《修辞学发凡》的写作。8 月在《微音》月刊发表《修辞与修辞学》等文章,初拟现代修辞学的理论框架。

1932 年 4 月、8 月"积十余年勤求探讨"完成《修辞学发凡》的写作,以上、下册先后在大江书铺出版。确定并科学地解释了修辞学的性质、对象、任务、功用等基本理论问题,建构了现代修辞学的理论体系。

1935 年在《中学生》发表《关于修辞》;在《文学百题》发表《语言学和修辞学对于文学批评的关系》等。

1940 年回重庆北碚复旦大学中文系任教,开设修辞学和逻辑学等课程。

1952 年由中央人民政府政务院任命、毛泽东主席签署任命书任复旦大学校长。1955 年在复旦大学创建"语法、修辞、逻辑研究室",开辟了修辞学的研究基地。

此后,无论是教学科研,还是学术演讲,望道先生均着力于系统科学地阐释修辞学的新理念、推动发展新思维。如《修辞学中的几个问题》(1962)、《关于修辞学对象等问题答问》(1964)、《有关修辞学研究的原则问题》(1965)等。

当然,望老的学术贡献不仅仅奠定了现代修辞学科之基业,其学术体系覆盖了语法学、哲学、新闻学、写作学、文学、美学、逻辑学、伦理学、社会学等诸多学科领域。他就像一座擎天柱,撑起的不仅仅是现代修辞学这一片天空,更是人文学科这广袤的学术天地。可能由于陈望道先生的权威影响和人文学科传统的因循,复旦中文系的教学与研究形成了文学语言学科交融、古今中西学术贯通的独特传统。于修辞学科亦如此。老一辈学者或潜修,或博及,纷纷在修辞学的领域中勉力耕耘,使复旦修辞学生机勃发,在全国形成了独特的影响力。本书《修辞学传统》专栏录入几位老先生的代表性成果,正是欲彰显前辈学者尊崇学科传统、发扬光大修辞学术之伟绩。

1952 年院系调整,郭绍虞先生即进入复旦中文系。郭先生是一位典型的通才型学者,既是海内外著名的文学史、文学批评史大家,又在语法修辞领域享有卓著声誉。其修辞学的专论有未公开出版的理论著作《修辞学通论》(1936);有引起语言学界极大关注、近 60 万字的《汉语语法修辞新探》(商务印书馆 1979

年版），该作提出的"语法修辞结合论"，还引发了语言学界的一场大讨论。而本书收入的论文《修辞剖析》（1985）则为《汉语语法修辞新探》的理论总结。文章从历时的角度根据"汉语特征"推出"中国的修辞学有与语法学结合的可能性"，并述该观点曾受到杨树达《中国修辞学》"文法包赅在修辞之中"和吕叔湘《中国文法要略》讲文法结合讲修辞倾向的启发。而在《照隅室语言文字论集》（上海古籍出版社 1985 年版）中，数篇论文对传统修辞的特点有颇为深入的专题讨论。本书收入的《中国语词之弹性作用》从单音角度讨论了汉语的特性："中国文辞上所有的种种技巧，都是语言文字本身所特具的弹性作用。"

吴文琪先生学识渊博，精通文学语言两大门类，在文学语言和诗律修辞的研究方面更是独树一帜。修辞学的代表性成果有《论语言化装及其他》（《前线日报》1945 年 9 月 22 日）和《联绵字在文学上的价值》（《民国日报》1923 年 2 月 26 日）等。本书选录后者，理论价值为对"连绵字"文学价值的研究，在文章发表之时的 1923 年，如作者所言，"还没有人详细地系统地论述过"。而文章的形式要恰好地表现内容，要"先有了思想和情感，然后再去找适当的词类来表现"，遴选词语特别是文言中的"连绵字"是显示文学语言功力的重要一步。

赵景深教授 1930 年起任复旦大学中文系教授，主攻古典文学，戏剧学成就斐然。修辞学研究方面曾撰有《修辞讲话》（北新书局 1934 年版）一书。该书五万余字，主讲修辞格，体例上囿于陈望道《修辞学发凡》的分类种种，以文言例子辅以分析。由于该书为当时普及现代修辞学知识之读物，理论阐释篇幅不大，尚不独立，故未收入。在此恭敬列出此书，谨望值此敬告，在复旦前辈开启的修辞学山林中，赵景深先生也曾植下秀木一株。

张世禄先生著作等身，1952 至 1992 四十年的教学生涯充分体现了复旦中文系的学科传统：中西交融，以西方语言学的理论方法来考察汉语结构规律；博古通今，传统小学文字、音韵、训诂成就卓著，现代汉语语音、词汇、语法、修辞也造诣深厚。1959 年曾出版普及性读物《小学语法修辞》。本书选录的《关于旧诗的格律》（1979）凝聚了张先生关于诗歌音律体制的卓识，通过押韵脚、调平仄、讲对仗、整字数、定句式等修辞手段,揭示了格律诗所运用的修辞结构规律。

郑业建(权中)先生1946年即到复旦中文系任教。专攻文字学、音韵学、训诂学,修辞学方面也学养深厚。两部修辞学教材《修辞学提要》(北平立达书局1933年版)、《修辞学》(重庆正中书局1944年版)均已刊行。《修辞学》较之《修辞学提要》理论性更强,体系更完备。全书12万字,共八章:一至三章论修辞学的界说、功用、地位及与其他学科的关系,相当于"绪论"。其修辞学的理论价值也集中体现于此。第四至第八章体例多为针对各种修辞类型所作的例证分析。考虑到篇幅限制与理论价值,本书收录了目录与一至三章。

正是陈望道、郭绍虞先生这些博涉约取、理念前瞻的学界一流耆英,用他们坚守几十年的执教理念和凝聚一生心血的学术卓见,提升了修辞学博雅的学术境界,给复旦中文系创设了一种语言教学与科研的宏大格局。

上承下启的胡裕树先生博学、崇本、严谨。一生孜孜矻矻、恪勤为学、岁月峥嵘。不但在语法学、修辞学、对外汉语教学等领域留下了丰富而宝贵的理论遗产,而且承风启地,数十年擎发扬光大学科传统的大旗,率语言学科同仁共铸了复旦语言学的辉煌。本书选录的"修辞学理论""修辞现象研究""语体风格研究""修辞学史研究"栏目的18篇论文,即反映了胡先生带领复旦语言学科学术团队在多个分支领域的辛勤耕耘和积极探索。这些论文既会聚了博学宏赡的学者们数十年挚着向学的高见精述,又充分体现了学者们在全球视野学术语境下,回望百年深厚传统,放眼现代化美好未来,跨学科多元发展的方法意识与理论自觉。

值得欣慰的是,复旦修辞学科的建设已进入一个传承与开拓并举、新老学人血脉相承、上下倾力共建的良性发展时期。学科的山林已经开启,畅然昂扬的林声也已经响起。愿这本纪念文集成为薪火传承的新起点,积极响应新百年学术发展的呼唤,在未来的学科山林中发出更为宏阔清越的响声!

祝克懿

2017年9月